KB136899

일본 근세의 새벽을 여는 사람들 I

센고쿠기의 군상

지은이 **이 계 황** 李啓煌

연세대학교 사학과 졸업
연세대학교 대학원 사학과 석사 졸업
교토 대학 박사과정 졸업
현재 인하대학교 문과대학 교수

일본 근세의 새벽을 여는 사람들 I
센고쿠기의 군상

이 계 황 지음

초판 1쇄 발행 2019년 11월 21일

펴낸이 오일주
펴낸곳 도서출판 혜안

등록번호 제22-471호
등록일자 1993년 7월 30일

주소 ⓤ 04052 서울시 마포구 와우산로 35길2 (서교동) 102호
전화 3141-3711~2
팩스 3141-3710
이메일 hyeanpub@hanmail.net

ISBN 978-89-8494-626-2 03910

값 24,000 원

<이 책은 인하대학교 2017년 연구비지원에 의해 수행되었음>

일본 근세의 새벽을 여는 사람들 I

센고쿠기의 군상

이계황 지음

혜안

일본 국군도

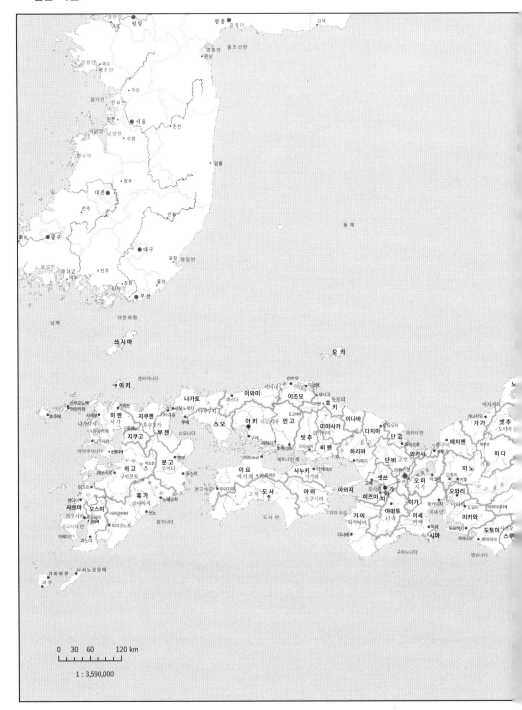

0 30 60   120 km

1 : 3,590,000

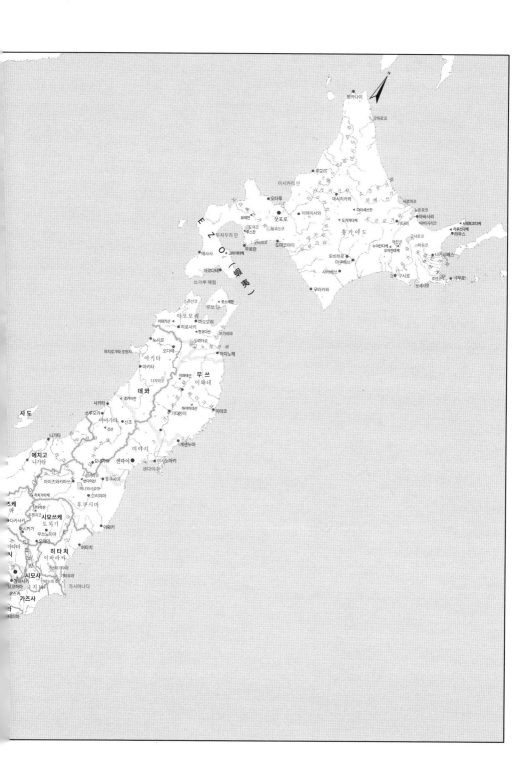

일본 현대 행정구획도

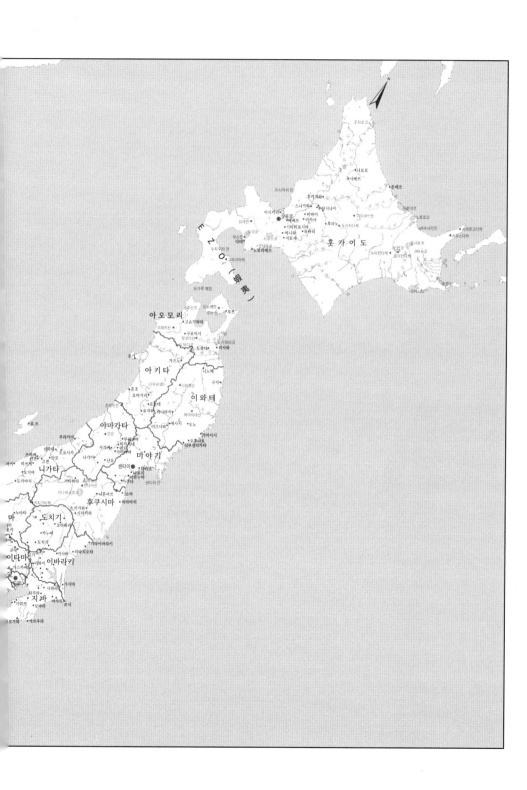

일러두기

1. 외국어의 한글 표기는 2017년 개정된 <외래어 표기법>에 따른다.

2. 일본어 고유명사 중 인명과 지명은 일본어 발음대로 표기한다. 그 밖의 고유명사, 예컨대 천황天皇이나 막부幕府처럼 우리 말로 바꾸어 써도 크게 문제가 없으면 우리 말로 바꾸어 쓰고, 슈고다이묘守護大名, 호쿄슈奉公衆, 산닌슈三人衆처럼 적당한 번역어가 없거나 센고쿠기戰國期처럼 우리 말로 그대로 옮길 경우 다른 용어와 혼동될 우려가 있으면 일본어 발음대로 표기한다.

책을 펴내며

나이토 고난內藤湖南은 1921년 <오닌의 난에 대하여>라는 강연에서 "대개 금일의 일본을 알기 위해 일본 역사를 연구할 때 고대 일본을 연구할 필요는 거의 없다. 오닌의 난應仁の亂 이후의 역사를 아는 것으로 충분하다. 그 이전의 일은 외국 역사와 동일하다"라 했다. 위 고난의 발언은 일본 역사의 2분법을 나타내고 있는 것이지만, 오닌의 난이 일본 역사에 미친 영향을 강조하는 의미로도 받아들일 수 있다. 오닌의 난에 대한 평가야 어떻든 오닌의 난 이후부터 막번체제 성립 이전까지의 일본 역사를 보통 센고쿠기戰國期 혹은 센고쿠 시대戰國時代라 부른다.

센고쿠기는 자력구제自力救濟의 세계이기도 했다. 자력구제란 국가가 집단과 사회를 완전히 장악하지 못한 상황에서, 혈연·지연·직능 집단이 자신의 권리나 질서를 유지하기 위해 강제력을 동반한 실력행사를 하는 것을 일컫는다. 무로마치 시기室町時期에는 각각의 집단들이 자신의 이익을 지키기 위해 잇키一揆를 맺어 연합체를 형성하였고, 이들 잇키는 지역·직능·계층에 따라 중층적이고 복합적으로 조직되어 있었다. 이 잇키 조직은 지연地緣 결합을 통한 재지농민들의 도잇키土一揆, 재지영주들의 고쿠진잇키國人一揆, 종교를 매개로 한 잇코잇키一向一揆, 홋케잇키法華一揆 등등 다양하게 나타난다. 이렇게 힘으로 대립·분쟁 상태를 해결하려는 경향은 대립·분쟁 사태와 하극상 풍조를 재생산하였고, 대립·투쟁 과정과 명분 여하에 관계없이 승리한 측은 정당성을 확보할 수 있었다. 이러한 경향은 재지영주들과 센고쿠다이묘들에게

도 무로마치 막부가 동요하기 시작하는 시점에서 동일하게 적용되었다. 따라서 센고쿠다이묘 영국이 형성되면, 다이묘들은 분국법分國法을 제정하여 이 자력구제의 세계를 타파하고자 했고, 그것을 통해 영국에 대한 일원一元지배를 관철하고자 했던 것이다.

따라서 센고쿠기는 이해관계에 따라 다이묘들, 재지영주들이 이합집산하면서 크고 작은 싸움들이 수없이 벌어지고, 그 과정에서 수많은 하극상이 나타나는 분열과 대립·항쟁의 시기였다. 이러한 부정적인 이미지를 가지고 있는 센고쿠기이지만, 다른 면에서 보면 센고쿠기는 이 혼란기를 살아가는 사람들에게 기회의 시기이기도 했고, 순간의 선택이 운명을 가르는 긴장의 시기이기도 했다. 그런 의미에서 보면, 센고쿠기는 다양한 인간 군상이 나타나는 시기이기도 했다. 이러한 연유로 센고쿠기를 대상으로 한 다양한 문학작품들이 탄생하였고, 이 작품들은 경영전략에 참고하기 위해, 혹은 인생의 유연한 이해와 선택을 위해, 그 밖의 다양한 이유로 많은 사람들의 관심을 받아왔다.

그럼에도 아직 한국의 일본사학계에는 센고쿠기에 대한 전문 연구자도 연구물도 거의 없다. 그러한 학계 상황에 따른 당연한 귀결이기도 하지만 센고쿠기를 소개한 개설서마저도 없다. 이 책은 이러한 상황을 조금이나마 극복하기 위해, 그리고 여러 가지 이유로 이 시기에 관심을 가지고 계시는 분들에게 조금이라도 도움이 될 수 있기를 하는 바람을 담고 있다.

한편, 임진왜란 때 많은 다이묘들이 조선에 파견되어 침략에 간여하였다. 이 다이묘들의 내력을 알면, 더욱 풍요롭고, 다양하고, 심도 있게 임진왜란을 이해할 수 있을 것이다. 그리고 현재는 우리에게 일본이란 외국 같지 않은 이웃 나라이다. 관광을 위해 또는 개인이나 회사의 업무차 등으로 수많은 사람들이 이웃집 가듯 일본을 왕래한다. 그리고 일본 어딜 가든 한글 안내를 볼 수 있다. 그런데 일본은 서구보다 더 외국 같은 이웃나라이기도 하다. 그 이유야 따로 설명할 필요가 없겠지만, 그렇다고 일본을 몰라도 좋다는 뜻은 아닐 것이다. 수많은 한국인이 일본을 관광하고 거리를 거닐 거라면, 일본의 역사나 유적을 돌아보고, 그 의미를 살피는 것도 좋을 것이다. 여기에 도움을 줄 서적이 필요할 것이다. 이 책은 조선침략에 참가한 다이묘들에 대한 이해에 조금이나마 기여할 수 있을 것이라는 희망도 가지고 있다. 그리고 센고쿠키 각 지역의 상황을 서술하고 있는 이 책이 일본 각 지역을 방문하는 한국인들에게 다양한 정보를 제공하는 데 조금이라도 도움이 되었으면 한다.

그런데, 필자는 역사학 연구에 적지 않은 시간을 들여오면서 몇 가지 의문을 느껴왔다. 학문이 논리성을 추구하는 것이 당연하듯이, 역사학 역시 논리성을 추구한다. 이 목적을 관철하기 위해 역사학자는 다양한 사료와 연구 성과들을 검토한다. 이러한 과정은 당연하고, 치밀할수록 훌륭한 일이며, 학문상 지극히 존중할 만한 일이다. 그러나 서로 얽혀 있는 사건들을 분석할 때 엄격하고 일관된 논리를 완벽하게 구사하기란 매우 어려운 일이다. 그러한 능력이 있다 하더라도 그럴 필요가 있는지 하는 의문도 들었다. 더욱이 역사학자의 연구야 그렇다 해도, 일반 독자가 역사학자의 논리에 매몰될 필요가 있는가 하는 의문도 들었다. 즉 독자는 독자의 흥미나 관심에 입각해 책을 읽고, 독자는 '텍스트'를 읽으면서 나름의 상상력을 발휘할 수 있으며, 자신의 감성과 논리를 극대화하여 자신의 견해를 가질 권리를 가지고 있지 않은가? 이러한 입장에서 역사 연구자에게는 일반 독자에게 가급적 다양한 역사 사실들을 가감 없이 전달하는 역할도 있지 않을까?

그리고 역사학이 대부분 살아남은 자(승리자)들의 입장을 대변하고 있다는 점이다. 역사학은 그들이 남긴 사료에 입각하여 구성되고, 현재에서 역사학을 구성하는 것은 살아가는 자들의 필요에 따라 구성되는 담론이라 할 수 있다. 이것도 어쩌면 어쩔 수 없는 한계이기도 하고, 현재의 역사의식(문제의식)에 따른 필수불가결한 작업이다. 그러나 이러한 작업이 죽은 자(패배자)와 살아남은 자를 염두에 두지 않아도 된다는 말은 아닐 것이다. 그렇다고 바람직하지 않은 목적을 숨기면서 과거를 과거대로 이해하자는 일본류의 역사수정주의를 옹호할 생각은 손톱만큼도 없다. 다만 이 죽은 자들과 살아남은 자들, 역사 속에 살았던 사람들과 현재 살고 있는 사람들을 더불어 '타자'로 존중하고 평등히 다루는 방법은 없을까?

이렇게 보면, 역사학은 결코 과거를 있는 그대로 평가한 것도, 평가할 수도 없다. 더욱이 문자사료를 기초로 한 것이라면, 사료를 기술한 자의 의견이 사료에 배어 있기 때문에 더욱 그렇다. 엄격한 사료 비판을 통해 그러한 경향을 상당 정도 보완할 수는 있겠지만, 그렇다고 위 상황을 완전히 벗어날 방법이 있는 것은 아니다. 필자도 말하기는 부끄럽지만 오랫동안 역사학 연구에 몸 담아 오면서 각 연구테마에서 논리성을 관철시키기 위해 부단히 노력해 왔다. 그럼에도 불구하고 장시간에 걸친 역사 서술에서 서로 얽혀 있는 수많은 사건들을 일관된 논리로 서술할 방법도 관점도 아직 발견하지는 못했다. 우선은 필자의 게으름과 천박함 탓일 것이다. 그러나 아직 과문해서인지, 위 문제를 해결하거나 해결하기 위해 노력한 결과물을 감탄하며 본 기억도 없다.

글이란 글쓴이의 의견을 완전하게 배제할 수는 없다는 점 또한 분명하다. 그럼에도 필자는 이 책이 다루는 시기에 대한 일관된 논리를 가지고 있지도 않고 그런 능력도 없지만, 이 책을 집필하며 한 가지 모험을 하고자 한다. 즉 위에서 언급했듯이 과거에 살아남은 자(승리자)와 죽은 자(실패자), 그리고 현재 살아가는 자와 과거에 살았던 자를 '타자'로 보고 존중하는 마음으로, 각 사건들에 대한 필자의 판단, 논리, 평가, 그리고 학자들의 연구결과를 접어두고(완벽히 가능하지는 않겠지만), 가능한 한 많은 사건들을 충실하고 담담히 서술하고자 한다. 이 무모한 시도는 독자가 소위 학자들의 의견에 강요·설득 당하지 않으면서 자유로운 상상력과 감성을 통해 역사를 이해하였으면 하는 바람에서 나온 것이다. 필자는 독자들의 그러한 '텍스트' 이해가 역사학자들의 좁은 시야의 논리성에 입각한 역사 이해보다 더욱 역사를 다양하게 이해할 수 있는 가능성을 열 것이라 확신한다.

한편 이 시기를 대상으로 한 일본학계의 책들이 보통 서국西國과 동국東國으로 나누어 기술하고 있어서, 같은 시기 일본 각 지역의 사정을 관련시켜 이해하기 어려운 면이 있다. 일본인들은 자국의 역사여서 읽으면서 동시기를 연관시켜 이해할 수 있을지 모르겠으나, 필자는 각 지역의 상호관계들을 통한 역동적이고 총체적인 역사상을 구축하기 어려웠다. 이러한 경험 때문에 이 책에서는 각 시기별로 중앙권력과 각 지역의 역사를 병렬해서 서술하고자 한다. 이러한 서술방법은 중앙과 지역권력의 연관성과 단절성·특수성을 함께 생각하면서, 중앙과 지역의 역사를 총체적이고 역동적으로 파악해 보기 위해서다. 물론 중앙과 지역의 연관성이 있는 부분의 서술에서 중복된다는 약점이 있다. 그럼에도 중복을 마다하지 않은 것은 중앙과 지역의 결을 달리하는 입장·태도·이해의 차이를 드러내어 생각할 수 있는 여지를 남겨두기 위해서다.

필자가 이 시기의 연구 성과물들을 읽으면서 가장 곤란했던 점을 또 하나 든다면 지명과 지리 감각이었다. 센고쿠기 역사서에는 수많은 지명과 인명, 그리고 수많은 성城들이 쏟아져 나온다. 일본 지리에 훤하다면야 상관 없겠지만, 이 시기를 다룬 역사서를 처음 대하는 한국 독자가 일본지도를 펴들고 지명을 일일이 알아보기는 귀찮을 것이고, 알아본다 하더라도 옛 지명과 오늘날 지명의 차이 때문에 여간 성가시지 않을 것이다. 그래서 이 책에서는 소략하기는 하지만,

일본 국군도, 현재의 일본 행정지도, 그리고 각 지역을 서술하는 과정에서 필요하다고 보이는 곳에 옛 지역명國名과 현재의 현명縣名, 강이름江名, 그리고 해당 지역에 있었던 주요 성들을 표시한 지역도를 배치했다. 그런데 이 지역도들에 따로 진군도 등을 표시하지는 않았다. 독자들이 각 지역도에서 성들을 확인하는 과정을 통해 사실을 확인하고, 그것을 통해 당시 상황을 상상할 수 있었으면 하는 바람에서다. 그리고 책 말미에 <부록>으로 당시의 주요 성과 현재의 소재지를 정리하여 실었다. 이것은 좁은 지역에 많은 성들이 있을 경우 성들을 모두 표시할 수 없어서, 그러한 결함을 보충하기 위해서다. 지역도에 표시되지 않은 성들은 이것을 참조하기 바란다. 부디 독자들이 이 책을 읽으면서 일본에 대한 지리 감각과 지역과 지역의 거리감을 가늠하며 내용을 이해하고, 그리하여 인간과 자연의 관계를 상상할 수 있기 바란다.

이 책은 책 제목에서도 짐작할 수 있듯이 사람들에게 관심을 표명하고 있다. 이 시대를 살았던 사람들도 살기 위해 자신을 사랑하면서 행동을 결단하고, 선택했을 것이다. 이 책은 이들을 평가하거나 유형화하지는 않았지만, 독자들은 상상을 통해 이 인간 군상들을 엿볼 수 있을 것이다. 그리고 독자들은 이들의 선택과 결단을 자신의 삶 속에 비춰 보면서 인간의 모습들을 상상할 수 있을 것이다. 필자는 독자가 처한 삶 속에서 행하는 결단과 선택이 강요당한 것인지, 아니면 자신의 자유의지에 따른 것인지를 상상하면서 이 책을 읽었으면 하는 바람이 있다.

『일본 근세의 새벽을 여는 사람들Ⅰ-센고쿠기의 군상』<1장 흔들리는 무로마치 막부室町幕府 체제>에서는 우에스기 젠슈의 난(1416년)과 무로마치 막부 체제의 특성·모순에서 오는 막부幕府와 가마쿠라부鎌倉府의 대립, 지역으로 보면 중앙과 동국의 대립·항쟁·갈등 관계를

14

축으로 그에 대응하는 막부와 가마쿠라부의 대응과 그와 관련한 슈고 권력들의 움직임들을 파악하고자 한다. 이것은 오닌의 난 이전에 이미 무로마치 막부 체제가 동요하고 있음을 드러내고자 하는 의도이나, 이 시기의 이러한 현상들은 여전히 무로마치 막부 체제의 논리에 따라 중앙과 지역권력들이 규제되고 있음을 보여준다.

<2장 오닌應仁의 난>에서는 쇼군 권력을 강화하기 위한 방책들이 오히려 지역권력을 중앙으로 끌어들이는 결과를 가져오고, 유력 슈고 들이 연합하여 중앙권력에 개입할 여지를 제공하며, 대립과 분열, 그리고 정쟁 과정에서 '힘'이 모든 것을 말하는 본격적인 자력구제의 세계로 접어들게 했다는 점을 부각시키고자 한다. 이러한 상황 속에서 이해를 달리하는 권력들이 중앙과 서국에서 어떻게 대립하였는지를 살펴본다. 이를 통해 무로마치 막부 체제에서 벗어나 지역권력의 탄생 으로 향하는 움직임을 가늠하고자 한다.

<3장 메이오明應의 정변과 간레이 호소카와가細川家의 확집>에서는 쇼군 권력을 강화하려는 막부와 쇼군 계승을 둘러싼 쇼군가의 분열·대 립, 쇼군가와 간레이가(호소카와가)의 대립, 위 쇼군가의 대립과 관련한 호소카와가의 분열·대립, 그러한 과정에서 호소카와 마사모토에 의한 쇼군 폐위사건=메이오의 정변(1493년 4월)이 발생하고, 그로 말미암은 간레이 호소카와가의 확집을 다룬다. 이로써 막부권력은 간레이 호소 카와가에 완전히 장악되어 쇼군은 간레이의 괴뢰로 전락하고, 그 결과 무로마치 막부 체제가 기능부전에 빠졌음을 확인하고자 한다. 한편 이 시기 동국에서의 가마쿠라부와 그 주변 세력들의 움직임을 서술하 여, 당시 중앙과 동국의 움직임들을 입체적이고 총체적으로 균형있게 이해할 수 있도록 하고자 한다.

<4장 유력 센고쿠다이묘戰國大名 권력-지역권력의 탄생>에서는 기 나이와 그 주변 지역, 중부 지역, 간토 지역, 서부 및 규슈 지역으로

나누어, 각 지역에서 어떤 과정을 통해 센고쿠다이묘 권력이 탄생하는가를 보고자 한다. 현재 센고쿠다이묘로 규정하는 기준은 모호하다. 보통 센고쿠다이묘는 일정 지역에 대한 일원지배를 관철한 권력으로 보고 있다. 그러나 센고쿠다이묘 권력의 일원지배의 질, 지배 규모, 권력의 형성 시기, 영국 내부의 지역 사이에도 상당한 편차를 보이고 있다. 따라서 이 책에서는 센고쿠다이묘를 규정하는 요소들에 대한 고려는 일단 접어두고, 필자가 판단하기에 이후의 지역과 중앙정국에 영향을 미치는 다이묘들을 임의로 선택해서 서술하였다. 위와 같이 지역을 나누어 서술한 것은 이 시기 센고쿠 권력의 창출 과정이 필연적으로 각 지역과 관련되어 있어서, 그 연관성을 강조하기 위해서이기도 하다. 필자가 보기에는 센고쿠다이묘 권력의 탄생기는 1530±20년 정도로 보인다. 이러한 입장에서 이 장의 서술은 1530년대 전후까지를 대상으로 하며, 이러한 센고쿠다이묘들을 좀 더 이해하기 위해 그들의 내력을 서술한 후에 1530년대 전후까지의 이들의 움직임을 기술하였다. 이렇듯 지역과 인물들을 선택했다면, 센고쿠다이묘의 지역적 특성, 그리고 센고쿠다이묘의 유형화 등을 어느 정도 그려내야 하나, 사실 필자의 식견과 재능이 천박하여 염두에 둘 수 없었다. 이 문제들에 대한 연구는 후학과 독자의 몫으로 남겨둔다.

<5장 무로마치 막부의 붕괴와 센고쿠다이묘의 광역패권 지향>에서는 1530년대에서 1560년대까지의 중앙정국의 난맥상—호소카와씨·하타케야마씨·혼간지 세력의 쟁란인 교로쿠·덴분의 난, 그 속에서의 쇼군의 움직임을 보고자 한다. 위 대립 과정에서 미요시 정권이 붕괴하고, 쇼군은 자신의 권력을 회복하기 위해 눈물겨운 노력을 한다. 그러나 쇼군의 권력 회복은 이미 불가능한 상태여서, 결국 쇼군 권력은 교토와 그 주변 지역의 '다이묘 권력'으로 전락하게 된다. 여기에 이르는 과정을 센고쿠다이묘를 시야에 넣어 입체성·총체성·균형성을 강조

16

하여 기술하고자 한다. 그리고 이러한 중앙정국 상황 속에서 각 지역의 센고쿠다이묘들의 움직임을 보고자 한다. 이 시기가 되면, 물론 편차는 있으나, 센고쿠다이묘들은 영국의 광역패권을 지향한다. 이것은 센고쿠다이묘 영국이 새로운 단계로 진입했음을 의미한다. 따라서 지역권력들은 쇼군 권력과의 관련을 유지하면서, 상경=중앙권력 장악을 지향하게 되고, 이 과정에서 인접한 지역권력 상호간에 이전과는 다른 성격과 규모의 대립과 견제가 첨예화한다. 이러한 과정을 서술하면서 4장에서 본 지역구분을 채택할 수 없었던 것은 다이묘 간의 대립이 위 구분과 일치하지 않는 모습을 나타내고 있어서다. 그리고 마찬가지로 이 과정에서도 센고쿠다이묘의 지역적 특성과 유형화 등을 염두에 두어야 하나, 이 부분도 독자와 후학들의 몫으로 남겨둔다.

끝으로 본서의 출간을 위해 애써 주신 도서출판 혜안 관계자 분들, 특히 이 지루한 글을 처음부터 끝까지 읽으면서 여러 잘못된 부분을 바로잡아 주신 김현숙님께 깊이 감사드린다. 그리고 지도 제작에 고생을 마다하지 않으시고 도와주신 서강대학교 윤병남 선생과 전 연세대학교 교수 김유철 선생에게도 이 자리를 빌려 무한한 고마움을 표한다.

차 례

표 및 그림 차례

1장

흔들리는 무로마치 막부室町幕府 체제

1. 우에스기 젠슈上杉禪秀의 난

　가마쿠라 막부鎌倉幕府 후기부터 생산력이 향상되면서 재지영주(고쿠진國人)들은 재지 지배를 더욱 강화하였다. 유력 농민들도 이 생산력 향상에 편승하여 재지에 대한 장악력을 강화해 갔다. 또한 생산력 향상과 함께 상업 활동도 활발해져 상인들도 힘을 얻게 된다. 이들의 성장은 필연적으로 무가武家와 공가公家를 필두로 한 지배세력의 기득 이권을 잠식하고, 이를 통해 재지 지배를 더욱 강화하여 갔다. 나아가 이들은 무로마치 막부室町幕府의 지역지배를 담당하는 슈고다이묘守護大名의 권익도 침해해 들어갔다.

　따라서 슈고다이묘 연합체의 성격을 띤 무로마치 막부도 3대 쇼군 아시카가 요시미쓰足利義満와 6대 쇼군 아시카가 요시노리足利義教 치세를 제외하면, 쇼군의 권력기반은 약하였고, 그것은 슈고다이묘도 마찬가지였다. 슈고다이묘들은 그 정치 무대가 천황과 쇼군이 거주하는 교토京都였기 때문에, 영국 지배는 대개 슈고다이守護代와 유력 가신들에게 맡기고 있었다. 따라서 이 시기 슈고다이나 유력 가신들은 재지

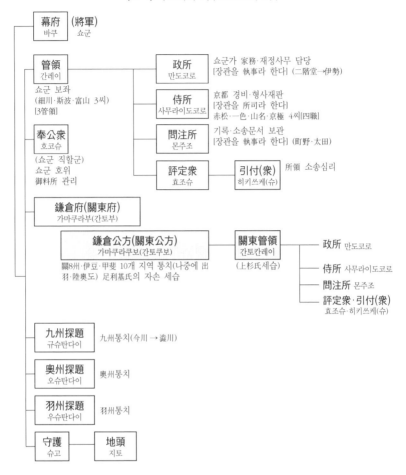

지배의 영향력이 강하였다. 이러한 현상들은 슈고다이묘의 권력기반
이 구조적으로 취약성을 내포하고 있었다는 것을 의미한다. 그러다
보니 쇼군·다이묘의 가독家督상속을 둘러싼 대립·분쟁과 슈고가의 가
독상속과 관련해서 가신들이 서로 대립하는 어가소동御家騷動이 자주
발생했다. 그 와중에 재지영주들 간의 대립과 항쟁도 상존했다.

무로마치 막부 정치체제는 남북조 내란南北朝內亂과 유력 슈고다이묘들의 반란을 수습한 3대 쇼군 아시카가 요시미쓰와 4대 쇼군 아시카가 요시모치足利義持 시기에 추대한 유력 슈고다이묘 연합체로서의 숙로宿老정치를 완성한다. 그런데 후계자가 아직 정해지지 않은 상태에서 요시모치가 1428년 사망하자, 그의 적자인 아시카가 요시카즈足利義量가 5대 쇼군에 오른다. 그러나 요시카즈는 쇼군에 취임한 지 2년 남짓하여 사망하게 된다. 이에 숙로들이 당시 출가해 있던 요시모치의 네 동생 가운데 제비뽑기로 쇼군을 결정하기로 하였다. 그 결과 1429년 천태좌주天台座主 기엔義円이 환속하여 아시카가 요시노리로 개명하고 제6대 쇼군에 취임한다. 이 때문에 항간에서는 요시노리를 '제비뽑기 쇼군'이라 부르며 조롱하기도 하였다.

요시노리는 처음에는 유력 슈고다이묘의 의견에 따라 정치를 행하였지만, 장로 격인 산포인 만자이三寶院滿濟, 야마나 도키히로山名時熙가 사망하자 자신의 의지를 관철시켜 나갔다. 요시노리는 쇼군 권력을 강화하기 위해 시바斯波씨, 하타케야마畠山씨, 야마나山名씨, 교고쿠京極씨, 도가시富樫씨 등 유력 슈고다이묘들의 가독상속에 개입하였다. 요시노리는 가독상속을 이용하여 유력 슈고다이묘들을 자기 통제하에 넣어 쇼군 권력을 강화하고자 한 것이다. 이 과정에서 당연히 수많은 사람들이 숙청되었는데 이 숙청의 칼은 무가만이 아니라 공가에게로도 향했다. 공가들은 사소한 잘못에도 소령을 몰수당하기 일쑤였고, 유배형에 처해지고 처형되기도 했다. 당시 후시미노미야 사다후사신노伏見宮貞成親王는 일기 『간몬닛키看聞日記』에서 이러한 요시노리의 정치를 '만인공포萬人恐怖'라고 표현하였다.

막부권력 강화를 지향한 이러한 요시노리의 정치는 그 안에 무가의 불만과 분열·대립, 공가의 불만과 이반, 거의 독립하여 있던 가마쿠라부鎌倉府와 무로마치 막부 간의 대립을 증폭시켰다. 이러한 상황 속에서 정국은 쇼군의 막부와 가마쿠라쿠보鎌倉公方의 가마쿠라부 간의 대립을

〈표 2〉 무로마치 막부 쇼군將軍·가마쿠라쿠보鎌倉公方·고가쿠보古河公方 계보도

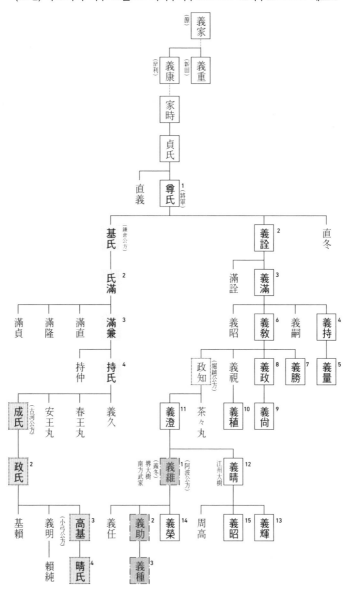

주축으로 다른 요소들 즉, 슈고다이묘와 공가의 분열·대립이 부수하는 형태로 전개되어 간다.

무로마치 막부는 남북조시기인 1336년에 가마쿠라부를 설치하여 간토關東 지역을 통치했다(히타치常陸·고즈케上野·시모쓰케下野·가즈사上總·시모사下總·무사시武藏·사가미相模·아와安房·가이甲斐·이즈伊豆. 1391년 이후에는 무쓰陸奧·데와出羽도 포함). 쇼군가의 피를 이은 아시카가 요시아키라足利義詮를 가마쿠라쿠보로 임명하고 그 보좌로 우에스기上杉씨를 간토칸레이關東管領로 임명하였다. 가마쿠라쿠보는 동일본의 대부분 지역을 통치하면서 거의 독립된 지위를 유지하고 있었다. 그리고 쇼군가와도 가까운 혈연이어서 때로는 쇼군과 대립할 수 있는 지위·위치에 있었다. 요시아키라는 1358년 4월 쇼군에 오른다. 따라서 가마쿠라쿠보는 아시카가 모토우지부터 시작되는 것으로 하고 있다.

물론 간토칸레이 임명권은 쇼군에게 있었다. 간토칸레이를 임명할 때 가마쿠라쿠보의 의향을 존중하기는 했지만 쇼군과의 사이에 의견 대립이 생길 경우, 쇼군은 가마쿠라쿠보의 의사를 부정·무시하고 간토칸레이를 임명할 수 있었다. 이는 쇼군이 간토칸레이의 임명을 지렛대로 가마쿠라쿠보를 견제할 수 있었다는 것을 의미한다.

그런데 간토칸레이직은 우에스기씨가 세습하고 있었다. 이것은 쇼군이 간토칸레이 교체를 둘러싸고 우에스기씨의 내부 분열을 야기하는 요인이 되기도 했다. 즉 막부는 간토칸레이직 임명권을 통해 가마쿠라쿠보를 견제함과 동시에 우에스기씨가 가마쿠라쿠보에게 지나치게 기울어지는 위험을 견제할 수 있었던 것이다.

한편 시모사 지역을 중심으로 세력을 형성하고 있던 이누가케 우에스기가犬懸上杉家의 우에스기 우지노리上杉氏憲(젠슈禪秀. 이하 젠슈)가 1411년 고즈케·무사시·이즈 지역을 중심으로 세력을 형성하고 있던 야마노우치 우에스기가山內上杉家의 우에스기 노리사다上杉憲定에 이어 간토칸레이에 올랐다. 젠슈는 가마쿠라쿠보인 아시카가 모치우지足利持氏의 숙부인 아시카가 미쓰타카足利滿隆와 모치우지의 동생이며 미쓰타카의 양자인 아시카가 모치나카足利持仲에게 접근하여 가마쿠라부의 실권을 장악하였다. 그런데 1415년 4월 25일 회의評定에서 모치우지가 히타치常陸의 젠슈 가신 오다小田씨가 가마쿠라부에 출사하지 않는다는 이유로 오쓰바타 로쿠로越幡六郎의 영지를 몰수하였다. 이 조치에 항의하여 젠슈는 5월 2일 간토칸레이직을 사임하였다. 이에 모치우지는 5월 18일 전 간토칸레이인 노리사다의 아들인 야마노우치가山內家 우에스기 노리모토上杉憲基를 간토칸레이에 임명하였다.

이 조치에 불만을 품은 젠슈는 교토에 있던 아시카가 요시쓰구足利義嗣와 아시카가 모치나카足利持仲 등과 공모하고, 이와마쓰 미쓰즈미岩松滿純, 나스 스케유키那須資之, 지바 가네타네千葉兼胤, 나가오 우지하루長尾氏春, 다이조 미쓰모토大掾滿幹, 야마이리 도모요시山入与義, 오다 모치이에小田持家, 미우라 다카아키三浦高明, 다케다 노부미쓰武田信滿, 유키 미쓰토모結城滿朝, 아시나 모리마사蘆名盛政 등의 무장과 지역 재지영주들(고쿠진슈國人衆)도 끌어들여 1416년 반란을 일으켰다(우에스기 젠슈의 난上杉禪秀の亂).

당시 간토의 유력 무장들은 가마쿠라부에 출사하고, 필요에 따라 영지로 돌아가 재지를 지배하고 있었다. 젠슈 등은 모치우지를 지지하는 무장들이 재지로 돌아간 틈을 타 거병한 것으로 보인다. 젠슈군은 모치우지 거관을 습격, 1416년 10월 2일 아시카가 미쓰타카는 우지노리와 함께 호주인寶壽院으로 들어가 모치우지·노리모토를 체포하려 했다. 그러나 모치우지 등은 이미 가신들과 함께 호주인을 탈출해서 스루가駿河로 도망하였다. 그 후 젠슈와 미쓰타카가 합류하여 위 여러 우군들과 함께 가마쿠라부를 장악하였다.

스루가 슈고다이묘 이마가와 노리마사今川範政는 10월 13일 쇼군 요시모치에게 우에스기 젠슈의 난 소식을 보고하였다. 그런데 그 내용에는 모치우지·노리모토가 이미 살해되었다는 오보도 포함되어 있었다. 마침 쇼군 요시모치는 이 소식이 전해진 날 이나바도因幡堂에 참예參詣하러 가 있어 부재중이었다. 막부는 소란스러웠고, 다이묘들은 정보 수집에 분주했다. 그 후 모치우지·노리모토 등이 가마쿠라를 탈출하였고, 모치우지가 스루가 노리마사에게로 도망쳐 와 막부에 원조를 구한 사실이 알려졌다. 이에 쇼군 요시모치는 10월 29일 다이묘들과 회의를 열고, 숙부인 아시카가 미쓰아키라足利滿詮의 진언을 참고하여 모치우지 구원을 결정했다.

모치우지 구원을 명받은 이마가와 노리마사·우에스기 후사카타上杉房方·오가사와라 마사야스小笠原政康·사타케佐竹씨·우쓰노미야宇都宮씨 등이 미쓰타카·젠슈를 토벌하기 위해 출진하였다. 이에 대항해 젠슈 등이 스루가를 공격하였으나 이마가와군에게 패배하였다. 1417년 후사카타·마사야스가 하치오지八王子 방면에서 가마쿠라로 진군하였고, 이에 우에스기씨의 영향력 아래 있던 에도江戸씨·도시마豊島씨 등의 무사시武藏 무사들도 젠슈 토벌군에 호응하였다. 젠슈는 1417년 정월 1일 위 에도씨·도시마씨를 세야하라世谷原에서 공격하였으나(세야하라 싸움世谷原の戰い), 그 틈을 타 이마가와군이 하코네토게箱根峠를 넘어 고우즈國府津로 진출하자, 젠슈는 당황하여 가마쿠라로 귀환하였다. 그러나 젠슈는 가마쿠라부의 원조를 잊지 못했고, 이로써 간토에서 젠슈세력은 일소되었다.

우에스기 젠슈의 난은 막부의 원조 하에 1417년 정월 모치우지의 승리로 마무리되었고, 젠슈는 1417년 1월 10일 미쓰타카, 모치나카와 함께 쓰루오카하치만구鶴岡八幡宮 유키노시타노보雪ノ下の坊에서 일족 낭당郎黨들과 함께 자진했다. 그러나 막부는 젠슈의 유아는 살려두었다.

우에스기 젠슈의 난은 막부와 가마쿠라부 모두에 큰 파문을 일으켰다. 쇼군 요시모치의 동생 아시카가 요시쓰구足利義嗣가 달아나는 사건을 조사하던 중, 요시쓰구와 당시 간레이 호소카와 미쓰모토細川滿元, 전 간레이 시바 요시노리斯波義敎를 비롯한 하타케야마 미쓰노리畠山滿則, 아카마쓰 요시노리赤松義則, 도키 야스마사土岐康政, 야마나 도키히로 등 유력 슈고다이묘들, 게다가 공가 야마시나 노리타카山科敎高, 히노 모치미쓰日野持光 등이 공모하여 우에스기 젠슈에 호응하여 쇼군 요시모치 타도를 획책한 사실이 발각되었다. 이 사건은 요시모치와 도가시 미쓰나리富樫滿成 등 쇼군 측근집단(=쇼군 권력 강화파)에 실권을 빼앗긴 호소카와씨 이하 유력 슈고다이묘들이 쿠데타를 획책하였다는 것을 보여준다.

이 사건으로 도키 모치요리土岐持賴(야스마사의 적자)가 이세伊勢 슈고직을 박탈당하였고, 간레이 호소카와 미쓰모토 이하 유력 슈고와 공가들이 근신·유배에 처해졌다. 그리고 1418년 요시모치의 명을 받은 도가시 미쓰나리가 요시쓰구를 살해하였다. 그런데 돌연 1418년 11월 도가시 미쓰나리가 요시쓰구 측에 가담했으며 쇼군 요시모치의 처첩 린가노쓰보네林歌局와 밀통하였다는 의혹을 사 추방되었다.

쇼군 요시모치가 젠슈 토벌에 나선 것은 가마쿠라쿠보 모치우지를 구원하기 위해서라기보다, 요시쓰구와 남조南朝의 연합을 염려하였기 때문이었다. 당시 모치우지도 막부의 혼란을 틈타 간토·오슈奧州 각지에서 발생한 무장봉기에 대항하여 자신의 권력기반을 강화하면서 막부의 권위를 부정하려는 움직임을 보였다. 막부가 젠슈의 유아를 보호하였던 것도 이 같은 사태를 염두에 둔 것이었다. 그리고 가마쿠라부에 적대하면서 막부 명령에 따라 젠슈 토벌에 나선 시모사下總의 우쓰노미야 모치쓰나宇都宮持綱를 우에스기 젠슈의 난 후 가즈사上總 슈고에 임명하고, 가마쿠라쿠보가 관리하던 아시카가足利씨 발상지인 아시카가노쇼足利莊를 막부가 직접 관리하게 된 것 등도 모두 모치우지를 견제하기 위한 막부의 방책이었다.

젠슈가 죽은 다음 해인 1418년 젠슈의 신하였던 재지영주들이 가즈사에서 잇키一揆를 일으켰다(가즈사노혼잇키上總本一揆). 그리고 젠슈 측에 가담했던 다이묘들은 모치우지의 보복이 두려워 가마쿠라부에의 출사를 기피하였다. 모치우지는 이와마쓰岩松씨와 사타케佐竹씨(야마이리씨계山入氏系) 등 젠슈 잔당을 토벌하고, 막부에 호의적이었던(가마쿠라쿠보에 대항적) 소위 교토후치슈京都扶持衆(쇼군과 직접 주종관계를 맺은 간토·도호쿠 지역의 무사들) 다이묘인 우쓰노미야 모치쓰나 등을 숙청하였다. 이는 가마쿠라쿠보 모치우지가 막부에 대립하는 성격을 잘 나타낸다.

위에서 알 수 있듯이 우에스기 젠슈의 난 처리 과정은 쇼군과 가마쿠라쿠보가 갖는 독재체제 지향성을 보여준다. 여기에는 막부와 가마쿠라부의 대립은 물론, 막부·가마쿠라부의 내부 대립이 내재되어 있다. 그리고 다이묘 상호간의 대립과 다이묘가의 내부 대립, 간레이와 간토칸레이가의 내부 대립 역시 내재되어 있다.

우에스기 젠슈의 난 후 간토칸레이직은 야마노우치가 우에스기씨가 독점하였다. 야마노우치가 우에스기씨는 간토는 물론 에치고에 광대한 소령을 가지고 있었고, 그 분가가 에치고越後 슈고직을 맡고 있었다(에치고 우에스기越後上杉씨). 그런데 에치고의 야마노우치가 우에스기령과 에치고 우에스기씨 슈고령은 막부 관할 하에 있었다. 따라서 막부는 에치고 안도권, 슈고 임명권과 간토칸레이 임명권을 통해 간토칸레이(=야마노우치)가 우에스기씨를 통제했다. 즉 간토칸레이는 막부의 의향을 존중해야 했고, 이로 말미암아 때때로 가마쿠라쿠보와 간토칸레이가 대립하게 된다.

2. 무로마치 막부와 가마쿠라부의 대립

우에스기 젠슈의 난 후, 1418년 간토칸레이에 임명된 우에스기 노리모토가 1419년 사망하자, 우에스기 노리자네上杉憲實가 고즈케上野·무사시武藏·이즈伊豆 슈고직과 더불어 간토칸레이에 임명되었다. 당시 노리자네가 10세의 어린 나이로 간토칸레이에 임명될 수 있었던 것은 노리모토의 유력 가신인 나가오長尾氏와 오이시大石氏가 노리모토의 유명이라는 명분 하에 노리자네를 받들었기 때문이라고 한다.

그런데 1423년 오구리小栗氏의 난(오에이應永의 난이라고도 한다)이 일어났다. 우에스기 젠슈 측에 가담했던 오구리 미쓰시게小栗滿重가 모치우지에게 소령 일부를 몰수당하자 1418·1421년 가마쿠라부에 대항하고, 1422년 우쓰노미야 모치쓰나·모모이 노부요시桃井宣義·마카베 히데모토眞壁秀幹 등과 공모해서 반란을 일으켰던 것이다. 반란군은 일시 시모사 유키성結城城(茨城縣結城市)을 함락시켰으나, 모치우지가 반란의 장기화와 확산을 염려하여 1423년 대군을 이끌고 출진하였다. 이에 반란군은 붕괴하였고, 미쓰시게는 거성 오구리성小栗城(茨城縣筑西市)에서 자살했다. 우쓰노미야 모치쓰나도 1423년 8월 9일 일족인 시오노야 노리쓰나鹽谷敎綱에게 살해되었다. 마카베씨는 멸망은 면했지만, 소령 중 다수를 모치우지에게 몰수당했다.

한편 오슈 남부를 통치하기 위해 파견되어 있던 모치우지의 숙부 아시카가 미쓰나오足利滿直(사사카와쿠보篠川公方라고 함)는 이누가케가 우에스기 우지노리(=젠슈)와 관계가 깊었다. 따라서 우에스기 젠슈의 난 후 미쓰나오와 모치우지의 관계는 악화되었고, 미쓰나오는 가마쿠라부의 통제에서 벗어나 독립·자립하고자 했다. 이러한 간토의 분열 양상과 막부의 슈고다이묘 임명을 둘러싼 쇼군과 가마쿠라쿠보의 경계·대립, 가마쿠라쿠보와 간토칸레이의 대립이 증폭하면서, 후술하듯

이 1438년 에이쿄의 난永享の亂, 1440년 유키 합전結城合戰이 발발하였다.

모치우지의 반 막부 경향은 요시모치 사후에도 보인다. 1428년 요시모치의 동생 요시노리가 6대 쇼군에 오르고, 연호가 쇼초正長에서 에이쿄永享로 바뀌었다. 모치우지는 요시노리의 쇼군 취임에 반발하여 이전의 연호인 쇼초를 그대로 사용하는 등 막부에 불복하는 태도를 보이고, 요시노리를 '환속 쇼군'이라며 조롱하였다. 1435년에는 아예 군사를 이끌고 상경을 시도하려다 간토칸레이 우에스기 노리자네의 만류로 포기하기도 하였다. 막부와 가마쿠라쿠보 간의 대립을 중재하려 한 노리자네의 노력은 야마노우치가 우에스기씨가 처한 상황에 의한 것으로, 막부는 그를 통해 가마쿠라쿠보의 동향을 파악하고자 했다. 이러한 상황은 당연히 반 막부 성향의 모치우지와 친 막부 성향의 노리자네 간의 대립을 보여준다.

노리자네의 중재 노력에도 불구하고, 모치우지는 노리자네를 멀리하고 우에스기씨의 서가庶家(일본어로는 庶流)인 우에스기 사다요리上杉定頼·우에스기 노리나오上杉憲直와 직신 잇시키 나오카네一色直兼 등을 중시하며 가마쿠라쿠보 독재체제를 강화해 나갔다. 한편 쇼군 요시노리와 때때로 대립하던 시바 요시아쓰斯波義淳가 1432년 간레이직을 사퇴하고, 유화파인 하타케야마 미쓰이에畠山滿家가 1433년, 산포인 만사이三寶院滿濟가 1435년 세상을 떠났다. 이에 따라 요시노리의 반가마쿠라부 움직임은 더욱 강경해졌다.

앞에서 본 노리자네의 모치우지 군사행동 저지는 모치우지와 노리자네의 관계를 최악으로 몰아갔다. 1436년 시나노信濃 슈고 오가사와라 마사야스小笠原政康와 호족 무라카미 요리키요村上頼淸가 영지를 둘러싸고 대립하였다. 이때 요리키요는 가마쿠라부에 지원을 요청하였다. 노리자네는 시나노가 가마쿠라부 지배영역 밖이라는 이유를 들어 출병을 막고자 했으나, 1437년 모치우지는 시나노 출병을 계획하였다.

이즈음 모치우지의 이번 출병이 노리자네를 주살하려 하는 것이라는 소문이 나돌았다. 그렇게 되자 노리자네도 군사를 동원하여 모치우지의 군사행동에 대비하여, 둘 사이에는 일촉즉발의 긴박한 상황이 전개된다. 모치우지가 노리자네를 방문하여 회담함으로써 양자는 일단 화해하였다. 그러나 노리자네는 간토칸레이직을 사퇴했다. 노리자네는 8월 간토칸레이직에 다시 복귀하기는 했지만 간토칸레이의 업무 수행에는 소극적이었다.

그런데 1438년 6월 모치우지가 적자 겐노마루賢王丸(아시카가 요시히사足利義久) 원복을 무단으로 행하고, 쇼군의 이름 한 자를 받아 개명하던 선례도 거부하였다. 이에 노리자네는 자신이 주관해야 하는 겐노마루의 원복 의례 참석을 거부하고, 8월 분국인 고즈케 히라이성平井城(群馬縣藤岡市西平井)으로 도망하였다. 당시 노리자네 암살설도 나돌았다. 모치우지는 노리자네를 추토하고자 근신인 잇시키 나오카네에게 군사를 주어 고즈케 히라이성으로 파견하고 자신 역시 무사시후추武藏府中 고안지高安寺(東京都府中市)에 진을 쳤다.

노리자네는 막부에 구원을 요청하고, 이에 답하여 막부는 무쓰陸奧 사사카와쿠보와 스루가 슈고 이마가와 노리타다今川範忠·시나노 슈고 오가사와라 마사야스에게 노리자네의 구원을 명하고, 젠슈의 아들 우에스기 모치후사上杉持房와 우에스기 노리토모上杉敎朝 등을 포함한 막부군을 간토로 파견하였다. 그리고 에치젠越前·오와리尾張·도토미遠江 슈고 시바 요시타케斯波義健의 후견인 시바 모치타네斯波持種·가이 조치甲斐常治, 아사쿠라 노리카게朝倉敎景 등도 간토로 파견하였다. 요시노리는 또 고하나조노 천황後花園天皇에게 모치우지의 치벌윤지治罰綸旨와 금어기錦御旗 사용을 요청하여 승인을 받아냈다.

9월말 오가사와라 마사야스군이 고즈케 이타하나板鼻에 이르러 히라이성으로 북상하는 가마쿠라부군을 격파하였다. 노리자네의 가신 나가오 다다마사長尾忠政는 10월 무사시 분바이가와라分倍河原 진지에 도착하여 모치우지군의 선봉 잇시키군을 격파했다. 9월 27일 이마가와군도 모치우지군을 격파하고 아시가라야마足柄山를 넘고, 우에스기 모치후사도 하코네箱根에서 모치우지군을 격파하였다. 모치우지군이 열세를 보이는 상황 속에서 가마쿠라를 지키고 있던 미우라 도키타카三浦時高가 모치우지를 배반하였다. 모치우지는 하야카와早川 시리尻에서 패배하고 사가미相模 에비나海老名까지 후퇴하였다. 모치우지 일행은 노리자네의 가신 나가오 다다마사·중신 나가오 가게나카長尾景仲군을 만나막부에 공순할 것을 맹세하였다. 11월 4일 모치우지는 쇼묘지稱名寺로들어가 출가하였다. 잇시키 나오카네 이하 모치우지 근신들은 쇼묘지에서 막부군의 공격을 받아 자살하였고, 모치우지는 에이안지永安寺에유폐되었다.

노리자네는 모치우지를 살려줄 것과 모치우지의 적자인 아시카가 요시히사를 가마쿠라쿠보로 임명해줄 것을 막부에 탄원하였으나, 쇼군 요시노리는 역으로 노리자네의 반역을 의심하였다. 노리자네는 어쩔 수 없이 1439년 2월 10일 에이안지를 공격하여 모치우지와 이나무라쿠보稻村公方(사사카와쿠보篠川公方와 함께 오슈 남부를 통치하기 위해 파견되었음) 아시카가 미쓰사다를 자살하게 하고, 요시히사도 가마쿠라 호코쿠지報國寺에서 자살하였다. 그리하여 가마쿠라부는 멸망하였다. 이 막부와 가마쿠라부, 가마쿠라쿠보와 간토칸레이의 대립을 에이쿄의 난永享の亂이라고 한다.

에이쿄의 난 후 요시노리는 아들 아시카가 마사토모足利政知를 가마쿠라로 내려보내 가마쿠라쿠보로 삼고자 했다. 이에 대항하여 모치우지 잔당과 시모사의 유키 우지토모結城氏朝·모치토모持朝 부자 등이 모치우지의 유아 하루오마루와 야스오마루를 유키성으로 맞아들여 막부에 반란을 일으켰다. 전화는 가마쿠라쿠보의 지배 하에 있던 오슈에까지 미쳐, 모치우지의 숙부 사사카와쿠보 아시카가 미쓰나오가 유키씨를 지원하는 장수들에게 공격받았다. 이에 막부는 총대장 우에스기 기요마사上杉淸方와 이마가와 노리타다·오가사와라 마사야스, 그리고 간토의 재지영주 등을 간토로 파견하여, 1440년 7월 29일 우지토모 등이 지키고 있는 유키성을 포위하였고 1441년 4월 결국 유키 우지토모를 패사시켰다. 하루오마루와 야스오마루는 미노에서 요시노리의 명을 받은 나가오 사네카게長尾實景에게 피살되었고, 모치우지의 또 다른 유아 아시카가 시게우지足利成氏는 교토로 송치되었다(유키 합전結城合戰).

3. 막부 정국의 난맥상

1) 가키쓰嘉吉의 난 : 쇼군 요시노리 암살사건

아카마쓰赤松씨는 무로마치 막부의 창업 공신으로 하리마播磨·비젠備前·미마사카美作 슈고직을 보임하는 명문가였고, 아카마쓰 미쓰스케는 4대 쇼군 요시모치 시기에 사무라이도코로侍所 장관으로 근무하였다. 미쓰스케는 1427년 아버지 아카마쓰 요시노리赤松義則의 뒤를 이어 가독을 상속하였는데, 쇼군 요시모치는 미쓰스케의 소령인 하리마를 몰수하여 아카마쓰씨의 방계이며 총신인 아카마쓰 모치사다赤松持貞에게 주려 하였다. 이에 미쓰스케는 교토 저택을 불태우고 하리마로 내려가 일족을 모아 쇼군과의 군사대결을 결심하였다. 요시모치는 미쓰스케의 소령 비젠과 미마사카도 몰수하고, 미쓰스케 토벌을 명하였다. 그러나 막부의 명령을 받은 잇시키 요시쓰라一色義貫가 출병을 거부하였다.

한편 1428년 아카마쓰 모치사다와 요시모치 측실의 밀통 고발사건이 발생하였다. 이로 말미암아 모치사다는 처벌되고, 미쓰스케는 사면되었다. 1428년 정월 요시노리가 쇼군에 취임하자, 미쓰스케는 가마쿠라쿠보 모치우지와 연합하여 반란을 일으킨 기타바타케 미쓰마사北畠滿雅 토벌에 가담하고, 그해부터 1432년까지 사무라이도코로 장관인 사무라이도코로 로도닌侍所頭人에 재임되었다. 이렇듯 이 시기에 요시노리와 미쓰스케 사이는 양호하였고, 미쓰스케는 사무라이도코로를 장악하여 권세를 누렸다.

그런데 1438년 3월 미쓰스케 가신 3명이 요시노리에 의해 살해되고, 1440년 3월 그의 동생 아카마쓰 요시마사赤松義雅의 영지가 몰수되었다. 요시노리는 몰수한 영지 일부를 모치사다의 조카 아카마쓰 사다무라赤松貞村에게 주었고, 미쓰스케 영지도 몰수하여 사다무라에게 준다는 소문이 나돌기도 했다. 유력 슈고다이묘에 대한 요시노리의 강경책은 미쓰스케에게만 한정된 것이 아니었다. 간레이 시바斯波氏와 하타케야마畠山氏, 교고쿠京極氏, 도키土岐氏, 잇시키一色氏 등도 그 대상이 되었다. 특히 1440년 5월 도키 모치요리土岐持賴와 잇시키 요시쓰라가 암살되자, 미쓰스케의 불안이 가중되었다. 마침내 요시노리는 1440년 9월 22일, 미쓰스케를 사무라이도코로 벳토侍所別當직에서 파면하였다. 이제 요시노리와 미쓰스케의 대립은 피할 수 없는 단계로 치달았다.

이러한 가운데 1441년 6월 24일 미쓰스케의 아들 아카마쓰 노리야스赤松敎康가 쇼군 요시노리에게 유키 합전의 승리 축하연을 자기 저택에서 열고 싶다면서 그곳에서 아카마쓰씨의 전통 노能인 마쓰바야시松囃子(=赤松囃子. 연초에 복을 비는 예능 행사)를 헌상하겠다고 했다. 노리야스의 청이 받아들여진 이 연회에는 요시노리의 개입으로 가독을 상속한 간레이 호소카와 모치유키細川持之, 하타케야마 모치나가畠山持永, 야마나 모치토요山名持豊, 잇시키 노리치카一色敎親, 호소카와 모치쓰네細川持常, 오우치 모치요大内持世, 교고쿠 다카카즈京極高數, 야마나 히로타카山名

熙貴, 호소카와 모치하루細川持春, 아카마쓰 사다무라赤松貞村 등 유력 슈고다이묘들과 오기마치산조 사네마사正親町三條實雅 등의 공가들도 참석했다. 사루가쿠猿樂가 한창 공연되는 중에 아카마쓰 측은 쇼군 요시노리를 살해했다. 다이묘들은·대부분 피하는 데 급급했고 오직 야마나 히로타카와 오기마치산조 사네마사만이 아카마쓰 측에 저항하다 사망하였다. 호소카와 모치하루, 교고쿠 다카카즈, 오우치 모치요 등은 중상을 입고 피신하였으나 나중에 사망하였다(가키쓰의 난嘉吉の亂).

미쓰스케 등 아카마쓰 일족은 막부군의 추토를 예상하고 교토 자택에서 자살할 생각이었으나 막부 추토군이 저녁까지 오지 않았다. 이에 미쓰스케 일당은 자택에 불을 지르고 교토를 떠나 영지 하리마로 향했다. 미쓰스케는 아시카가 다다후유足利直冬(아시카가 다카우지足利尊氏의 서자, 다다요시直義의 양자)의 손자 요시타카義尊를 옹립하여 영국을 지키면서 막부에 대항하고자 했다. 막부 간레이 호소카와 모치유키는 25일 회의를 열어 요시노리의 적자 센야차마루千也茶丸(아시카가 요시카쓰足利義勝)를 차기 쇼군으로 결정하였다. 그러나 미쓰스케의 토벌군 구성은 용이하지 않았다.

막부는 일단 7월 1일 기케이 신즈이季瓊眞藥를 미쓰스케가 웅거하고 있던 하리마 사카모토성坂本城(兵庫縣姬路市書寫)으로 파견하여 요시노리의 수급을 가져오게 하고, 6일 교토 도지인等持院에서 요시노리의 장례를 치렀다. 그 후 호소카와 모치쓰네, 아카마쓰 사다무라, 아카마쓰 미쓰마사 군대가 셋쓰에서, 야마나 모치토요 등 야마나 일족이 다지마但馬와 호키伯耆에서 하리마·비젠備前·미마사카로 진격하는 토벌군을 보내기로 결정했다. 모치쓰네, 사다무라, 미쓰마사의 미쓰스케 토벌군이 7월 11일 하리마를 향해 발진하였고, 이어 발진을 주저하던 야마나 노리키요山名敎淸도 호키에서 미마사카로 발진하여, 야마나군은 미마사카를 저항 없이 제압하였다. 모치쓰네, 사다무라 등의 군대는 셋쓰

니시노미야西宮까지 진출하였다. 25일 아카마쓰 노리야스赤松教康가 막부군을 야습하였으나 실패하였다 (고고쇼 합전庫御所合戰). 싸움은 다지마 방면의 야마나 모치토요가 움직이지 않아 일시 교착 상태에 빠진다. 이윽고 모치토요가 교토를 떠나 다지마로 향했다. 8월 1일 호소카와 모

〈그림 1〉 아카마쓰씨 토벌 관련도

치유키는 고하나조노 천황에게 아카마쓰 토벌의 치벌윤지를 주청하여 허가를 받아냈다.

8월 19일 셋쓰에 주둔해 있던 모치쓰네·사다무라 군대가 육로로, 호소카와 모치치카細川持親(호소카와 시게하루細川成春의 아버지)는 해로로 시오야鹽屋(神戶市)에 주둔하고 있던 노리야스군을 공격했다. 노리야스가 진을 포기하고 가니사카蟹坂로 후퇴하자, 모치쓰네·사다무라·미쓰마사군은 하리마로 입성했다. 24일 양군은 격전을 치르고, 25일 막부군은 가니사카를 공격하였다. 노리야스는 다지마 입구가 돌파되었다는 허위 보고를 받고 사카모토성으로 되각했다(히토마루즈카 싸움人丸塚の戰い).

8월 중순 야마나 모치토요는 4,500기로 다지마·하리마 국경 마유미 토게眞弓峠를 공격하여 28일 마침내 돌파에 성공했다. 이어 모치토요는 퇴각하는 아카마쓰 요시마사赤松義雅를 추격하여 사카모토성으로 향한다. 30일 양군은 다와라田原에서 결전을 벌였고, 요시마사는 패주했다. 9월 1일 모치토요군이 사카모토성에 도착하고 모치쓰네군과 합류하

여 사카모토성을 포위했다.

3일 미쓰스케는 사카모토성을 포기하고 기노야마성城山城(兵庫縣たつの市)으로 간다. 아카마쓰 일족은 기노야마성에서 농성하고, 야마나 일족의 대군이 이 성을 포위하였다. 9일 아카마쓰 요시마사는 도망하여 막부군에 항복하고, 하리마 재지영주들도 도망하였다. 10일 막부군이 기노야마성을 총공격하자, 미쓰스케는 노리야스와 동생 노리시게則繁를 성에서 탈출시키고 자살했다.

한편 미쓰스케를 토벌한 공로를 인정받아 야마나 모치토요는 하리마播磨, 야마나 노리유키山名教之는 비젠備前, 야마나 노리키요山名教清는 미마사카美作 슈고로 임명되었다. 셋쓰의 나카시마군中島郡과 하리마의 아카시·가토加東·미노美囊는 쇼군 직할지(고료쇼御料所)로, 그리고 호소카와 모치카타細川持賢는 나카시마군, 아카마쓰 미쓰마사赤松滿政는 하리마 3군의 분군分郡 슈고로 임명되었다. 이때 모치토요는 군공을 앞세워 하리마 전체에 대한 지배를 요구하여 1444년부터 하리마 전체를 지배하게 된다. 이로써 1391년의 메이토쿠의 난 후 후퇴했던 야마나씨 세력은 호소카와씨와 때로는 협조하고 때로는 경합을 벌이게 된다.

한편 1441년 6월 쇼군 요시노리가 가키쓰의 난으로 불귀의 객이 되고 난 후, 8월 오미에서 바샤쿠잇키馬借一揆가 발생했다. 바샤쿠馬借란 말을 이용하는 운송업자로, 당시 도잇키의 주체로 활약하면서 자주 덕정德政(매매, 저당, 채권·채무관계의 파기)을 요구하였다. 요시노리 사후의 혼란스런 정치상황 속에서 교토와 오미 사카모토坂本 바샤쿠들이 쇼군 교체 덕정을 요구하였고, 여기에 인근 농민들이 동조하여 잇키一揆(지배자의 압정에 대항한 지연地緣결합의 무장봉기)를 일으켰던 것이다. 바샤쿠잇키세에 아카마쓰 미쓰스케가 살해되어 세력을 잃게 된 오미 슈고 롯카쿠 미쓰쓰나六角滿綱는 어쩔 수 없이 잇키 측이 요구하는 덕정을 수용하였다. 한편 9월 잇키 세력은 교토 도지東寺, 기타노샤北野社를 점거하고, 단바 입구와 니시하치조西八條를 봉쇄하였다. 그런데 엔랴쿠지延曆寺가 롯카쿠 미쓰쓰나의 덕정령에 반대하였기 때문에 엔랴쿠지 지배 하의 오미 바샤쿠가 엔랴쿠지를 이반하고, 잇키 세력은 다시 교토 기요미즈데라淸水寺를 점거하였다.

잇키 세력은 교토와 외부의 연락을 차단하고, 양조업자酒屋, 금융업자土倉, 사원들을 습격했다. 잇키 세력은 재지무사들의 지휘 하에 조직적으로 움직였다. 막부는 농민들에 한정한 덕정령을 발표하여 사태 수습에 나섰으나, 잇키 세력은 공가와 무가를 포함한 덕정령을 요구했다. 잇키세의 이 같은 요구는 지배자층의 지지를 얻기 위함이었다. 한편 간레이 호소카와 모치유키細川持之가 금융업자에게 뇌물 천관을 받고 금융업자를 보호하기 위해 출병 명령을 내린 사실이 밝혀졌다. 이 사실을 안 슈고다이묘들이 바샤쿠잇키 진압을 위한 출병을 거부하였다. 특히 하타케야마 모치쿠니畠山持國는 잇키세에 부하들이 참가하고 있었기 때문에 잇키 진압에 반대하였다. 사태는 더욱 혼란스러워졌다.

이에 7대 쇼군 아시카가 요시카쓰足利義勝(간레이는 호소카와 모치유키)는 잇키 세력의 요구를 받아들여, 20년이 지나지 않은 저당물은 원주인에게 반환하라는 내용의 덕정령을 발포하였다(가키쓰의 덕정령嘉吉の德政令). 이로 말미암아 막부의 권위는 크게 손상되었다.

2) 가키쓰의 난 후의 막부

근신인 유력 슈고다이묘가 쇼군을 살해하는 전대미문의 사태를 맞아, 막부정치는 쇼군 독재체제에서 슈고다이묘 합의제로 일시 전환한다. 호소카와 모치유키는 6월 25일 회의에서 전 쇼군 요시노리에게 처벌받은 다이묘들을 사면하였다. 이에 따라 요시노리가 경질했던 하타케야마 모치쿠니가 상경하고, 요시노리가 당주로 임명한 하타케야마 모치나가畠山持永는 살해된다. 1442년 11월 아시카가 요시카쓰가 7대 쇼군으로 취임한 후, 모치유키는 간레이직을 사퇴하고 하타케야마 모치쿠니가 간레이에 취임하였다. 간레이 모치쿠니는 전 쇼군 요시노리의 정치를 부정하고, 요시노리가 처벌한 사람들을 복권시켰다. 이 같은 조치에 대해 호소카와씨가 반발했고, 요시노리의 개입으로 가독을 상속하였던 다이묘가에는 분쟁(=어가소동御家騷動)이 일어났다. 즉 막부와 유력 슈고다이묘가의 분열·대립이 첨예화되기 시작했다.

아홉 살 나이로 쇼군에 오른 요시카쓰는 취임 1년도 안 된 1443년 7월 요절하였고, 그 뒤를 이어 요시카쓰의 동생인 여덟 살 난 아시카가 요시마사足利義政가 8대 쇼군에 오른다. 한편 쇼군 요시노리가 암살된 후 가마쿠라부 재흥운동이 일어났다. 에치고 슈고 우에스기 후사토모上杉房朝를 비롯한 우에스기씨 일족과 그 가신들, 그리고 간토의 무사들은 막부에 가마쿠라부 재흥운동을 전개하였고, 간레이 하타케야마 모치쿠니도 그것을 지지하였다. 그 결과 1449년 가마쿠라부가 재흥되었다. 새로운 가마쿠라쿠보에는 전 가마쿠라쿠보 아시카가 모치우지의 유아 아시카가 시게우지足利成氏가 임명되었고, 간토칸레이직에는 모치우지를 죽음으로 몰아넣은 우에스기 노리자네의 적자 야마노우치가山內家 우에스기 노리타다上杉憲忠가 취임했다. 이해를 달리하는 세력의 참으로 묘한 조합이었다.

이러한 일시적 결합은 필연적으로 대립을 불러왔다. 결국 1450년 4월 야마노우치가 나가오 가게나카와 그의 사위 오기가야쓰가扇谷家 우에스기씨(가마쿠라 오기가야쓰에 거주하면서 주로 남부 간토 지역에 세력을 확장하였다) 오타 스케키요太田資淸가 시게우지를 공격하는 에노시마 합전江の島合戰이 일어난다. 시게우지는 가마쿠라에서 에노시마로 피난하고, 오야마 모치마사小山持政·지바 다네마사千葉胤將·오다 모치이에小田持家·우쓰노미야 히토쓰나宇都宮等綱 등이 시게우지를 도와 나가오·오타 연합군을 격퇴하였다. 시게우지는 우에스기 노리자네의 동생인 우에스기 시게카타上杉重方의 중재로 전투에 참가했던 오기가야쓰가 우에스기 모치토모上杉持朝 등과는 화해하였으나, 야마노우치가의 나가오 가게나카·오타 스케키요와의 대결을 고수하면서 위 양자의 처분을 막부에 요구하였다.

막부 간레이 하타케야마 모치쿠니는 시게우지의 요구에 응하여, 우에스기 노리자네·노리타다에게 가마쿠라로 복귀할 것을 명하였다. 그리고 간토 무사들과 야마노우치가 우에스기씨 분국인 무사시·고즈케의 중소 무사들에게도 시게우지에게 충절을 다하라고 명했다. 그러나 나가오·오타씨에 대한 처벌은 애매했다. 결국 시게우지는 8월 4일 가마쿠라로 돌아오고, 우에스기 노리타다도 10월경 간토칸레이로서 가마쿠라로 복귀하였던 것이다.

한편 1452년 막부 간레이가 하타케야마 모치쿠니에서 호소카와 가쓰모토細川勝元로 바뀐다. 가쓰모토는 가마쿠라쿠보에게 강경한 태도를 취하였고, 간토칸레이의 개입이 없는 서장의 수취를 거부하였다. 이는 막부가 간토칸레이를 통해 가마쿠라부를 통제하겠다는 의도를 강력하게 보여준 것이었다.

이러한 분위기 속에서 1454년 12월 27일 시게우지가 간토칸레이 우에스기 노리타다를 자신의 거택으로 불러들여 모살했다. 교토에서는 이 사건이 아버지 모치우지에 대한 원한에서 비롯하였다고 회자되었다. 그러나 이 사건은 막부에 대항하는 가마쿠라부와 가마쿠라부에 강경한 막부의 입장·태도, 가마쿠라부 내부의 심각한 대립에서 비롯된 것이다. 이러한 구조·상황 속에서 이후 약 30년에 걸쳐 교토쿠의 난享德の亂이 지속되었다.

3) 동국東國의 정세 : 전기 교토쿠享德의 난과 쇼군 요시마사의 정국 운영

1455년 정월 아시카가 시게우지가 야마노우치가 우에스기씨 세력 나가오 가게나카·오타 스케키요를 토벌하기 위해 가마쿠라로 출진했다. 시게우지는 정월 21·22일 무사시 분바이가와라 싸움分倍河原の戰い에서 우에스기 노리아키上杉憲秋·오기가야쓰가 우에스기 아키후사上杉顯房를 전사시키고, 3월 3일 시모사 고가古河 진지에 도착하여 각지에서 싸움을 전개하였다. 싸움에 패한 야마노우치가 우에스기씨 세력이 히타치 오구리성에서 농성하자, 시게우지는 윤4월 오구리성을 공격하여 함락시켰다. 야마노우치가 우에스기씨는 우에스기 노리타다上杉憲忠 동생 우에스기 후사아키上杉房顯를 후사로 정하여 체제정비에 나서고, 막부는 야마노우치가 우에스기씨에 대한 지원을 결정한다. 나아가 막부는 1455년 4월 고하나조노 천황에게서 시게우지 토벌의 윤지를 얻어, 시게우지를 조적朝敵(조정의 적)으로 규정하였다. 후사아키는 고즈케 히라이성으로 들어가고, 에치고 우에스기씨 원군과 오구리성 패잔병들이 시모쓰케下野 덴메이天命(佐野市)·이마키야마只木山에 포진하였다. 시게우지는 6월 24일 덴메이·이마키야마 서쪽에 있는 현재의 아시카가시足利市에 포진하여 대항하였으나, 7월 고야마小山로 이동하였다. 한편 스루가 슈고 이마가와 노리타다는 오기가야쓰가 우에스기씨를 구원하기 위해 4월 3일 교토를 발진하여, 6월 16일 가마쿠라를 제압하였다.

그리하여 시게우지는 가마쿠라를 포기하고, 자신을 지지하는 무사들과 호족들의 거점이 근처에 있는 시모사 고가古河로 옮겨 본거지로 삼았다. 이를 고가쿠보古河公方라 한다. 시게우지가 자신의 세력 근거지로 고가를 선택한 이유는 다음과 같다.

첫째, 가마쿠라쿠보의 경제 기반인 직할지의 중심이 가마쿠라 주변의 사가미와 시모코베노쇼下河邊莊를 중심으로 한 간토 평야였고, 시모코베노쇼의 거점이 고가였다. 그리고 아시카가가의 가신 야나다簗田씨와 노다野田씨가 고가와 구리하시栗橋를 기반으로 시모코베노쇼의 수운과 세키야도關宿를 장악하고 있었다. 이들은 시게우지가 고가로 이주해 온 이후에도 세키야도성關宿城(千葉縣野田市關宿三軒家)과 구리하시성栗橋城(茨城縣猿島郡五霞町)에 웅거하면서 고가쿠보를 지지했다.

둘째, 시게우지가 고가로 이주할 당시, 시모쓰케·시모사 전체, 히타치의 대부분이 고가쿠보의 세력 하에 있었으며, 고즈케·무사시의 대부분, 사가미·이즈 전체가 오기가야쓰가 우에스기씨 지배 하에 있었다. 고즈케 동부·무사시 북동부·히타치 남부는 계쟁 지역이었다. 따라서 고가는 각지에 산재하는 지배세력의 중심지였고, 이들 세력을 결집시킬 수 있는 지점에 위치해 있었다. 고가쿠보를 지지하는 세력으로 시모쓰케의 우쓰노미야씨(아키쓰나明綱, 마사쓰나正綱)·나스 스케모치那須資持·오야마 모치마사小山持政, 시모사의 유키結城씨·지바씨(야스타네康胤·스케타네輔胤·다카타네孝胤), 히타치의 사타케 요시토시佐竹義俊·오다 모치이에小田持家, 고즈케 동부의 이와마쓰 모치쿠니岩松持國 등이 있었다. 특히 오야마 모치마사는 시게우지가 형제의 맹약관계라 부를 정도로 아주 신뢰하고 있었다. 우쓰노미야씨와 지바씨는 시게우지 지지파와 반지지파로 분열되어 있었으나, 고가쿠보를 지지하는 쪽으로 정리되었다. 우에스기씨의 영향력이 약한 고즈케·아와에는 고가쿠보의 가신 다케다 노부나가武田信長·사토미 요시자네里見義實가 입부入部했다. 반면 히타치 남부 쓰쿠바군筑波郡·이나시키군稻敷郡·마카베군眞壁郡 등은 우에스기씨의 영향력이 강했다.

셋째, 고가는 수상교통의 간선인 하천이 모여 있어 간토에서 물류·교통의 최대 요지였다. 그리고 도네가와利根川 수계 상류의 와타라세가와渡良瀬川·오모이가와思川는 아시카가씨와 관계 깊은 시모쓰케下野의 아시카가노쇼足利莊, 이와마쓰씨와 오야마씨 등 유력 호족의 거점과

직결되어 있었다. 하류의 후토이가와太日川(현재의 에도가와江戸川)는 고가 쿠보 직할지인 시모코베노쇼를 종단하고 있다(당시의 와타라세가와·도네가와 하구는 도쿄만東京灣). 그리고 하타치가와常陸川(현재의 도네가와 하류, 이바라키茨城·지바켄千葉縣 경계 지역) 수계는 인바누마印旛沼에 면한 사쿠라佐倉를 거점으로 하는 유력 호족 지바씨와 연결되어 있었다.

넷째, 고가는 도네가와와 와타라세가와를 필두로 하는 대·소 하천과 호소湖沼·습지가 천연의 해자 역할을 하여 지키기 쉬운 지형이었다. 그래서 고가는 남북조 이래 전략상의 요충지로 정비되어 있었다.

간토의 정세가 이렇게 돌아가고 있을 즈음의 막부 사정은 어떠했을까? 막부가 재흥된 가마쿠라부에 간섭하고 대립적인 태도를 취하고 있다는 것은 이미 보았다. 이러한 태도는 기본적으로 쇼군 요시마사의 권력 강화의 방향성을 나타내는 것으로 막부 내에서는 당연하다 하겠다. 그것은 만도코로政所 시쓰지執事 이세 사다치카伊勢貞親를 필두로 만도코로·부교슈奉行衆(유히쓰카타右筆方라고도 하며 무로마치 막부의 문과 법조관료)·반슈番衆(쇼군의 신변경호와 잡무를 담당)를 중심으로 하는 쇼군의 측근집단을 강화하고, 이들을 기반으로 슈고다이묘 세력에 대항하여 쇼군 권력을 강화하려는 경향으로 나타났다.

그러나 당시 요시마사의 유모 이마마이리노쓰보네今參局(오이마御今)·가라스마루 스케토烏丸資任·아리마 모치이에有馬持家(오이마, 가라스마, 아리마의 '마'자가 붙은 위 3인을 3마三魔라고 불렀다), 어머니 히노 시게코日野重子, 정실인 히노 도미코日野富子의 친정 히노가日野家, 그리고 유력 슈고다이묘 등이 정치에 깊숙이 개입하고 있어서, 쇼군이 정치 주도권을 잡기는 어려운 상황이었다. 위에서 본 간토정책의 난맥상도 이 같은 사정으로 말미암은 것이었다.

쇼군 요시마사는 쇼군의 입지를 넓히기 위해 슈고다이묘들의 가독 상속 싸움에 빈번히 개입하였다. 1441년 6월 가가加賀 슈고 도가시씨의 가독상속을 둘러싸고 내분이 발생하였다(가가료류분안 소동加賀兩流文安騷動). 1441년 도가시 노리이에富樫敎家가 쇼군 요시노리의 노여움을 사 칩거하고, 도가시 야스타카富樫泰高가 환속하여 가독을 이었다. 그러나 요시노리가 암살당하자, 노리이에가 하타케야마 모치쿠니의 후원을 업고 가독의 반환을 요구하였다. 이에 대항하여 야스타카가 간레이 호소카와 모치유키細川持之에게 후원을 요청하면서 도가시가는 2분되어 서로 다투었던 것이다.

마침 호소카와 모치유키가 간레이직을 사퇴하고 하타케야마 모치쿠니가 간레이에 오르자, 도가시가의 가독은 노리이에 아들 도가시 시게하루富樫成春에게 넘어간다. 그러나 야스타카는 물러나지 않고 재지세력을 기반으로 노리이에·시게하루에게 완강히 저항했다. 1445년 호소카와 가쓰모토細川勝元가 간레이에 취임하자 야스타카는 노리이에를 추방하였다. 이에 이르러 양가는 가가를 나누어 각각 반국 슈고半國守護로 임명되어 도가시씨의 분열은 일단 마무리된다. 그런데 1462년 시게하루가 병사하면서 야스타카는 가가 전체의 슈고직에 복귀한다. 이 과정에서 쇼군 요시마사는 노리이에를 후원하였으나, 간레이 가쓰모토의 반대에 부딪혀 자신의 의견을 관철시키지 못했다.

한편 요시마사는 1451년 오다 노부나가織田信長의 조상으로 오와리 슈고다이였던 오다 사토히로織田鄕廣의 복귀를 기도하였는데, 오와리·에치젠·도토미 슈고 시바 요시타케와 슈고다이 가이 조치의 반대에 부딪혀 실패하고 만다. 오다 사토히로의 부하 사카이 시치로에몬 히로미치坂井七郎右衛門廣道가 공가 마리코지 도키후사萬里小路時房의 다이칸代官을 칭하여 사사령과 본조령本所領을 횡령하자, 도키후사는 간레이 모치유키에게 오다 사토히로의 소령 횡령을 호소하였다. 오다 사토히로는 1441년 그 책임을 면하기 위해 도망하였다. 사토히로의 뒤를 이어 오다 히사히로織田久廣가 가독을 이었으나, 1442년 사토히로는 요시마사의 유모인 이마마이리노쓰보네에게 의지하여 귀향을 도모하였다. 이마마이리노쓰보네의 진언에 따라 요시마사는 사토히로를 용서하는 명령을 내렸다. 그러나 가이 조치를 후원하는 요시마사의 생모 히노 시게코가 크게 반대하여 요시마사는 그의 뜻을 철회하였다. 사토히로 는 1451년 주가인 시바 요시타케에게 용서를 구하나 받아들여지지 않았다.

1454년 하타케야마가에서도 어가소동이 일어났다. 8월 21일 야마나 소젠山名宗全과 호소카와 가쓰모토가 하타케야마 모치쿠니의 조카 하타 케야마 마사히사畠山政久를 비호하여 구니모치와 그의 아들 하타케야마 요시히로畠山義弘(요시나리義就)를 교토에서 추방하였다. 이에 대해 쇼군 요시마사는 요시히로를 지지하여, 29일 마사히사를 숨겨준 가쓰모토 의 신하를 절복하게 하고, 11월 2일 소젠 퇴치를 명하였으나 3일 소젠 의 은거를 명하였다. 소젠이 12월 6일 다지마但馬로 내려간 후, 하타케 야마 요시히로가 13일 상경하여 가독을 상속하였다. 요시마사가 요시 히로를 지지한 것은 호소카와씨·야마나씨를 견제하기 위해서였던 것 으로 보인다.

한편 쇼군 요시마사는 간토 정세에 대처하기 위해 1458년 이복형 아시카가 마사토모를 가마쿠라로 내려보내 가마쿠라쿠보로 임명하려 하였으나, 마사토모는 가마쿠라에 입성하지도 못한 채 호리고에堀越에 머물렀다. 요시마사는 간토 정벌군을 파견하여 시게우지를 토벌하려 하였으나, 이 또한 여의치 않았다. 요시노리 사망 후 유력 슈고연합체 제로 정권을 구성할 수밖에 없었고, 쇼군 전제를 강화하려 하면 할수록 유력 슈고다이묘와의 갈등이 표면화할 수밖에 없었던 것이다.

게다가 당시 다이묘가의 가독상속이 쇼군의 전제 강화와 관련되어 있어서 다이묘 영국의 주도권을 둘러싼 내분이 심화되어 갔다. 특히 하타케야마 요시히로는 야마토에서 세력을 확대하기 위해 자주 군사

활동을 전개하여 쇼군 요시마사와의 사이가 소원해졌다. 요시마사는 1459년 마사히사를 사면하였으나 마사히사는 곧 사망하였다. 호소카와 가쓰모토는 1460년 마사히사의 동생 하타케야마 마사나가畠山政長를 지지하여 하타케야마가의 가독을 상속하게 했다. 이에 대해 요시히로가 반항했으나, 1462년 요시노로 도망하였다.

한편 1458년 에치젠·오와리·도토미 슈고 시바 요시토시斯波義敏와 슈고다이 가이 조치가 에치젠에서 대립한다(조로쿠 합전長祿合戰). 1452년 시바 요시타케가 18세로 사망하자, 시바씨의 정통이 끊어졌다. 가이씨·오다씨·아사쿠라朝倉씨 등 시바씨 중신들은 시바씨 서가인 시바 모치타네斯波持種의 아들 시바 요시토시를 당주로 맞아들였다. 그런데 모치타네는 전부터 가이 조치와 사이가 매우 나빴다. 게다가 당시 가이씨가 재지무사세력을 결집시켜 영내에 세력을 확대하고 있었는데, 이 때문에 시바씨의 신하들은 가이 조치에게 토지를 빼앗기거나 장원 다이칸직을 빼앗겼다. 이들이 요시토시 측으로 기울고, 요시토시는 이들을 결집하여 영국 지배를 펼쳐나가면서 가이 조치를 배제하고자 했다.

마침 쇼군 요시마사가 1458년 불지행지不知行地 환부정책을 실시하였다. 이것은 사사 본소령을 회복시켜 슈고와 재지영주의 결합을 제한하려는 것이었다. 이 정책에 대해 시바 요시토시가 반대 의사를 표명한 반면, 가이 조치는 찬성 의사를 보였다. 양자는 첨예하게 대립하였고 그 와중인 1458년 6월 조치가 병상에 눕자 요시토시가 마침내 거병하였다. 그리하여 슈고 시바 요시토시와 슈고다이 가이 조치가 격돌하는 조로쿠 합전이 발발했다. 당시 요시토시는 간토 출병으로 오미近江 오노小野에 체류하고 있었고, 조치는 교토에서 병으로 누워 있었다. 따라서 에치젠에서는 슈고 측 호리에 도시자네堀江利眞와 슈고다이 측 아사쿠라 다카카게朝倉孝景·가이 도시미쓰甲斐敏光가 대리전을 치르고 있었다.

개전 초기에는 호리에 도시자네가 우세를 보였으나, 1459년 쇼군 요시마사가 가이 조치를 편들고, 요시토시는 쇼군의 명령을 어기고 가이 측 가네가사키성金ヶ崎城(福井縣敦賀市金ヶ崎町)을 공격하였다가 실패 하였다. 요시마사는 요시토시의 가독을 빼앗고 스오周防로 추방했다. 가독은 요시토시의 세 살배기 아들 마쓰오마루松王丸가 이었다. 싸움은 물론 조치 측이 승리하였으나, 조치는 싸움이 끝나기 전에 사망하였 다. 막부의 중추를 이루는 시바씨 영국 내부의 이러한 대립은 쇼군 요시마사의 간토 파병을 유명무실하게 만들어 버렸다.

한편 야마나 소젠은 오우치씨·호소카와씨와 인척관계를 맺고, 호소 카와 가쓰모토(소젠의 사위)와 더불어 하타케야마 모치쿠니에 대항하였 다. 1454년 하타케야마씨 어가소동을 틈타 모치쿠니를 실각시킨 소젠 은 가쓰모토와 함께 막정의 정점에 섰다. 하지만 소젠은 아카마쓰씨의 출사건을 둘러싸고 요시마사와 의견대립을 보여 다지마로 내려갔다. 한편 아카마쓰 미쓰스케赤松滿祐의 조카 아카마쓰 노리나오赤松則尙가 소젠의 손자 야마나 마사토요山名政豊를 공격하자, 소젠은 하리마에서 출병하여 노리나오를 격퇴하였다. 그리고 1458년 요시마사에게 사면 받아 다시 상경하여 막정에 복귀하였다. 소젠은 하타케야마씨 가독상 속 싸움에서는 가쓰모토가 하타케야마 마사나가畠山政長를 지원한 것과 달리 요시히로를 지원하였고, 시바씨 가독상속 싸움에서는 가쓰모토 가 요시토시를 지원한 것과 달리 시바 요시카도斯波義廉를 지원하였다.

위의 시바씨, 하타케야마씨 어가소동 외에도 당시 도가시씨, 오가사 와라씨, 롯카쿠씨 영국에서도 어가소동이 발생하였다. 막부는 이에 대해 조정·대응을 하였으나, 일관성을 잃어 슈고가의 분열을 부채질하 였다.

요시마사는 슈고다이묘와 측근 등이 대립하는 혼란스런 정치 상황이 계속되자, 정치에 싫증을 느끼고 차와 사루가쿠 등에 몰두하였다. 막부 정치는 간레이가의 호소카와 가쓰모토細川勝元와 4직가四職家(아카마쓰赤松씨, 잇시키一色씨, 교고쿠京極씨, 야마나山名씨)의 야마나 소젠山名宗全(=야마나 모치토요山名持豊), 그리고 정실 히노 도미코日野富子가 좌우하였다. 더욱이 막정을 둘러싸고 벌어진 소젠과 가쓰모토 간의 상호 견제와 대립은 더욱 심각한 상태로 치닫고 있었다.

쇼군 요시마사는 29세가 될 때까지 후계 자손이 생기지 않았다. 정치에 싫증을 내던 요시마사는 그것을 이유로 쇼군직을 동생 조도지淨土寺 몬제키門跡 기진義尋에게 양위하고 은거하겠다고 하였다. 기진이 요시마사가 아직 젊어 후계자를 생산할 수 있다는 이유로 양위를 받아들이지 않자, 요시마사는 후계자가 태어나더라도 가독을 계승시키지 않겠다는 기청문祈請文을 작성하였다. 이에 1464년 12월 기진이 환속하여 아시카가 요시미足利義視로 개명하고, 호소카와 가쓰모토를 후견으로 삼아 교토 이마데가와테이今出川邸로 거처를 옮겼다.

그런데 1465년 12월 요시마사와 도미코 사이에 아시카가 요시히사足利義尙가 태어난다. 도미코는 요시히사에게 쇼군직을 계승시키기 위해 소젠에게 접근하여 요시미의 쇼군 취임을 저지하고자 했다. 이렇게 하여 요시히사를 후원하는 소젠과 요시미의 후견인인 가쓰모토 사이에 쇼군가 가독 상속싸움이 벌어지게 되고, 이는 전국의 슈고들을 소젠파와 가쓰모토파로 이분하는 사태를 불러왔다. 이 대립은 1465년부터 1474년까지 지속된다. 이것이 후술하는 오닌의 난應仁の亂 발생의 한 원인이기도 하다.

한편 1463년 요시마사는 어머니 히노 시게코가 사망하자, 하타케야마 요시히로와 시바 요시토시를 사면하고, 비밀리에 요시토시에게 상경을 명했다. 그리고 1457년 아키 다케다씨를 공격했던 일로 처벌받았던 오우치 노리히로大內憲弘도 사면하고, 오우치 마사히로大內政弘도 함께 사면하였다. 1466년 7월에는 측근 이세 사다치카·기케이 신즈이季瓊眞藥 등의 진언에 따라 갑자기 시바씨 가독을 시바 요시카도斯波義廉에서 시바 요시토시로 바꾸고, 요시토시를 에치젠·오와리·도토미 슈고로 임명하였다. 이러한 일련의 행동은 막부에 반역하여 일단 적이었던 요시히로·요시토시·마사히로 3인을 사면하여, 그들을 막부로 끌어들여 가쓰모토·소젠의 다이묘 연합에 대항하고자 한 요시마사의 의도를 나타낸다 하겠다.

이 일련의 사태에 대해 시바 요시카도와 친척관계인 야마나 소젠은 잇시키 요시나오一色義直와 도키 시게요리土岐成賴 등과 함께 요시카도를 지원하였고, 요시마사 측의 이세 사다치카는 모반 소문을 퍼뜨려 요시미를 추방·암살하고자 하였다. 요시미의 후견인 가쓰모토는 일단 소젠과 협력하여 9월 이세 사다치카를 오미로 추방한다(분쇼의 정변文正の政變). 정변에 끌려들어간 신즈이, 요시토시, 아카마쓰 마사노리赤松政則 등도 일시 실각하여 교토에서 추방되었고, 시바씨 가독은 9월 다시 요시카도에게 돌아갔다.

한편 요시히로는 요시노에서 거병하여 하타케야마 마사나가의 영국인 가와치河內를 공격하였다. 막부는 요시히로 토벌을 결정하였지만, 요시히로는 소젠과 요시카도의 지원을 받아 12월 상경하였고, 1467년 1월 하타케야마씨 당주로 인정받았다. 하타케야마 마사나가는 간레이직에서 파면되고, 시바 요시카도가 간레이로 취임하였다.

2장

오닌應仁의 난

1. 오닌의 난

이제 하타케야마 요시히로·시바 요시카도와 야마나 소젠의 연합(=야마나파)과 하타케야마 마사나가·시바 요시토시와 호소카와 가쓰모토의 연합(=호소카와파)의 대립은 피할 수 없게 되었다. 위 정쟁은 시바씨와 하타케야마씨 가독상속과 그것과 관련한 호소카와씨와 야마나씨의 대립, 여기에 쇼군 권력 강화와 후계자 문제가 더해진 호소카와씨와 야마나씨의 대립 과정을 나타낸다.

이들의 대립은 잠재적으로 중서부 지역의 일본 모두를 포함하였는데, 시바씨의 지배영역이 주로 에치젠·오와리·도토미에, 히타케야마씨의 지배영역이 주로 가와치·기이紀伊·엣추越中·야마시로山城에, 호소카와씨의 지배영역이 도사土佐·사누키讃岐·단바丹波·셋쓰攝津·이요伊予에, 그리고 4직가 중 하나인 야마나씨의 지배영역이 주로 다지마但馬·빈고備後·아키安藝·이가伊賀·하리마에 걸쳐 있었기 때문이다.

그리고 당시에는 막부와 가마쿠라부의 대립이 상존하고 있었기 때문에, 중앙의 이 같은 대립 정국은 간토 정국과도 관련되어 있었다.

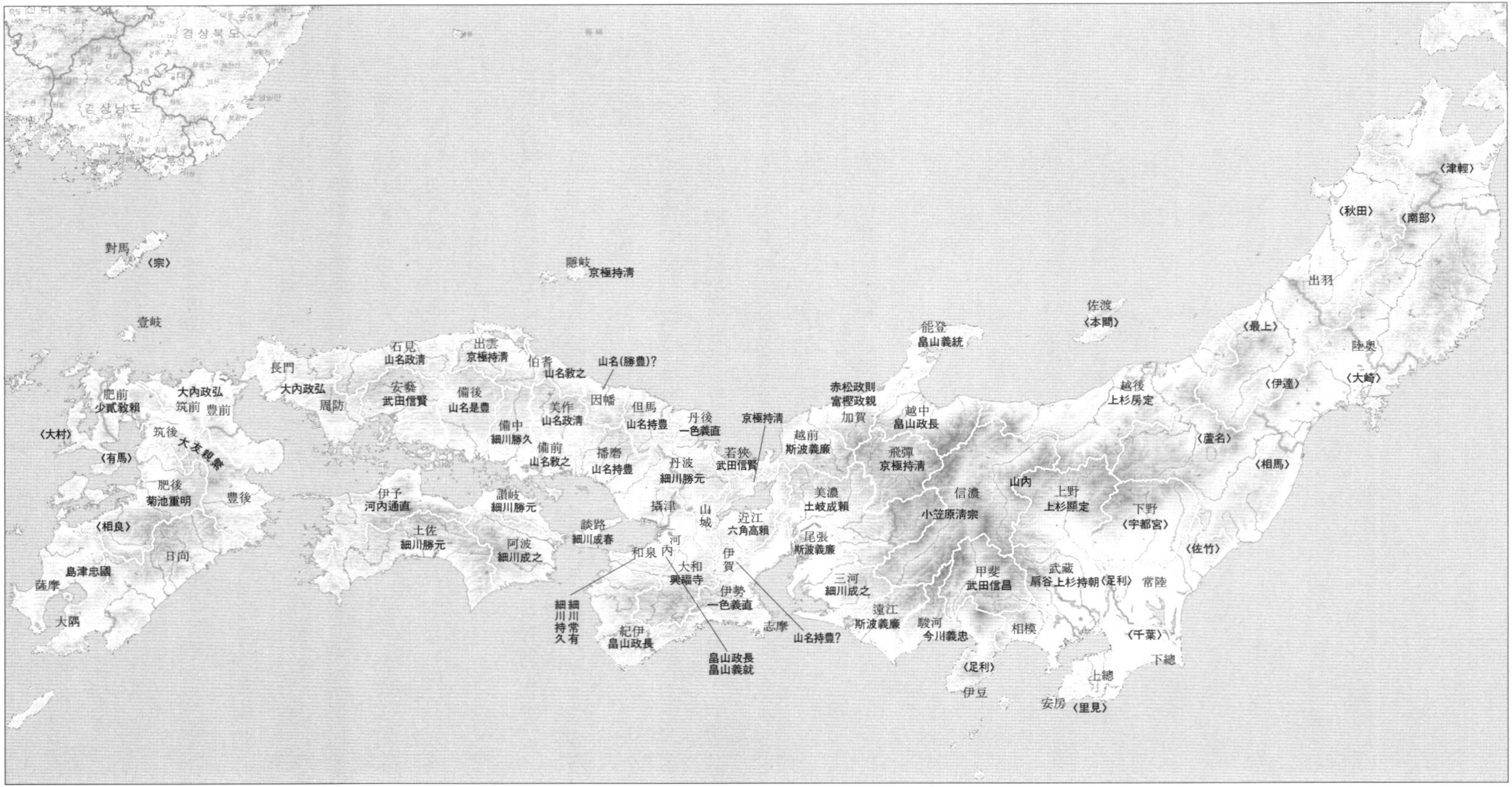

〈그림 2〉 1460년경의 슈고다이묘 배치도

게다가 재지세력도 상호 대립하고 있어서 각자의 이해에 따라 세력들이 이합·집산하였다. 따라서 이 시기 중앙 정국의 변화는 일본 전국에 영향을 미치는 성격을 띠었다.

이러한 상황 속에서 소젠의 지원을 받는 하타케야마 요시히로가 1466년 군대를 이끌고 상경하여 센본千本 지조인地藏院에 진을 쳤다. 호소카와 가쓰모토는 하나노고료花の御所를 점거하고 쇼군 요시마사에게서 요시히로 추토령을 받아내려 하였다. 그러나 이 정보를 도미코가 입수하여 소젠에게 알렸기 때문에 가쓰모토의 계획은 실패로 돌아갔다. 소젠도 이를 계기로 쇼군 요시마사에게서 가쓰모토와 하타케야마 마사나가 추토령을 받아내고자 하였으나 요시마사의 반대로 이 계획도 실패하였다.

그러나 요시마사는 타 세력이 개입되지 않는 요시히로의 마사나가 공격은 인정하였다. 이는 위의 정쟁에 각각 대립하는 세력들이 관련되어 있는 상황 속에서 쇼군이 국외 중립을 선언하였음을 의미한다. 또한 위의 대립을 하타케야마씨의 요시히로와 마사나가만의 문제로 축소시켜 각 세력이 정쟁에 개입하는 것을 차단시켜 정국을 안정시키려 한 쇼군의 의도를 나타낸다.

마사나가는 1467년 1월 18일 저택을 불사르고, 가미고료진자上御靈神社(京都市上京區)에 진을 쳤다. 요시히로는 천황가의 안전을 확보한 뒤 마사나가를 공격하였고(고료 합전御靈合戰), 싸움에 패한 마사나가는 가쓰모토의 저택으로 숨어들었다고 한다. 쇼군 요시마사는 앞서 이야기했듯이 이 싸움을 '사전私戰'으로 규정하여 각 세력들의 개입을 금지하고자 하였으나, 야마나씨와 시바씨, 그리고 아사쿠라 다카카게가 요시히로를 원조하였다. 간레이 가쓰모토는 쇼군의 명령에 따라 마사나가를 원조하지 않았고, 요시히로 측에 가담한 야마나씨와 시바씨를 향해 '궁시의 도弓矢の道'(무사도)를 상실했다며 맹비난하였다. 사건의 추이로 보면, 이 고료 합전은 야마나파가 호소카와파를 배척하기 위한 싸움이었다.

야마나파는 천황가와 쇼군을 장악하고 있었고, 이에 위기를 느낀 가쓰모토는 호소카와씨가 지배하는 9개 지역(빗추, 셋쓰, 단바, 이즈미, 미카와, 아와지, 사누키, 아와, 도사)의 전 군사력을 교토로 집결시켰다. 호소카와군은 야마나씨의 연공미를 약탈하고, 우지宇治와 요도淀 등의 교량을 파괴하고, 교토 4문(동쪽 가모가와鴨川, 서쪽 산인도山陰道, 남쪽 오구라이케巨椋池, 북쪽 후나오카야마船岡山)을 폐쇄하였다. 5월 가쓰모토를 지원하는 전前 하리마 슈고 아카마쓰 마사노리가 야마나씨의 지배 하에 있는 하리마를 침공하여 탈환했다. 그리고 다케다 노부카타武田信賢, 호소카와 시게유키細川成之 등은 와카사若狭의 잇시키씨 영지로 침입하였고, 시바 요시토시는 에치젠으로 침공했다. 미노의 도키씨 일문一門 요야스 마사야스世保政康도 잇시키씨의 영국인 이세로 침공했다.

싸움은 교토 중심에도 미쳤다. 다케다 노부카타·호소카와 시게유키가 잇시키 요시나오一色義直의 저택을 공격하였다. 가쓰모토는 5월말 전국의 동맹자들에게 협력을 요청함과 더불어 쇼군의 거처인 무로마치테이室町亭를 확보하고, 자택 이마데가와今出川(곧이어 쇼코쿠지相國寺로 옮김)에 진을 쳤다. 바야흐로 막부를 장악한 가쓰모토는 6월 야마다 소젠에 협력한 온쇼카타恩賞方를 관할하에 두고, 소젠에 협력하는 이노오 다메카즈飯尾爲數를 살해하고, 8월에는 만도코로 시쓰지다이執事代 이세 사다카쓰伊勢貞藤(사다치카의 동생)를 추방했다. 한편 소젠은 5월 20일 회의를 열어 이쓰쓰지토리五辻通 오미야大宮 동쪽에 본진을 쳤다. 양군의 위치에 의해 호소카와 측을 '동군東軍', 야마나 측을 '서군西軍'이라고 불렀다. 『오닌키應仁記』는 당시의 군세를 동군 16만, 서군 11만으로 기술하였다.

호쿠리쿠北陸, 신에쓰信越, 도카이東海와 규슈의 지쿠젠筑前, 분고豊後,

부젠豊前의 군사들이 교토로 집결하였다. 호소카와 일족은 기나이와 시코쿠 슈고에 임명되어 있었고, 그 주변 지역에 자파의 슈고를 배치하였기 때문에 동군이 우위를 점하고 있었다. 한편 간토와 도호쿠東北, 규슈 남부 지역 등은 중앙의 통제에서 벗어난 유력 무가들 사이에 대규모 분쟁이 발생하였다. 이 분쟁들은 중앙의 쟁란과는 관련 없이 이 지역들이 전란 상태에 돌입했음을 보여준다(간토에서의 교토쿠의 난).

5월 26일 동군 측의 다케다 노부카타 등이 무로마치테이 서쪽에 있는 야마나 소젠 측의 잇시키 요시나오 저택을 공격하여 불태우자, 야마나, 하타케야마, 시바씨의 서군이 응전하여 이치조 오미야에 있는 호소카와 가쓰히사細川勝久의 저택을 공격하였다. 교고쿠, 다케다, 아카마쓰 세력도 이에 가담하면서 전투는 격화하였고, 호소카와 가쓰히사, 호소카와 노리하루細川教春, 아와지 슈고 호소카와 시게하루細川成春 등 호소카와 일문의 저택이 불탔다. 이 3일간의 전투로 북쪽으로는 후나오카야마船岡山, 남쪽으로는 니조二條까지 불탔다(가미교 싸움上京の戰い).

이에 쇼군 요시마사는 동·서 양군에게 화해를 명하고, 가쓰모토의 군사행동을 비난하면서 요시히로에게 가와치로 내려갈 것을 명하였다. 이어서 이세 사다치카에게 군을 이끌고 상경할 것을 명하는 등 독자행동을 취했다. 그러나 6월 3일 요시마사는 가쓰모토의 요청에 응하여 쇼군기將軍旗 기키牙旗를 동군에게 내려 동군을 관군으로 인정하고, 가쓰모토에게 서군 공격을 명했다. 6월 8일 서군 야마나 노리유키가 동군 아카마쓰 마사노리에게 이치조一條 오미야에서 패배하고, 요시마사가 시바 요시카도에게 항복을 권고하였다. 이어 동군이 요시카도의 저택을 공격하였다. 이 전투로 남북은 니조에서 고료御靈까지, 동서는 오토네리마치大舍人町에서 무로마치까지 불탔다. 이 시기까지는 동군이 우세하였다.

그러나 6월 14일 야마토에서 후루이치 다네사카에古市胤榮, 19일 이세에서 하타케야마 마사쿠니畠山政國 등의 서군 측 원군이 교토로 들어왔다. 그리고 8월 23일 스오에서 오우치 마사히로大內政弘가 이요伊予의 고노 미치하루河野通春 등 7개 지역 군세 1만과 수군 2천 척을 이끌고 상경한다. 이로써 서군은 교토에서 군사적 우위를 확보하였다. 한편 요시미는 도망하여 기타바타케 노리토모北畠敎具에게 의지했다. 9월 18일 교토 교외 난젠지南禪寺와 쇼렌인靑蓮院 등이 있는 동쪽 지역洛東에서도 전투가 벌어져, 유서 깊은 사찰들이 괴멸적인 피해를 입었다(히가시이와쿠라 싸움東岩倉の戰い). 이어 10월 3일 호소카와 측이 진치고 있던 무로마치테이와 쇼코쿠지相國寺 일대에서 격전이 벌어졌다. 4일 하타케야마 요시히로와 아사쿠라 다카카게군이 쇼코쿠지를 공격하여 다케다군을 퇴각시킨 후 쇼코쿠지를 불태웠다. 쇼코쿠지 바로 서쪽에 있는 하나노고쇼花の御所도 서군의 공격으로 반이 불탔으나 함락되지는 않았다(쇼코쿠지 싸움相國寺の戰い).

이후 1468년 3월 17일 기타오지北大路 가라스마烏丸에서 오우치 마사히로大內政弘와 모리 도요모토毛利豊元·고바야카와 히로히라小早川熙平가 교전하였다. 5월 2일 호소카와 시게유키가 시바 요시카도를 공격하고, 5월 8일 가쓰모토가 소젠을, 8월 1일 가쓰모토군이 쇼코쿠지 터에 주둔해 있던 요시히로를 공격하였다. 이후 교토에서의 전투는 교착상태에 빠지나, 전투는 야마시나山科, 도바鳥羽, 사가嵯峨로 번져나갔다.

그런데 당시 간레이였던 시바 요시카도가 소젠과 연합하여 막부에 대항하고 있던 고가쿠보 아시카가 시게우지에게 화해를 제안하는 서장을 보냈다. 이것은 요시카도가 시게우지와 막부를 화해시켜 가독과 간레이직을 안정시키려 한 것으로 보인다. 그러나 쇼군 요시마사는 요시카도의 독단적 행위를 인정하지 않아 7월 10일 그를 가독과 간레이직에서 해임하고, 가독을 마쓰오마루松王丸로 바꾸었다.

1468년 9월 22일 이세에 체재하고 있던 요시미는 쇼군 요시마사와 가쓰모토의 설득으로 동군으로 가담, 귀경하여 요시마사의 아들 요시히사를 옹립하려는 히노 가쓰미쓰日野勝光를 배척하고자 노력하였으나 실패하였다. 그런데 요시마사가 윤10월 16일 요시미와 대립하는 이세 사다치카를 정무에 복귀시키고, 11월 10일 요시미 측인 아리마 모토이에有馬元家를 살해하는 등 요시히사 옹립을 지지했다. 일찍이 요시미의 후견인이었던 가쓰모토도 요시미의 옹립에 힘을 실어주지 않아, 요시미는 다시 교토를 떠나 히에이잔比叡山에 오른다.

한편 서군은 11월 23일(12월 19일?) 히에이잔으로 사자를 파견하여 요시미를 쇼군으로 맞아들인다. 가쓰모토가 요시미를 수수방관하였던 것은 친소젠파인 도미코를 고립시키려는 의도로 보인다.

야마시로 지역 대부분은 1469년 7월경까지 오우치 마사히로의 압도적인 군사력으로 서군에게 제압되었다. 한편 1469년 오우치씨의 중신 마스다 가네타카益田兼堯가 이와미에서 이반하여 규슈의 오토모 지카시게大友親繁·쇼니 요리타다少貳頼忠와 더불어 마사히로의 숙부 오토모 노리유키大友敎幸를 옹립하여 서군 측의 오우치령을 침공하였으나, 스에히로모리陶弘護에게 격퇴되었다. 이후 동·서 양군의 전투는 교착 상태에 빠지고, 교토 시가지는 전란과 도적의 방화로 황폐화되었다. 상경한 다이묘들도 영국의 전란 등으로 교토 전투에 전력을 다해 임할수 없었다. 당연히 전쟁을 혐오하는 분위기가 교도를 감쌌다.

1471년 5월 21일 시바 요시카도의 중신으로 시바군의 주력을 담당한 아사쿠라 다카카게가 에치젠 슈고로 보임되어 동군 측으로 넘어갔다. 이로써 동군 측은 세력을 만회하고, 막부는 가마쿠라쿠보 시게우지를 공격하여 고가성古河城(茨城縣古河市古河)을 함락시켰다. 그리하여 간토 정책으로 지위 보전을 꾀했던 서군측 시바 요시카도의 입장이 위험해졌다. 1472년 가쓰모토와 소젠의 화해교섭이 시작되었으나, 야마나씨와 대립하고 있던 아카마쓰 마사노리의 반대로 실패했다.

그런데 1473년 3월 18일 소젠, 5월 11일 가쓰모토가 연이어 사망하였다. 그리고 12월 19일 요시마사는 요시히사에게 쇼군직을 양위하고 은거했다. 간레이에는 쇼군 선하에 맞추어 하타케야마 마사나가가 임명되었으나 곧 사퇴하고, 도미코가 막부를 완전히 장악하였다.

1474년 4월 3일 야마나 마사토요와 호소카와 마사모토細川政元 사이에 화해가 성립하여, 마사토요는 호소카와 측과 함께 하타케야마 요시히로·오우치 마사히로 등을 공격했다. 그리고 서군 잇시키 요시나오의 아들 요시하루가 요시마사에 출사하고, 단고丹後 잇시키씨도 동군으로 귀순했다. 한편 서군 도키 시게요리의 가신 미노 슈고다이격美濃守護代格 사이토 묘친齋藤妙椿은 미노·오미·이세에서 활발하게 군사행동을 전개하였다. 그리고 에치젠에서는 시바 요시카도의 중신 가이 도시미쓰와 동군으로 돌아선 아사쿠라 다카카게가 화해하였다. 도시미쓰도 1475년 2월 막부로부터 도토미 슈고다이로 임명되자, 동군으로 돌아섰다. 고립된 시바 요시카도는 11월 오와리로 내려가 슈고다이 오다 도시히로織田敏廣에게 옹립되나, 슈고다이 오다 도시사다織田敏貞와 부딪치고 이후 행방불명이 된다. 1476년 화해 분위기가 무르익으면서 12월 요시마사와 요시미의 사이도 회복되었다.

1477년 9월 22일 주전파 요시히로가 하타케야마 마사나가 추토를 명목으로 가와치로 내려가고, 11월 11일 오우치 마사히로를 필두로 다이묘들이 교토에서 철수하여 서군은 해체된다. 요시미도 도키 시게요리와 함께 미노로 퇴거하였고, 11월 20일 막부는 '천하정밀天下靜謐' 연회를 열었다. 이로써 11년간에 걸친 오닌의 난이 막을 내렸다.

2. 각 지역의 전란

1) 셋쓰·가와치·이즈미·야마시로·야마토 지역(기나이畿內 지역)

셋쓰·가와치·이즈미 중 셋쓰와 이즈미는 호소카와씨가, 가와치는 하타케야마씨가 슈고를 맡고 있었다. 그리고 야마시로는 하타케야마 의 영국이었으나, 호소카와 가쓰모토가 하타케야마 모치쿠니에 대항 하기 위해 다수의 재지영주를 종자로 삼았다. 가쓰모토는 이들 종자를 통해 모치쿠니의 재지 지배를 약화시키려 하였고, 어가소동을 선동하 였다. 따라서 야마시로는 요시히로 측과 마사나가 측으로 분열되어 있었다. 요시히로는 오닌의 난 직전에 쿠데타로 슈고직을 되찾았고, 고료 합전에서 마사나가를 격파하여 입지를 굳혔다. 그러나 가쓰모토 가 군사를 동원하자, 막부는 마사나가를 다시 슈고로 임명하였다.

요시히로는 다시 슈고직을 되찾기 위해 군사행동에 나섰다. 1469년 4월 야마시로 니시오카西岡에 진치고 있던 서군을 단바로 몰아내고(니 시오카 싸움西岡の戰い), 야마시로 쇼류지성勝龍寺城(京都府長岡京市勝龍寺)에 입성하여 셋쓰·단바 지역을 도모하려 하였다. 이에 오우치군이 7월 셋쓰로 진군하여 그 대부분을 장악하였다. 10월 동군의 원군인 소젠의 차남 야마나 고레토요山名是豊와 아카마쓰 마사노리가 오우치군을 격파 하여 효고兵庫를 탈환하였기 때문에, 오우치 마사히로는 이케다성池田城 (大阪府池田市) 포위를 풀고 동군을 공격하기 위해 진군하였다. 고레토요 는 셋쓰 간노지神呪寺 진지에 도착하여 오우치군과 싸운 후, 동진하여 셋쓰와 야마시로의 국경 야마자키山崎에 포진했다.

1470년 1월부터 4월까지 야마자키의 고레토요와 쇼류지성의 요시 히로 사이에 벌어진 교전은 호각을 이루었다. 5월 동군의 공작으로 셋쓰에 있던 마사히로의 가신 니호 히로아리仁保弘有가 서군을 이반하 고, 직후에 이바라키성茨木城(大阪府茨木市)과 구라하시성椋橋城(大阪府豊中市

<그림 3> 기나이 지역도

莊本町1丁目)을 동군이 탈환하여 동군은 반격의 계기를 잡았다. 한편 마사히로는 7월 야마시로 남부의 기즈가와木津川 유역을 장악했다. 그러나 기즈에 거점을 마련한 동군이 격렬하게 저항하여, 오우치군은 기즈를 그대로 둔 채 시모코마下狛(精華町)에서 일진일퇴하고 있었다. 요시히로는 8월 야마시로에서 야마토를 거쳐 가와치로 침공하여 와카에성若江城(大阪府東大阪市若江南町)과 요덴성譽田城(大阪府羽曳野市譽田)을 포위하였으나 함락시키지는 못하였다.

그런데 고레토요의 영국 빈고에서 서군에 가담한 봉기가 발생하였다. 이 때문에 고레토요는 12월 영국으로 하향하였고, 야마시로는 요시히로의 지배 하로 들어가게 되었다.

1471년 6월 오우치군과 하타케야마군이 연합하여 셋쓰·이즈미로 침입하였다가 실패하고, 이후 기나이에서는 큰 전투가 없었다. 1472년 10월 동군이 기즈木津에서 출진하였으나 오우치군에게 격퇴되고, 1476년 4월 오우치군이 기즈를 공격하였으나 실패했다. 1476년 마사나가는 가신인 유사 나가나오遊佐長直를 가와치 와카에성으로 파견하였으나, 요시히로가 1477년 9월부터 10월에 걸쳐 와카에성을 필두로 가와치 여러 성을 함락시켜 나가나오를 추방하고 가와치를 점령했다(와카에성 싸움若江城の戰い). 오우치군도 기즈를 함락시켰으나, 마사히로가 막부와 화해하여 11월 귀국하였기 때문에 기즈와 셋쓰는 동군에 귀속하게 되었다.

야마토 재지영주들도 어가소동으로 서로 적대했다. 유력 재지영주 중 오치 이에히데越智家榮·후루이치 다네사카에古市胤榮 등이 마사나가 측에, 조신인 고센成身院光宣·쓰쓰이 준에이筒井順永·도이치 도키요十市遠淸·하시오 다메쿠니箸尾爲國 등이 요시히로 측에 가담했다. 1470년 오우치군이 셋쓰에서 남부 야마시로로 남하하여 기즈를 공격하자, 쓰쓰이 준에이는 기즈 방어를 위해 출진하여 오우치군을 저지하였다. 그리고 오치 이에히데가 요시히로의 가와치 침공에 참가하고, 후루이치 다네사카에는 시모코마의 오우치군과 합류하여 준에이와 교전하였다. 그리고 1471년 도이치 도키요도 동군으로 합류하여 1월 오미의 서군 롯카쿠 다카요리六角高賴군을 격파하였다. 그리고 6월 준에이·도키요·다메쿠니가 하타케야마군의 가와치 침공을 저지하였다. 이렇듯 야마토의 재지영주들은 대부분이 오닌의 난에 참가하였다.

1472년 10월 준에이가 시모코마의 오우치군을 야습하였다가 오히려 역습을 받고 패배하였다. 1473년 오우치 측과 준에이 측은 화해하였음에도 불구하고 전투는 지속되었다. 1474년 야마토大和 재지영주층國人衆의 분쟁이 심해져 전란은 더욱 확대되었다. 1475년 4월 오우치군의 기즈 공격을 준에이가 격퇴하고, 5월 준에이·도키요·다메쿠니 등 동군과 이에히데·다네사카에 등 서군이 격돌하여 동군이 승리를 거두었다. 이에 다네사카에는 패배의 책임을 지고 은거하고, 가독은 오치 조인越智澄胤이 계승했다. 1476년에는 준에이가 사망하고 가독을 쓰쓰이 준손筒井順尊이 계승했다. 1477년 요시히로가 가와치로 침입하여 가와치를 장악하자, 오우치군도 기즈를 공격하여 기즈를 지키고 있던 준손 등 마사나가파(동군)는 기즈를 포기하였다. 이렇게 하여 야마토는 요시히로의 손에 들어갔다.

2) 오미·미노 지역

오미는 교고쿠씨와 롯카쿠씨의 지배 하에 있었으나, 롯카쿠씨도 막부의 개입으로 어가소동이 발생하여 분열되어 있었다. 교고쿠씨는 동군 막부의 지원을 얻어 롯카쿠 다카요리를 공격하였고, 다카요리는 미노의 사이토 묘친의 후원을 받으면서 교고쿠씨에 대항했다. 교고쿠 모치키요京極持淸·가쓰히데勝秀 부자는 다카요리의 사촌형 롯카쿠 마사타카六角政堯와 함께 다카요리의 거성 오미 간논지성觀音寺城(滋賀縣近江八幡市安土町)을 자주 침공하였고, 다카요리는 그에 응전했다. 미노에서는 슈고 도키 시게요리가 서군에 가담하여 상경하였다. 미노는 사이토 묘친이 실질적으로 지배하고 있었으나, 서미노의 재지영주 나가에長江씨·도미시마富島씨가 교고쿠씨와 도모하여 묘친에 반란을 일으켰다. 이 난은 1468년 묘친에 의해 진압되었으나, 오미 간논지성에서는 일진일퇴를 거듭하고 있었다. 그러나 1468년 가쓰히데의 사망에 이어 모치키요도 사망하자, 교고쿠씨는 어가소동으로 2분되어 약화되었다(교고쿠 소란京極騷亂). 가쓰히데의 동생 교고쿠 마사미쓰京極政光와 가신인 다가 기요나오多賀淸直·무네나오宗直 부자는 가쓰히데의 유아 오쓰도시마루乙童子丸(=교고쿠 다카키요京極高淸)를 옹립하여 서군으로 갈아타고, 마사미쓰의 동생 교고쿠 마사쓰네京極政經와 다가 다카타다多賀高忠는 오쓰도시마루의 동생 마고도라지마루孫童子丸를 옹립하여 서로 싸웠다. 1471~72년 묘친이 다카요리에게 원군을 파견하여 동군을 압박하고, 1473년 소젠이 사망하자 묘친이 상경하여 소젠 대신 서군을 지휘하였다.

한편 내몰리던 동군은 시나노 오가사와라 이에나가小笠原家長·기소 이에토요木曾家豊에게 미노의 배후를 공격할 것을 요구하고, 도미시마씨의 재기를 위해 협격을 도모하였다. 묘친은 바로 이 반란을 제압하고, 1473년 10월 나가노씨長野氏를 후원하기 위해 이세로 출진하여 동군 측 우메도성梅戶城(三重縣いなべ市大安町)을 함락시켰다. 11월 동군 측의 오

〈그림 4〉 오미·미노 지역도

가사와라 이에나가 등 나가노세에 미노를 점령당하였지만, 1475년 1월 묘친이 앞의 시나노 세력에 승리하면서 동군의 침략을 저지했다. 한편 1471년 마사미쓰의 사망으로 교고쿠씨의 당주는 마사쓰네에게 돌아갔으나, 오쓰도시마루·기요나오淸直 부자가 북오미, 다카요리가 남오미를 확보하고 있었기 때문에 동군이 열세였다.

1475년 10월 묘친의 원군과 합류한 다카요리가 승리를 거두면서 오미의 전란은 종식되었다. 막부도 오쓰도시마루, 기요나오 부자와 다카요리 및 시게요리, 묘친 등과 1478년 화해하여 각각의 지배를 인정했다. 그러나 마사쓰네가 저항을 멈추지 않자, 막부 역시 태도를 바꿔 오미 출병을 강행(조쿄·엔토쿠의 난長享·延德の亂)하고, 오쓰도시마루에게서 가독을 빼앗아 마사쓰네에게 주었다. 미노에서도 묘친 사망 후 실권을 장악한 조카 사이토 묘준齋藤妙純과 도시후지利藤가 대립하였고(분메이미노의 난文明美濃の亂), 시게요리의 후계자를 둘러싼 내란이 발생하여(후나다 합전船田合戰), 오미와 미노의 쟁란은 계속되었다.

3) 에치젠·오와리·도토미 지역

에치젠·오와리·도토미 3 지역은 시바씨의 영국이었으나, 하타케야마씨와 마찬가지로 어가소동과 가신단의 내분으로 내란 상태였다. 시바 요시토시는 오닌의 난 직전 3 지역의 슈고로 복권되었으나, 분쇼의 정변文正の政變(1466년 쇼군 요시마사의 측근 이세 사다치카와 기케이 신즈이季瓊眞蘂가 다이묘들의 반발로 추방된 사건)으로 슈고직을 잃고, 요시카도가 위 지역의 슈고로 임명되었다. 오닌의 난이 발발하자, 요시토시는 에치젠으로 들어가 요시카도파와 교전하였고, 교토에서 가신 아사쿠라 다카카게·가이 도시미쓰 등과 함께 동군과 싸웠다. 아사쿠라 다카카게는 고료 합전에서 요시히로에 가세하여 마사나가군을 격파하고, 이치조一條 오미야 싸움大宮の戰い에서도 전과를 올렸다. 그러나 1468년 동군의 회유를 받은 아사쿠라 다카카게가 윤10월 요시토시 토벌을 핑계로 에치젠으로 돌아가고, 1471년 에치젠 슈고에 임명되자 동군으로 선회하였다. 위에서 보았듯이 요시카도는 1468년 가마쿠라부와의 비밀교섭 건으로 간레이와 가독직을 몰수당하였다. 간레이에는 호소카와 가쓰모토가 임명되었고, 요시토시의 아들 마쓰오마루松王丸가 슈고직을 이었다. 가이 도시미쓰는 요시카도 진영에 머물러 있었으나, 다카카게가 태도를 바꾸자 에치젠으로 내려갔다.

에치젠에서는 다카카게와 도시미쓰 사이에 싸움이 벌어졌는데 막부의 지원을 받은 다카카게 쪽이 유리하였다. 1472년 다카카게가 도시미쓰의 본거지 후추府中(越前市)를 함락시키자 도시미쓰는 가가加賀로 도망쳤고, 도시미쓰의 잔당도 1473년 8월 싸움에서 토벌되었다. 1474년 5월 도시미쓰가 도가시 고치요富樫幸千代의 후원을 받아 다시 에치젠에 침입하였으나 실패로 끝났다. 이러한 상황에서 사이토 묘친의 알선으로 도시미쓰는 다카카게와 화해하였다.

1475년 4월 다카카게의 급성장에 위기감을 느낀 요시토시는 재지영주 니노미야二宮와 결탁하여 오노군大野郡 도바시성土橋城(福井縣福井市土橋町)에서 농성하고 있었다. 다카카게는 쇼군 요시마사에게 요시토시를 보호하라는 명을 받고 있어서 도바시성을 공격하기가 용이하지 않았다. 그래서 다카카게는 니노미야씨를 도바시성 밖으로 유인해 내어 붙잡고 11월 도바시성을 공격하여 12월 요시토시로부터 항복을 받아 냈다. 이렇게 하여 에치젠은 마침내 다카카게에게 평정되었다. 도시미쓰는 1475년 2월 마쓰오마루(원복하여 요시스케義良로 개명)와 상경하여 도토미 슈고다이에 임명되었다. 다카카게와 도시미쓰에게 버림받은 요시카도는 남은 영국 오와리로 향하지만, 오와리도 내분이 발생하여 요시카도는 1478년 막부로부터 반역자로 지명된 후 사라졌다.

〈그림 5〉 에치젠·가가·오미 지역도

한편 스루가 슈고 이마가와 요시타다今川義忠가 동군의 명령에 따라 1473년부터 도토미를 침공하였으나, 1475년 도시미쓰가 슈고다이에 임명되어 명분을 잃었다. 1476년 요시타다가 전사하자 적자 류오마루龍王丸(후의 이마가와 우지치카今川氏親)와 사촌동생 오카시 노리미쓰小鹿範滿가 후계자를 둘러싸고 대립하는 어가소동이 발생했다.

시바 요시스케斯波義良는 오닌의 난 후 에치젠 탈환을 기도하여 1479년 도시미쓰와 니노미야씨와 함께 에치젠을 공격하였다. 1481년 다카카게가 사망하자, 다카카게를 이은 우지카게氏景가 시바군을 에치젠에서 몰아내고 에치젠을 완전히 평정하였다. 요시스케는 1483년 오와리로 하향했다. 그리하여 에치젠에서 아사쿠라씨가 실질 지배권을 확립하고, 도토미는 가이甲斐씨, 오와리는 오다씨가 각각 슈고다이로서 세력을 확대하여 간다. 시바씨와 가이씨는 오와리·도토미를 거점으로 삼고 있었으나, 이마가와 우지치카今川氏親와 오다씨 세력에 밀렸다.

4) 하리마·비젠·미마사카·빈고·아키 지역

하리마·비젠·미마사카는 원래 아카마쓰씨 소령이었으나, 가키쓰의 난으로 야마나 소젠·야마나 노리유키·야마나 마사키요山名政清 등 야마나씨 일족의 소령이 되었다. 당연히 아카마쓰씨 유신들과 야마나씨가 대립·충돌하였다. 아카마쓰 마사노리는 조로쿠의 변에서 공을 세우고, 호소카와 가쓰모토의 지원을 받아 가가 반국半國 슈고로 취임하였다. 아카마쓰 마사노리는 가신 우라가미 노리무네浦上則宗와 함께 쇼군 요시마사의 경호와 거주지 건설, 도잇키 진압에 힘써 요시마사의 측근으로 중용되었다. 그 후 분쇼의 정변으로 실각했으나 곧 복귀하였고, 오닌의 난 때에는 동군 측에 가담하여 노리무네와 함께 서군과 싸웠다.

야마나 일족이 하리마·비젠·미마사카에서 군사를 동원하여 상경하였다. 이에 우노 마사히데宇野政秀 등 아카마쓰씨 가신단은 소령을 탈환하고자 도모하였다. 1467년 5월 우노 마사히데는 하리마로 내려와 아카마쓰씨 유신들에게 봉기를 재촉하고, 하리마를 손에 넣자 비젠·미

〈그림 6〉 하리마·비젠·미마사카 지역도

마사카로 침공하여 비젠을 회복했다. 미마사카는 슈고다이의 저항이 심하였으나, 1470년 회복하였다. 그 사이 우노 마사히데는 1469년 이케다성을 구원하기 위해 야마나 고레토요와 합류하여 오우치군을 격파하고 효고를 탈환하였다.

1473년 소젠과 가쓰모토가 사망하자 양군 사이에 화해의 움직임이 보였다. 마사노리는 1474년의 호소카와씨와 야마나씨 화해를 반대하였으나, 1476년 12월 동·서군은 화해하였다. 그 후 1477년 마사노리는 군공을 인정받아 하리마·비젠·미마사카 3개 지역의 슈고로 임명되어 아카마쓰씨를 재건하고, 사무라이도코로 도닌侍所頭人의 지위도 확보하였다. 그러나 소젠을 이은 야마나 마사토요가 위 3 지역의 탈환을 노렸기 때문에, 아카마쓰씨와 야마나씨 간의 대립은 계속되었다.

야마나씨는 서군의 중심이었으나, 빈고를 지배하는 소젠의 차남 고레토요가 유일하게 동군에 가담하고 있었다. 아키 3군(사토군佐東郡·안난군安南郡·야마가타군山縣郡)은 다케다씨의 지배지였고, 나머지는 오우치씨 소령이었다. 따라서 아키는 오우치씨와 다케다씨가 대립하는 지역이었다. 다케다씨는 아키의 재지영주 대부분을 장악하고 있던 오우치씨에 위기감을 느껴 오닌의 난 때 동군에 가담하였다. 1447년 아키 지역에서 양자가 처음 충돌한 이래 오우치씨는 자주 아키로 침공하였다. 그때마다 다케다씨와 반오우치 재지영주들이 가쓰모토의 지원을 받아 오우치씨를 저지하였다. 소젠의 요청으로 우노 마사히로가 군대를 이끌고 효고에 도착한 것은 1467년 7월이고, 상경한 것은 8월 23일이었다. 이에 대해 다케다 노부카타·구니노부國信 형제와 모리 도요모토毛利豊元·깃카와 쓰네모토吉川經基·고바야카와 히로히라小早川熙平 등 반反오우치씨 아키 재지영주들은 동군에 가담하였고, 야마나 고레토요山名是豊도 상경하여 동군에 합류했다. 아키·빈고에 남아 있던 재지영주들은 동·서군으로 나뉘어 싸웠으나, 소젠의 영향력이 강해 동군에게 불리하였다. 이로 말미암아 고레토요는 1468년 11월 일시 귀국하고 1469년 다시 상경하던 중에 셋쓰에서 오우치군을 무찌르고 야마자키에 포진하여 1470년 서군과 교전하였다. 그러나 빈고가 서군에 가담하여 열세였기 때문에, 고레토요는 12월 다시 귀국하였다. 한편 다케다 노부카타는 교토에서 서군과 싸웠다.

다케다 노부카타·구니노부의 동생으로 아키에 남아 있던 다케다 모토쓰나武田元綱가 서군의 공작에 빠져 1471년 반란을 일으키고, 모리 도요모토도 오우치씨 꼬임으로 아키로 돌아와 서군에 가담했다. 그리하여 아키·빈고 지역에서 서군이 유리해졌다. 고레토요는 재지영주들을 단속하면서 형세를 전환시키기 위해 빈고 여러 곳에서 싸웠다. 그러나 1473년부터 1475년 사이에 서군의 고바야카와 히로카게小早川弘景 등 아키·빈고 재지영주층(고쿠진슈)이 동군에 속한 고바야카와 다카히라小早川敬平가 농성하고 있는 다카야마성高山城(廣島縣三原市本郷町)을 포위하고 있음에도, 고레토요가 구원하지 않아 신망을 잃고 빈고에서 추방되었다. 1475년 4월 아키·빈고의 동·서 양군이 화해하고 전란은 종식되었다.

고레토요 추방 후 그의 조카 마사토요가 가독을 잇고, 고레토요 잔당은 마사토요에게 토벌된다. 아키는 다케다씨를 비롯한 재지영주들이 할거하는 상태에 놓이나, 1481년 다케

〈그림 7〉 빈고·아키 지역도

다 모토쓰나와 노부카타의 뒤를 이은 구니노부가 화해하고, 오우치씨와도 우호관계를 맺었다. 그러나 오우치씨와 우호관계에 있던 재지영주들과 야마나 마사토요 간의 대립이 심하여 불안정하였고, 새로 대두한 아마고 쓰네히사尼子經久가 재지영주들을 끌어들여 세력을 강화하고 있었기 때문에, 다케다씨와 아마고씨 세력이 충돌하였다.

3. 오닌의 난의 영향

동·서 양군은 자신의 세력을 강화하기 위해 이제까지의 가격家格을 무시한 서임·등용을 행하였다. 일개 재지영주였던 오치 히데이에가 야마토 슈고로 임명되고, 유력 무장에 불과하던 슈고다이 아사쿠라 다카카게가 에치젠 슈고가 되었다. 때문에 무로마치 막부의 가격질서가 붕괴하여 신분질서가 동요하였다. 그리고 장기에 걸친 군사행동으로 슈고다이묘의 재정은 궁핍해지고, 쇼군은 물론이고 슈고의 권위도 추락하여 재지영주와 가신단에 대한 통제력이 현저히 약화하였다.

그리하여 재지영주와 가신들은 슈고다이묘의 영향에서 벗어나 재지에서 자신들의 세력기반을 강화하여 영주화의 길을 걷기 시작했다. 바야흐로 센고쿠기戰國期의 시작이다.

슈고다이묘들도 이제까지의 재경在京 원칙을 무시하고 자신들의 영지를 지키기 위해 하향, 슈고다이에게 맡겨두었던 재지 지배를 직접 행사하려 하였다. 그리하여 슈고다이묘들은 쇼군의 통제에서 벗어나고자 하였고, 임시 부과세인 단센段錢 등의 세금을 쇼군에게 상납하지 않았다. 이러한 경향 속에서 슈고다이묘의 일부는 센고쿠다이묘戰國大名로 성장하였지만, 일부는 재지 지배를 강화한 슈고다이와 가신에게 권력을 빼앗기는 하극상으로 몰락한 반면, 슈고다이와 슈고 가신들이 센고쿠다이묘로 성장하여 갔다.

슈고다이묘의 경제가 붕괴하여, 1486년 재경하고 있는 슈고다이묘는 셋쓰·단바를 기반으로 하는 호소카와씨 일문뿐이었다. 슈고다이묘의 협력이 없는 막부는 쇼군 근신인 호코슈奉公衆(쇼군을 가까이서 보필하며 쇼군을 알현할 수 있는 고케닌御家人. 반카타番方, 반슈番衆, 고반슈五番衆라고도 한다)와 부교슈에만 의지하여 운영되는 '기나이 정권'으로 전락하였다. 쇼군의 군사력은 겨우 간레이가 호소카와씨에 의지하는 상태에 빠지고, 정치도 호소카와가에 의지해야 하였다. 이러한 상황에서 쇼군과 간레이 사이에 이해관계를 달리하는 사안이 발생하면, 양자의 충돌은 불가피하였다. 메이오의 정변明應の政變과 호소카와가의 전제정치專制政治가 그것이다.

재지 지배를 강화하는 슈고와 재지영주들은 일정 지역에 대한 일원一元지배를 지향하여 공가와 사사의 장원을 횡령하였다. 막부의 권위가 떨어져 막부권력이 못 미치는 지역에서는 그러한 경향이 더욱 심하였다(장원제의 붕괴). 공가는 재정 궁핍으로 몰락하여 갔고, 조정도 예외는 아니었다. 재정 궁핍에 허덕이는 공가들은 조정 행사와 관위 승진에

무관심해지게 된다. 간로지 지카나가甘露寺親長는 그의 일기에서 "고관무익高官無益"이라 기술하였고, 현관顯官인 고노에노다이쇼近衛大將에 희망하는 자가 나타나지 않는 사태마저 발생했다. 그리고 조정 최고직인 관백關白을 지낸 이치조 노리후사一條敎房처럼 교토를 떠나는 공가, 마치 히로미쓰町廣光처럼 이에家를 의도적으로 단절하는 공가도 나타났다. 조정은 수입 감소로 즉위의례와 대상大喪의례 등을 치르기도 버거워했다. 조정은 재정 궁핍에서 벗어나고자 매관賣官을 행하기도 하였다.

쓰치미카도土御門의 궁궐(다이리內裏) 등 몇몇을 제외하고는 오닌의 난으로 교토의 사사와 공가·무가 저택 대부분이 전화로 불타 버렸다. 때문에 많은 역사자료도 함께 사라졌다. 그리고 교토 7개 검문소七口關[오하라구치大原口(小原口·八瀬口→北陸道)·구라마구치鞍馬口(出雲路口)·아와타구치粟田口(東三條口→東海道)·후시미구치伏見口(宇治口·木幡口→南海道)·도바구치鳥羽口(→西海道)·단바구치丹波口(西七條口·七條口→山陰道)·나가사카구치長坂口(→丹波道)]가 주 전장터였기 때문에 교토로의 물자 유입이 정체되었고, 전쟁에 참가한 하급 보졸 아시가루足輕들이 교토에서 방화와 약탈을 자행했다. 때문에 교토 주민들은 곤경에 처했다. 나아가 1473년 교토에 역병이 돌아 소젠과 가쓰모토를 비롯해 많은 사람들이 사망하였다. 상황이 이렇게 심각한데도 불구하고, 쇼군 요시마사는 오가와테이小河邸와 히가시야마산장東山山莊(긴카쿠지銀閣寺)을 조영하였다. 도미코는 슈고다이묘들에게 돈을 빌려주고 쌀 투기를 하여 많은 이익을 올렸다. 한편 사사, 공가, 무가 저택이 즐비하던 가미교上京가 불타 황폐해진 것과는 달리 상공업자들이 많이 거주하는 시모교下京는 비교적 피해가 적어, 오닌의 난 후 상공업이 발전한다.

전란을 피해 공가와 민중들은 교토 주변 야마시나山科와 우지宇治, 오쓰大津, 나라奈良, 사카이堺 등의 주변 도시와 지방의 소령으로 향했다. 1479년 쇼군의 거처인 무로마치도노室町殿와 궁궐이 조영되기 시작하였으나, 교토는 전란으로 말미암은 황폐화로 역병과 화재, 도적, 잇키 등이 빈발했다. 더욱이 재경하고 있던 슈고다이묘와 가신들이 소령의 불안으로 귀국하였기 때문에, 소비가 감소하고 경기가 위축되어 교토 재흥은 순조롭지 않았다.

3장

메이오明應의 정변과
간레이 호소카와가細川家의 확집

1. 롯카쿠씨六角氏 토벌전

아시카가 요시미는 오닌의 난이 동군의 우세로 수습되자, 적자 아시카가 요시키足利義材와 함께 도키 시게요리를 의지하여 미노로 도망갔다. 한편 서군 측이었던 오미 슈고 롯카쿠 다카요리도 다른 다이묘들과 마찬가지로 영국의 지배기반을 강화하기 위해 공가·사사 장원이나 막부 호코슈의 소령을 횡령하여 수하 재지영주들에게 지배하게 했다. 이러한 상황 속에서 1487년 7월 호코슈 잇시키 마사토모一色政具가 막부에 롯카쿠 다카요리의 소령 횡령에 대한 소송을 제기했다. 이를 계기로 오미의 다른 호코슈들도 막부에 롯카쿠 다카요리의 소령 횡령 소송을 제기했다. 이에 쇼군 요시히사는 막부의 위신을 회복하기 위해 롯카쿠 다카요리 토벌을 결심했다.

요시히사는 롯카쿠씨 토벌을 위해 다이묘들에게 상경을 명하였으나, 많은 다이묘들은 이 토벌을 경계하여 자식이나 가신을 대리로 상경시켰다. 에치젠 슈고 아사쿠라 사다카게朝倉貞景는 에치젠에 머물면서 일문 아사쿠라 가게후유朝倉景冬를 오미 사카모토坂本로 파견(142

기와 1,500명)하여 쇼군에 협조하는 모습을 보였고, 미노 슈고 도키 시게요리는 적남 도키 마사후사土岐政房를 파견했다. 시게요리는 명목 상 서군의 총대장이었던 아시카가 요시미·아시카가 요시키足利義材 (1498년 요시타다義尹, 쇼군직 복귀 후 1513년 요시타네義稙로 개명) 부자를 미노 가와테성革手城(岐阜縣岐阜市正法寺町)에 보호하고 있었고, 아사쿠라 사다카 게는 도키가의 실권을 장악한 사이토 묘준齋藤妙純의 딸을 정실로 하고 있었다. 한편 오와리 슈고 시바 요시히로斯波義寬는 1487년 9월 30일 오다 도시사다織田敏定, 오다 히로히로織田寬廣 등 오다 일족의 8,000 병사 를 이끌고 막부에 호응했다.

1487년 9월 12일 쇼군 요시히사는 간레이 호소카와 마사모토를 필두 로 와카사 슈고 다케다 구니노부武田國信 등 슈고다이묘, 재경 호코슈, 재지 호코슈, 심지어 공가들을 포함한 군사를 인솔하여 오미 사카모토로 출진했다. 이때 요시히사는 부교슈들과 함께 출진하였기 때문에 진중에서 도 막정을 살필 수 있었다. 그런데 부교슈 가운데 요시마사의 측근이었 던 이세 사다무네伊勢貞宗, 이노오 모토쓰라飯尾元連, 마쓰다 가즈히데松田 數秀 등은 쇼군과 동행하지 못해 정무에서 배제되었다. 쇼군 요시히사 의 원정으로 다카요리는 간논지성을 버리고 퇴거하여 고카군甲賀郡 산간에서 게릴라전을 전개했다. 이후 전투는 교착 상태에 빠진다.

그런데 에치젠 아사쿠라군에는 예전의 시바씨 가신들도 포함되어 있었다. 이들과 함께 작전을 수행해야 한다는 데 굴욕감을 느낀 시바 요시히로가 요시히사에게 아사쿠라씨의 에치젠 횡령과 에치젠 회복 을 호소했다(조쿄長享 소송). 시바씨와 아사쿠라씨는 서로 에치젠 지배 의 정당성을 주장하였고, 막부로서는 롯카쿠씨 토벌을 앞둔 상황이라 내부 분쟁을 막고자 했으나 양자 모두를 만족시킬 만한 해답을 찾지 못했다. 이에 요시히로는 1488년 2월 23일 화재를 구실로 철수해 버렸 다. 같은 해 6월에는 가가 슈고 도가시 마사치카富樫政親도 가가 잇코잇키를 진압하기 위해 영국으로 돌아가 버렸다(도가시 마사치카는 잇키 세력에 패사). 요시히사는 혼간지本願寺와 잇키 세력을 토벌하고자 하였으나, 호소카와 마사모토는 롯카쿠씨 토벌을 구실로 이 토벌에 반대하였다. 이에 요시히사도 혼간지와 잇키 토벌을 단념하고, 1488년 측근 유키 히사토요結城尙豊를 오미 슈고로 임명하였다. 또한 호코슈들은 유키 마사타네結城政胤·히사토요 형제, 오다치 히사우지大館尙氏, 니카이도 마사유키二階堂政行 등 요시히사의 측근들에게 반발하여 대립하고 있었다. 이러한 연유들로 말미암아 쇼군 요시히사의 오미 원정은 더욱더 지지부진한 상태로 빠져들었다.

이러한 상황 속에서 1489년 3월 요시히사의 건강이 악화되었다. 근신들은 요양을 위해 요시히사를 귀경시키고자 하였고, 롯카쿠씨 토벌은 요시미·요시키 부자에게 맡겼다. 그러나 위 제안에 동의한 요시미·요시키 부자가 미노에서 출발하기 직전인 3월 26일, 요시히사가 25세의 젊은 나이로 오미의 마가리鉤 진중에서 사망했다. 요시미·요시키 부자는 도키 시게요리, 사이토 묘준과 함께 상경하여 요시히사의 장례식에 참석하고자 했으나, 호소카와 마사모토의 반대로 장례식이 끝난 4월 14일에야 입경하였고, 그 사이에 오미 슈고 유키 히사토요가 도망하여 롯카쿠씨 토벌도 중지되었다.

한편 호소카와 마사모토 등은 호리고에쿠보 아시카가 마사토모의 아들로, 덴류지 교곤인슈天龍寺香嚴院主였던 세이코淸晃(아시카가 요시즈미足利義澄)를 쇼군으로 추거했다. 그러나 前前 쇼군 요시마사와 도미코가 요시키를 후원하였고, 1490년 요시마사가 사망하자 요시미의 출가를 조건으로 7월 5일 요시키를 10대 쇼군에 취임시켰다. 그리하여 요시키를 쇼군 후계자로 결정하는 데 반대하였던 마사모토와 이세 사다무네 등은 요시미 부자와 대립하였고, 4월 27일 사다무네는 만도코로 장관政所頭人을 사임하였다.

그런데 도미코가 4월 27일 쇼군 후계에서 제외된 세이코에게 요시히사가 살았던 오가와 저택小川殿을 양도하였다. 쇼군의 상징인 오가와 저택을 양도한 사실을 알게 된 요시미는 요시키를 경시하였다며 격노하여 다음 날 도미코의 허락도 없이 오가와 저택을 헐어 버렸다. 이를 계기로 요시미와 도미코의 사이가 더욱 나빠져, 요시미가 사망한(1491년 1월) 후에도 요시키와 도미코의 관계는 개선되지 않았다.

요시키는 쇼군 취임 후 롯카쿠 다카요리를 사면하였으나, 다카요리는 사사 본소령의 반환을 거부했다. 이에 요시키도 전 쇼군 요시히사의 정책을 계승하여 단바, 야마시로, 기나이 지역 재지영주층의 잇키國一揆에 대응하기 위해, 1491년 4월 21일 마사모토의 반대를 무릅쓰고 오미 롯카쿠 다카요리 토벌을 선언하였다.

쇼군 요시키는 롯카쿠 토벌 명령에 응한 2만여 병사를 이끌고 8월 27일 오미 오쓰 미이데라三井寺 고조인光淨院에 본진을 치고, 아카마쓰 마사노리赤松政則, 다케다 모토노부武田元信를 총대장으로 임명했다. 그리고 호소카와 마사모토를 오미 슈고로 임명하여 선봉을 맡기고, 마사모토의 중신 야스토미 모토이에安富元家를 서진시켰다. 롯카쿠 토벌군이 10월 1일 오미 곤고지金剛寺까지 진군하자, 롯카쿠 다카요리는 전과 마찬가지로 고카로 퇴거하여 게릴라전을 전개했다. 아카마쓰씨 중신 우라가미 노리무네와 시바씨 중신 오다 도시사다의 활약으로 롯카쿠씨 일족인 야마우치 마사쓰나山內政綱가 항복하였으나, 요시키는 그를 주살했다. 1492년 3월 야스토미 모토이에가 롯카쿠군에 기습을 당해 곤고지에서 패주하자, 요시키는 아카마쓰 마사노리, 다케다 모토노부, 시바 요시히로에게 출격을 명하고, 우라가미 노리무네, 헨미 단조逸見彈正, 오다 도시사다 등도 롯카쿠군 토벌을 위해 파견하였다. 그들은 3월 29일 야스토미 모토이에와 합류하여 야나세가와簗瀬河原에서 롯카쿠군 4,000명을 격파했다. 동년 5월 요시키는 야스토미 모토이에를 대신하여 시바 요시히로를 선봉으로 명하고, 아카마쓰씨, 다케다씨와 함께 고카로 파견하였다. 그리고 10월 17일 요시키 스스로 출진하여 곤고지에 본진을 치고 토벌을 지휘하였다. 롯카쿠군은 고카를 버리고 이세로 도망하였으나, 기타바타케군이 이 롯카쿠군을 맞받아쳐서 궤멸시켰다. 요시키는 마사모토에 대신하여 롯카쿠 도라치요六角虎千代(롯카쿠 마사타카의 양자)를 오미 슈고로 임명하고 철병하여, 12월 14일 교토로 개선했다.

2. 메이오의 정변

1493년 전前 간레이 하타케야마 마사나가는 적대하고 있던 하타케야마 모토이에畠山基家(요시토요義豊. 하타케야마 요시나리畠山義就의 아들)를 토벌하기 위해 쇼군 요시키에게 가와치 친정을 요구했다. 호소카와 마사모토는 이전의 오미 친정 때와 마찬가지로 이 토벌과 친정에 반대했다. 그러나 하타케야마씨 가독문제가 마사나가에게 유리하게 해결되자 2월 15일 쇼군 요시키는 모토이에 토벌군을 발진시켰다.

이 때문에 쇼군 요시키와 간레이 마사모토 간의 대립이 심각해졌다. 당시 이 친정이 마사모토를 치기 위한 것이라는 소문도 나돌았다. 이에 마사모토는 요시키와 사이가 좋지 않은 도미코, 아가마쓰 마사노리, 그리고 모토이에 등과 비밀리에 결탁하여, 요시키의 쇼군 폐위와 막부실권의 회복을 꾀하였다. 윤4월 와카사의 다케다 모토노부가 상경하여 마사모토와 합류하였다.

아카마쓰 마사노리와 오우치 요시오키大內義興는 아시카가 요시토足利義遐(호리고에쿠보 아시카가 마사토모의 아들)를 요시키의 유자猶子로 삼아 쇼군직을 잇게 하는 중재안을 내어 사태를 수습하고자 했으나 실패하였다. 그리하여 마사모토는 4월 22일 세이코를 환속시켜 요시토足利義遐로 개명하여(요시타카義高로 다시 개명하였다가 또다시 요시즈미義澄로 개명. 이하 요시즈미), 11대 쇼군으로 옹립하는 쿠데타를 결행하였다. 메이오의 정변明應の政變이다.

도미코가 막부를 장악하고, 마사모토가 교토를 제압하였다. 이 소식을 접한 요시키 측은 크게 동요하였다. 이세 사다무네는 요시키와 동행한 슈고와 호코슈·부교슈에게 신 쇼군(=요시즈미)을 따르라는 내용의 서한을 보낸다. 이로 말미암아 요시키의 측근들은 대부분 27일까지 교토로 귀환하였다.

동월 25일 호소카와 측은 고립무원의 가와치 쇼카쿠지성正覺寺城(大阪市平野區加美正覺寺)을 포위하였고, 하타케야마 마사나가는 아들 하타케야마 히사노부畠山尚順를 도망시킨 후 쇼가쿠지성에서 자살했다. 마사모토는 요시키를 붙잡아 교토로 송환하고 그를 료안지龍安寺에 유폐시켰다. 간레이와 막부의 신하들이 쇼군을 추방하고 새로운 쇼군을 추대한 것은 이것이 처음이었다. 한편 요시키는 6월 교토를 탈출하여 마사나가의 옛추 슈고다이 진보 나가노부神保長誠를 의지하여 옛추로 갔다(옛추쿠보越中公方).

그리고 이마가와 우지치카今川氏親의 가신 이세 소즈이伊勢宗瑞(호조 소운北條早雲. 소운과 이세 사다무네는 사촌간)가 1493년 4월 이즈伊豆로 침입하였다. 이는 이세 소즈이가 마사모토와 우에스기 사다마사上杉定正와 협력하여 요시즈미에 반역한 이복형 호리고에쿠보 아시카가 자차마루足利茶々丸를 타도하기 위해서였던 것으로 보인다.

메이오의 정변으로 마사모토는 막부를 장악하게 되고, 호코슈 등 쇼군의 군사기반이 붕괴되어 쇼군 권력은 간레이가의 괴뢰로 전락한다. 쇼군 권력은 전 쇼군 요시키와 현 쇼군 요시즈미로 2분되었고, 슈고와 슈고다이들, 그리고 재지세력들은 자신의 이해에 따라 각각 다른 쇼군을 지지하면서 대립·항쟁했다. 막정은 호소카와 마사모토에게 장악되었으나, 호소카와 세력 내부에서도 이세씨와 협력하고 있던 호소카와씨 중신 우에하라 모토히데上原元秀가 암살되는 등 어수선했다. 한편 막부의 만도코로 장관政所頭人으로 야마시로 슈고인 이세 사다미치伊勢貞陸(사다무네의 아들)가 교토에 남아 있는 막부의 관료조직을 장악하여 마사모토와 대립하였다. 사다미쓰는 도미코의 요청으로 요시즈미의 후견을 맡고, 요시키파에 반대한다는 명목 아래 재지영주층을 회유하여 야마시로의 일원지배를 지향했다. 이 같은 지향은 마사모토 역시 마찬가지여서 야마시로의 재지영주층은 2분되어 서로 대립하였다. 그리하여 재지영주들의 결집력을 나타내는 야마시로의 잇키 세력이 일시 해산으로 내몰리는 사태까지 발생했다.

3. 간레이가의 분열·대립과 호소카와 다카쿠니細川高國

1) 간레이가의 분열·대립

그런데 1496년 도미코가 사망하고, 요시즈미도 나이 스물을 넘기면서 스스로 정무를 보고자 했다. 이는 필연적으로 간레이 호소카와 마사모토와의 대립을 야기한다. 마사모토가 1502년 2월 간레이직의 사임 의사를 표하고 마키시마성槇島城(京都府宇治市槇島町)으로 내려가자, 요시즈미는 그를 위로하고, 8월에 이와쿠라 묘젠인妙善院(金龍寺)으로 들어가 웅거했다. 이에 마사모토와 이세 사다무네가 요시즈미에게 복귀를 요구했으나, 요시즈미는 다케다 모토노부의 쇼반슈相伴衆(쇼군의 연석이나 타가 방문에 수행) 등용과 교토에 체재중인 요시키의 이복동생 지소인 기추實相院義忠의 처형을 요구했다. 요시즈미의 이 같은 요구는 당시 교토 복귀와 쇼군직 탈환을 위해 활발히 움직이고 있던 요시키의 공세에 골머리를 썩고 있었고, 막부 내외에 반 요시즈미 세력들이 기추를 옹립하여 요시키와 연합할 가능성이 있었기 때문이거나, 직접 정무를 집행하려는 요시즈미와 막부를 장악하고 있던 마사모토 사이의 대립이 격화하던 상황에서 마사모토가 기추를 옹립해서 요시즈미를 폐할 가능성이 있었기 때문일 것이다. 따라서 기추 처형 요구는 간레이 마사모토에게는 정치의 향배를 결정하라는 요구였다고 할 수 있다. 이에 마사모토는 4월 22일 요시즈미를 문병하기 위해 묘젠인을 방문한 기추를 체포하여 묘젠인 근처의 아미타당阿彌陀堂에서 살해했다. 이것은 요시즈미와 마사모토가 상호 대립하면서도 협조관계를 유지하는 전략적 관계였음을 나타낸다.

한편 메이오의 정변 후 엣추로 도망가 망명정권을 수립한 전 쇼군 요시키(엣추쿠보越中公方)는 1499년 호쿠리쿠 병사를 이끌고 오미로 침공하고, 히에이잔 엔랴쿠지를 자기편으로 끌어들였다. 이 같은 움직임을 눈치챈 마사모토가 아카자와 도모쓰네赤澤朝經와 호카베 무네카즈波々伯部宗量에게 명하여 7월 11일 엔랴쿠지를 공격하게 했다. 이 공격으로 엔랴쿠지의 주요 가람(根本中堂·大講堂·常行堂·法華堂·延命院·四王院·經藏·鐘樓 등)이 모두 불타 버렸다. 이어 도모쓰네는 9월 가와치에서 거병한 하타케야마 마사나가의 아들 하타케야마 히사노부를 무찌르고, 히사노부가 야마토로 도망하자 12월 히사노부를 쫓아 야마토로 진격했다. 그리하여 도모쓰네는 히사노부 측에 가담한 쓰쓰이 준켄筒井順賢·도이치 도하루十市遠治 등의 재지영주들을 추토하고, 기코지喜光寺·홋케지法華寺·사이다이지西大寺·가쿠안지額安寺 등을 불태워 버렸다.

이 도모쓰네의 군사행동으로 호소카와씨의 세력판도가 야마토 북부 지역으로 크게 확장되었고, 마사모토는 교토와 그 주변 지역의 재지영주들을 끌어들여 수하로 삼아 이 지역에 세력기반을 강화하였다. 그리하여 마사모토는 이 지역들을 사실상 호소카와의 영국으로 만들어 버렸다.

그런데 마사모토는 슈겐도修驗道(산악 수행)·야마부시 신앙山伏信仰(산악신앙)에 열중하여 평생 독신으로 살며 여성을 가까이 하지 않았고, 당시 무가라면 으레 착용한 에보시烏帽子도 싫어했다. 하늘을 나는 천구天狗의 술術을 얻으려 이상한 수행에 빠지기도 하고, 돌연 정처 없이 방랑하기도 했다. 그러면서도 마사모토는 슈겐도 수행자 야마부시들을 간자로 이용하여 각지의 정보와 동향을 파악하고 있었다. 그리고 마사모토는 위신을 수반하지 않는 조정과 막부의 의례도 무의미하다고 생각하여, 고카시와바라 천황後柏原天皇의 즉위식 개최도 거부했다. 이러한 마사모토의 정무태만과 기행은 막정에 혼란을 가져와 쇼군 요시즈미가 직접 마사모토를 설득하는 일도 있었다고 한다. 당시 막정은 '우치슈內衆'라 불리는 게이초가京兆家 직속 중신들(슈고다이 등)의 합의제로 이루어지고 있었고, 이에 마사모토는 1501년 우치슈 합의규정과 우치슈를 통제하는 세부조항을 제정했다.

마사모토의 이 같은 괴벽성과 실자가 없다는 문제는 호소카와 게이초가의 가독상속에도 영향을 미쳤다. 게이초가는 1502년 셋칸가攝關家인 구조가九條家에서 가독상속을 조건으로 양자로 들어온 소메이마루聰明丸(후의 호소카와 스미유키細川澄之)를 정식 적자로 정했다. 그러나 1503년 5월 호소카와 일문 아와 슈고가阿波守護家(讚州家)에서 로쿠로六郎(후의 호소카와 스미모토細川澄元)를 양자로 맞아들여 가독상속을 약속하고 소메이마루를 가독상속에서 제외했다. 이 때문에 호소카와 게이초가는 스미유키와 스미모토의 양파로 나뉘져 첨예하게 대립하게 된다. 게다가 마사모토가 일문 노슈가野州家에서 호소카와 다카쿠니細川高國를 양자로 맞아들여 호소카와가 내부의 혼란과 대립은 더욱 심화되었다.

1504년 9월 우치슈內衆(다이묘 등에게 고용된 사람)였던 셋쓰 슈고다이 야쿠시지 모토카즈藥師寺元一가 마사모토의 양자인 호소카와 스미모토

〈표 3〉 간레이管領 계보

1	시바 요시유키斯波義將(1362~66)	19	하타케야마 마사나가畠山政長(1464~67)
2	호소카와 요리유키細川賴之(1367~79)	20	시바 요시카도斯波義廉(1467~77)
3	시바 요시유키斯波義將(1379~91)	21	호소카와 가쓰모토細川勝元(1468~73)
4	호소카와 요리모토細川賴元(1391~93)	22	하타케야마 마사나가畠山政長(1473)
5	시바 요시유키斯波義將(1393~98)	23	하타케야마 마사나가畠山政長(1477~86)
6	하타케야마 모토쿠니畠山基國(1398~1405)	24	호소카와 마사모토細川政元(1486)
7	시바 요시시게斯波義重(1405~09)	25	하타케야아 마사나가畠山政長(1486~87)
8	시바 요시유키斯波義將(1409)	26	호소카와 마사모토細川政元(1487)
9	시바 요시아쓰斯波義淳(1409~10)	27	호소카와 마사모토細川政元(1490)
10	하타케야마 미쓰이에畠山滿家(1410~12)	28	호소카와 마사모토細川政元(1494~1507)
11	호소카와 미쓰모토細川滿元(1412~21)	29	호소카와 스미유키細川澄之(1507)
12	하타케야마 미쓰이에畠山滿家(1421~29)	20	호소카와 스미모토細川澄元(1507~08)
13	시바 요시아쓰斯波義淳(1429~32)	31	호소카와 다카쿠니細川高國(1508~25)
14	호소카와 모치유키細川持之(1432~42)	32	호소카와 다네쿠니細川稙國(1525)
15	하타케야마 모치쿠니畠山持國(1442~45)	33	하타케야마 요시타카畠山義堯(1526)
16	호소카와 가쓰모토細川勝元(1445~49)	34	호소카와 하루모토細川晴元(1536~49)
17	하타케야마 모치쿠니畠山持國(1449~52)	35	호소카와 우지쓰나細川氏綱(1552~63)
18	호소카와 가쓰모토細川勝元(1452~64)		

를 옹립하여 마사모토를 몰아내고자 하였으나, 모토카즈의 동생 야쿠시지 나가타다藥師寺長忠 등에게 진압되었다. 마사모토는 1506년 가와치 하타케야마 요시히데畠山義英와 하타케야마 히사노부를 토벌하고, 다시 아카자와 도모쓰네를 야마토에 파견하여 홋케지法華寺, 보다이산菩提山 쇼랴쿠지正曆寺, 도노미네多武峰, 류몬지龍門寺 등을 불살라 사사 세력을 평정하였다. 이러한 군사활동을 통해 마사모토는 기나이를 중심으로 세력을 더욱 강화·확대하였다.

한편 1505년 단고 슈고에 임명된 잇시키 요시아리一色義有는 1506년 간레이 마사모토에 의해 해임되자 마사모토에게 반감을 품게 된다. 이에 마사모토는 요시아리를 공격하기 위해 호소카와 스미유키細川澄之, 호소카와 스미모토, 호소카와 마사카타細川政賢, 아카자와 도모쓰네, 미요시 유키나가三好之長, 고자이 모토나가香西元長 및 다케다 모토노부

<table>
<tr><td>〈표 4〉 호소카와씨細川氏 계보도</td></tr>
</table>

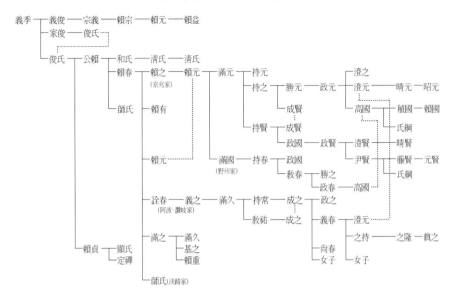

등을 단고로 파견하였다. 이에 요시아리는 이마쿠마노성今熊野城(京都府宮津市中野行者谷), 노부나가 하루노부延永春信는 아미타가미네성阿彌陀ヶ峰城(京都府宮津市), 이시카와 나오쓰네石川直經는 가야성加悅城(京都府与謝郡加悅町)에서 각각 위 호소카와 측 군사에 대응하였다. 이 싸움은 1507년에도 계속되었다.

그런데 정작 마사모토는 싸움이 한창인 시기에 수행차 오슈로 떠나려다가 미요시 유키나가의 만류로 단념하였다고 한 것을 보면, 마사모토는 이러한 싸움을 아주 싫어했던 것 같다. 이러한 상황 중에 마사모토가 4월 교토로 돌아오고, 스미유키와 고자이 모토나가도 5월 가야성주 이시카와 나오쓰네石川直經와 화해하고 교토로 철수하였다.

그런데 1506년 셋쓰 슈고 호소카와 스미모토가 실가 아와 군세를 이끌고 교토로 들어왔다. 스미모토의 신하 미요시 유키나가가 마사모토에게 중용되었고, 이에 마사모토 정권을 지탱하던 '우치슈'로 불린 게이초가 중신(주로 기나이 재지영주층)과 아와 세력이 대립하게 된다. 이 와중에 슈겐도에 몰두해 있던 마사모토가 1507년 6월 23일 마법을 수련하기 위해 목욕을 하던 중, 스미유키를 옹립한 우치슈 야쿠시지 나가타다藥師寺長忠·고자이 모토나가·다케다 마고시치竹田孫七 등의 교사를 받은 비서인 유히쓰祐筆 도쿠라戸倉씨에게 살해당하는 사건이 발생했다(호소카와토노의 변細川殿の變).

마사모토 암살의 주역은 가신 고자이 모토나가였다. 당시 마사모토의 후계자로 호소카와씨와 전혀 관계없는 스미유키를 맞아들인 것에 대해 호소카와 일족이 강하게 반대하였고, 마사모토 역시 이 일을 후회하여 서가의 호소카와 스미모토를 아와에서 후계자로 맞아들였다. 이로 말미암아 스미유키의 보좌역인 고자이 모토나가의 권력이 실추되었고, 게다가 스미모토의 보좌역인 미요시 유키나가가 마사모토에게 군사적 재간을 인정받아 중용되면서 세력을 넓혀갔다. 나아가 미요시 유키나가가 사누키의 정치에까지 간여하였기 때문에, 사누키 출신인 고자이 모토나가는 유키나가를 질시하게 되었다. 또한 모토나가는 마사모토의 기행에도 불안을 느끼고 있었다. 그래서 고자이 모토나가는 스미유키를 옹립하고 마사모토를 암살하여 권력을 잡으려 했던 것이다.

마사모토 암살에는 스미유키도 간여하고 있었다고 한다. 위에서 보았듯이 스미유키는 후계자의 지위를 잃은 후인 1506년 마사모토의 명령에 따라 단고 잇시키 요시아리 토벌에 참가하였다. 그러나 그가 마사모토의 명령에 따른 것은 명분상의 행동에 불과하였다. 그는 잇시키 측과 내통하여 가야성 낙성을 가장하여 군사를 철수하였다. 가야성의 이시카와 나오쓰네가 마사모토 암살 계획을 알고 교토로 철수하려는 마사모토가 신임하는 아카자와 도모쓰네를 공격하여 패사시켰던 것이다. 이렇듯 마사모토 살해 이전부터 스미유키도 고자이 모토나가 등과 일을 공모하였던 것으로 보인다. 즉 반마사모토 세력이 후계자에서 제외된 스미유키의 울분을 이용하여 용의주도한 계획 아래 마사모토를 살해했다고 보인다.

마사모토가 살해된 다음 날, 야쿠시지 나가타다 등은 스미모토·미요시 유키나가 저택을 공격하였고, 스미모토 등은 오미로 도주하였다. 이렇게 해서 호소카와 게이초가의 가독은 스미유키가 계승하였다. 그러나 다카쿠니는 일족 셋쓰 분군 슈고分郡守護 호소카와 마사카타와 아와지 슈고 호소카와 히사하루細川尙春, 가와치 슈고 하타케야마 요시히데 등과 협의하여 마사모토의 후계자로 스미모토를 지명했다.

7월 28일 야쿠시지 모토카즈의 아들 만토쿠마루萬德丸(藥師寺國長)는 야쿠시지 나가타다의 거성 이바라키성을 공격하고, 호소카와 다카쿠니 등은 29일 고자이 모토나가의 거성 아라시야마성嵐山城(京都府京都市西京區嵐山元祿山町)을 공격하여 함락시켰다. 그리고 8월 1일 오미 고카군의 재지영주들을 끌어들여 서둘러 입경한 미요시 유키나가가 호소카와 스미유키의 최후 거점 유쇼켄遊初軒을 다카쿠니세력과 함께 함락하자, 스미유키는 자살하였다. 다음 날(2일) 호소카와 스미모토가 쇼군을 알현하고, 호소카와 게이초가의 가독과 간레이직을 계승했다.

이것으로 호소카와가의 내부 대립이 막을 내린 것은 아니었다. 예상하듯이 스미유키의 자살은 스미모토와 다카쿠니 대립의 시작에 불과했다. 양자의 대립은 쇼군 요시즈미義澄와 전 쇼군 요시타네義植 양파의 대립과 맞물려 20년 이상 계속되는 기나이 쟁란으로 번졌다(양 호소카와의 난兩細川の亂).

메이오의 정변으로 쇼군직에서 쫓겨난 요시타네(=요시키=요시타다)는 1499년 이래 스오의 오우치 요시오키에게 의탁하고 있었으나, 막부는 마사모토가 암살된 후 요시타네의 움직임을 염려하여, 1507년 윤6월 오우치 요시오키 추토 윤지를 얻어 아키·이와미 재지영주들에게 요시오키 추토를 명했다. 이에 1507년 말 요시오키는 요시타네를 옹립하고, 주변 지역의 영주들에게도 참가를 권유하였다. 요시오키는 스스로 이들 군대를 이끌고 야마구치를 출발, 빈고 도모鞆에서 세모를 보내면서 입경 시기를 저울질했다.

이즈음 미요시 유키나가의 전횡에 반발하는 기나이 세력들이 호소카와 다카쿠니 밑으로 결집하고 있었다. 스미모토는 오우치 요시오키와 화해하기 위해 다카쿠니를 파견하였다. 그러나 다카쿠니는 이가로 도망하여 요시타네·요시오키와 결탁하였고, 셋쓰의 이타미 모토스케伊丹元扶와 단바의 나이토 사다마사內藤貞正 등 기나이 재지영주들도 다카쿠니 측에 가담했다. 이에 1508년 4월 스미모토와 쇼군 요시즈미는 오미 롯카쿠 다카요리에 의지하여 구쓰키야朽木谷, 나아가 가모군蒲生郡 미즈구키 오카야마성水莖岡山城(滋賀縣近江八幡市牧町)으로 도망하고, 다카쿠니가 교토로 입성하였다.

4월말 요시타네·요시오키가 이즈미 사카이에 도착하고, 이들을 마중 나온 다카쿠니가 호소카와 게이초가의 가독을 이었다. 그리고 6월 전 쇼군 요시타네는 사카이에서 교토로 입성하여 다시 쇼군직에 올랐다. 다카쿠니는 우쿄노다이부右京大夫로 서임되고, 간레이직에 올랐다. 한편 요시오키는 우쿄노다이부와 간레이다이管領代, 그리고 야마시로 슈고로 임명되었다.

그 후 요시즈미는 세력을 만회하기 위해 1509년 호소카와 스미모토, 미요시 유키나가·히데나가 부자로 하여금 교토를 침공하게 하였으나, 다카쿠니·요시오키·하타케야마 히사노부 등에게 패배하였다(뇨이가타케 싸움如意ヶ嶽の戰い). 스미모토 측은 요시타네 암살도 시도하였으나 역시 실패하였다. 1510년 요시타네가 다카쿠니·요시오키 등에게 오미 정벌을 명하였으나, 오미의 재지영주들을 규합한 요시즈미 측이 1511년 싸움에서 승리함으로써 교토를 탈환하는 데 성공하였고, 요시타네

등은 일단 단바로 도망하였다. 요시타네 등은 다시 세력을 만회하여 교토 탈환을 시도하였다. 요시즈미는 오우치씨와 대립하면서 센고쿠 다이묘를 지향하는 분고의 오토모 지카하루大友親治와 하리마의 아카마쓰 요시무라赤松義村 등에게 도움을 청하는 서한을 보내는 등 쇼군직 복귀에 열심이었다.

뇨이가타케 싸움에서 패배한 후 아와로 돌아가 있던 스미모토는 요시즈미를 쇼군으로 복귀시키기 위해 1511년 7월 7일 동족 호소카와 마사카타와 이즈미 슈고 호소카와 모토쓰네細川元常를 총대장으로 삼고, 군사를 둘로 나누어 한 부대는 7월 13일 사카이로 상륙시키고, 또 다른 부대는 효고로 진군시켰다. 이 마사타카군에 야마나카 다메토시山中爲俊, 하타케야마 요시히데畠山義英, 유사 노부모리遊佐順盛와 낭인들이 합류하여 마사타카군의 총세력은 7천~8천을 헤아렸다고 한다. 이들은 후카이성深井城(大阪府堺市)에 진을 쳤다. 이 소식을 접한 호소카와 다카쿠니는 셋쓰 재지영주들에게 마사타카군 추토 명령을 내리고, 이에 호응하여 이케다씨, 이타미씨, 미야케씨, 이바라키씨, 아이우安威씨, 후쿠이福井씨, 오타太田씨, 이리에入江씨, 다카쓰키高槻씨 등 셋쓰의 재지영주층 군대 2만이 집결하여, 니시무라이와테西村砦와 히가시무라이와테東村砦에 포진했다. 이 후카이성을 둘러싼 싸움에서 수의 열세에도 불구하고 스미요시 측의 마사타카가 승리하여(후카이 합전深井の合戰), 군을 나카시마성까지 진군시켰다.

한편 다카쿠니 측 가와라바야시성瓦林城(兵庫縣西宮市) 성주 가와라바야시 마사요리瓦林正頼는 다카쿠니의 명령에 따라 1511년 5월 아와에서 교토로 향하는 동서교통의 요지에 다카오성鷹尾城(兵庫縣芦屋市)을 축성하려 했으나, 나다고고灘五鄕 재지영주들의 저항이 만만치 않았다. 어쨌든 다카오성은 축성되었고, 이에 자극받은 나다고고가 주위 재지세력과 연합하여 5월 6일 마사요리에 저항하였으나 실패하였다. 이 소식에

스미모토가 거병하였고, 오미로 도망해 있던 요시즈미와 호응하여 교토를 협격하고자 했던 것이다. 한편 효고로 진군한 아와지 슈고 호소카와 히사하루細川尙春군과 다카쿠니 측 군세 3천이 아시야가와芦屋川에서 7월 26일 맞붙었으나, 히사하루군이 패배하였다.

그런데 하리마 슈고 아카마쓰 요시무라赤松義村는 의모義母 도쇼인洞松院이 호소카와 가쓰모토의 딸이었고, 아와 슈고 호소카와 유키모치가 자부姉夫였던 인연으로 다카쿠니와는 적대관계였고, 이로 말미암아 스미모토와는 협조관계에 있었다. 이에 스미모토는 요시무라에게 원군을 요청하고, 이에 호응하여 요시무라는 8월 8일 상순 고차쿠성御着城(兵庫縣姬路市御國野町御着)을 나와 가코가와加古川 주변에서 군세를 가다듬고, 오쿠라다니大藏谷 주변에서 히사하루尙春·나다고고 패잔군과 합류하여 8월 5일 효고우라兵庫浦에 도착했다. 이때의 총세력은 2만 정도였다고 한다. 이들 스미모토 측 연합군은 8월 8일부터 10일까지 다카오성을 포위·공격하여, 가와라바야 마사요리는 10일 밤 이타미성伊丹城(아리오카성有岡城이라고도 한다. 兵庫縣伊丹市伊丹1丁目12)으로 퇴각했다. 이 전투는 매우 치열하여 마사요리 측 사상자가 3천여 명에 이르렀다고 한다(아시야가와라 합전芦屋河原の合戰).

그러나 1511년 9월 6일(8월 14일이라고도 함) 요시타네·다카쿠니·요시오키 등과의 최후의 일전인 후나오카야마 합전船岡山合戰을 앞두고 요시즈미가 미즈구키 오카야마성에서 32세의 나이로 병사했다.

2) 호소카와 다카쿠니의 확집과 패망

그런데 후나오카야마 합전 직전 요시즈미를 후원하고 있던 오미 롯카쿠씨에 내분이 발생했다. 그 결과 당주 롯카쿠 다카요리가 요시즈미 측과의 협력을 줄기차게 주장한 슈고다이 이바伊庭씨를 제압하고 요시타네 측으로 돌아섰다. 이 소식에 실의에 빠진 요시즈미가 몸져

늦게 되었고, 마침내 사망하였던 것이다. 요시즈미의 사망 소식을 비밀로 했던지 호소카와 스미모토 등은 전의를 불태우며 호소카와 마사카타를 대장으로 단바와 야마시로의 요충인 후나오카야마로 병력을 투입하여 방어 태세를 취했다.

한편 호소카와 다카쿠니 측에 가담해 있던 오우치 요시오키는 이즈미 후카이성 싸움과 아시야가와라 합전에서 패배하여 단바로 도망했다가 요시즈미가 사망하자, 재지영주들을 동원한 강력한 군대를 이끌고 교토를 향해 출진하였다. 이에 반해 스미모토 측의 원군으로 교토로 향하고 있던 아카마쓰군은 북셋쓰 이타미성에서 다카쿠니 측의 저항을 받아 교토로 입성할 수 없었다. 그리고 스미모토 측의 최대 의지처였던 아와 호소카와·미요시군의 기나이 상륙도 없었다.

전세는 이미 요시타네·다카쿠니·요시오키 쪽으로 기울고 있었다. 당시 교토를 떠나 있던 요시타네 측은 2만이 넘는 군세를 유지하고 있었으나, 교토로 들어오려는 스미모토 측의 군세는 호소카와 마사카타가 2천, 호소카와 모토쓰네細川元常가 1천, 나카야마 다메토시가 3천으로 도합 6천이었다. 이에 오우치군을 포함한 다카쿠니 측이 스미모토 측을 야습하여 마사카타가 전사하는 등 스미모토 측은 붕괴되었다(후나오카야마 합전船岡山合戰). 교토는 다시 요시타네·다카쿠니의 손으로 돌아갔고, 쇼군은 요시타네로 확정되었다. 그 후 양 진영은 화해하고, 요시즈미의 아들 요시하루義晴·요시쓰나義維는 각각 아카마쓰 요시무라, 호소카와 유키모치細川之持(스미모토의 형)에게 인계되었다. 스미모토는 실가 아와로 도망하여 재기를 꿈꾸며, 미요시 유키나가에게 옹립되어 중앙정권에 계속 저항하였다.

쇼군직에 복귀한 요시타네는 친정 의지가 강하였으나, 정권은 간레이 호소카와 다카쿠니와 간레이다이에 오른 오우치 요시오키의 군사력에 지탱되고 있어서 요시타네가 뜻을 이루기는 여의치 않았다. 1508

년 8월 쇼군 복귀 후 요시타네의 최초 행선지는 하타케야마 히사노부 숙소였다. 이에 항의하여 오우치 요시오키가 연회 중에 퇴석해 버리고, 다카쿠니도 요시오키에게 동조했다. 한편 1512년 3월 고카시와바라 천황은 요시타네가 반대하는 오우치 요시오키에게 종3위를 서임하였다. 이렇듯 호소카와·오우치·하타케야마씨 등과 대립하던 요시타네는 1513년 3월 일시 교토를 벗어나 오미 고카군으로 도망하였고, 그곳에서 병을 얻었다. 당시 요시타네가 사망하였다는 풍문도 나돌아 도지東寺와 이세진구伊勢神宮는 쇼군의 쾌유를 비는 기도를 올리기도 하였다.

한편 4월 호소카와 다카쿠니·오우치 요시오키·하타케야마 히사노부·하타케야마 요시모토畠山義元 등은 연명으로 쇼군의 명령에 따른다는 취지의 기청문起請文을 작성하고, 5월 위 4명과 이세 사다미치伊勢貞陸가 고카군까지 가서 요시타네를 교토로 모셔왔다. 그러나 1517년 요시타네의 거부에도 불구하고, 다카쿠니가 독단으로 다테 다카무네伊達高宗에게 쇼군의 이름 한 자를 하사하여 다네무네稙宗로 개명케 하고, 더욱이 다네무네를 사쿄노다이부에 서임시켰다. 1518년 8월 오우치 요시오키가 영내 사정으로 간레이다이를 사임한 후 하향하고, 이어서 하타케야마 히로노부 역시 영국으로 돌아가 버렸다. 이에 이르러 요시타네와 다카쿠니의 대립은 더욱 격화되었다.

오우치 요시오키의 귀향으로 쇼군 요시타네의 군사 지지기반이 약화되었다. 아와로 도망해 있던 호소카와 스미모토가 이를 호기로 보아 준동하기 시작했고, 이에 대응하여 1518년 12월 요시타네는 아카마쓰 요시무라에게 스미모토와 그 가신들을 격퇴하라고 명했다. 그러나 스미모토는 1519년 10월 거병하여 11월 셋쓰로 상륙하였고, 요시타네는 11월 3일 아카마쓰 요시무라에게 호소카와 다카쿠니를 지원하도록 명하였다. 그런데 아카마쓰 요시무라는 1512년 다카쿠니와 화해하였다고는 하나, 원래 요시즈미·스미모토 측에 속한 다이묘였다. 이즈음 요시타네는 아카마쓰씨를 통해 스미모토와 비밀리에 관계를 맺고 있었을 가능성이 크다.

1520년 2월 호소카와 다카쿠니가 아마가사키尼崎에서 스미모토 측에 대패하여 교토로 돌아오고, 2월 17일 다카쿠니는 요시타네에게 함께 오미로 도망할 것을 건의하였으나, 요시타네가 이 제안을 거부했다. 이미 호소카와 스미모토는 요시타네에게 공순을 서약하는 서장을 보냈고, 오미로 도망한 다카쿠니를 대신하여 스미모토의 가신 미요시 유키나가가 입경했다. 2월 8일 요시타네가 다카쿠니에게 스미모토 토벌 명령을 내리고 있어서, 다카쿠니는 요시타네와 스미모토의 내통 사실을 몰랐을 가능성이 크다. 한편 친정을 지향하던 요시타네는 젊은 스미모토를 이용하여 막부의 실권을 장악하고자 했을 것이다. 그런데 오미에서 세력을 만회한 다카쿠니가 5월 5일 도지인等持院(京都市中京區等持院北町付近)에서 스미모토를 물리치고(도지인 싸움等持院の戰い) 다시 교토로 들어왔다. 스미모토는 다시 아와로 도망하였다.

이후 요시타네와 호소카와 다카쿠니 사이는 더욱 험악해져, 1521년 3월 7일 요시타네가 이즈미 사카이로 도망하였다. 요시타네는 다카쿠니의 영향 아래 있는 교토를 떠나 다카쿠니 토벌군을 조직하려 하였으나, 요시타네를 따르는 자는 측근 하타케야마 요리테루畠山順光와 극히 일부의 부교닌奉行人뿐이었고, 만도코로 장관政所頭人 이세 시다타다伊勢貞忠와 대부분의 부교닌들은 교토에 머물며 요시타네를 지켜보고 있었다. 요시타네의 출경이 예정되어 있던 고카시와바라 천황後柏原天皇 즉위식 직전에 발생하였기 때문에, 천황은 격노하여 다카쿠니에게 즉위식 준비를 명하고 예정대로 즉위식을 거행하였다. 정권을 장악한 다카쿠니는 11대 쇼군 요시즈미의 유아 아시카가 요시하루足利義晴를 쇼군으로 옹립했다.

요시타네는 이즈미에서 아와지淡路 시즈키우라志筑浦로 도망하여, 재기를 도모하면서 다카쿠니에 대항하였다. 요시타네는 다카쿠니 처의 형제인 이즈미 슈고 호소카와 스미카타細川澄賢(마사쿠니의 아들)와 가와치 슈고 하타케야마 요시히데 등을 끌어들여 10월 사카이까지 진출하였으나, 군사 모집이 여의치 않아 다카쿠니를 제압할 수는 없었다. 그 후에도 누시마沼島로 몸을 숨기고 계속 재기를 도모하였으나, 1523년 4월 9일 아와 무야撫養(鳴門市)에서 58세의 일기로 파란만장한 생을 마감하였다.

쇼군 아시카가 요시하루는 1511년 3월 5일 오미 가모군 미즈구키 야마오카성에서 요시즈미의 장남으로 태어났다. 1514년 요시타네가 쇼군에 오르자, 세 살배기 가메오마루龜王丸(요시하루義晴)는 하리마 슈고 아카마쓰 요시무라의 비호 속에 양육되었다. 그러나 1521년 1월 아카마쓰 요시무라가 견원지간인 비젠 슈고다이 우라가미 무라무네浦上村宗에게 패하여 강제로 은거당하면서 가메오마루는 우라가미浦上씨에게 맡겨졌다. 1521년 쇼군 요시타네가 다카쿠니에게 쫓겨나고, 다카쿠니는 자기 편에 가담한 우라가미 무라무네가 맡아 키우고 있던 가메오마루를 쇼군으로 옹립하였다. 7월 6일 다카쿠니의 환대 속에 교토로 들어온 가메오마루는 11월 25일 우마노카미右馬頭에 서임되었고, 12월 24일 원복 후 아시카가 요시하루足利義晴로 개명하고, 25일 겨우 열 살의 나이로 제12대 쇼군에 올랐다.

짐작하듯이 막정은 다카쿠니에게 완전히 장악되었고, 어린 쇼군 요시하루는 다카쿠니의 괴뢰에 불과했다. 그런데 1526년 7월 호소카와 다다카타細川尹賢의 참언을 믿은 다카쿠니가 가신 고자이 모토모리香西元盛를 살해하면서 호소카와씨에 내부분열이 재발했다. 다카쿠니와 대립하고 있던 호소카와 하루모토細川晴元는 미요시 모토나가三好元長의 원조를 받아 요시하루의 동생 아시카가 요시쓰나足利義維를 옹립하여 다카쿠니와 싸웠다. 그리고 모토모리가 살해되자 모토모리의 두 형 하타노 다네미치波多野植通·야나기모토 가타하루柳本賢治 등이 다카쿠니에게 등을 돌려, 단바 야카미성八上城(兵庫縣篠山市)·간노산성神尾山城(京都府龜岡市宮前町宮川)에서 반기를 들었다. 놀란 다카쿠니는 1526년 10월 23일 총대장 호소카와 다다카타를 간노산성, 가와라바야시 슈리노스케瓦林修理亮, 이케다 단조 등을 야카미성으로 진군시켜 위의 두 성을 포위하였다. 그리고 10월 28일 쇼군 요시하루의 명으로 와카사 슈고 다케다 모토미쓰武田元光에게 원군을 요청했다. 당시 소소한 전투가 있었으나, 다카쿠니에게 살해당한 모토모리의 형 하타노 다네미치에게 동정적이었던 단바 슈고다이 나이토 구니사다內藤國貞가 11월 5일 간노산성 포위전에서 이탈했다. 그리고 11월 30일 구로이성黑井城(兵庫縣丹波市春日町黑井) 성주 아카이 고로赤井五郎가 3천 병사로 간노산성 포위군의 배후를 습격하여 격파했다. 이 패배 소식에 접한 야카미성 포위군은 12월 1일 성 포위를 풀고 퇴각하기로 했다. 다카쿠니의 명으로 야카미성 포위전에 참가하면서 아와 슈고 호소카와 하루모토와 협력하고 있던 이케다 단조가 퇴각하는 가와라바야시 슈리노스케 등 호소카와 다다카타군을 활로 공격하여, 다다카타군은 뿔뿔이 흩어져 겨우 교토로 돌아갔다.

　승리 소식을 접한 호소카와 하루모토는 미요시 가쓰나가三好勝長, 미요시 마사나가三好政長에게 출진을 명하고, 군을 사카이로 상륙시켰다. 하루모토군은 12월 13일 나카시마 호리성堀城(大阪市淀川區), 나카지마성中嶋城을 점령하였다. 한편 다카쿠니에게 구원요청을 받은 다케다 모토미쓰는 12월 29일 군사를 이끌고 상경하였으나, 마찬가지로 구원요청을 받은 롯카쿠 사다요리六角定賴, 아카마쓰 마사무라赤松政村, 시바 요시무네斯波義統 등은 상경하지 않았다. 하루모토 측 하타노 다네미쓰군이 1527년 1월 단바에서 출진하여, 28일 노다성野田城(大阪市福島區玉川)

을 함락하고, 2월 4일 셋쓰 슈고다이 야쿠시지 구니나가藥師寺國長가
지키는 야마자키성山崎城(京都府乙訓郡大山崎町)도 함락시켰다. 구니나가는
다카쓰키성高槻城(大阪府高槻市)으로 도망하였다.

그 후 하루모토 측은 아쿠타가와성芥川城(大阪府高槻市), 오타성太田城(和
歌山縣和歌山市太田), 이바라키성, 아이성安威城(大阪府茨木市安威), 미야케성三宅
城(大阪府茨木市大正町) 등을 공략하였다. 2월 11일 하타노군과 미요시군이
야마자키성에서 합류, 2월 12일 가쓰라가와桂川를 끼고 다카쿠니군과
대치했다. 이즈음 상경 요구에 응하지 않았던 롯카쿠 사다요리가 군사
를 이끌고 기타시라카와北白川에 착진했다. 다카쿠니는 도바鳥羽에서
사키노모리鷺ノ森(京都市左京區修學院宮ノ脇町)까지 일자진을 치고, 쇼군 요시
하루는 본진을 교토 로쿠조에 치고, 후방군으로 다케다 모토미쓰는
가쓰라카와 센쇼지에 진을 쳤다.

전투는 2월 12일 밤 가쓰라가와를 끼고 시작되었다. 2월 13일 미요시
군이 가쓰라가와를 건너 후방군 다케다 모토미쓰군을 공격하였고,
예상치 못한 이 공격에 다케다군이 패배하였다. 위기감을 느낀
다카쿠니가 직접 모토미쓰군 구원에 나섰으나 그마저 실패하였다.
한편 이 싸움들을 지켜보던 롯카쿠군이 돌연 하타노·미요시 측의
야나기모토 가타하루군을 공격하였다. 이에 하타노·미요시군도 병사
들을 물렸으나, 전투는 하타노·마요시군의 승리로 끝났다(가쓰라가와
싸움桂川原の戰い).

싸움에서 승리한 미요시 모토나가와 호소카와 하루모토 등이 교토
로 들어와 막부를 장악했고, 쇼군 요시하루는 다카쿠니·다케다 모토미
쓰와 함께 오미로 도망하였다. 요시하루는 1528년 구쓰키 다네쓰나朽木
植綱에 의지하여 구쓰키朽木(고쇼지興聖寺)로 거처를 옮기고, 와카사 다케
다 모토미쓰 등의 군사력에 의지하여 미요시 모토나가 등이 옹립한
사카이쿠보 아시카가 요시쓰나와 대립하였다.

한편 다카쿠니의 힘을 빌려 하리마를 통일하려는 야심을 품고 있던 비젠 미쓰이시성三石城(岡山縣備前市三石) 성주 우라가미 무라무네가 1530년 거병하였다. 무라무네는 1530년 6월 29일 하리마 도이치성豊地城(요리후지성依藤城이라고도 한다. 兵庫縣小野市中谷町)에 진출해 있던 야나기모토 기타하루를 자객을 보내 살해했다. 다카쿠니와 무라무네는 7월 27일 까지 고데라성小寺城(神戸市西區伊川谷町), 미키성三木城(兵庫縣三木市上の丸町) 등을 공략하여, 무라무네는 마침내 하리마 통일의 꿈을 이루었다.

거점을 확보한 다카쿠니와 무라무네는 호소카와 하루모토가 옹립한 사카이쿠보 아시카가 요시쓰나를 치기 위해 하리마를 출발, 8월 27일 셋쓰 간노지성神呪寺城(兵庫縣西宮市)에 진을 쳤다. 이에 놀란 하루모토가 바로 이타미성, 도마쓰성富松城(兵庫縣尼崎市)에 증원군을 파견하였으나 9월 21일 도마쓰성이 함락되었다. 증원군으로 파견된 야쿠시지 구니모리藥師寺國盛는 다이모쓰성大物城(아마가사키성尼崎城이라고도 한다. 兵庫縣尼崎市)으로 도망하였으나, 11월 6일 다이모쓰성도 항복했다. 다카쿠니는 이러한 형세를 보면서 쇼군야마성將軍山城(京都市左京區北白川淸澤口町)을 건설하고, 쇼군 요시하루도 1531년 2월 17일 사카모토로 진출하여 교토 회복을 노렸다. 한편 2월말 이타미성이 함락되었고, 3월 쇼군야마성에서 출격한 나이토 히코시치內藤彦七 등이 셋쓰의 요소 이케다성을 함락시켰다.

하루모토에게 접근해 교토 방위를 맡고 있던 기자와 나가마사木澤長政가 위 싸움 소식을 접하고 모습을 감추었다. 이에 쇼군야마성 병사들이 교토로 진군하여, 다카쿠니는 교토를 탈환하였다. 다카쿠니·무라무네군은 8월 27일 간노지성에 착진, 이후 약 6개월 동안 도마쓰성, 이타미성, 다이모쓰성, 이케다성을 함락시켰다.

교토를 탈환하고 이케다성을 함락시킨 다카쿠니·무라무네군은 사카이쿠보 요시쓰나와 호소카와 하루모토를 멸하기 위해 3월 10일 본진을 남셋쓰 주변에 치고, 선봉대는 스미요시 고쓰마勝間(大阪市西成區)에 진을 쳤다. 열세에 몰린 하루모토는 미요시 모토나가를 불러들였는데, 모토나가는 다카쿠니에게 할아버지 유키나가를 잃고 1529년 이래 귀향해 있었다. 주군 하루모토의 어려운 형편을 뿌리칠 수 없었던 모토나가가 하루모토의 구원 요청에 응해 1531년 2월 21일 사카이로 갔다. 3월 10일 벌어진 고쓰마 싸움에서 모토나가는 승리를 거두고, 다카쿠니 측의 선봉대는 덴노지까지 물러났다. 다카쿠니·무라무네군은 바로 진을 바꿔, 다카쿠니는 나카시마 우라에浦江(大阪市北區大淀周邊), 우라가미 측은 노다성野田城(大阪府大阪市福島區玉川付近)·후쿠시마성福島城(大阪府大阪市福島區福島)에 진을 쳤다.

한편 하루모토는 모토나가의 요청으로 3월 25일 자신의 사촌형 아와 슈고 호소카와 모치카타細川持隆 원군 8천 명을 사카이로 보냈다. 모토나가는 모치카타 원군을 하루모토와 사카이쿠보 요시쓰나 방위군으로 삼고, 자신은 덴노지에서 구니모치 측과 대진했다. 이 양군의 병력에 대해『호소카와료케키細川兩家記』는 다카쿠니·무라무네군 2만, 미요시군 총세 1만 5천(사카이쿠보 방어군 8천 포함)이라 기록하고 있다.

양군은 서로 눈치를 보며 달포를 보내다가 모토나가가 5월 13일 마침내 움직였다. 모토나가가 사와노쿠치澤ノ口(大阪市住吉區澤之町 주변), 오리오노遠里小野(大阪市住吉區遠里小野) 주변으로 출진하였고, 호소카와 스미카타細川澄賢가 이끄는 별동대가 쓰키시마築島(海路)로, 미요시 가즈히데三好一秀가 아와의 정예병을 이끌고 아비코安孫子, 가리타刈田, 호리堀(大阪市住吉區東南部周邊)에 성채를 구축했다. 양군은 아베노阿倍野에서 대치하였으나, 승부를 내지 못하고 전선은 교착 상태에 빠졌다. 그러던 중 6월 2일 다카쿠니의 후방군으로 간노지성에 착진한 아카마쓰 마사스케赤松政祐(하루마사晴政)가 6월 4일 하루모토 측과 내응하여 다카쿠니·무라무네군의 배후를 공격하고, 그 와중에 미요시군이 다카쿠니·무라무

네군에 총공격을 가했다. 다카쿠니·무라무네군은 일거에 붕괴하여 거의 전멸하였다. 아카마쓰 마사스케의 이반은 아버지인 아카마쓰 요시무라가 무라무네에게 암살당한 데 대한 복수였다고 하는데, 이미 출진 전 사카이쿠보에게 비밀리에 인질을 보내 다카쿠니를 배반하겠다는 약속을 했다고 한다(나카시마 싸움中嶋の戰い).

전장을 이탈한 다카쿠니는 다이모쓰성으로 피신하였으나, 6월 5일 미요시 가즈히데三好一秀에게 체포되어 오자키尼崎 고토쿠지廣德寺에서 자살한다(다이모쓰쿠즈레大物崩れ). 한편 무라무네군은 나마세쿠치生瀨口(兵庫縣寶塚市)에서 하리마로 도망치려다 아카마쓰군의 추격을 받아 거의 전멸하였다고 한다. 이로써 에이쇼의 난에서 시작된 호소카와가의 양자 삼형제의 싸움은 최후의 양자 다카쿠니의 자살로 막을 내렸다.

4. 동국의 정세

오닌의 난 이후 막부정치가 위와 같이 난맥상을 드러내고 있을 때, 동국에서는 어떠한 일들이 벌어지고 있었을까? 위에서 교토쿠의 난의 일부(전기 교토쿠의 난)를 보았는데, 당시 동국에서는 그 여파가 지속되어 혼란은 바야흐로 더욱 확대일로로 치닫고 있었다(후기 교토쿠의 난).

전기 교토쿠의 난 여파는 컸다. 1455년 아시카가 시게우지를 지지한 지바씨 분가 마쿠와리 야스타네馬加康胤와 중신 하라 다네후사原胤房가 거병하여 본가 지바 다네나오千葉胤直·다네노부胤宣 부자를 무너뜨리고 가독을 빼앗았다. 이때 지바씨 본가를 지원하기 위해 원군을 보냈던 다이조 요리모토大掾賴幹도 자살했다. 1456년 시게우지는 우에스기씨를 지원한 우쓰노미야 히토쓰나宇都宮等綱의 거성 우쓰노미야성宇都宮城

(栃木縣宇都宮市本丸町)을 포위하였고, 히토쓰나는 시게우지 측으로 돌아선 중신들에게 추방되어 유랑하였다. 히토쓰나의 아들 우쓰노미야 아키쓰나宇都宮明綱는 시게우지에게 항복하고 신종하였다. 우에스기 후사아키上杉房顯는 무사시로 나아가 시게우지에 대한 저항을 계속하였다.

우에스기 군세는 1455년 12월 시모쓰케 덴메이·이마키야마의 진이 무너지고, 1456년 9월에는 무사시 오카베하라 합전岡部原合戰에서도 패하였다. 그러나 1459년경 이라코五十子의 진을 정비한 우에스기 군세는 가와고에성河越城(川越城. 埼玉縣川越市)·이와쓰키성岩付城(岩槻城. 埼玉縣さいたま市岩槻區)·에도성江戶城(東京都千代田區千代田) 등의 공격과 방어망을 완성했다. 한편 시게우지도 고가성을 중심으로 직신 야나다簗田氏를 세키야도성, 노다野田氏를 구리하시성, 잇시키一色氏를 삿테성幸手城(埼玉縣幸手市), 사사키佐々木氏를 쇼부성菖蒲城(埼玉縣久喜市菖蒲町)에 배치하여 공격과 방어망을 구축하였다.

한편 막부는 1458년 시게우지에 대항하기 위해 쇼군 요시마사의 배다른 형 마사토모政知를 가마쿠라쿠보로 임명하여 가마쿠라로 파견하였다. 그러나 마사토모는 가마쿠라에 입성하지 못한 채 이즈 호리고에堀越에 머물러, 이를 호리고에쿠보堀越公方라 했다. 그리하여 주로 시모쓰케·히타치·시모사·가즈사·아와를 세력범위로 하는 고가쿠보와 고가쿠보를 지지하는 전통적인 호족세력들과 주로 고즈케·무사시·사가미·이즈를 세력범위로 하는 막부·호리고에쿠보·간토칸레이 야마노우치가 우에스기씨·오기가야쓰가 우에스기씨 세력이 간토를 동서로 2분하여 지배하였다. 그리하여 고가·호리고에쿠보 양 세력의 경계지역인 무사시 북부 오타쇼太田莊 주변과 고즈케 동부를 중심으로 장기간에 걸쳐 군사 대결이 지속된다. 한편 우에스기씨의 영국이었던 가즈사와 아와는 시게우지 측의 다케다 노부나가武田信長, 사토미 요시자네里見義實의 공격으로 점령되었다.

이러한 상황 속에서 막부는 우에스기 군세가 주둔하고 있는 이라코에 시게우지 정토군을 파견하고자 했으나, 다이묘들은 소극적이었다. 특히 시바 요시토시는 후술하는 조로쿠 합전長祿合戰의 상황 속에서 막부의 간토 출병 명령을 어겨 추방당했고, 유키 나오토모結城直朝가 거주하는 오슈에서는 재지영주들이 대립·항쟁하고 있었다. 또한 이마가와 노리타다가 스루가로 귀환하는 등 시게우지 토벌군의 편성은 막부 생각대로 진행되지 않았다. 막부는 호리고에쿠보의 세력기반을 강화하고자 시부카와 요시카네澁川義鏡의 아들 시부카와 요시카도澁川義廉에게 시바斯波씨를 상속하게 하려 했으나, 그것도 요시타네와 오기가야쓰가 우에스기씨의 대립으로 실패했다. 1465년 막부는 이마가와 요시타다今川義忠와 다케다 노부마사武田信昌에게 간토 출병을 명했지만, 이들도 막부 명령에 따르지 않았다.

한편 우에스기 후사아키는 1459년 오타노쇼太田莊 싸움에서 시게우지에게 대패하였고, 이후 후사아키와 시게우지 양 진영은 이라코를 중심으로 장기에 걸쳐 대립하였다(이라코 싸움五十子の戰い). 후사아키는 1466년 이라코에서 대진 중에 병사하였고, 막부는 우에스기 후사사다上杉房定의 둘째 아들 우에스기 아키사다上杉顯定를 후사아키의 양자로 삼아 후사아키의 뒤를 잇도록 했다.

1461년 이와마쓰 모치쿠니·이와마쓰 지로岩松次郞 부자가 사촌형 이와마쓰 이에즈미岩松家純에게 살해되고, 1465년 나가오 가게히토長尾景人가 우에스기 후사아키의 추천으로 아시카가씨의 발상지인 시모쓰케의 아시카가노쇼足利莊 다이칸代官직에 보임된다. 1466년 가을 가게히토는 아시카가쇼에 있는 간노성勸農城(栃木縣足利市岩井町)에 입성하여 시모쓰케에 우에스기 측의 거점을 구축했다. 1468년 우에스기군은 고즈케 쓰나토리하라 합전綱取原合戰에서 승리하고, 1469년 시게우지 측에 가담한 이와마쓰 모치쿠니의 차남 이와마쓰 시게카네岩松成兼가 우에스기

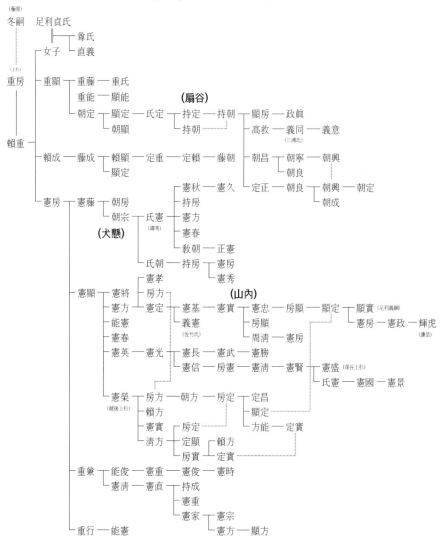

측 이에즈미에게 추방된다. 그리고 1471년 시게우지 측의 지바씨, 고야마씨, 유키씨 등이 이즈로 침입, 호리고에쿠보 아시카가 마사토모는 미시마三島로 후퇴했다. 아키사다 등 우에스기 측은 시게우지 측의 주력이 이즈로 출진한 틈을 타 고가로 출진하였으나, 1472년 시게우지가 고가성을 탈환하였다.

1476년 우에스기씨의 유력 가신 나가오 가게하루長尾景春가 간토칸레이가 시쓰지執事로 임명되지 않은 데 불만을 품고 하치가타성鉢形城(埼玉縣大里郡寄居町大字)에서 거병하여, 1477년 1월 이라코를 함락시켰다(나가오 가게하루의 난長尾景春の亂). 위기감을 느낀 우에스기 아키사다는 1478년 시게우지와 화해했다. 시게우지는 계속 반항하고 있던 지바 노리타네千葉孝胤를 사카이네하라境根原 합전에서 격파하고, 1479년 막부에 화해의 뜻을 전하여 1482년 11월 마침내 막부와 화해하였다(후기 교토쿠의 난).

이 화해의 결과, 호리고에쿠보가 이즈를 지배하는 것으로 결정되고, 시게우지는 막부에게서 간토의 실질적인 지배자로 인정받은 것으로 보인다. 이 고가쿠보·호리고에쿠보의 양립과 후술하는 우에스기씨의 야마노우치가·오기가야쓰가 사이의 대립·항쟁(조쿄의 난長享の亂) 등으로 간토 지역은 계속 불안정한 상태로 남아 있게 되었고, 시게우지의 가마쿠라 귀환도 이루어지지 않았다. 가마쿠라는 사가미 슈고 오기가야쓰가 우에스기씨의 지배 하에 있었고, 1512년 8월경 이세 소즈이=호조 소운北條早雲의 지배 하로 들어간다.

위 후기 교토쿠의 난이 잦아들자, 이번에는 야마노우치가 우에스기씨와 오기가야쓰가 우에스기씨 간의 대립이 첨예화하였다. 오기가야쓰가 우에스기 사다마사가 1488년 중신 오타 도칸太田道灌을 암살한 직후, 야마노우치가 우에스기 아키사다가 사다마사 측을 공격하였다. 사다마사는 고가쿠보 시게우지·아시카가 마사우지足利政氏 등의 지원을 받아 아키사다에게 반격을 가하여, 사가미의 사네마키하라實蒔原·무사시 스가야하라須賀谷原·다카미하라高見原 합전에서 우세를 점하였다.

그런데 1494년 사다마사가 진중에서 급사한 후, 우에스기 도모요시

上杉朝良가 가독을 상속한다. 도모요시는 스루가 이마가와 우지치카今川
氏親와 호조 소운 등의 지원을 얻고, 야마노우치가 우에스기 아키사다
는 제2대 고가쿠보에 오른 마사우지 등의 지원을 얻어 다시 오기가야
쓰가 우에스기씨 측과 대진하였다. 1504년 무사시 다치가와라立河原에
서 오기가야쓰가 우에스기씨 세력이 대승을 거두었으나, 1505년 야마
노우치가 우에스기씨 측이 도모요시의 본거지 가와고에성을 공격하
자, 도모요시가 아키사다에게 화해를 요청해 난은 종결되었다(조
쿄의 난).

이 조쿄의 난 속에서 야마노우치가 우에스기 아키사다는 고가쿠보
와 결속을 강화하였다. 한편 호리고에쿠보는 1498년 멸망하고, 오기가
야쓰가 우에스기 도모요시와 외부세력인 호조 소운 등이 결속하였다.
이렇듯 구래의 질서가 불안정해지자, 아키사다는 간토칸레이로서 마
사우지에게 출사하였고, 나아가 마사우지의 동생 아시카가 요시쓰나
足利義綱(우에스기 아키자네上杉顯實)를 양자로 맞아들여 후계자로 삼았다.
그리하여 간토칸레이가와 고가쿠보가는 친척御一家이 되었다. 아카사
다는 소위 '구보-간레이 체제'를 재구축하여 동국 질서를 회복하고자
했던 것이다.

그런데 1506년 아시카가 마사우지의 적자였던 아시카가 다카모토足
利高基가 마사우지와의 불화로 의부 우쓰노미야 시게쓰나宇都宮成綱를
의지하여 시모쓰케 우쓰노미야로 거처를 옮겼다. 그리하여 고가쿠보
가의 내분(에이쇼의 난永正の亂)이 일어났다. 불화 원인은 불분명하나,
마사우지를 지지하던 아키사다와 다카모토 사이에 불화가 있었던 듯
하다. 마사우지가 야마노우치가 우에스기씨와의 결속을 중시한 반면
다카모토는 대립하고 있던 호조씨를 중시하였다는 설도 있다. 또 다카
모토의 정실이 우쓰노미야 시게쓰나의 딸로(정실을 주변의 전통적 호족집
안에서 구한 예는 이전에는 없었다), 다카모토와 우쓰노미야씨가 특별한

관계에 있었던 점도 주목된다.

다카모토는 1509년 아키사다 등의 조정에 따라 마사우지와 화해하여 고가로 돌아왔으나, 1510년 아키사다가 에치고에서 전사한 직후 다시 고가성을 떠나 중신 야나다 다카스케簗田高助가 거처하는 세키야 도성으로 옮겨갔다. 그리고 야마노우치가 우에스기씨의 가독상속 싸움이 시작되자, 마사우지는 우에스기 아카자네上杉顯實를 지원하고, 다카모토는 우에스기 노리후사上杉憲房를 지원하였다. 그리하여 구보가와 간토칸레이가가 개입된 내분이 발생했다. 1512년 노리후사가 아카자네의 본거지인 무사시 하치가타성을 공략하자, 아키자네는 마사우지를 의지하여 고가성으로 도망했다. 그 후 마사우지도 오야마 시게나가小山成長를 의지하여 오야마小山 기온성祇園城(栃木縣小山市城山町)으로 거처를 옮겼다. 다카모토는 고가성으로 들어가 제3대 구보에 올라 '구보－간레이 체제'는 마사우지－아키사다 체제에서 다카모토－노리후사 체제로 바뀌었다. 노리후사도 다카모토의 아들 우에스기 노리히로上杉憲寬를 양자로 맞아 간토칸레이 후계자로 삼았다.

1516년 다카모토 측의 중심인물 우쓰노미야 시게쓰나가 나와즈리繩釣り 싸움에서 마사우지를 지지하는 사타케 요시키요佐竹義舜·이와키 요시타카岩城由隆에게 승리하였다. 그리고 마사우지를 지지하는 나스씨那須氏가 우쓰노미야씨와 동맹을 맺고 다카모토 측으로 돌아섰다. 또한 다카모토를 지지하는 오야마 마사나가小山政長 등이 오야마씨가 지배하던 지역에서 주도권을 잡는다. 위 상황들은 마사우지 패배에 결정적인 것들이었다. 이에 마사우지는 오기가야쓰가 우에스기 도모요시를 의지하여 이와쓰키성으로 이주하고, 1518년 도모요시 사거 후에 간토인甘棠院(埼玉縣久喜市)에 은거하였다.

아시카가 다카모토의 동생 요시아키義明는 유키시타토노雪下殿(鶴岡八幡宮若宮別當) 지위에 있었으나 환속하였다. 요시아키는 에이쇼永正의 난 때 다카모토에게 협력했으나, 다카모토가 고가쿠보에 오르자 독자로 행동하기 시작했다. 1517년 사가미 마리야쓰眞理谷 다케다씨가 다카모토 측의 사가미 하라原씨가 지배하는 오유미성小弓城(千葉縣千葉市中央區南生實町)을 탈취하였다. 요시아키는 시모코베노쇼下河邊莊 다카야나기高柳(久喜市高柳)에서 오유미성으로 이주하고, 자신을 마사우지의 후계로 자처하여 다카모토와 대립하였다. 이 요시아키를 오유미쿠보小弓公方라 불렀다.

위 대립으로 고가쿠보 권력은 분열하고, 오유미쿠보는 오기가야쓰가 우에스기 도모요시 및 아와 사토미里見씨, 히타치 오다小田씨·다가야多賀谷씨 등이 지지하는 대세력으로 발전하였다. 호조 우지쓰나北條氏綱도 마리야쓰 다케다씨와의 관계로 오유미쿠보를 지지했다. 1519년 다카모토는 오유미쿠보 측의 거점 시이즈성椎津城(千葉縣市原市椎津)을 공격하였으나, 요시아키는 사토미씨의 도움을 받아 반격하였다. 그 후에도 고가쿠보 측의 다카기高城씨 거점 네기우치성根木內城(千葉縣松戶市根木內字城ノ內)과 오유미쿠보 측 나즈카리성名都借城(千葉縣流山市名都借) 등 각지에서 양 세력은 격전을 벌였고, 고가쿠보 측의 중요 거점 세키야도성도 오유미쿠보 세력에게 위협을 받았다.

1533년과 1534년 오유미쿠보의 지지기반이었던 아와 사토미씨 및 가즈사 마리야쓰 다케다씨 사이에 가독을 둘러싼 대립이 시작되었다. 이때 오유미쿠보 요시아키는 사토미 요시토요里見義豊·마리야쓰 노부마사眞里谷信應를 지원하였고, 호조 우지쓰나는 사토미 요시타카里見義堯·마리야쓰 노부타카眞里谷信隆를 지원했다. 이 가독상속 싸움으로 마리야쓰 다케다씨는 크게 쇠퇴하였다. 당시 호조씨가 무사시로 침공하여 오기가야쓰가 우에스기씨 세력도 후퇴하였기 때문에 오유미쿠보를 둘러싼 상황이 크게 변화하였다.

1531년 고가쿠보는 다카모토에서 적남 아시카가 하루우지足利晴氏에

112

게, 동시에 간토칸레이는 다카모토의 차남 우에스기 노리히로에서 우에스기 노리마사上杉憲政에게 상속된다. 1538년 하루우지의 '내락'을 얻은 호조 세력이 시모사 고노다이國府台에 진출하여 오유미 세력을 격파하였다(고노다이 합전國府台合戰). 그리하여 요시아키가 패사하여 오유미쿠보도 멸망하고, 고가·오유미쿠보의 분열·대립 상태는 해소되었다.

4장

유력 센고쿠다이묘 戰國大名 권력
—지역권력의 탄생

1. 기나이畿內와 그 주변 지역

1) 미요시씨三好氏

미요시씨는 세이와겐지淸和源氏(가와치겐지河內源氏)의 명문 오가사와라씨小笠原氏(시나노겐지信濃源氏)의 방계로, 가마쿠라 막부 시기에 아와 슈고였던 아와 오가사와라阿波小笠原씨 후손이다. 아와 미요시군三好郡을 본거지로 삼고 있어서 미요시씨라 했다. 남북조 시기 초기에는 남조 측에 가담하여 북조 측의 호소카와씨와 대립하기도 했다. 그러나 미요시씨는 남조 측이 불리해지고, 호소카와씨가 무로막치 막부에서 세력을 확대하여 강대해지자 호소카와씨에 복속하였다. 호소카와씨의 방계인 아와 호소카와씨가 대대로 아와 슈고직을 계승하였고, 미요시씨는 이 아와 호소카와씨의 가신으로 활동하였다.

아와 호소카와씨는 14세기 중기 호소카와 요리유키細川賴之의 동생 호소카와 아키하루細川詮春에서 시작되며, 대대로 당주가 아와 슈고를 이어받았다. 그리고 아와 호소카와씨는 사누키노카미讚岐守라 불려 삿슈가讚州家라고도 했고, 호소카와 시게유키 때부터는 사누키 슈고도 겸했다. 때문에 아와 사누키 호소카와가阿波讚岐細川家라고도 했다. 아와 호소카와씨는 무로마치 막부의 쇼반슈로 봉임하는 가문으로, 당주는 막부 숙로회의宿老會議에도 자주 참석하였고, 간레이직을 담당하는 호소카와 게이초가에 버금가는 높은 가격家格을 유지하였다. 때문에 게이초가를 가미야카타上屋形라고 부르고, 아와 호소카와가는 시모야카타下屋形 혹은 아와야카타阿波屋形라고 하였다. 1440년 6대 쇼군 아시카가 요시노리는 4대 호소카와 모치쓰네細川持常를 신임하여 전사한 잇시키 요시쓰라一色義貫 대신 미카와 슈고도 겸임하게 하였다. 그러나 잇시키 요시쓰라의 사망이 쇼군 요시노리의 음모에 의한 것이었기 때문에, 잇시키 잔당은 격렬하게 반항하였다.

가키쓰의 난으로 요시노리가 암살된 후, 요시노리의 신임이 두터웠던 호소카와 모치쓰네가 아카마쓰 미쓰스케를 토벌하기 위해 하리마로 출병하였으나, 야마나 모치토요山名持豊(소젠宗全)보다 늦어 하리마 슈고직은 야마나씨에게 돌아갔다. 이 때문에 야마나씨와 아와 호소카와씨 간의 대립이 지속되어, 모치쓰네의 뒤를 이은 호소카와 시게유키는 아카마쓰씨의 재흥운동을 돕는다. 즉 당초 우호적이었던 야마나씨와 호소카와 게이초가의 관계는 악화되고, 그것은 오닌의 난이 발발하는 원인遠因이 되었다.

미요시 유키나가三好之長는 아와 호소카와씨의 유력 무사 미요시 나가유키三好長之의 적남으로 태어났다. 나가유키는 아와 슈고 호소카와 시게유키의 가신으로 미요시군三好郡, 미마군美馬郡, 오에군麻植郡의 슈고다이였다. 1467년 오닌의 난이 발발하자, 호소카와 시게유키는 본가인 게이초가의 당주로 간레이였던 호소카와 가쓰모토를 돕기 위해 교토로 출진하는데, 이때 유키나가도 함께 출진한다. 그런데 1471년 유키나가가 돌연 주가인 아와가에 반대하여 소야마祖山에서 농성하였으나, 시게유키의 아들 호소카와 마사유키細川政之와 이치노미야 나가미쓰一

宮長光에게 공격을 받아 1473년 항복했다. 유키나가는 오닌의 난 때 기나이 지역에서 잇키를 선동하거나 지도하기도 하였다고 하는데, 1485년 8월 교토에서 일어난 도잇키土一揆의 주모자로 유키나가가 지목되었다. 때문에 9일 호소카와 마사모토政元와 사무라이도코로 쇼시다이侍所所司代 다가 다카타다多賀高忠 등이 유키나가의 숙소를 포위하였으나, 전날 밤 그것을 눈치챈 유키나가가 호소카와 마사유키에게로 도망쳐 보호를 요청하였다. 마사모토 등은 마사유키의 저택을 포위하고 유키나가의 신병 인도를 요구하였으나, 마사유키가 이를 거절하여 어쩔 수 없이 포위를 풀고 해산했다. 그러자 유키나가는 다시 잇키를 선동하고, 14일 금융업자를 습격하여 물건을 약탈하였다고 한다. 이러한 사건에도 불구하고 유키나가가 처벌을 받지 않았던 것은 시게유키·마사유키 부자가 유키나가를 인재로 보고, 유키나가 일당을 처벌할 경우 군사력이 약화될 것을 염려하였기 때문이다.

1478년 딸의 사망을 슬퍼한 시게유키가 돌연 출가하고, 마사유키가 아와 슈고직을 계승하였다. 그러나 갑작스런 가독의 교체로 가신들 간에 대립이 발생하고, 마사유키를 추방하려는 음모도 발생했다. 1482년 7월 마사유키의 가신과 쇼시다이所司代 가신 사이에 발생한 칼부림 사건에 대한 쇼군 친재에서 마사유키가 패소하자, 화가 난 마사유키는 아버지와 중신들의 반대에도 불구하고 아와로 내려갔다. 1485년 10월 시게유키 부자에게 등을 돌리고 아와로 돌아온 일부 중신들이 반란을 일으켰고, 시게유키·마사유키는 유키나가와 더불어 아와로 내려가 반란을 진압하였다. 마사유키는 1488년 7월 마가리 싸움鉤の陣 중에 병사하고, 빗추 슈고를 이은 동생 호소카와 유키카쓰細川之勝(요시하루義春로 개명)가 마사유키를 이었다.

마사유키를 이어 유키나가를 중용했던 호소카와 요시하루는 1497년 27세의 나이에 사망한다. 요시하루의 장남 호소카와 유키모치細川之

持가 아와 슈고직을 이었고, 조부 시게유키가 그를 보좌하였다. 유키모치의 동생 호소카와 스미모토가 자식이 없던 간레이 마사모토의 양자로 입양되고, 유키나가는 1506년 2월 19일 스미모토의 선봉으로 상경했다. 이를 계기로 유키나가는 아와 슈고가에서 게이초가로 옮겨 스미모토에게 중용되어 스미모토를 보좌하게 된다.

이후 유키나가는 마사모토의 명에 따라 수많은 전장에 나갔다. 1506년 8월 아카자와 도모쓰네를 지원하기 위해 야마토로 출병하였으며, 스미모토의 시쓰지로서 연공 징수에도 관여하였다. 유키나가가 이렇게 실력을 키워나갈수록 주위의 질시도 커져, 아와지淡路 슈고 호소카와 히사하루와 마사모토의 양자 스미유키의 시쓰지이자 야마시로 슈고다이였던 고자이 모토나가와의 권력투쟁이 심화하였다.

유키나가는 주군 마사모토의 후계자로 스미모토를 지지하였다. 1507년 마사모토·스미모토를 따라 단고 잇시키 요시아리一色義有를 공격하고, 5월 29일 마사모토가 하향하자 스미모토와 함께 하향하였다. 6월 23일 마사모토가 고자이 모토나가와 야쿠시지 나가타다薬師寺長忠에게 암살당하고(에이쇼의 난永正の亂), 호소카와 스미유키가 호소카와 게이초가를 계승하였다. 붓다지佛陀寺에 묵고 있던 스미모토와 유키나가는 24일 고자이 모토나가 등에게 공격을 받아 오미 아오지성靑地城(滋賀縣草津市靑地町)으로 도망쳐, 오미 고카군甲賀郡 야마나카 다메토시山中爲俊에게 의지하였다.

한편 고자이 모토나가와 야쿠시지 나가타다는 8월 1일 호소카와씨 일족인 호소카와 다카쿠니細川高國와 히사하루, 호소카와 마사카타 등에게 반격을 받아 대패하였다. 그리하여 2일 유키나가가 오미에서 귀환하여, 스미모토와 함께 쇼군 요시즈미를 옹립하고 막부의 실권을 장악했다. 이때 게이초가의 당주가 된 스미모토는 유키나가에게 정치를 위임했다.

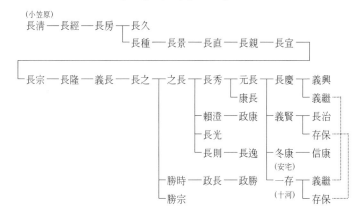

〈표 6〉 미요시씨三好氏 계보도

그런데 유키나가와 스미모토 사이가 결코 원만하지는 않았다. 막정의 실권을 장악한 유키나가는 행동이 오만하여, 스미모토가 아와로의 귀향과 은퇴를 언급할 정도였다. 이에 쇼군직이 위협받을 것을 염려한 요시즈미가 스미모토의 귀향을 만류하였고, 스미모토의 명령에 따라 유키나가 부하 가지와라梶原 모某를 처형하는 것으로 사태는 일단 수습되었다.

한편 요시즈미의 사촌인 쇼군 요시타네는 메이오의 정변에서 마사모토에게 쇼군직을 위협받았으나, 마사모토의 횡사와 그 후의 내란으로 교토를 떠나 스오로 망명하였다. 요시타네는 오우치 요시오키에게 상경을 촉구하면서, 주고쿠中國·시코쿠四國에서 군사를 모집하였다. 마침내 1508년 11월 전 쇼군 아시카가 요시타다(요시타네)는 오우치 요시오키에게 옹립되어 상경을 위한 싸움을 전개했다. 스미모토는 출가한 조부와 다카쿠니에게 오우치 요시오키와의 화해를 주선하게 하고, 요시즈미에게도 화해를 구했다. 그런데 그 즈음 스미모토가 다카쿠니의 모반을 의심하여 양자 사이가 험악해졌다. 거기에다 유키나가에게도 따돌림을 당하고 있던 다카쿠니는 1508년 3월 17일, 이세진구伊勢神

宮 참궁을 칭하고 있던 사촌뻘의 이세 슈고 니키 다카나가仁木高長를 의지하여 떠나버렸다. 따라서 요시즈미와 다카쿠니의 화해는 이루어 지지 않았다.

셋쓰·단바의 재지영주 이타미 모토스케伊丹元扶와 나이토 사다마사, 가가와 모토쓰나香川元綱, 고자이 구니타다香西國忠 등이 4월 9일 다카쿠 니의 상경에 맞추어 거병하였다. 이에 유키나가는 스미모토를 대동하 여 고카 야마나카 다메토시山中爲俊를 의지하여 하향하고, 요시즈미도 오미로 도망하였다. 그 후 유키나가는 스미모토의 시쓰지직을 아들인 미요시 나가히데三好長秀에게 물려주었다.

교토에서 쫓겨난 유키나가는 교토를 탈환할 기회를 엿보다가, 1509 년 6월 17일 3천 병력으로 야마시로와 오미 경계에 있는 뇨이가타케如 意ヶ嶽에 포진했다. 그러나 다카쿠니와 요시오키의 반격으로 패배하였 고, 아들 미요시 나가히데三好長秀와 미요시 요리즈미三好賴澄는 이세 야 마다山田에서 다카쿠니의 사위 기타바타케 기치카北畠材親의 공격을 받 고 자살하였다(뇨이가타케 싸움). 유키나가는 스미모토와 함께 아와 로 돌아가 군사력을 키우면서 주변 세력을 모아 반격을 준비하였다. 오미로 도망해 있던 요시즈미도 오토모 지카하루大友親治 등에게 서장 을 보내는 등 활발한 움직임을 보였다.

1511년 유키나가는 요시즈미와 제휴하여 7월 7일 스미모토와 함께 사카이에 상륙하였다. 이 시기 호소카와 일족 마사카타와 히사하루尙 春, 하리마의 아카마쓰 요시무라赤松義村 등도 요시즈미 측에 가담하고 있었다. 13일 요시즈미·유키나가 측의 마사카타군이 이즈미 후카이성 을 공격하여 다카쿠니군을 격파하고(후카이성 합전深井城の合戰), 8월 10일 아카마쓰군赤松軍과 합류한 히사하루군도 다카쿠니의 가신 가와 라바야시 마사요리瓦林正頼가 지키는 셋쓰 다카오성을 함락시켰다(아 시야가와라 합전芦屋河原の合戰). 16일 마사카타 등이 상경하자, 요시오키·다카쿠니 등이 단바로 도망하여 마침내 스미모토 측이 교토를 장악하였다.

요시오키·다카쿠니 등은 충돌을 피하며 단바에서 기회를 엿보다가, 24일 단바에서 교토로 동진하여 후나오카야마船岡山에서 요시즈미 측과 맞붙는다. 당시 요시타네 측의 군세는 2만이었다. 결전 10일 전인 14일 요시즈미가 32세의 나이로 사망하자, 요시즈미 측은 이 사실을 숨기고 전투에 임하였으나 마사카타는 오우치군을 주력으로 한 요시타네 측의 야습으로 전사하고, 스미모토는 셋쓰로 도망하였다(후나오카야마 합전船岡山合戰). 이에 요시오키·다카쿠니가 막부를 장악하였다.

1511년 9월 12일 유키나가의 후원자였던 스미모토의 조부 시게유키가 병사하고, 1512년 1월 시게유키의 뒤를 이은 스미모토의 형 유키모치도 사망하였다. 이러한 사정으로 유키나가는 교토 탈환을 중지하지 않을 수 없었고, 그 결과 1511년부터 7년간 교토는 평화를 누리게 되었다.

1518년 8월 2일 10년간 재경하고 있던 오우치 요시오키가 이즈모 아마고 쓰네히사가 세력을 확대하여 이와미, 아키, 스오를 위협하기 시작하자 귀국하여 버렸다. 그리하여 호소카와 다카쿠니는 군사의 주력을 잃고, 그에 따라 권력기반도 약화되었다. 이를 호기로 본 유키나가가 1519년 5월 11일 다카쿠니 측에 가담한 호소카와 히사하루를 살해했다. 10월 22일 스미모토 측에 가담하여 시모노타나카성下田中城(兵庫縣三田市下田中)에서 농성하고 있던 셋쓰 아리마군有馬郡의 이케다 노부마사池田信正를 다카쿠니 측의 가와라바야시 마사요리가 공격하였으나 실패하였다. 이 소식에 접한 유키나가는 스미모토와 함께 11월 6일(9일이라고도 함) 효고에 상륙하여, 마사요리가 지키는 셋쓰 고시미즈성越水城(兵庫縣西宮市)을 포위하였다(다나카성 싸움田中城の戰い).

1520년 1월 호소카와 스미모토·미요시 유키나가가 호소카와 다카쿠니의 영국 셋쓰를 공격하고, 시모노타나가성주 이케다 노부마사의 협력을 얻어 가와라바야시 마사요리가 지키는 고시미즈성을 공략했다. 그러자 10대 쇼군 아시카가 요시타네도 스미모토 측에 가담했다. 다카쿠니 측의 나이토 사다마사와 이타미 구니스케伊丹國扶가 고시미즈성을 구원하고자 하였으나 실패하였고, 2월 3일 고시마즈성은 함락되었다. 이때 교토에서 덕정을 요구하는 소요가 일어나 할수없이 다카쿠니군이 퇴각하게 되는데, 퇴각 도중에 니시오카슈西岡衆 등의 공격을 받는다. 이러한 상황 속에서 유키나가가 2월 16일 아마가사키尼崎 방면으로 진출하고, 다카쿠니는 2월 18일 오미 사카모토로 도망하였다. 요시타네는 다카쿠니와 대립하고 있던 스미모토와 내통하고 있었기 때문에 교토에 머물렀다.

다카쿠니가 패주한 후 미요시군은 20일 오야마자키大山崎에 진을 치고 대기하면서, 후시미쇼伏見莊와 미스쇼三栖莊 등을 침략하여 황폐화시켰다. 교토 입성이 안전하다고 판단한 유키나가는 3월 27일 9년 만에 다시 입경하고, 셋쓰 이타미성에서 대기하고 있던 스미모토를 대신하여 교토에서 정무를 보며 다카쿠니 측을 자극하였다. 그리고 5월 1일 게이초가의 가독을 허락받은 스미모토의 대리인 자격으로 쇼군 요시타네를 알현하였다.

그러나 5월 3일 오미로 도망가 있던 다카쿠니가 롯카쿠 사다요리와 가모 사다히데蒲生定秀, 아사쿠라씨, 도키씨 등과 함께 2만(4만~5만이라고도 함) 대군을 이끌고 상경하였다. 이에 대항하는 유키나가군(시코쿠군)은 겨우 4천~5천(2천이라고도 함) 정도였다. 5일 정오경 도지인等持院 동남쪽에서 전투가 벌어졌다(도지인 싸움等持院の戰い). 유키나가는 군사의 열세에도 불구하고 국지전에서 승리하였으나, 오후 6시경 유키나가 측의 가이후海部·구메久米·가와무라河村·도조東條 등이 다카쿠니에게 항복하여 유키나가군의 패색이 짙어졌다. 유키나가는 아들 아쿠타가와 나가미쓰芥川長光와 미요시 나가노리三好長則, 조카인 신고로新五郎 등과 함께 돈게인疊華院을 의지하여 몸을 숨겼다.

다카쿠니는 9일 돈게인에게 유키나가의 신병인도를 요구하였으나 거절당하였다. 이에 다카쿠니는 유키나가의 생명을 보증하는 조건으로 돈게인에게 유키나가 신병인도를 요구하여, 10일 나가미쓰와 나가노리, 11일 유키나가와 신고로가 다카쿠니에게 항복하였다. 그러나 그것은 다카쿠니의 계략이었다. 11일 유키나가와 신고로는 햐쿠만벤百萬遍 지온지知恩寺에서 참수되었고, 유키나가의 두 아들 아쿠타가와 나가미쓰와 나가노리도 12일 처형되었다. 이때 롯카쿠 사다요리가 상경하였고, 그는 후에 간레이다이管領代로 임명되었다.

이타미성에서 대기하고 있던 스미모토는 유키나가가 사망하자 즉시 아와로 돌아갔으나 6월 10일 사망하였고, 아들 호소카와 하루모토細川晴元가 그를 계승했다. 미요시씨의 가독을 계승한 유키나가의 손자 미요시 모토나가는 하루모토를 옹립하여, 다카쿠니 타도를 목표로 삼고 아와에서 군사력 강화에 힘썼다.

1521년 호소카와 다카쿠니와의 관계가 악화된 쇼군 요시타네가 사카이로 도망하였다(1523년 아와에서 사망한다). 이에 아카마쓰가의 실권을 장악한 하리마의 우라가미 무라무네에게 의지하고 있던 전 쇼군 아시카가 요시즈미의 아들 아시카가 요시하루足利義晴가 12대 쇼군에 올랐다. 1526년 호소카와 다카쿠니가 가신 고자이 모토모리를 살해하여 호소카와씨에 내부분열이 일어났다. 이에 미요시 모토나가와 호소카와 스미모토의 아들 하루모토는 후나오카야마 합전 후 아와 호소카와가의 비호를 받고 있던 쇼군 아시카가 요시즈미의 아들 아시카가 요시쓰나(사카이쿠보堺公方)를 옹립하고, 1527년 가쓰라카와라桂川原 싸움에서 다카쿠니를 격파하여 교토를 탈환하였다. 쇼군 요시하루는 호소카와 다카쿠니와 함께 오미로 도망하였다.

1527년 쇼군 요시하루와 다카쿠니는 에치젠의 아사쿠라 소테키朝倉宗滴의 지원을 받아 상경하였다. 그러나 1528년 다카쿠니와의 불화로 소테키가 에치젠으로 돌아가 버리고, 이에 하루모토와 모토나가가 다시 교토를 탈환했다. 7월 모토나가는 야마시로 슈고다이에 공식 임명되었으나, 1529년 가타하루 등과 사이가 나빠져 아와에 유폐된다. 1530년 야나기모토 가타하루가 하리마 출진 중에 암살되자, 아시카가 요시하루와 다카쿠니는 우라가미 무라무네와 기타바타케 하루토모北畠晴具(伊勢)와 협력하여 상경하였다. 1531년 하루모토는 사카이쿠보 방위를 위해 모토나가를 불러올리고, 무라무네의 군세를 막는 데 성공하여 셋쓰 나카시마에서 전선은 교착 상태에 빠진다. 그러나 갑자기 우라가미씨 주력인 아카마쓰 마사스케赤松政祐가 하루모토 측에 내응하여, 다카쿠니·무라무네군을 후방에서 공격하여 패사시켰다(다이모쓰 쿠즈레大物崩れ). 하루모토와 모토나가는 교토를 다시 탈환하였다.

1532년 다카쿠니를 친 하루모토가 12대 쇼군 아시카가 요시하루와 화해를 추진하면서 아시카가 요시쓰나(사카이쿠보)를 비호해 온 모토나가와의 사이에 틈이 생겼다. 더욱이 하타케야마 요시타카畠山義堯(總州家)의 가신 기자와 나가마사가 하루모토에게 접근하고, 모토나가의 종숙부 미요시 마사나가 역시 하루모토에 동조하였다. 기자와 나가마사의 거성 가와치의 이이모리야마성飯盛山城(大阪府大東市)은 하타케야마 요시타카와 모토나가에게 두 번에 걸쳐 공격을 받았지만, 하루모토의 요청으로 봉기한 잇코잇키가 배후에서 모토나가를 습격하고 이 싸움에서 요시타카는 자살하였다. 잇코잇키는 미요시씨의 근거지 법화종 이즈미 겐폰지顯本寺도 습격하여, 역시 모토나가를 자살로 내몰았다(이이모리야마성 싸움飯盛山城の戰い).

2) 롯카쿠씨六角氏

롯카쿠씨는 오미겐지近江源氏라 불린 사사키佐々木씨 4가의 한 가문으로, 가마쿠라 막부 시기부터 남오미 지역을 지배했다. 롯카쿠씨라고 불린 것은 교토 롯카쿠 히가시노토인東洞院의 롯카쿠당이라는 저택이 있었기 때문이라고 한다. 가마쿠라 막부 시기의 사사키씨는 조큐의 난承久の亂 때 일족 다수가 천황 측에 가담한 전력이 있어서 막부로부터 경계의 눈길을 받았다. 사사키 노부쓰나佐々木信綱가 사망한 후 대부분의 소령을 3남 사사키 야스쓰나佐々木泰綱가 물려받을 예정이었으나, 이에 불만을 품은 장남 사사키 시게쓰나佐々木重綱가 막부에 소송을 제기하여 막부 명령으로 소령은 4분되었다. 장남 시게쓰나는 오하라씨大原氏, 차남은 다카시마씨高島氏, 막내 4남은 교고쿠씨京極氏의 조상이 되었다. 야스쓰나의 자손인 롯카쿠씨가 사사키씨의 적류지만, 그 세력은 크게 위축되었다. 가마쿠라 막부가 멸망할 때, 롯카쿠 도키노부六角時信는 최후까지 로쿠하라탄다이六波羅探題를 지원하였다.

무로마치 막부가 성립하자, 동족인 교고쿠씨의 교고쿠 다카우지京極高氏(사사키 도요佐々木道譽)가 오미 슈고로 임명되고, 후에 롯카쿠 우지요리六角氏賴가 오미 슈고로 임명되었다. 이후 막부와 대립한 시기를 제외하면, 롯카쿠씨는 오미 슈고의 지위를 유지한다. 한편 교고쿠씨는 이즈모出雲와 히다飛驒 슈고에 임명되었다. 오미에는 롯카쿠씨의 지배를 받지 않는 슈고 불입守護不入이 인정되는 교고쿠씨 소령이 있어서, 롯카쿠씨와 교고쿠씨는 서로 대립하여 오미를 둘러싸고 자주 패권다툼을 벌였다. 소령 내의 다카시마씨·구쓰키씨·오하라씨 등은 막부의 호코슈로 쇼군의 직신들이었다. 이들은 막부의 명령에 따르고 슈고의 명령에는 따르지 않았다. 더욱이 영내에 히에이잔比叡山이 있어서 롯카쿠씨의 지배는 불안정하였다. 롯카쿠 미쓰쓰나六角滿綱·롯카쿠 모치쓰나六角持綱 부자는 가신의 반란으로 자살하였고, 모치쓰나의 동생으로

<표 7> 롯카쿠씨六角氏 계보도

가독을 계승한 롯카쿠 히사요리六角久頼 역시 교고쿠 모치키요京極持淸와의 대립으로 자살했다. 히사요리의 뒤를 이은 롯카쿠 다카요리六角高頼는 오닌의 난 때 도키씨와 함께 서군에 가담하였고, 교고쿠 모치키요와함께 동군에 가담한 사촌형 롯카쿠 마사타카와 싸웠다.

오미 슈고 롯카쿠 다카요리는 오닌의 난을 통해 오미에서 확고한지배력을 확립하게 되었다. 막부는 다카요리를 통해 막부의 권력기반을 강화하려 하였고, 다카요리 역시 막부를 이용하여 자신의 권력기반을 강화하고자 하였다. 따라서 양자의 관계는 근본적으로 어울리는것은 아니었다. 다카요리는 오미에 편재해 있던 공가와 사사령을 횡령하고, 그에 대한 롯카쿠씨 가신들의 지배를 인정하였다. 당연히 공가와 사사들은 쇼군에게 횡령당한 소령의 반환을 호소하였고, 쇼군도공가와 사사의 호소에 응하여 다카요리에게 소령의 반환을 명했다.그러나 다카요리는 쇼군의 명령을 무시하였다. 더욱이 롯카쿠씨는쇼군 직속의 호코슈 소령까지 침탈하였다. 오미에는 다수의 호코슈소령이 있어서, 호코슈의 경제기반인 소령이 침탈당할 경우 막부의권력기반도 흔들리게 된다. 마침내 쇼군 요시히사는 오미 친정을 결심하였다(조쿄·엔토쿠의 난長享·延德の亂).

그리하여 1487년 9월 12일 쇼군 요시히사가 오미를 향해 출진하였다. 롯카쿠 토벌군의 중심은 긴주近習(주군의 신변에 근임하는 사람)·호코

128

슈 등 수천 명이었고, 9월 간레이 호소카와 마사모토를 필두로 와카사 슈고 다케다 구니노부와 가가 슈고 도가시 마사치카 등도 오미로 출진하였다. 한편 에치젠 슈고 아사쿠라 사다카게朝倉貞景와 미노 슈고 도키 시게요리는 가가 도가시씨보다 지리적 위치에서 보아 참전하기 쉬운 조건이면서도 다음 표적이 되지 않을까 하는 의구심으로 움직이지 않았다. 사다카게는 에치젠에 머물면서도 아사쿠라 가게후유朝倉景冬를 오미 사카모토에 파견하여 쇼군에 협조하는 태도를 보였지만, 도키 시게요리는 미노에서 거병하여 막부군을 위협했다. 시게요리는 명목상 서군의 총대장인 아시카가 요시미·요시키 부자를 미노 가와테성에 보호하고 있었고, 아사쿠라 사다카게는 도키가의 실권을 쥐고 있는 사이토 묘준의 딸을 정실로 맞아들여 양자는 인척관계였다.

쇼군 요시히사는 오미 사카모토에 착진하여 20일 롯카쿠씨의 거성 간논지성을 포위·공격하였다. 롯카쿠 다카요리는 막부군과의 직접 대결을 피해 간논지성을 버리고 고카군으로 도망하였다. 이 소식을 접한 요시히사는 곧바로 사카모토에서 구리타군栗太郡 마가리鈎 안요지安養寺로 진을 옮기고 장기전을 준비했다. 이에 대해 롯카쿠군은 고카군 산간부에서 게릴라전을 전개하여 전투는 교착 상태에 빠졌다. 한편 막부가 기대하고 있던 도가시 마사치카가 가가 잇코잇키加賀一向一揆가 격화하자 가가로 귀환하여 잇키 세력에 대처하였으나 실패하였다. 도가시 마사치카의 가가 귀환은 막부의 롯카쿠씨 토벌군의 군사력을 약화시켰다. 요시히사는 혼간지와 잇키 세력을 토벌하려는 의지를 보였으나, 마사모토의 반대로 단념하였다. 그리고 요시히사는 1488년 측근 유키 히사토요結城尙豊를 오미 슈고로 임명했다. 그러나 1년반의 세월을 허비하고도 별다른 전과를 올리지 못한 요시히사는 결국 1489년 3월 오미 진중에서 젊은 나이로 병사하였다(마가리의 진鈎の陣). 막부군은 자멸하여 교토로 돌아갔고, 슈고로 임명되었던 유키 히사토요도 오미를 탈출하여 출가하였으며, 다카요리는 사면되었다.

사사 본소령의 반환을 인정할 수 없었던 다카요리는 막부와의 화해를 원해도 실현할 수가 없었다. 요시히사의 뒤를 이은 요시키도 막부의 명령에 따르지 않는 다카요리를 토벌하기 위해 1490년 호소카와 마사모토를 오미 슈고로 임명하고, 1491년 8월 제2차 롯카쿠씨 토벌을 결심했다. 사전에 정보를 입수한 롯카쿠 다카요리는 이전과 마찬가지로 고카군으로 후퇴하여 막부군과의 직접 대결을 피했다. 그런데 이 시기 도키 시게요리와 사이토 묘준이 막부군에 합류하면서 롯카쿠씨는 고립되어 곤경에 빠졌다. 막부군은 손쉽게 오미를 제압하고 오미를 쇼군 직할령으로 삼았다. 롯카쿠군은 게릴라전을 전개하여 막부군을 괴롭혔으나, 시바 요시히로斯波義寬·아카마쓰 마사노리赤松政則 양군에게 중신 야마우치 마사쓰나山內政綱가 모살당하고, 1492년 에치가와 야나세가와라愛知川簗瀬河原에서 대패하였다. 그러나 다카요리가 고카군에서 이세로 도망하였기 때문에 막부는 롯카쿠씨 토벌을 포기하였다. 요시키는 마사토모를 대신하여 오미 슈고에 롯카쿠 도라치요虎千代(롯카쿠 마사타카의 양자)를 임명하고, 철군하여 교토로 개선하였다.

롯카쿠씨 세력은 약해졌다고는 하나 아직 건재하였다. 한편 요시키가 1493년 하타케야마씨 토벌을 위해 가와치로 출진하자, 앞에서도 보았듯이 쇼군 권력의 강화를 염려한 간레이 호소카와 마사모토는 요시키가 교토를 비운 틈을 타 쿠데타를 일으켜 아시카가 요시즈미를 옹립하였다(메이오 정변明應の政變). 이 쿠데타로 다카요리는 세력을 확대하여 곤고지성金剛寺城(滋賀縣近江八幡市金剛寺町)을 탈환하였다. 호소카와 마사모토는 롯카쿠 도라치요 대신에 야마우치 나리쓰나山內就綱(마사쓰나政綱의 아들)를 오미 슈고로 임명하여 오미를 제압하고자 했다. 야마우치 나리쓰나는 1494년 10월 엔랴쿠지의 지원을 얻어 오미로 침공하여 다카요리가 머물던 곤고지성을 격파하였다. 그러나 1495년 11월 미노 슈고다이 사이토 도시쿠니齋藤利國(지제인持是院 묘준)의 원군을 얻은 다카요리가 반격을 개시하여 나리쓰나·엔랴쿠지군을 물리쳤다. 결국 막부는 롯카쿠씨 토벌을 포기하고, 다카요리는 오미에서 세력을 완전히 만회했다. 1495년 다카요리는 다시 오미 슈고에 임명되었고, 후술하듯이 슈고다이 이바伊庭

〈그림 8〉 오미·북이세 지역도

씨와의 대립에서도 승리하여, 롯카쿠씨는 센고쿠다이묘로 발전한다.

한편 1507년 간레이 호소카와 마사모토가 암살당하고(에이쇼의 난永正の錯亂), 1508년 4월 전 쇼군 요시타네가 오우치 요시오키·호소카와 다카쿠니 등의 지원을 받아 요시즈미를 추방하고 쇼군에 복귀했다. 1511년 8월 요시즈미가 사망하자, 다카요리는 미즈쿠키 오카야마성주 구리 노부카타九里信隆를 격파한 후 요시타네 지원을 표명했다.

위에서 다카요리와 이바씨의 대립에 대해 언급했으나, 이바 사다타카伊庭貞隆는 다카요리가 젊었을 때부터 슈고다이로 근무하면서, 오닌의 난과 위 롯카쿠씨 정벌 등을 이겨내기 위해 노력하여 다카요리를 대신해서 실권을 장악하게 된다. 보통 다카요리가 사다타카의 실권 장악을 염려하여 그를 배제하였다고 하나, 오닌의 난과 롯카쿠씨 정벌을 통해 슈고 롯카쿠씨 권력과 슈고다이 이바씨 권력이 병존하였던 것으로 보인다. 다카요리와 이바씨 간의 대립은 정치적 대립이라기보다는 중신 이바씨와 마부치馬淵씨의 상호 대립과 사다타카의 요시키

보호에 대한 다카요리의 소극적 태도에 기인한 관계의 악화였던 것 같다.

위에서 언급했듯이 1511년 8월 요시즈미가 사망하자, 다카요리는 9월 사다타카의 가신 오카야마성주 구리 노부카타를 공격하였다. 이 바 사다타카는 1514년 2월 아자이 스케마사淺井亮政의 지원을 얻어 일시 다카요리를 가모 사다히데가 거처하는 오토와성音羽城(滋賀縣蒲生郡日野町大字音羽)으로 내몰았다. 그 후 양자는 화해하여 사다타카가 일시 롯카쿠씨에 복귀하였으나, 사다타카가 롯카쿠씨의 압박에 대항하여 1516년 롯카쿠 우지쓰나六角氏綱에 반란을 일으켰고, 아자이씨의 지원을 얻어 롯카쿠씨에게 대항하였다. 그러나 1520년 8월 오카야마성이 함락되어 사다타카 부자는 몰락하고, 그 직후 다카요리도 사망하였다.

한편 다카요리의 적자 롯카쿠 우지쓰나가 1506년 호소카와씨와의 싸움에서 중상을 입어 1518년 27세로 사망하자, 롯카쿠 다카요리는 교토 쇼코쿠지 지쇼인慈照院에 출가해 있던 롯카쿠 사다요리를 환속시켜 가독을 잇게 했다. 사다요리는 쇼군 요시타네에게 봉임하여 호소카와 마사카타를 무찌르는 전공을 세우고, 요시타네가 추방당하자 아시카가 요시하루의 옹립에 가담하였다. 그 공로로 1546년 간레이다이로 임명된 그는 미요시 나가요시와 싸우고(에구치 싸움江口の戰い), 아자이 히사마사의 영지를 침략하여 그를 종속시켜 롯카쿠씨의 최전성기를 이룩했다. 그는 1552년 1월 2일 향년 58세로 사망하고, 그의 뒤를 적남 롯카쿠 요시카타六角義賢가 이었다.

사다요리는 일찍이 1523년 가신단의 근거지인 성들을 파각하게 하였는데, 이는 일본역사상 후의 일국일성령一國一城令의 기초가 되는 것으로 평가할 수 있다. 또한 상업과 유통을 장악하고 이를 활성화하기 위해 간논지성 성하城下로 상인들을 불러들여 라쿠이치·라쿠자령樂市樂座令도 내렸다. 당시로서는 대단히 혁신적이었던 이 정책들은 후에

노부나가 등에게 계승되었다.

3) 아사쿠라씨朝倉氏

가이카開化 천황의 후예(고토쿠孝德 천황의 후예라고도 함)로 전해지는 구사카베씨日下部氏가 헤이안平安시기부터 대무사단을 형성하여 다지마 但馬를 지배하였다. 아사쿠라씨는 이 구사카베씨를 이은 씨족의 하나로, 구사카베씨를 이은 씨족은 아사쿠라씨 외에도 산인山陰의 최대 슈고다이묘 야마나씨의 가로 오타가키太田垣氏·야기八木氏·다키미田公씨 등이 있다. 특히 오타가키씨·야기씨는 야마나씨의 슈고다이로 산 인도山陰道·산요도山陽道에서 번창하였다. 아사쿠라씨의 본관은 다지마 야부군養父郡 아사쿠라朝倉(兵庫縣養父市八鹿町朝倉)고, 다지마 아사쿠라씨에서 갈라져 나와 에치젠으로 이주하여 에치젠 아사쿠라씨가 탄생하였다. 에치젠 아사쿠라 히로카게朝倉廣景는 에치젠 슈고 시바씨에 출사하여, 가이甲斐씨, 오다織田씨와 함께 시바씨 3 슈고다이의 한 가문을 이루었다. 15세기 중반 아사쿠라 다카카게는 슈고다이 시바 요시토시와 대립하여 위에서 본 조로쿠 합전을 일으켰다.

한편 가이씨는 대대로 시바씨의 시쓰지와 에치젠·도토미 슈고다이 직에 임하고 있었으며, 동시에 쇼군가 직신으로 대접받았다. 가이 조치는 시바 요시아쓰 때부터 시바씨에 출사하였다. 그의 뒤를 이은 이복동생 시바 요시사토斯波義郷가 사고로 죽고, 그의 어린 자식 시바 요시타케가 뒤를 이었다. 가이 조치는 시바씨의 방계 오노大野 시바씨인 시바 모치타네斯波持種와 더불어 시바 요시타케의 후견인으로 정무를 보좌했다. 그러나 모치타네는 아버지 시바 미쓰타네斯波滿種가 슈고였던 가가를 탈환하려 기도하여 조치와 대립하였다. 당시 조치는 검단檢斷(경찰, 치안, 형사재판), 불법 곡물수확刈田狼藉, 사절준행使節遵行(막부의 명령을 받은 슈고가 현지에 사절을 파견하여 그 명령을 수행하는 것), 슈고청守護請

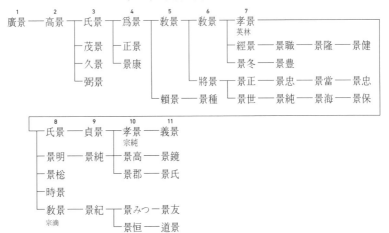

(장원영주나 공령의 세금 납입을 슈고에게 청부하는 행위) 등을 이용하여 사사 본소령과 장원에 대한 지배권을 확대하여 세력을 확대하고 있었기 때문에 모치타네와의 관계가 험악해져 갔다. 더욱이 1452년 요시타케가 후사 없이 사망하여 모치타네의 아들 시바 요시토시가 본가 당주에 오르자, 요시토시도 조치와 대립하게 된다.

그런데 쇼군 전제를 지향하는 8대 쇼군 아시카가 요시마사가 불지행지不知行地 환부정책還付定策을 취해 사사 본소령을 회복하여 슈고와 재지영주 간의 결속을 제한하려 하였다. 그리고 막부는 간토 고가쿠보 아시카가 시게우지를 정벌하기 위해 호리고에쿠보 아시카가 마사토모를 파견하고, 이어 시바군을 간토로 출병시키고자 하였다. 조치는 쇼군의 직신이었기 때문에 표면상으로는 불지행지 환부정책을 지지할 수밖에 없었다. 그런데 조치에게 소령과 다이칸직을 잃은 에치젠의 재지영주들이 쇼군의 불지행지 환부정책을 적극 지지하면서 시바 요시토시를 응원하고, 요시토시 역시 조치의 전횡에 반발하고 있었다. 이에 요시토시는 1456년 막부에 조치를 상대로 소송을 제기했으나 막부가 조치를 처벌하지 않아 패소하게 된다. 요시토시는 1457년 히가시야마東山 도코지東光寺로 도망하였고, 요시토시와 조치의 부하들이 대립하여 요시토시 부하들은 막부와 가이씨 병사들에게 공격당하였다.

1458년 2월 쇼군 요시마사의 중재로 조치 측이 요시토시 부하의 소령을 반환하는 조건으로 양자는 화해하였다. 그러나 에치젠에서는 소령을 반환하지 않았다. 6월 요시토시와 조치는 쇼군에게 간토 출병의 명령을 받으나, 둘다 상호 경계하여 출병하지 않았다. 6월말 조치가 병으로 쓰러지자, 이를 호기로 본 요시토시가 7월경 호리에 도시자네를 파견하여 조치 측을 공격하였다.

호리에 도시자네는 쓰루가敦賀를 공격하여 에치젠의 가이씨를 쫓아내고, 에치젠 북부를 장악하는 등 서전을 승리로 장식했다. 그런 가운데 쇼군 요시마사는 요시토시와 조치에게 11월 15일까지 간토로 출병할 것을 명하며 조치에 대한 지지를 표명하고, 조치의 슈고다이직을 보장하였다. 11월 4일 조치의 아들 가이 도시미쓰와 아사쿠라 다카카게가가 오미에 진을 치고, 요시토시도 오미에 머물렀다. 그러나 12월 요시토시와 조치는 병량을 조달할 수 없다는 이유로 움직이지 않았다. 1459년 2월 막부가 양자 사이를 조정하고자 했으나 실패하고, 도시미쓰·다카카게 등은 에치젠으로 돌아갔다. 이에 요시마사는 요시토시를 무시하고, 다시 조치를 에체젠 슈고다이로 임명하였다. 그리고 에치젠 재지영주와 와카사·노토能登·오미 슈고들에게 조치 구원을 명했다.

상황이 불리함에도 요시토시는 막부의 간토 출병령을 무시하고, 5월 13일 조치 측의 가나가사키성金ヶ崎城(福井縣敦賀市金ヶ崎町)을 공격하였으나 패배하고, 스오 오우치 노리히로大內敎弘를 의지하여 도망하였다. 그리하여 25일 엣추·노토·가가의 군세가 에치젠으로 들어오고, 도시미쓰 등이 후추府中를 제압하였다. 요시토시 측은 에치젠에서 후퇴했고, 시바씨 당주는 요시토시의 세 살배기 아들 마쓰오마루松王丸가 계승했다. 호리에 도시자네는 7월 23일 사카이군坂井郡에 진을 치고 가이 측에 저항하였으나, 8월 11일 아스와군足羽郡 와다쇼和田莊에서 전사하였다. 이 전투에서 주력군으로 활약한 아사쿠라 다카카게는 슈고다이 측의 승리를 이끌어 자신의 지위를 더욱 굳건히 했다. 한편 12일 가이 조치가 교토에서 사망하고, 그의 사후 슈고다이직은 도시미쓰의 아들 지요시히사마루千喜久丸에게 계승되었으나 가이씨의 가로직 필두 지위는 서서히 약해져 갔다. 이에 반해 다카카게의 영향력은 점점 강화되어 갔다.

아사쿠라 다카카게는 아사쿠라 이에카게朝倉家景가 사망하자, 할아버지 아사쿠라 노리카게朝倉敎景의 보좌로 가독에 올랐으나 지배 기반이 결코 단단하지는 않았다. 아사쿠라씨 일족 중에도 그를 아사쿠라씨의 가독으로 인정하지 않는 자가 많았던 것이다. 그러나 다카카게는 조로쿠 합전에서 반다카카게파인 숙부 아사쿠라 마사카게朝倉將景(아사쿠라 유키카게라고도 함), 아사쿠라 가게쓰구朝倉景契, 아사쿠라 요시카게朝倉良景 등을 물리쳐 아사쿠라씨 일족을 통합하였다.

한편 위에서 보았듯이 시바 요시토시가 쇼군의 노여움을 피해 스오로 도망하고, 그의 뒤를 이어 마쓰오마루松王丸(후의 시바 요시히로斯波義寬)가 겨우 세 살 나이에 가독이 되고 슈고로 임명되었다. 그런데 1461년 8월 2일 아시카가 방계로 호리고에쿠보 아시카가 마사토모의 시쓰지인 시부카와 요시카네澁川義鏡의 아들 시바 요시카도가 시바씨 가독으로 임명되었다. 그러나 1466년 7월 24일 요시카도는 시바씨 가독에서 밀려나고, 다시 요시토시가 복귀했다. 막부의 만도코로 시쓰지 이세 사다치카의 첩과 요시토시의 첩이 자매 사이였기 때문이라고 하나, 사실은 간토 정벌군 조직에 요시카도가 필요하지 않았기 때문이다(요시카도의 아버지인 시부카와 요시카네澁川義鏡는 정쟁에서 패하여 실각하였다).

이에 반발한 다카카게와 소젠은 위에서 보았듯이 분쇼의 정변을 일으켜, 사다치카·기케이 신즈이季瓊眞蘂·요시토시·아카마쓰 마사노리 등을 교토에서 추방하고, 다시 요시카도를 시바씨 가독으로 삼았던 것이다.

1467년 오닌의 난이 발발하자, 다카카게는 주가主家 시바 요시카도와 협력하여 서군에 가담하여, 고료 합전, 가미교 싸움, 쇼코쿠지 싸움 등 주요 전투에 참가하고, 후시미 이나리伏見稻荷에 농성하면서 서군을 괴롭히던 호네카와 도켄骨皮道賢을 토벌했다. 그런데 다카카게는 우오즈미 가게사다魚住景貞를 통해 동군의 우라가미 노리무네와 비밀리에 접촉하여, 1471년 5월 21일 쇼군 요시마사와 호소카와 가쓰모토에게 슈고직 임명의 밀약을 받고서 서군을 배반하여 동군으로 돌아섰다. 이후 다카카게는 에치젠 통일에 힘써 세력을 확대하였고, 에치젠 슈고에 임명되어 센고쿠다이묘 영국의 기초를 다졌다. 다카카게는 1481년 54세로 사망하고, 그의 뒤를 아사쿠라 우지카게朝倉氏景(1449년 4월생)가 이었다.

우지카게의 어머니는 아사쿠라 마사카게朝倉將景의 딸이다. 마사카게는 다카카게와 반목하여 슈고 측에 가담하였고, 1459년 8월 11일 에치젠 아스와군 와다쇼 싸움에서 호리에 도시자네와 함께 토벌되었던 인물이다. 오닌의 난 당시 다카카게가 1471년 5월 동군에 가담하여 에치젠으로 하향하자, 우지카게도 6월 에치젠으로 하향하였다.

1481년 가독을 이은 우지카게는 숙부 아사쿠라 쓰네카게朝倉經景·아사쿠라 교큐朝倉光玖·아사쿠라 가게후유朝倉景冬 등과 함께 에치젠 평정에 주력하여, 9월 15일 가이씨와 싸워 대승을 거두었다. 구주舊主 시바 요시히로는 막부에 자주 에치젠 슈고직의 반환 소송을 제기하였으나, 막부가 아사쿠라씨를 지지하였고, 아사쿠라씨가 에치젠을 실질적으로 지배하고 있어 문제될 것은 없었다. 그러나 시바씨가 아시카가 일문의 유력 슈고가의 하나여서 대의명분을 잃을 경우 인접 지역 다이묘들의 개입을 피할 수 없었고, 시바씨의 중신으로 경쟁관계에 있던 가이씨·니노미야二宮씨의 개입도 주의해야 했다. 이런 사정으로 우지카게는 쇼군의 권위를 등에 업고 영국지배의 안태를 도모했다. 그리고 불교세력 헤이센지平泉寺와 결속하여 종교세력이 강한 에치젠 지배를 강화하여 갔다.

나아가 아시카가 쇼군가와 강하게 결속되어 있는 구주에 대항하기 위해 미노의 사이토 묘준의 제안을 받아들여 일찍이 적대관계에 있던 요시카도의 아들 시바 요시토시斯波義俊를 옹립하였다. 우지카게는 요시토시에게 아시카가 쇼군가의 구라타니쿠보鞍谷公方(1416년 발발한 우에스기 젠슈의 난에 연좌되어 실각한 쇼군 요시모치의 동생 요시쓰구義嗣의 아들 쓰구토시嗣俊가 에치젠으로 도망하여 구라타니에 기거하였기 때문에 구라타니쿠보라 칭하게 되었다)를 계승하게 하고, 아시카가 요시토시足利義俊로 개명하게 했다. 구라타니쿠보는 4대 쇼군 아시카가 요시모치의 동생인 아시카가 요시쓰구의 아들 아시카가 쓰구토시를 가조家祖로 하고 있어서 시바씨보다 가격이 훨씬 높았다. 따라서 우지카게는 그를 내세워 에치젠을 명목상 구라타니쿠보의 영국으로 삼으려 했고, 이렇게 해서 시바씨의 에치젠 슈고 복귀 명분을 빼앗았다. 이 기발한 행동에 막부가 난색을 표했으나, 우지카게는 그것을 기정사실로 하여 에치젠 지배의 대의명분을 확보했다.

한편 이 시기(1479~1481) 아사쿠라 다카카게가 아사쿠라다카카게조조朝倉孝景條々(朝倉敏景十七箇條, 英林壁書)라는 분국법을 제정하였다고 한다. 그 내용은 ① 숙로宿老를 정함에 세습제를 폐하고, 실력과 충절을 기준으로 할 것, ② 밤에 성내에서 연회나 사루가쿠猿樂를 상연하지 말 것, ③ 영주들은 방어시설壘館 등을 건설하지 말 것, ④ 무사들은 이치조다니성으로 이주할 것, ⑤ 고가의 명도를 구하지 말고, 그 돈으로 무기를 장만할 것, ⑥ 무사들은 질소 검약한 생활을 하고, 민생을 살필 것 등이다. 이 아사쿠라다카카게조조는 가훈을 영국통치의 방침으로 삼았다는 데 그 특징이 있다 하겠다. 그런데 다카카게가 위의 분국법 아사쿠라다카카게조조를 제정했다는 것에 대해서는 의심스런 점이 많다.

1486년 7월 4일 우지카게가 38세의 젊은 나이로 사망하고, 그의 뒤를 13(14?)세의 어린 아들 아사쿠라 사다카게朝倉貞景가 이었다. 사다카게의 어머니는 오와리 오다 마고사에몬織田孫左衛門의 딸이고, 1473년 2월 5일 태어났다. 13세의 나이에 가독을 이었기 때문에, 그의 치세 초기에는 가신들을 통제하기가 어려웠다. 1487년 사다카게는 쇼군 요시히사의 명에 따라 롯카쿠 다카요리를 공격하기 위해 출진하나(조쿄의 난), 사다카게군은 쓰루가에 머물고, 쓰루가 군지郡司 아사쿠라 가게후유朝倉景冬만이 오미 사카모토에 착진했다. 그런데 사카모토에 착진한 아사쿠라군과 함께 작전하는 것에 굴욕감을 느낀 아사쿠라씨의 구주 시바 요시히로가 쇼군 요시히사에게 에치젠 슈고직의 복구를 요구하였다. 그러나 요시히사는 이 요구에 대해 아사쿠라씨의 손을 들어주어 아사쿠라씨를 쇼군의 직신으로 삼고 아사쿠라씨의 에치젠 지배를 인정하였다.

1491년 새로이 쇼군에 오른 아시카가 요시키가 다시 오미로 출진하였다(엔토쿠의 난延德の亂). 이번에도 시바 요시히로는 출진하였으나, 사다카게는 관망하는 태도를 취하였다. 이에 요시히로가 다시 에치젠 슈고직의 복귀와 에치젠 토벌을 쇼군 요시키에게 호소하였다. 이에 요시키가 요시히로에게 아사쿠라씨 토벌을 허가하고, 쇼군이 친히 에치젠을 토벌한다는 소문이 나돌았다. 그러나 아사쿠라씨의 강력한 군사력(정예 1만, 혹은 1번番 2,000명으로 구성된 6번으로 편성된 12,000명) 때문에 시바씨도 쇼군도 움직일 수가 없었다. 자연히 쇼군

요시키와 아사쿠라씨 관계도 소원해졌다.

1493년, 메이오의 정변에서 아사쿠라군은 호소카와 마사모토와 협력하여 쇼군 요시키를 공격하였다. 그러나 1493년 7월 요시키가 엣추 호조즈放生津로 하향하여 엣추쿠보越中公方를 칭하자, 곧바로 그에게 달려가 공순을 표했다. 10월 요시키가 상경을 위해 거병을 호소하자, 사다카게는 그에 호응하여 가가에서 에치젠으로 공격해온 가가 잇코잇키와 가이씨 군세에 맞서 오노군大野郡·사카이군坂井郡에서 교전을 벌여 승리하였다. 그리고 1494년 미노에서 발발한 후나다船田 합전에서는 사이토 측에 가담하여 사다카게 스스로 오미 야나가세柳ヶ瀬까지 출진하고, 1495년의 싸움에도 군사를 파견하여 대승을 거두었다.

한편 1498년 전 쇼군 요시키가 상경하기 위해 엣추에서 아사쿠라씨의 거성 이치조다니성一乘谷城(福井縣福井市城戶ノ內町)으로 들어왔다. 사다카게는 요시키를 정중히 대접하면서도 상경 요구는 거절하였다. 요시키는 1499년 상경하나, 롯카쿠씨에게 패배하고 스오로 도망하여 오우치씨에 의지하였다. 이를 계기로 사다카게는 호소카와 마사모토와 마사모토와 동맹관계에 있던 가가 혼간지 세력과 대립하게 된다.

1503년 아사쿠라씨 일족 내부에서 모반사건이 발생하여 사다카게는 아들 아사쿠라 소테키와 협력하여 아사쿠라 가게토요朝倉景豊를 멸하였다. 이어 1505년 가가에서 쳐들어온 아사쿠라 모토카게朝倉元景도 물리쳐, 사다카게는 아사쿠라씨의 당주 지위를 굳건히 했다. 또한 1506년 에치젠을 침공한 가가·엣추·노토의 잇코잇키와도 싸워 승리하였다(구즈류가와 싸움九頭龍川の戰い). 이렇게 하여 아사쿠라씨는 에치젠을 영국화하여 센고쿠다이묘로 발전하였다.

1512년 3월 25일 매사냥 중에 사다카게가 사망하고, 그의 뒤를 이어 아들 아사쿠라 다카카게朝倉孝景가 가독을 이었다. 다카카게는 1516년 3월 쇼군 요시타네로부터 시로카사부쿠로白傘袋 및 모센쿠라오이毛氈鞍

覆를 허락받고, 1517년부터 자주 주변 지역에 군사를 파견하였다. 1517년 6월 단고에서 슈고 잇시키 요시키요一色義淸·이시카와 나오쓰네石川直經와 잇시키 구로一色九郎·슈고다이 노부나가 하루노부가 대립하고 있었다. 노부나가 하루노부는 와카사 슈고 다케다 모토노부武田元信의 가신 헨미逸見(헤미라고도 한다. 이하 헨미)씨를 꾀어 모토노부에 반기를 들게 했다. 단고의 정세불안이 와카사에 미치자, 막부는 다카카게에게 잇시키 요시키요·다케다 모토노부 등 슈고 측을 지원하도록 명했다. 이에 다카카게는 1517년 아사쿠라 소테키가 이끄는 군사를 와카사·단고로 파병하여 헨미씨와 노부나가 하루노부를 제압했다.

한편 1517년 12월 미노에서 슈고 도키 마사후사土岐政房·도키 요리노리土岐賴藝와 도키 마사요리土岐政賴(요리타케賴武)·슈고다이 사이토 도시나가齋藤利良가 대립하고 있었다. 이 대립에서 패배한 도키 마사요리·사이토 도시나가(다카카게의 어머니가 사이토씨)가 1518년 8월 에치젠으로 도망해 왔다. 막부는 1518년 다카카게에게 마사요리·도시나가를 미노로 복귀시킬 것을 명했다. 이에 다카카게는 1519년 7월 동생 아사쿠라 가게타카朝倉景高에게 병사 3,000을 주고 미노로 출병시켰다. 가게타카는 요리노리를 옹위한 사이토 히코시로齋藤彦四郎와 9월 14일 마사키 합전正木合戰, 10월 10일 이케도 합전池戶合戰에서 승리하여 사이토 도시나가·도키 요리타케土岐賴武를 미노로 복귀시키고 마사요리=요리타케는 미노 슈고에 올랐다.

한편 1525년 오미 북부 지역에서 대두한 아자이 스케미사가 오미 남부 지역을 장악한 롯카쿠씨의 공격을 받아 고전하고 있었다. 이에 다카카게는 아사쿠라 소테키朝倉宗滴에게 군사를 주어 오미 오다니성小谷城(滋賀縣長浜市湖北町)으로 출진시켜 스케마사와 롯카쿠씨를 중재하였다. 그리하여 아자이씨와 아사쿠라씨의 동맹관계가 성립하였고, 이 동맹은 아사쿠라씨가 멸망할 때까지 지속되었다. 한편 6월 나가이

나가히로가 도키 요리노리를 옹립하여 다시 거병하자, 8월 2일 북오미 아자이 스케마사가 미노로 침공하여 세키가하라 이마스今須 부근에서 도키군과 싸웠다. 도키 요리타케는 다카카게에게 원군을 요청하였고, 이에 응해 다카카게는 아사쿠라 소테키를 오다니성으로 출진시켜 롯카쿠씨와 협력하여 스케마사를 견제하고, 10월 14일 이나바야마稲葉山까지 진출했다. 위의 미노 내란은 1527년 말경에 진정되었으나, 그 후에도 정국이 여전히 불안하였고, 1530년 요리타케는 다시 에치젠으로 도망하였다.

위에서 보았듯이 이 시기 교토에서는 막부 주도권을 둘러싸고 호소카와 하루모토와 호소카와 다카쿠니가 대립하고 있었고, 그 와중에 쇼군 요시쓰나는 오미로 옮겨가 있었다. 이러한 사태를 진정시키기 위해 요시쓰나는 다카카게에게 구원을 요청하였다. 이에 응하여 다카카게는 1527년 10월 아사쿠라 소테키·마에바前波씨 등에게 군사 1만을 주어 출진시켰다. 소테키 등은 간레이 호소카와 다카쿠니 등과 합류하여 10월 13일 교토로 진군, 24일 교토를 지배하고 있는 미요시군과 가쓰라가와에서 싸워 미요시군을 물리쳤다. 이로써 교토에서 미요시 세력이 후퇴하여 쇼군 요시쓰나·간레이 호소카와 다카쿠니와 아사쿠라씨가 교토를 지배하게 된다.

1527년 다카카게는 동생 가게타카를 에치젠 오노군大野郡 군지郡司로 임명하고, 단고 해적이 봉기하여 와카사를 침략하자 와카사 주민을 구원한다는 명목으로 단고로 출진하였다. 그리고 같은 해 와카사에서 다케다씨의 가신 아와야 모토타카粟屋元隆가 반란을 일으키자, 아사쿠라씨에게 의지해 있던 다케다 노부타카武田信孝와 아사쿠라씨 가신들이 함께 와카사로 난입하고자 하였다. 아사쿠라군도 그에 대응하는 군사 행동을 취하고 있었다고 보이나 명확하지 않다. 1528년 다카카게는 쇼군 요시쓰나의 오토모슈御供衆(쇼군과 출행을 함께하는 인물)로 임명되었고, 간레이 다카쿠니와의 대립으로 3월 아사쿠라군은 교토에서 철수하였다. 5월 다카쿠니가 스스로 이치조다니로 내려와 다카카게에게 교토로 군사를 파견해달라고 요청하였으나, 거절당하였다.

2. 중부 지역

1) 사이토씨齋藤氏

사이토씨는 헤이안 중기 진수부鎭守府 쇼군 후지와라노 도시히토藤原利仁의 아들 노부모치叙用가 사이구노카시라齋宮頭였던 데서 유래한 성이다. 후지와라노 도시히토의 자손들은 에치젠·가가를 비롯해 호쿠리쿠 각지에서 무가武家로 성장하였고, 헤이안 말기에 각지로 이주하여 번영하였다. 미노 사이토씨는 에치젠 사이토씨의 방계인 가와이계河合系 사이토씨의 아카쓰카赤塚씨가 미노 모쿠다이目代로 에치젠에서 미노로 이주하면서 시작하였다고 한다.

미노 사이토씨는 무로마치기에 미노 슈고 도키씨에게 봉임하였고, 1444년 윤6월 사이토 소엔齋藤宗円이 교토 도키씨 저택에서 도미시마富島씨를 주살하고 슈고다이로 임명되면서부터 세력을 확대했다. 소엔의 아들 사이토 묘친齋藤妙椿은 어린 나이에 출가하여 젠네지善惠寺에서 수행한 후 젠네지 말사 지제인持是院에서 생활하였다. 1450년 묘카쿠지妙覺寺 세손인世尊院의 니치반日範을 초대하여 조자이지常在寺를 건립했다. 오랫동안 승려 생활을 하였던 그는 1460년 형 도시나가가 사망하자, 조카 사이토 도시후지齋藤利藤를 후견하기 위해 가노성加納城(岐阜縣岐阜市加納丸の内)으로 들어와 그곳 지부쓰도持佛堂와 자신이 거주하는 거암지제인을 건설하였다. 묘친은 미노 슈고 도키 시게요리의 부하이면서 동시에 쇼군의 직신으로 후에 무로마치 막부의 호코슈로도 임명되었

<図 9> 사이토씨齋藤氏 계보도

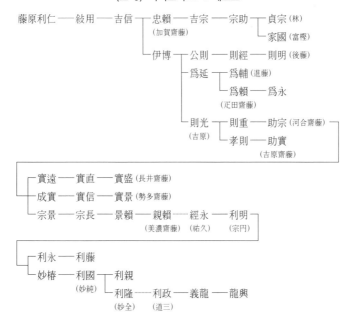

다. 관위도 종5위하인 시게요리보다 높아 종3위 곤다이소즈權大僧都에 올랐다.

오닌의 난이 일어나자, 묘친은 시게요리와 함께 야마나 소젠의 서군에 가담하였고, 상경 중 시게요리를 대신하여 동군에 속한 도미시마씨·나가에長江씨 및 오미에서 출진한 교고쿠씨 등과 싸웠다. 1468년 10월까지 이들을 물리쳐 미노를 평정한 그는 미노 지역의 많은 장원을 횡령하여 도키씨를 능가하는 세력을 구축하였다. 1469년 여름 서군 롯카쿠 다카요리를 응원하기 위해 오미로 진공하였고, 동군 교고쿠 마사쓰네京極政經와 슈고다이 다가 다카타다多賀高忠를 1471년 2월, 1472년 9월에 각각 격파했다. 1473년 10월 나가노長野씨를 응원하기 위해 이세로 출병하여 동군 측의 우메도성을 함락시켰다. 1474년 6월에는 에치젠으로 나아가 아사쿠라 다카카게와 가이 도시미쓰를 조정하여

144

화해시키기도 했다.

전쟁 혐오 분위기가 확산되자, 도키 시게요리는 묘친의 뜻에 따라 1477년 겨울 아시카가 요시미·요시키 부자와 함께 미노로 하향하였다. 묘친은 1478년 사위 오다 도시히로織田敏廣를 돕기 위해 오와리로 출병하는 등 주변 지역으로 출병하여 세력을 확대했다. 그리고 히다飛驒의 아네코지姉小路씨와 미키三木씨의 대립을 조정하기도 하고, 6대 쇼군 아시카가 요시노리의 33주기 법요식을 미노에서 개최하기도 했다.

묘친은 1479년 2월 가니군可兒郡 아케치明智로 은거하고 1480년 2월 21일 종기로 사망하였다. 묘친이 사망한 후 조카이자 양자인 사이토 묘준齋藤妙純(도시쿠니利國·도시후지利藤의 이복동생)이 그의 뒤를 이었으나, 사이토 묘준과 이복형 사이토 도시후지齋藤利藤 사이에 싸움이 일어났다(분메이미노의 난文明美濃の亂). 이 싸움은 묘준이 가독을 이은 후 묘친이 횡령한 장원 8만석을 슈고 도키 시게요리에게 반환한 일을 둘러싸고 묘준과 도시후지가 대립하여, 8월 도시후지가 거병하면서 시작되었다. 시게요리는 묘준을 중용하라는 묘친의 유언을 존중하여 묘준을 지원하였다. 한편 도시후지는 묘친이 사망하자 막부에 접근하였고, 롯카쿠 다카요리는 막부의 명령에 따라 도시후지를 지원하여 묘준과 대립하였다. 11월 도시후지는 스노마타성墨俣城(岐阜縣大垣市墨俣町墨俣)을 거점으로 삼고 묘준에 대항하여 싸웠으나 묘준에게 패배하였다. 도시후지는 오미 롯카쿠씨를 의지하여 망명하였으나, 묘준이 중신 이시마루 도시미쓰石丸利光를 오미로 파견하여 도시후지를 토벌하였다.

1481년 10월 묘준이 에치젠 아사쿠라 우지카게에게 시바 요시카도의 아들 시바 요시토시를 에치젠의 명복상 주인으로 추대할 것을 제안하고, 우지카게가 그것에 동의하였다. 이것은 당시 사이토씨와 아사쿠라씨가 동맹관계에 있었음을 보여준다. 1487년 5월 막부는 시게요리·

묘준과 도시후지 사이를 조정하여 화해하게 하였다. 막부의 중개로 도시후지는 슈고다이로 복귀하고, 1488년 미노로 돌아왔다. 그럼에도 불구하고 막부는 묘준의 미노 지배를 인정하였는데, 이 같은 막부의 명령이 묘준에게 전달되었고, 묘준은 그것을 시게요리와 도시후지에게도 전하였다. 당연히 도시후지는 묘준에게 불만을 품었고 양자의 대립은 필연이었다.

한편 슈고 도키 시게요리는 적장자인 도키 마사후사보다 막내 도키 모토요리土岐元賴를 총애하여 그에게 가독을 물려주려 하였고, 마사후사와 묘준을 타도하기 위해 슈고다이 도시후지와도 결속하였다. 도시후지는 출세욕이 강한 이시마루 도시미쓰가 동료 니시오 나오노리西尾直敎와 대립하자, 1481년 2월 도시미쓰에게 사이토씨 성을 하사하고 묘준을 이반하게 하여 자기편으로 끌어들였다. 그러나 1494년 12월 니시오 나오노리가 도시미쓰를 배척하려 하였고, 도시미쓰는 후나다성船田城(岐阜縣岐阜市水主町)에서 병사를 모아 묘준을 공격하였다가 실패하였다. 도시미쓰는 도키 시게요리에 의탁하여 묘준과 화해는 하였으나, 묘준도 가노성에 대한 방비를 강화하였다. 이에 1495년 3월, 미노와 그 주변 지역인 오미, 에치젠, 오와리 등이 휘말리는 후나다 합전船田合戰이 발발했다.

1495년 5월부터 6월에 걸쳐 이시마루 도시미쓰는 후나다성에 사이토 도시후지의 손자 사이토 도시하루齋藤利春와 막내 비샤도毘沙童, 그리고 도키 모토요리土岐元賴 등을 맞아들였다. 그리고 오미 롯카쿠 다카요리, 오와리 오다 히로무라織田寬村, 이세 우메도 사다미梅戶貞實 등의 원조를 얻어 4,000명의 군사를 이끌고 이세, 오와리를 통해 시게요리의 거성 기다이지성城田寺城(岐阜縣岐阜市城田寺)으로 들어왔다. 묘준은 1496년 5월 오와리 오다 히로히로(그의 양부 도시히로敏廣의 처가 묘친의 양녀)를 지원하기 위해 출진 중이었다. 묘준은 도시미쓰에 대항하여 오다 히로히로의 원군을 맞아들였고, 묘준 측으로는 오미 교고쿠 다카키요京極高淸, 에치젠 아사쿠라 사다카게의 원군이 집결하였다.

27일 싸움이 시작되었다. 이시마루 도시미쓰 측은 열세를 면치 못해 29일 기다이지성이 묘준 측에게 포위되어 30일 도시미쓰는 자인했다. 도키 시게요리는 묘준이 도키 모토요리를 용서하지 않아 성을 나오려 하지 않았다. 이에 도키 마사후사가 모토요리 설득에 나섰고 모토요리는 6월 16일 성을 나와 20일 자인했다. 도키 시게요리는 이시마루 측이 패배하자 기다이지성에 은거하였고, 마사후사에게 가독과 슈고직을 넘겼다. 도시후지도 곧이어 은거했다.

1496년 9월 묘준은 교고쿠 다카키요의 요청으로 이시마루 측에 가담하였던 롯카쿠 다카요리를 토벌하기 위해 오미로 출진하여 다카키요와 대립하던 교고쿠 마사쓰네를 격파했다. 그러나 롯카쿠 측은 가모 사다히데·엔랴쿠지와 기타바타케 마사사토北畠政鄕 등의 지원을 받고 있어서, 전선은 교착 상태에 빠졌다. 양자는 승부를 내지 못한 채 화해하였다.

그런데 철수를 준비하던 12월 7일, 장기에 걸쳐 침공을 받고 있던 향민·우마 운송업자 등의 불만이 폭발하여 도잇키土一揆가 일어났다. 이 도잇키 세력에 묘준과 묘준의 적남 사이토 도시치카齋藤利親 이하 1,000여 명이 전사함으로써 사이토씨는 대타격을 입었다.

1497년 12월 묘준이 사망하자 그의 차남 마타시로又四郎가 뒤를 이었다. 그러나 묘준의 사망으로 동족 사이에 다시 내분이 발생하여 사이토씨 세력은 약해지고 방계인 나가이長井씨가 대두했다. 1539년경 나가이 나가히로長井長弘의 가신 나가이 노리히데長井規秀가 두각을 나타내더니 스스로 사이토씨를 칭했다(후의 사이토 도산齋藤道三).

미노 나가이씨는 가마쿠라 시기 미노 아카나가노쇼茜部莊(옛 아쓰미노쇼厚見莊) 지토地頭직을 승계하여 왔으나, 남북조 시기 고다이고 천황이 아카나가노쇼를 몰수하여 도다이지東大寺에 기진했다고 한다. 그 후 미노 나가이씨의 나가이 히데히로長井秀弘는 1480년 2월 사이토 묘친이 사망하자, 묘친의 뒤를 이은 묘준에게 중용되었다. 히데히로는 1495년 4월 위에서 본 후나다 합전에서 묘준과 함께 가노성을 지켜 이시마루 도시사다를 물리쳤으나, 1497년 12월 7일 오미 롯카쿠씨 토벌에서 돌아오다가 도잇키의 공격을 받아 묘준과 함께 사망한다. 나가이씨 당주는 그의 아들 나가이 나가히로長井長弘(사이토 도시후지의 아들이라고도 함)가 상속하였다.

나가이 나가히로는 슈고다이 사이토 도시치카의 사망으로 어린 사이토 도시나가齋藤利良가 가독을 잇자, 나가이 도시타카長井利隆와 함께 도시나가를 보좌했다. 나가히로는 시라카시성白樫城(岐阜縣揖斐郡揖斐川町) 성주였으나 도시나가를 보좌하기 위해 이나바야마稻葉山 기슭에 거관을 세우고 그곳으로 거처를 옮겼다. 그 후 앞에서 본 미노 슈고 도키 마사후사의 후계를 둘러싼 가독상속 싸움이 일어났다. 슈고다이 사이토 도시나가는 도키 요리타케土岐賴武를, 나가히로는 도키 요리노리土岐賴藝를 각각 지원하여 1517년 양파의 싸움이 발생했다. 이 싸움에서 요리타케 측이 승리했으나, 1518년 나가히로 등 도키 요리노리 측이 반격하여 승리를 거두었다. 요리타케는 처가인 아사쿠라씨에 의지하여 에치젠으로 도망갔다. 1519년 도키 마사후사가 사망하자, 아사쿠라씨가 미노로 파병하여 요리노리 측을 제압하고, 요리타케는 미노 슈고 직에 복귀하였다.

나가이 나가히로는 정권을 탈취하기 위해 1525년 나가이 신자에몬 노조長井新左衛門尉와 함께 거병하였다. 나가히로 등은 새로이 슈고다이 가 된 사이토 도시시게齋藤利茂 등 요리타케 측과 싸워, 사이토씨 거성 이나바야마성稻葉山城(기후성岐阜城, 岐阜縣岐阜市)을 공략하고, 6월 미노 슈고쇼守護所 후쿠미쓰관福光館을 점거하여 반란에 성공하였다. 그리고

1527년 8월에는 요리타케와 요리노리의 가독상속 싸움에서 가와테성에 있던 도키 마사요리土岐政賴를 급습하여 에치젠으로 내쫓았다. 이후에도 요리타케 측과 나가이씨의 후원을 받는 요리노리 측은 계속 대립하였지만, 1530년 열세에 빠진 요리타케가 다시 에치젠으로 도망하고 요리노리가 슈고직을 수행했다. 이렇게 해서 나가히로는 슈고다이 사이토씨를 대신하여 미노의 실권을 장악했던 것이다.

그러나 나가히로는 후술하는 신자에몬노조와 대립하여, 1533년 2월 2일 에치젠으로 추방되어 있던 요리타케와 내통하였다는 이유로 요리노리의 명을 받은 신자에몬노조(혹은 신자에몬노조의 아들 나가이 노리히데)에게 살해당했다. 나가이가는 나가이 가게히로長井景弘가 이었으나, 그도 1532~33년경 나가이 노리히데에게 살해되었거나 병사한 것으로 보인다. 이로써 본래의 나가이씨는 멸망하였다.

한편 나가히로는 조자이지常在寺의 주지인 니치운日運(사이토 도시후지의 막내)의 추거로 기름 장수였던 마쓰나미 쇼고로松波莊五郎(사이토 도산의 아버지)를 가신으로 중용하였다. 쇼고로는 1494년(혹은 1504년) 야마시로 오토나군乙訓郡 니시오카西岡에서 태어났다고 한다. 마쓰나미씨는 선조 대대로 북면北面무사로 근임하였고, 쇼고로의 아버지는 모토무네基宗라고 한다. 11세 때 교토 묘카쿠지京都妙覺寺에 출가하여 호렌보法蓮房라 불렸던 쇼고로는 법제法弟이자 학우인 니치고보日護房(南陽房)가 미노 아쓰미군厚見郡 이마이즈미今泉 조자이지常在寺 주지로 가자, 환속해서 마쓰나미 쇼고로(혹은 쇼구로莊九郎)라고 했다.

쇼고로는 기름 가게油問屋를 하는 나라야 마타베에奈良屋又兵衛의 딸과 결혼하여 기름 장사를 하면서 가게 이름을 야마자키야山崎屋라 했다. 쇼고로는 기름 팔이 행상으로 상당한 성공을 거두었는데, 그의 기름을 산 도키가의 무사 야노矢野가 쇼고로의 재능을 아까워하며 그에게 장사를 잘해봤자 상인일 수밖에 없다고 충고하였다. 이에 쇼고로가 장사를 집어치우고 열심히 무예를 연마하여 무예의 달인이 되었다고 한다.

무사가 되고 싶었던 쇼고로는 수학 동문으로 당시 조자이지의 주지인 니치운日連(日護房)에게 자신을 무사로 추천해줄 것을 부탁한다. 니치운은 자신과 연고가 있던 미노 슈고 도키씨의 고 슈고다이小守護代 나가이 나가히로에게 쇼고로를 추천하여, 마침내 쇼고로는 나가이가의 가신이 되었다. 나가히로는 니시무라 사부로에몬 마사모토西村三郎右衛門正元 이후 끊긴 니시무라씨의 가계를 쇼고로에게 잇게 하여, 쇼고로는 니시무라 간구로 마사토시西村勘九郎正利로 개명하였다.

무사가 된 쇼고로는 능력을 서서히 드러내어 군공을 세워 나가이씨의 신임을 받고, 나아가 슈고의 차남 도키 요리노리의 신임도 얻게 된다. 그리고 1532·33년경 나가이씨를 멸망시키고, 나가이씨를 계승하여 나가이 신구로 노리히데長井新九郎規秀로 개명하였다. 쇼고로는 1533년 사망하고, 나가이 노리히데(사이토 도산齋藤道三)가 그 뒤를 이었다.

이즈음 도키 요리타케의 적남으로 아사쿠라 사다카게의 3녀를 어머니로 하는 도키 요리즈미土岐賴純가 도키 요리노리와 나가이 노리히데에게 반격을 가할 기회를 엿보다 1535년 양쪽이 격돌하였다. 아사쿠라씨와 롯카쿠씨가 요리즈미를 지원하고 있었기 때문에, 싸움은 미노 전 지역에 미쳤다. 이 싸움은 1539년 양자의 화해로 일단락되나, 대립은 이후에도 지속되었다. 1543년 7월 이후 오가성大桑城(岐阜縣山縣市)의 지성支城인 이코야마성祐向山城(岐阜縣本巢市), 벳부성別府城(滋賀縣甲賀市甲賀町) 등이 요리노리·노리히데에게 함락되고 마침내 오가성도 함락되었다. 이에 요리즈미는 아사쿠라씨에 의지하여 에치젠으로 도망·망명하였다.

2) 이마가와씨今川氏

이마가와씨는 아시카가 요시우지足利義氏의 서장자庶長子 기라가吉良家를 일으킨 기라 나가우지吉良長氏의 둘째 아들 기라 구니우지吉良國氏가

〈표 10〉 이마가와씨今川氏 계보도

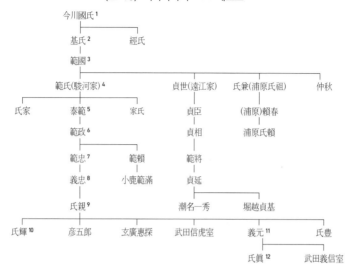

기라씨 소령 미카와三河 하즈군幡豆郡 이마가와노쇼今川莊(愛知縣西尾市今川
町周邊)를 상속받아 그곳을 본향으로 하면서 시작된다. 기라가는 아시
카가 쇼군가의 친족 가격家格을 유지하는 명문으로, 쇼군가가 단절될
경우 쇼군직을 계승하게 된다. 기라가마저 단절되면 이마가와가가
쇼군직을 잇게 되어 있었으나, 이는 현실적으로는 불가능하였다. 이러
한 연유로 기라가는 슈고와 간레이 등 막부의 역직에 봉임하지 않으면
서도 쇼군의 가신이라는 지위를 유지했다. 단, 기라가의 분가들은
슈고나 사무라이도코로侍所 쇼시所司를 역임했다.

가마쿠라 막부가 멸망하자, 구니우지의 손자 이마가와 요리쿠니今川
賴國가 동생 4명과 함께 아시카가 다카우지足利尊氏의 북조 측에 가담하
여 각지에서 군공을 세웠다. 요리쿠니는 나카센다이의 난中先代の亂 때
사요노나카야마 합전小夜中山合戰에서 호조 도키유키北條時行 측 나고에
구니토키名越邦時를 격파하여 공을 세웠으나, 사가미가와 합전相模川合戰
에서 3남 요리치카賴周와 함께 전사하였고, 둘째 동생 노리미쓰範滿도

고테사시하라 싸움小手指原の戰い에서 전사하였다. 이러한 공적으로 요리쿠니의 아들 이마가와 요리사다今川賴貞는 단고丹後·다지마但馬·이나바因幡 슈고로 임명되었다. 그리고 요리쿠니의 막내 동생으로 다카우지 측근으로 봉임하던 이마가와 노리쿠니今川範國도 스루가·도토미 슈고로 임명되었다. 무로마치 막부 초대 쇼군 아시카가 다카우지와 동생 아시카가 다다요시足利直義의 항쟁으로 발생한 간노의 난觀應の擾亂 때 노리쿠니의 적남 이마가와 노리우지今川範氏는 다카우지 측에 가담하여 공을 세우고, 스루가 슈고직을 계승했다.

에이쿄의 난에서 이마가와 노리타다今川範忠는 군공을 세워 무로마치 쇼군으로부터 노리타다의 자손만이 이마가와의 성姓을 쓸 수 있다(천하제일성씨 天下一苗字)는 은상을 받았다. 노리타다는 1455년 8대 쇼군 요시마사에게 가마쿠라쿠보 아시카가 시게우지 토벌의 명을 받고, 고하나조노 천황後花園天皇으로부터 고닌키御錦旗를 하사받았다. 노리타다는 곧바로 스루가로 하향하여 간토로 출병하였다. 마침 시게우지는 우에스기씨 토벌을 위해 출병하여 가마쿠라부를 비운 상태여서 노리타다는 가마쿠라부를 손쉽게 점령할 수 있었고, 시게우지는 고가로 도망하였다(교토쿠의 난享德の亂). 노리타다는 1460년 정월 스루가로 귀향하고, 1461년 3월 20일 아들 이마가와 요시타다今川義忠에게 가독을 물려주었다.

가독을 물려받은 요시타다는 쇼군 요시마사와 요시마사의 이복형 호리고에쿠보 아시카가 마사토모에게 원조를 요구받았다. 요시마사가 1466년 요시타다에게 가이 다케다 노부아키武田信昌와 함께 가마쿠라에서 고가로 근거지를 옮긴 시게우지(고가쿠보古賀公方)의 토벌을 명했던 것이다. 그런데 이 시기 도토미 이마가와씨와 시바씨 간의 대립이 격화되었다. 당시 이마가와씨는 이마가와 사다요의 공적으로 스루가 외에 도토미 슈고도 겸하고 있었으나, 1419년 이후 도토미 슈고직은 시바씨가 임명되었다. 이후 도토미 이마가와씨는 쇠락의 길을 걷고,

1460년대 후반 사다요 이래의 거성 미쓰케성見付城(静岡縣磐田市)에서 추방된 이마가와 사다노부今川貞延를 스루가에서 비호하고 있었다. 이로 말미암아 이마가와씨와 시바씨 간의 대립이 깊어졌던 것이다.

1467년 오닌의 난이 일어나자, 이마가와 요시타다는 군사 1,000기를 이끌고 상경하여 동군에 가담했다. 야마나 소젠에게 서군에 가담할 것을 권유 받았으나, 요시타다는 쇼군 경호를 명분으로 상경하였고, 당시 서군에 속한 도토미 슈고 시바 요시카도와 대립하고 있었기 때문에, 동군이 점거하고 있던 쇼군의 거처(하나노고쇼花の御所)로 들어갔다. 한편 요시타다는 상경 중에 이세 신구로伊勢新九郎(후의 호조 소운)의 동생 기타가와도노北川殿와 결혼했다. 보통 신구로는 낭인이고 기타가와도노는 측실이라고 알려져 왔으나, 신구로는 막부의 만도코로政所 시쓰지 이세씨 일족으로 빗추 이세씨의 막부 신하 이세 모리토키伊勢盛時라는 사실이 확인되었다. 요시타다는 상경 중에 만도코로 시쓰지인 이세 사다치카를 자주 방문하였고, 모리토키의 아버지 이세 모리사다伊勢盛定가 이마가와가의 모시쓰기슈申次衆로 근무하던 인연으로 기타가와도노와 결혼하게 되었던 것이다.

1468년 호소카와 가쓰모토는 요시타다에게 도카이도東海道의 시바 요시카도를 교란하라고 명하였다. 이에 요시타다는 귀향하여, 적극적으로 도토미로 진출하여 시바씨와 도토미 재지영주들과 싸웠다. 1473년에는 미노 슈고다이격인 사이토 묘친에 공격당한 동군 미카와 슈고 호소카와 시게유키細川成之를 지원하기 위해 출진했다. 그런데 당시 요시타다는 오닌의 난 발생 후 쇼군에게 받은 병량용 소령을 둘러싸고 서군에 속한 시바 요시카도 대신 도토미 슈고로 임명된 동군 소속의 오와리 슈고 시바 요시스케 및 미카와 기라 요시자네吉良義眞의 수하로 들어간 도토미 재지영주 고미巨海씨, 가노狩野씨와 대립하고 있었다. 이에 요시타다는 이들 재지영주들을 공격하여 멸망시켰고, 이 때문에 시바 요시스케와 호소카와 시게유키와도 대립하게 되었다.

1475년 요시카도의 중신 가이 도시미쓰가 서군에서 동군 지지로 태도를 바꾸자, 막부는 요시카도를 도토미 슈고로 임명했다. 이에 동군에 속해 있으면서도 시바씨를 축출하고자 한 요시타다와 시바 요시스케의 관계도 한층 악화되면서 도토미의 정세는 더욱 혼란스러워졌다. 그리하여 요시타다는 도토미로 출병하여 시바 요시스케 측의 재지영주들과 싸웠다. 마침내 1476년 요시타다는 시바 요시스케와 대립하고 있던 시바 요시히로斯波義良와 협력하여 미쓰케성을 수복하고, 요시타다를 배반하고 그에게 저항하던 도토미 재지영주 요코치 시로베에橫地四郎兵衛와 가쓰마타 슈리노스케勝間田修理亮를 토벌하고자 500기를 이끌고 가쓰마타성勝間田城(靜岡縣牧之原市勝田)과 긴스성金壽城(요코지성橫地城. 靜岡縣菊川市東橫地)를 공격하여 그들을 토벌하였다. 그러나 토벌을 마치고 스루가로 돌아오던 중에 도토미 오가사와라군小笠郡 시오카이자카鹽買坂(靜岡縣菊川市)에서 요코지橫地씨와 가쓰마타勝間田씨 잔당이 이끄는 잇키 세력의 습격을 받아 사망하였다. 위의 도토미 재지영주 잇키는 요시타다의 입장에서는 배반이었으나, 이들은 당시 요시타다와 대립하던 슈고 시바 요시스케의 명령을 받아 요시타다를 공격한 것으로 보인다. 그런 의미에서 보면 위 사건은 요시타다와 막부가 대립하는 상황을 나타내고 있다.

요시타다의 후계자는 겨우 여섯 살배기 다쓰오마루龍王丸(후의 이마가와 우지치카今川氏親)였다. 다쓰오마루는 당연히 자신의 어머니 기타가와도노의 강력한 지지를 받고 있었으나, 가신 미우라三浦씨, 아사히나朝比奈良씨 등은 요시타다의 사촌인 오시카 노리미쓰小鹿範滿를 가독으로 세우려 했다. 그리하여 가독상속을 둘러싸고 다쓰오마루파龍王丸派와 노리미쓰파範滿派가 대립하게 되어, 급기야 양파는 여러 차례 군사를 동원하여 충돌하게 된다. 나아가 노리미쓰의 외조부인 호리고에쿠보 아시카가 마사토모의 시쓰지 우에스기 마사노리上杉政憲와 오기가야쓰가 우에스기씨의 가신 오타 도칸太田道灌이 군사를 이끌고 스루가로 진주하여 이마가와가의 가독싸움에 개입하였다. 만약 이들이 위에서 본 요시타다의 반 막부 행위를 문제 삼아 막부에 공작할 경우, 이마가와씨의 운명은 풍전등화와 같은 상태에 놓일 수 있었다.

그러나 막부는 명문 이마가와씨를 멸문시키는 쪽이 아니라, 막부 휘하에 이마가와씨를 자리매김하는 쪽을 선택하였다. 그리하여 막부는 이마가와씨의 내분을 조정하고 다쓰오마루를 보호하기 위해, 오랫동안 스루가·도토미 문제에 개입해온 이세 모리사다伊勢盛定의 아들로 기타가와도노와 형제사이인 막부 모시쓰기슈申次衆 이세 모리토키伊勢盛時(소운早雲. 다쓰오마루의 외숙부. 이하 소운)를 스루가로 보냈다. 이세 소운의 중재로, 오시카 노리미쓰는 다쓰오마루의 후견인으로서 가독을 대행하기로 하였다. 이로 인해 소운과 이마가와씨의 결속이 강화되고, 후에 소운의 간토 진출과 센고쿠다이묘 호조北條씨가 탄생하게 된다.

가독을 대행하는 노리미쓰가 이마가와관今川館으로 들어오고, 다쓰오마루는 어머니 기타가와도노와 함께 오가와성小川城(靜岡縣燒津市)을 거성으로 하는 하세가와 마사노부長谷川政宣에게 의탁하였다. 한편 1479년 소운이 막부를 움직여 다쓰오마루의 가독상속 승낙을 얻어냈으나 다쓰오마루가 15세를 넘겨 성인이 되어도 노리미쓰는 가독을 넘겨주려 하지 않았다. 이에 1487년 기타가와도노와 다쓰오마루가 쇼군 요시히사에 출사하고 있던 소운에게 도움을 구했다. 소운은 다시 스루가로 내려와, 1487년 11월 이시와키성石脇城(靜岡縣燒津市)에서 병사를 모아 스루가관을 습격, 노리미쓰를 살해하였다. 이렇게 하여 다쓰오마루는 스루가관에 입성하여 원복하고, 이마가와 우지치카今川氏親로 개명하고 이마가와가 당주에 올랐다.

이때 소운은 이마가와 우지치카에게서 후지富士 시모카타下方 12향鄕과 고코쿠지성興國寺城(静岡縣沼津市根古屋)을 받았다. 한편 간레이 호소카와 마사모토가 메이오의 정변을 일으키자, 간토 호리고에쿠보 내부에도 분열이 발생했다. 소운은 쇼군 요시즈미에게 간토 출병을 명받고, 우지치카의 도움 아래 간토로 출병하여 요시즈미의 이복형 자차마루茶々丸를 토벌하여 이즈伊豆를 손에 넣었다. 이후 소운은 우지치카와 협조관계를 유지하면서 지배영역을 확대해 나간다. 우지치카도 소운과 협조관계를 유지하면서 적극적으로 도토미 진출을 기도하여 슈고 시바 요시히로와 대립했다. 도토미는 원래 이마가와씨의 영국이었으나, 위에서 보았듯이 시바씨에게 빼앗겼던 곳이자 우지치카의 아버지 요시타다가 싸우다 사망한 곳이기도 하였다. 따라서 도토미의 탈환은 이마가와씨의 비원이었다.

소운은 1494년 이마가와군을 이끌고 도토미로 침공, 도토미 중부지역까지 진출하였다. 그리고 1501년에서 1504년까지 미카와의 마쓰다이라松平씨, 가이 쓰루군都留郡의 영주 고야마다小山田씨와 슈고 다케다씨를 공격했다. 한편 우지치카도 소운의 간토 진출에 협력하여 조쿄長享의 난에 개입, 오기가야쓰가 우에스기씨에 가담하여 야마노우치가 우에스기씨와 싸웠다. 1504년 소운과 함께 무사시 다치가와라 싸움立河原の戰い에 출진하여 간토칸레이 우에스기 아키사다를 격파한 우지치카는 1505년에 나카미카도 노부타네中御門宣胤의 딸과 결혼하였다. 1506년부터 1508년까지 소운이 이끄는 이마가와군은 미카와로 다시 침공하여 마쓰다이라 나가치카松平長親(나가타다長忠)와 싸웠다. 이후에도 소운은 이마가와씨와 협력관계를 지속하나, 우지치카와 함께 군사행동을 하지는 않는다. 이즈음부터 소운은 이마가와씨에게서 독립하여 간토 진출을 본격화하였고 센고쿠다이묘의 길을 걸었다.

한편 1508년 요시즈미는 사촌 아시카가 요시타네에게 쇼군직을 빼

〈그림 9〉 도토미·스루가·이즈 지역도

앗겼다. 우지치카가 요시즈미를 지원하고 있었으나, 요시타네는 우지
치카를 도토미 슈고로 임명하였다. 그로 말미암아 우지치카는 도토미
지배의 정당성을 확보하게 되었다. 1511년 도토미·오와리 슈고였던
시바 요시타쓰斯波義達는 이마가와 영국 오사카베성刑部城(靜岡縣浜松市)을
공격하여 우지치카에게 격퇴당했으나, 이후에도 다시 침공을 기도하
여 도토미를 둘러싼 요시타쓰와 우지치카의 싸움이 격화하였다. 1516
년 히쿠마성引馬城(하마마쓰성浜松城, 靜岡縣浜松市中區)의 오코우치 사다쓰나
大河內貞綱가 이마가와씨를 배반하자 요시타쓰도 사다쓰나 측에 가담하
였다. 이에 우지치카가 히쿠마성을 포위하고, 1517년 아베安倍 금광의
광부를 동원하여 갱도를 뚫고 식수를 끊어 히쿠마성을 항복시켰다.
이 전쟁으로 사다쓰나는 사망하고, 요시타쓰가 항복 후 출가하여 오와
리로 돌아감으로써 도토미는 우지치카에게 완전히 평정되었다.

한편 우지치카는 1515년 가이 니시군西郡 재지영주 오이 노부타쓰大
井信達 측에 가담하여 가이 다케다 노부토라武田信虎와 싸워 일시 가쓰야
마성勝山城(山梨縣甲府市)을 점령하였다. 그 후 1517년 우지치카는 노부토

라와 화해하고 철병하였는데, 노부타쓰는 노부토라에게 항복하였다. 이후에도 우지치카는 자주 가이로 침공하여 다케다씨와 대립하였다.

우지치카는 영국인 도토미에 대한 지배를 강화하기 위해 1518년 이후 검지檢地를 실시하였고, 재정의 충실을 기하기 위해 아베 금광을 개발하였다. 그리고 사망 2개월 전인 1526년 4월, 영국지배의 기본법인 분국법分國法 이마가와카나모쿠로쿠今川仮名目錄를 제정하였다.

1526년 6월 23일 우지치카가 사망하고 이마가와 우지테루今川氏輝가 그의 뒤를 이었다. 당시 우지테루는 14세였기 때문에 우지치카의 정실 주케이니壽桂尼가 후견인으로서 실권을 장악했다. 1532년경부터 친정을 개시한 우지테루는 도토미 지역의 검지를 실시하고, 조정에 헌상물을 보내 중앙과의 관계를 강화하였다. 사가미 호조씨와는 우지치카 시기부터 동맹관계를 유지하고 있었는데, 우지테루 역시 마찬가지였다. 따라서 가이 슈고 다케다씨와 대립하고 있던 호조씨를 도와 다케다씨와 대립하던 재지영주들과 협력하였고, 1536년 가이 쓰루군 야마나카山中(山梨縣南都留郡山中湖村)에서 노부토라와 싸웠다. 그러나 1536년 우지테루와 제1계승자 히코고로彦五郎가 사망하자, 우지테루의 두 동생들이 가독을 둘러싸고 대립하는 소위 '하나쿠라의 난花倉の亂'이 발생했다.

3) 오다씨織田氏

오다씨의 발상지는 에치젠 오다쇼織田莊(福井縣丹生郡越前町)에 있는 쓰루기진자劍神社다. 본성은 후지와라씨藤原氏이나, 후에 다이라씨平氏를 칭했다. 오다씨 계보에는 오다씨가 다이라노 스케모리平資盛의 자손인 다이라노 지카자네平親眞를 시조로 한다고 기록되어 있다. 다른 기록에 의하면, 오다씨는 에치젠 오다쇼 쓰루기진자의 신관神官 출신 자손이라 한다.

무로마치 막부 시기에 들어 오다씨는 막부 간레이가로 에치젠과

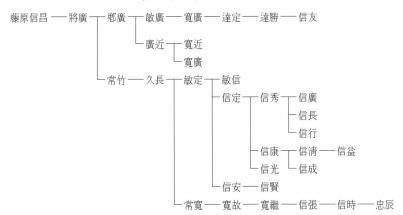

오와리 슈고인 시바씨의 수하로 들어가게 되어, 일족 중 일부가 오와리
로 이주하여 슈고다이에 임하였다. 이후 여느 가문과 마찬가지로 오와
리 북부 이와쿠라岩倉를 중심으로 세력을 확장하는 이와쿠라 오다씨岩
倉織田氏(이세노카미 오다씨伊勢守織田氏)와 오와리 남부 기요스淸洲를 중심으
로 세력을 확장하는 기요스 오다씨淸洲織田氏(야마토노카미 오다씨大和守織田
氏)로 분열하여 서로 대립·항쟁했다.

기요스 오다씨의 오다 도시사다는 1476년 오닌의 난이 일어나자,
오와리 슈고 시바 요시토시와 함께 동군에 가담하여 오다 도시히로織田
敏廣(이와쿠라 오다씨)와 대립했다. 오다 도시히로는 시바 요시카도를
옹립하여 서군에 가담한 이와쿠라성岩倉城(愛知縣岩倉市下本町)을 거점으로
한 오다씨 총령으로 슈고다이였다. 도시사다는 1476년 11월 주군 시바
요시토시의 명을 받아 오와리 나카시마군에 있는 오와리 슈고쇼尾張守
護所 오리즈성下津城(愛知縣稻澤市下津高戶町)을 공격하였고, 도시히로와 장인
인 미노의 사이토 묘친과 이와쿠라 오다씨 측과 싸워 승리하였다.

1478년 9월 9일 막부로부터 오와리 슈고다이로 임명된 도시사다는
막부로부터 오와리의 서군 시바 요시카도와 오다 도시히로를 격퇴하

라는 명령을 받았다. 이에 도시사다는 요시카도와 적대하고 있던 미노 슈고 도키 시게요리와 사이토 묘친 등의 원조를 받아 새로 세운 슈고쇼 守護所 기요스성清洲城(愛知縣清須市一場)으로 입성하였다.

도시사다는 10월 12일 세력을 회복한 도시히로와 다시 싸워 승리하였다. 그러나 12월 4일 도시히로가 기요스성을 공격하고, 묘친이 도시히로를 구원하기 위해 출진하였기 때문에 형세는 도시사다에게 불리하였다. 이때 도시사다는 미노를 견제하기 위해 미노의 오가사와라 이에나가小笠原家長에게 원조를 구했다. 도시사다와 도시히로의 싸움으로 기요스성이 불타고, 도시사다는 오른쪽 눈을 잃고 야마다군山田郡 야마다쇼山田莊로 도망하였다. 1479년 1월 19일 묘친의 중재로 도시사다와 도시히로는 오와리를 분할 지배하는 것으로 화해했다.

이 화해로 도시사다(야마토노카미가)는 오와리 남동부의 나카시마군中島郡, 가이토군海東郡, 야마다군山田郡 일부의 지배를 인정받고, 도시히로(이세노카미가)와 함께 오와리를 공동 통치하게 되었다. 이후 야마토노카미가는 아이치군愛知郡, 지타군知多郡, 가이토군海東郡, 가이사이군海西郡의 하4군 슈고다이로 임명되었다. 그리하여 야마토노카미가가 이세노카미가에서 독립하여 오와리 하4군을 중심으로 센고쿠다이묘의 길을 걷기 시작했다.

1481년 3월 도시사다는 이세노카미가와 다시 싸워 승리하였다. 싸움에 패한 도시히로가 병사하자, 양자인 조카 오다 히로히로가 그의 뒤를 이었으나, 가독상속을 둘러싸고 내분이 생겨 도시히로의 동생 오다 히로치카織田廣近 등이 시바 요시토시를 이은 시바 요시히로에게 귀순했다. 한편 1487년 9대 쇼군 요시히사가 롯카쿠 다가요리 정벌전(조쿄의 난)을 일으키자, 도시사다는 주군인 시바 요시히로를 따라 이세노카미가와 함께 출진하였다. 이해 도시사다는 요시히로의 묘다이名代로서 요시히로의 에치젠 지배 회복을 요시히사에게 청원하였으나 거절

당하였다. 도시사다는 1491년 10대 쇼군 요시타네의 롯카쿠씨 정벌 때도 요시히로와 함께 종군하여 전과를 올렸다(엔토쿠의 난延德の亂).

이세노카미가와 계속 대립하였던 도시사다는 1495년 7월 사망하고, 오다 히로사다織田寬定가 그의 뒤를 이었다. 1495년 후나다 합전이 일어나자, 히로사다는 자신의 정실이 이시마루 도시미쓰의 딸이었기 때문에 도키 모토요리土岐元頼·이시마루 도시미쓰 측에 가담하여, 도키 마사후사政房·사이토 묘준 측의 이세노카미가 당주 오다 히로히로와 싸웠다. 그러나 9월에 히로사다는 미노에서 패사하고, 가독은 동생 오다 히로무라織田寬村가 계승하였다. 히로무라도 이세노카미가와 대립하였으나, 사이토 묘준의 중개로 화해하였다. 그러나 그는 1503년경 조카 오다 미치사다織田達定(형 히로사다의 아들)에게 슈고다이직을 물렸다. 미치사다는 1513년 요시히로의 뒤를 이은 슈고 시바 요시타쓰와 도토미 원정을 둘러싸고 대립하여 반란을 일으켰으나, 패사하였다고 한다. 그의 뒤를 이은 것은 오다 미치카쓰織田達勝로, 미치카쓰는 기요스오다 씨(織田大和守家 淸洲織田氏) 후계자로서 기요스 3봉행淸洲三奉行의 보좌를 받고 있었다. 그런데 이 시기 3봉행 중 하나인 오다 단조노추가織田彈正忠家의 당주로 쇼바타성勝幡城(愛知縣愛西市勝幡町)의 성주인 오다 노부사다織田信定가 대두했다. 기요스 3봉행이란 이나바노카미가因幡守家, 후지사에 몬가藤左衛門家, 단조노추가를 일컫는다.

미치카쓰는 1530년 슈고 시바 요시무네를 대리하여 군사를 이끌고 상경하였으나, 곧 귀환하였다. 이 상경에는 특별한 목적이 있었던 것이 아니어서 오다 일족의 반발을 샀고, 1532년경 오다 노부사다의 후계자로 오다 단조노추가의 당주인 오다 노부히데織田信秀와 서로 다투었다. 이때 후지사에몬가는 미치카쓰와 함께했다. 미치카쓰가 언제 사망했는지는 불분명하며, 오다 노부토모織田信友가 그 뒤를 이어 슈고다이직을 계승했다.

노부사다는 오다 도시사다織田敏定의 아들(오다 스케노부織田良信의 아들이라고도 함)로, 기요스성을 본거로 하는 오다 야마토노카미가 당주오다 미치카쓰의 봉행 지위를 계승하였고, 대대로 단조노추 혹은 단조노사에몬노조彈正左衛門尉라 칭했다. 도시사다는 나카시마군·가이사이군으로 세력을 확대하여 쓰시마津島항을 장악하고 쓰시마에 거관을세웠다. 이 쓰시마항에서 얻는 경제적 이익이 오다씨가 센고쿠다이묘로 발전하는 기초가 되었다. 그 후 쇼바타성을 수축하고 거관을 그곳으로 옮겼다. 도시사다는 1527년 가독을 오다 노부히데에게 물려주고기노시타성木ノ下城(愛知縣犬山市犬山)으로 은거하다 1538년 사망했다.

4) 마쓰다이라씨松平氏

마쓰다이라씨는 미카와 가모군 마쓰다이라고三河國加茂郡松平鄕(愛知縣豊田市松平町)를 기반으로 무로마치기에 성장한 재지 소호족이었다. 15세기 중후반을 통해 유력한 재지영주로 발전하였고, 16세기 중후반에센고쿠다이묘로 발전하여 1603년에도 막부江戶幕府를 세웠다.

도쿠가와·마쓰다이라씨 계보에 의하면, 도쿠가와씨의 조상은 세이와겐지淸和源氏의 닛타新田씨 지류로, 고즈케 닛타쇼新田莊 에가와고得川鄕(도쿠가와고, 群馬縣太田市德川町)를 기반으로 한 도쿠가와 요시스에得川義季(세라다 요시스에世良田義季, 도쿠가와 사부로요시히데得河三郎義秀라고도 함)의 후예로 소토슈曹洞宗 일파인 지슈時宗 승려였다고 한다. 이 집안의 후예가영주 마쓰다이라 다로사에몬쇼이 노부시게松平太郎左衛門少尉信重의 사위가 되어 마쓰다이라씨를 계승하고, 마쓰다이라 지카우지松平親氏로 개명하였다 한다. 이후 지카우지와 그의 적자인 마쓰다이라 야스치카松平泰親 시기에 마쓰다이라고와 그 인근 지역으로 세력을 확대하였다.

지카우지 혹은 야스치카의 자식이라고도 하는 마쓰다이라 노부미쓰松平信光는 오닌의 난 즈음 무로마치 막부 만도코로 시쓰지 이세씨伊勢

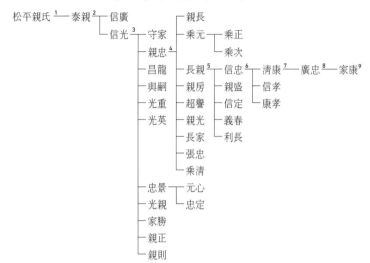

〈표 12〉 마쓰다이라씨松平氏 계보도

氏(후의 호조씨)의 종자로 교토에 출사하였다고 한다. 그는 1461년 홋큐
성保久城(愛知縣岡崎市保久町)의 야마시타쇼사에몬山下莊左衛門을 멸하였다(쓰
부라가와 합전円川合戰). 그리하여 미카와의 쇼군가 직할령을 차지하고,
거성을 누카타군額田郡 이와쓰성岩津城(愛知縣岡崎市岩津町)으로 옮겼다. 노
부미쓰는 1458년 스루가 이마가와씨의 분가 세키구치 모쓰오키關口滿興
가 있던 간랴쿠지성岩略寺城(愛知縣豊川市長澤町)을 공격하여 함락시키고, 11
남 마쓰다이라 지카노리松平親則를 그곳 성주로 삼았다. 이후 모쓰오키의
동생 나가사와 나오유키長澤直幸의 거성이었던 나가사와성長澤城(愛知縣豊
川市長澤町)을 거성으로 삼았다. 그리하여 이 가문은 나가사와 마쓰다이
라씨로 칭해지게 되었고, 간랴쿠지성은 나가사와야마성長澤山城으로
불렸다. 1465년 5월 누카타군 잇키를 진압하라는 쇼군 요시마사의
명을 받은 미카와 슈고 호소카와 시게유키의 요청에 따라, 이세 사다치
카의 종자被官로 마쓰다이라 노부미쓰가 출진하여 누카타군 잇키를
진압하였다. 노부미쓰는 오닌의 난 때 동군에 속하여 서군에 속한

〈그림 10〉 미카와 지역도

하타케야마 가가노카미畠山加賀守가 거처하는 안조성安祥城(愛知縣安城市安城町)을 기습하여 함락시켰고, 나아가 평야지역인 서미카와로 진출하였다. 그리고 아들들을 지배 지역 각지에 분봉하여 소위 18 마쓰다이라가를 창출하여 센고쿠다이묘의 기초를 마련하였다.

1488년(혹은 1489년) 노부미쓰가 사망하고, 그의 뒤를 마쓰다이라 지카타다松平親忠가 이었다. 지카타다는 가독을 상속한 후 거성을 누카타군 가모다고鴨田郷(愛知縣岡崎市鴨田町)에서 안조성으로 옮겼으나, 바로 출가하였다고 한다. 가독은 1496년 마쓰다이라 나가치카松平長親가 계승하였다. 이 시기 이마가와씨가 미카와 지역으로 세력 확대를 기도하고 있었기 때문에, 마쓰다이라씨와의 대립은 필연적이었다. 1501년 9월(혹은 1506년 8월, 1508년) 이마가와씨와 이마가와군 대장 호조 소운이 1만여 군사를 이끌고 이와쓰성을 공격하자, 나가치카는 500여 병사를 이끌고 안조성에서 출진하여 사력을 다해 싸워 사기가 저하된 이마가와군을 패퇴시켰다고 전한다. 소운이 결전을 포기한 것은 도다戶田씨에게 아쓰미渥美 반도 다하라성田原城(愛知縣田原市田原町)의 배후를 찔릴까봐 염려했기 때문이라고 한다. 이 싸움의 승리로 나가치카의 무명武名이 드높아져 마쓰다이라씨의 구심력이 강화되었다.

1508년 가독을 장남 마쓰다이라 노부타다松平信忠에게 넘겨주고 은거한 나가치카는 은거 후에도 노부타다의 후견인으로 있었으나, 노부타다의 역량 부족으로 마쓰다이라당松平黨이 해체될 위기에 처하였다. 이에 가로家老 사카이 다다나오酒井忠尙(將監)가 노부타다의 은거와 노부타다의 적자 마쓰다이라 기요야스松平淸康에의 가독상속을 탄원하였고, 1523년 나가치카는 이 제의를 수용하였다.

가독을 이은 기요야스는 1526년(혹은 1524년) 야마나카성山中城(靜岡縣三島市山中新田)을 공격하여 사이고 노부사다西鄕信貞(마쓰다이라 마사야스松平昌安)를 굴복시키고, 노부사다의 거성 오카자키성岡崎城을 파각하여 현재의 오카자키성岡崎城(愛知縣岡崎市康生町)으로 이전하였다. 그리고 아스케성足助城(마유미야마성眞弓山城. 愛知縣豊田市足助町眞弓)의 스즈키 시게마사鈴木重政를 공격하여 항복을 받아냈다. 이즈음 기요야스는 세이와겐지淸和源氏 닛타씨 일문인 도쿠가와씨得川氏의 방계인 세라다世良田라는 성姓을 칭하였는데, 이는 그의 손자 이에야스가 도쿠가와德川로 개성한 것과 관련된다. 나아가 기요야스는 동서로 군사를 일으켜 미카와 통일을 지향하면서 세력을 확대하였다. 그는 1529년 오지마성小島城(오시마성尾島城. 愛知縣西尾市小島町)을 공격하여 개성시켰다. 그리고 5월 28일 동미카와로 진출하여 마키노牧野씨의 거성 이마하시성今橋城(후의 요시다성吉田城. 愛知縣豊橋市今橋町)을 함락시켰다. 또한 이마하시성 남쪽 아쓰미군渥美郡 다와라田原로 진군하여 도다씨도 굴복시켰다. 그리하여 시타라군設樂郡의 스가누마菅沼씨 일족과 오쿠다이라奧平씨, 호이군寶飯郡 우시쿠보牛久保의 마키노牧野씨 등 다수의 동미카와 재지영주들이 기요야스에게 복속하여 왔다. 그런데 미카와 야나군八名郡을 지배하면서 우리성宇利城(愛知縣新城市中宇利)을 거점으로 세력을 확장하고 있던 구마가이熊谷씨만이 기요야스에게 불복하지 않아, 기요야스는 이 성을 포위하여 11월 4일 함락시켰다. 이로써 기요야스는 미카와를 완전히 통일하였다.

1530년 기요야스는 오와리로 다시 출병하여 이와사키고岩崎鄕(日進市岩崎)·시나노고品野鄕(瀨戶市品野町)를 빼앗았다. 나아가 미카와 통일의 여세를 몰아 1535년 12월 1만여 군세로 오와리 오다 노부미쓰가 지키는 모리야마성守山城(愛知縣名古屋市守山區)을 공격하였다. 그러나 싸움이 한창이던 12월 5일, 기요야스가 가신인 아베 마사토요阿部正豊에게 살해당하였다. 이를 '모리야마쿠즈레森山崩れ=守山崩れ'라고 한다.

이 사건은 기요야스의 숙부 마쓰다이라 노부사다松平信定의 책략에 의한 것으로 보인다. 즉 노부사다는 기요야스가 모리야마로 출진하려 할 즈음, 기요야스의 가신 아베 사다요시阿部定吉가 오다 노부히데와 내통하여 모반을 도모하고 있다는 소문을 퍼뜨렸다. 기요야스는 이 소문을 믿지 않았으나, 많은 가신들이 아베 사다요시에 대한 의심을 버리지 못했다. 그런 상황에서 모리야마에 포진한 다음 날인 12월 5일 새벽, 기요야스의 말이 도망하는 소동이 발생하였다. 사다요리의 아들 아베 마사토요阿部正豊는 이것을 기요야스가 아버지 사다요시를 살해한 것으로 착각하여 기요야스를 등 뒤에서 살해했다. 마사토요는 그 자리에서 살해되었으나, 사다요시는 용서받았다.

한편 위의 모리야마 공격에 참가하지 않고 있던 마쓰다이라 노부사다는 위 사건이 발생하자, 기요야스의 적남 마쓰다이라 히로타다松平廣忠를 오카자키성에서 추방하고 스스로 마쓰다이라 소료가總領家로 칭하였다. 그러나 마쓰다이라 일족이 그를 따르지 않아, 1537년 6월 이마가와씨와 기라吉良씨의 개입으로 노부사다는 오카자키성을 퇴거하여 사쿠라이성櫻井城(愛知縣安城市櫻井町)으로 돌아갔다.

기요야스의 가독을 이은 적남 마쓰다이라 히로타다松平廣忠는 평범한 인물로, 오와리 오다 노부히데의 침공을 막아내기에는 역부족이었다. 미카와 마쓰다이라씨의 세력 약화로 미카와는 오와리 오다씨, 스루가·도토미 이마가와씨의 침략 대상지로 전락하였다. 이렇게 되자 아쓰미 군의 도다씨, 호이군의 마키노씨가 다시 자립하려는 경향을 보였고, 많은 재지세력도 역시 마쓰다이라씨를 떠나게 되어 마쓰다이라씨 세력은 미카와에서 일시 쇠락하였다.

3. 간토 지역

1) 호조씨北條氏

호조 소운의 내력과 무로마치 막부에서의 활약, 이마가와씨와의 관계, 그리고 도토미 이마가와씨 영국에서의 활약은 이미 앞에서 보았다. 호조 소운이 이즈를 침공한 것은 1493년 4월의 일이다. 당시 간레이 호소카와 마사모토는 메이오의 정변을 일으켜 10대 쇼군 요시키를 추방하고, 요시즈미를 쇼군으로 세웠다. 요시즈미는 적대세력(어머니와 동생)에 대한 토벌을 자차마루 거성 가까이에 있던 소운(고코쿠지성興國寺城에 거성)에게 명하였다. 쇼군의 명에 따라 소운은 1493년 가을 이즈 호리고에쿠보 자차마루를 공격했다. 이때 이즈 호족 스즈키 시게무네鈴木繁宗, 마쓰시타 사부로에몬노조松下三郎右衛門尉 등이 소운 측에 가담하였고, 이 사건으로 동국 지역은 센고쿠 전란기로 진입한다.

이 이즈 침공에 즈음하여, 소운은 슈젠지修善寺에서 목욕 치료를 한다는 명목으로 스스로 밀정이 되어 이즈의 형세를 조사하였다고 한다. 당시 이즈의 대규모 병사들은 야마노우치가 우에스기씨에 동원되어 고즈케上野 싸움에 참가하였기 때문에 이즈 지역은 방어에 약점을 드러내고 있었다. 이에 소운은 자신의 병력 200인, 이마가와 우지치카에게서 빌린 병력 300인과 함께 10척의 배에 분승하여 기요미즈우라淸水浦를 출선하여 스루가만을 건너 서이즈 해안에 상륙했다. 서이즈 주민들은 소운의 이즈 침입을 해적의 침입으로 생각하여 가재도구를 챙겨 산으로 도망쳤다고 한다. 소운의 병사들은 일거에 호리고에쿠보 고쇼御所를 급습하였고, 자차마루는 산으로 도망하였다가 소운에게 체포되

〈표 13〉 호조씨北條氏 계보도

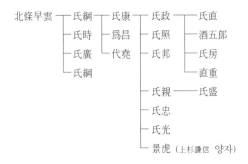

었다.

이즈 니라야마성韮山城(靜岡縣伊豆の國市韮山)을 거성으로 정하고 이즈를 통치하기 시작한 소운은 점령 지역에 알림판 고찰高札을 세워, 항복하는 재지영주에게는 재지 지배를 인정하고, 그렇게 하지 않으면 작물을 황폐시킴과 동시에 거주지를 파괴하겠다고 고지하였다. 그리고 병사들의 횡포를 엄히 금지하고, 병든 이들을 간호하는 등 선정을 베풀었으며, 번잡하고 과중하였던 세제를 고쳐 4공6민四公六民으로 세액을 정하였다. 이러한 선정으로 자차마루의 악정에 시달리던 이즈 소영주와 농민들이 소운을 따르게 되었고, 소운은 30일 만에 이즈를 평정하였다. 한편 소운은 이즈를 평정하면서도 이마가와씨의 무장으로서 1494년 즈음부터 이마가와군을 지휘하여 도토미로 침공하여, 중부 도토미에서 영지를 확대하였다.

1495년 소운에게 이즈에서 추방된 자차마루는 야마노우치가 우에스기씨, 다케다씨, 세키도關戶씨, 가노狩野씨, 도히土肥씨 등에 의지하여 소운에 저항하며 이즈 탈환을 노렸다. 당시 간토 정세는 크게 흔들리고 있었다. 1494년 야마노우치가 우에스기씨와 오기가야쓰가 우에스기씨의 항쟁이 재연되었다(조쿄의 난). 소운은 오기가야쓰가 우에스기 사다마사의 원군 요청을 받아들여 사다마사와 함께 아라카와荒川에서

168

야마노우치가 당주 간토칸레이 우에스기 아키사다와 대치하였으나, 사다마사가 낙마로 사망하자 회군하였다. 당시 오기가야쓰가 우에스기씨는 사가미 미우라씨와 오모리大森씨를 크게 의지하고 있었는데, 오기가야쓰가 우에스기 사다마사, 미우라 도키타카三浦時高, 오모리 우지요리大森氏賴 등 각 가의 당주들이 사망하였다.

이러한 상황 속에서 소운은 자차마루를 토벌·수색한다는 명분으로 1495년 가이로 침공해서 가이 슈고 다케다 노부쓰나武田信繩와 싸웠다. 또한 1495년(혹은 1496년) 9월 사가미 오다와라相模小田原의 오모리 후지요리大森藤賴를 공격하여 오다와라성小田原城(神奈川縣小田原市)을 빼앗았다. 『호조키北條記』에 따르면, 소운은 자주 오모리 후지요리에게 선물을 보내 환심을 사 서로 환담하는 사이가 되었다고 한다. 어느 날 소운은 오모리 후지요리에게 사슴사냥을 명목으로 하코네산에 사냥꾼들을 들여보내고 싶다고 부탁하여 후지요리로부터 흔쾌한 승낙을 받아냈다. 이에 용맹한 사냥꾼들을 하코네산으로 들여보낸 소운은 그날 밤 오다와라성을 공격하였고, 동시에 하코네산에 있던 사냥꾼들도 이 공격에 호응하였다. 군사가 오다와라성을 공격하자 성은 대혼란에 빠졌고, 후지요리는 겨우 성을 빠져나가 도망하였다. 이렇게 손쉽게 소운이 오다와라성을 공략할 수 있었던 배후에는 1495년 발생한 메이오 지진과 그에 따른 쓰나미津波 재해가 있었다. 여기에다 이 시기에 오모리씨의 내분도 있어서 이를 틈타 소운은 오다와라성을 공격하였던 것이다.

오다와라성 공격 등 소운의 일련의 군사행동은 자차마루 토벌이라는 명분을 내세웠으나, 실제로는 자신의 세력을 확대하려는 의도에 따른 것이었다. 다만 당시의 전국 정세와 관련하여 소운의 군사행동을 보면, 요시즈미–호소카와 마사모토政元–이마가와 우지치카–소운 진영과 아시카가 요시타네–오우치 마사히로大內政弘–아시카가 자차마루-다케다 노부쓰나-우에스기 아키사다 진영, 즉 메이오의 정변에 따른 대립구조 속에서 나타난 군사행동이기도 했다. 그러한 구조 속에서 오모리 후지요리가 야마노우치가 우에스기씨에게 등을 돌렸기 때문에, 소운은 오다와라성을 손쉽게 탈취할 수 있었던 것이다.

소운은 앞서 언급한 선정과 군사행동을 통해 이즈의 재지영주들을 결속시키면서 자차마루를 압박, 마침내 1498년 8월 가이(혹은 이즈伊豆 후카네성深根城. 靜岡縣下田市堀之內)를 공격하여 자차마루를 체포하고 자인하게 하였다. 당시 이즈를 덮친 대지진과 쓰나미로 이즈·스루가가 큰 피해를 입어 자차마루가 소운에게 저항할 수 없었고, 이에 소운이 소수의 병력만으로 후카네성을 공격하여 함락시켰던 것이다. 이때 자차마루 측에 가담한 세키도 요시노부關戶吉信 등은 모두 살해되었다. 이로써 소운은 이즈로 들어온 지 5년 만에 호리고에쿠보를 멸망시키고, 이즈를 완전히 평정하였다.

이 시기에도 소운은 이마가와씨 무장으로도 활동하고 있었다. 『유에이히칸柳營秘鑑』에 따르면, 소운은 1501년 9월(혹은 1506년 8월) 이와쓰키성 성하에서 마쓰다이라 나가치카松平長親(도쿠가와 이에야스의 고조부)와 싸워 패배하였다. 이때 마쓰다이라 측 선봉은 사카이酒井씨, 혼다本多씨, 오쿠보大久保씨였다고 한다.

소운의 군사행동(=소령 확대)은 자차마루의 사망(사망에 관해서는 1491년설, 1493년설도 있다)으로 그 명분을 잃었다. 그리고 이즈와 서사가미를 잃은 야마노우치가 우에스기 아키사다는 요시즈미와 호소카와 마사모토에 접근하여 소령의 회복을 꾀하였다. 이러한 사정은 소운의 군사적·정치적 입지를 약화시키는 것이었으나 그의 소령 확대 의지는 여전하였다. 소운은 요시타네·오우치 마사히로 진영과 협조를 강화하여 요시즈미-마사모토-아키사다 진영에 대항하면서, 마침내 1504년 8월 간토에서 군사행동에 나섰다.

위에서 보았듯이 우에스기씨는 야마노우치가 우에스기씨와 오기가 야쓰가 우에스기가씨로 분열되어 있었고, 야마노우치가 우에스기 사다마사와 고가쿠보 아시카가 마사우지가 결속하고 있어서, 오기가야 쓰가 우에스기 아키사다는 어려운 처지였다. 이에 오기가야쓰가 우에 스기 사다마사가 1494년 소운에게 군사를 요청하고, 소운이 여기에 호응하여 야마노우치가 우에스기 아키사다와 대치하였던 것이다.

이런 상황 속에서 1494년 사다마사가 낙마하여 불귀의 객이 되고, 그의 뒤를 이은 사다마사의 조카 우에스기 도모요시는 사가미 서부의 중심지 오다와라성을 소운에게 양보하고 군사지원을 요청했다. 소운 이 이에 호응하고, 소운·이마가와군의 지원을 받은 도모요시는 다시 세력을 만회하였다. 한편 야마노우치가 우에스기 아키사다는 1497년 무사시 우와토上戶(埼玉縣川越市)에 거점을 마련하고 오기가야쓰가 우에 스기씨의 거점인 가와고에성을 공격하였으나 실패하였다. 이후 양 우에스기씨는 이루마가와入間川를 끼고 7년여 동안 대립하게 된다.

1504년 8월 21일 아키사다는 동맹관계인 고가쿠보 아시카가 마사우 지와 지바 가쓰타네千葉勝胤의 원군을 얻고, 동생 에치고 슈고 우에스기 후사요시上杉房能에게 원군 파견을 요청하여 직접 가와고에성을 공격하 였다. 이 공격에 맞서 도모요시는 소운과 이마가와 우지치카에게 원군 을 요청하고 가와고에성을 견고히 지켰다.

소운이 9월 6일 군사를 이끌고 에노시마江ノ島에 이르고, 우지치카도 9월 11일 슨푸駿府를 출발하였다. 13일에는 이마가와씨의 중신 아사히 나 야스히로朝比奈泰熙와 후쿠시마 스케하루福島助春도 병사를 이끌고 간 토로 출병했다. 한편 아키사다는 9월 6일 도모요시가 지키는 가와고에 성의 함락이 어렵다고 판단하여, 진을 무사시 시라코白子(埼玉縣新座市)로 옮겨 에도성을 함락시키고자 했다. 에도성을 함락시켜 남북으로 가와 고에성을 공격하려 했던 것이다. 그런데 마침 소운과 우지치카의 군사가 움직이고 있었기 때문에, 아키사다는 시라코에서 형세 변화를 관망하며 가이 슈고 다케다 노부쓰나에게 원군 파견을 요청했다.

소운은 9월 20일, 우지치카는 21일 무사시 마스가타성枡形城(神奈川縣川崎市多摩區)에 입성했다. 이에 아키사다는 군사를 남쪽으로 진군시키고, 가와고에성을 지키던 도모요시는 이마가와군과 합류하였다. 9월 27일 오기가야쓰가 우에스기(도모요시)·이마가와·호조군은 다마가와多摩川를 건너 다치가와라立河原로 진군했다. 이를 알아챈 야마노우치가 우에스기(아키사다)·고가쿠보 연합군이 다치가와라로 출격하여 양군이 대치하였다. 정오 즈음 시작되어 저녁까지 계속된 싸움에서 다마가와를 건넌 도모요시-소운-우지치카가 승리를 거두었다. 야마노우치가 우에스기군은 2,000에 이르는 전사자를 내고, 나가노 후사카네長野房兼·나가오 후사키요長尾房清 등의 장수도 잃었다(다치가라와 싸움立河原の戰い).

승리한 소운과 우지치카는 10월 4일 가마쿠라를 출발하여, 도중에 아타미熱海온천에 들러 요양한 후 니라야마성으로 귀환하였다. 한편 아키사다로부터 원병을 요청받은 에치고 슈고 우에스기 후사요시는 슈고다이 나가오 요시카게長尾能景를 파견하였으나, 아키사다가 다치가와라 싸움에서 패배했다는 소식을 듣고 10월경 군사를 바로 하치가타성에 진주시켰다. 나가오 요시카게는 아키사다에게 도모요시가 병사를 쉬게 할 때가 공격의 호기라고 건의하고, 이 건의를 받아들인 아키사다는 나가오 요시카게군과 함께 11월 가와고에성을 공격했다. 도모요시는 우와토上戶에서 방어하기에 급급했다. 여세를 몰아 아키사다·나가오 요시카게군은 12월 2일 구누키다성椚田城(東京都八王子市)을 포위하고, 3일 오기가야쓰가 우에스기씨 측의 성주 나가이 히로나오長井廣直를 격파하고 야마노우치가 우에스기씨 측의 미타 우지무네三田氏宗를 그곳 성주로 삼았다. 이어 사마다성實田城(神奈川縣平塚市)도 함락시켰다. 이로써 오기가야쓰가 우에스기령上杉領과 이마가와·호조령은 차단되

172

었다. 1505년 아키사다·요시카게의 군사가 가와고에성을 다시 포위하였고, 병력이 부족했던 도모요시는 3월 아키사다에게 항복하였다. 이렇게 야노우치·오기가야쓰가 우에스기씨 사이에 벌어진 조쿄의 난은 야마노우치가 우에스기씨의 승리로 종결되었으나, 우에스기씨의 세력은 크게 약화되었다.

그런데 1507년 간레이 호소카와 마사모토가 가신 고자이 모토나가·다케다 마고시치·야쿠시지 나가타다藥師寺長忠에게 암살되었다(에이쇼의 난永正の亂). 그리고 같은 해 에치고 슈고 우에스기 후사요시가 슈고다이 나가오 다메카게長尾爲景(우에스기 겐신上杉謙信의 아버지)에게 살해되었다. 한편 소운은 나가오 다메카게·나가오 가게하루長尾景春와 결속하여 야마노우치가 우에스기 아키사다를 견제하였다. 이에 1509년 7월 아키사다가 대군을 이끌고 에치고로 출진하였고, 소운도 8월 오기가야쓰가 우에스기 도모요시의 본거지 에도성을 공격하였다. 그런데 고즈케로 출진해 있던 도모요시는 군대를 돌려 호조군에 대한 반격에 나서, 이들은 1510년까지 무사시와 사가미에서 싸웠다. 소운은 곤겐야마성權現山城(神奈川縣横浜市神奈川區)의 우에다 마사모리上田政盛를 오기가야쓰가에서 이탈시켜 공세를 취하였으나, 1510년 7월 야마노우치가의 원군을 얻은 오기가야쓰가가 반격하여 곤겐야마성을 함락시켰다. 거기에다 미우라 요시아쓰三浦義同(도슨道寸)도 소운 측의 요새 스미요시住吉(平塚市)를 공략하고 오다와라성까지 위협하였다.

소운은 위 전투에서 뼈아픈 패배를 당하고, 어쩔 수 없이 오기가야쓰가와 화해하여 위기를 넘겼다. 한편 같은 해 1510년 6월 20일 에치고로 출진한 아키사다는 나가오 다메카게의 역습을 받고 패사하였다. 아키사다 사망 후 그의 양자 우에스기 아키자네上杉顯實와 우에스기 노리후사 사이에 싸움이 발생하였고, 고가쿠보가에서도 아시카가 마사우지·다카모토高基 부자의 항쟁이 발생했다(에이쇼의 난). 오기가야쓰가 우

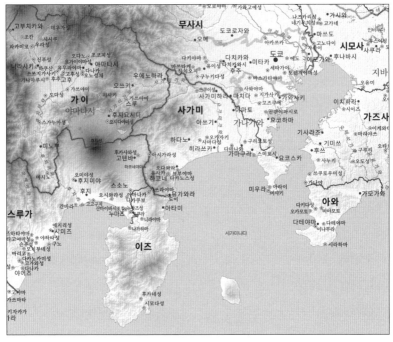

〈그림 11〉 이즈와 그 주변도

에스기 도모요시는 이러한 상황들을 조정하여야 했다.

　한편 사가미相模에서는 미우라三浦씨가 큰 세력을 형성하고 있었다. 이즈음 미우라씨는 오기가야쓰가에 속해 있었는데, 미우라씨 당주 미우라 요시아쓰三浦義同는 사가미 중앙부의 오카자키성岡崎城(神奈川縣伊勢原市)을 본거지로 하였고, 그의 아들 미우라 요시오키三浦義意는 미우라 반도 아라이성新井城(미사키성三崎城. 神奈川縣三浦市三崎町)을 지키고 있었다. 사가미를 평정하려 한 소운에게 미우라씨와의 대결은 피할 수 없는 것이었다.

　소운은 1512년 8월 오카자키성을 공격하였고, 요시아쓰는 패주하여 스미요시성住吉城(神奈川縣逗子市)으로 도망갔다. 소운은 여세를 몰아 그를 추격하여 스미요시성까지 함락시켰고, 요시아쓰는 요시오키가 지키고 있던 아라이성으로 도망하였다. 도모요시의 조카 우에스기 도모오키上杉朝興가 미우라씨를 구원하기 위해 에도성에서 출진하였으나, 이 마저 소운에게 격퇴되고, 소운은 가마쿠라로 입성하였다.

소운은 미우라씨를 공략하기 위해 10월 가마쿠라에 다마나와성玉繩城(神奈川縣鎌倉市)을 쌓았다. 미우라 요시아쓰는 자주 병사를 내어 소운을 공격하였으나 끝내 성공하지 못했고, 소운의 압박으로 미우라 반도에 고립되었다. 오기가야쓰가 역시 원병을 내어 미우라씨를 돕고자 했으나 그때마다 실패하였다. 1516년 7월 도모오키가 미우라씨를 구원하기 위해 다마나와성을 공격하였으나 실패하고, 소운은 요시아쓰·요시오키 부자가 지키고 있던 아라이성을 공격하여 격전 끝에 이 부자를 패사시켰다. 이로써 소운은 사가미 전역을 평정하였다.

그 후 소운은 가즈사 마리야쓰 다케다眞里谷武田씨를 지원하여, 보소房總 반도를 건너 1517년까지 전장을 떠돌다, 1518년 적남 호조 우지쓰나에게 가독을 물려주고 1519년 파란만장한 생애를 마감했다. 소운은 영국지배를 적극적으로 강화·확대한 최초의 센고쿠다이묘이며, 최초로 분국법 <소운지도노니주잇카조早雲寺殿卅一箇條>를 제정했고, 1505년 오다와라 주변에 최초로 사시다시 검지指出檢地(재지영주에게 토지면적· 연공량을 신고하게 한 검지)를 실시하였다.

소운의 뒤를 이은 호조 우지쓰나는 보소 반도로 출병하여 오유미쿠보小弓公方 아시카가 요시아키足利義明와 마리야쓰 다케다씨를 지원한다. 그 후 우지쓰나는 수년에 걸쳐 군사행동을 자제하고 소령지배의 안정을 도모하였다. 우선 소령지배의 거점을 니라야마성에서 자신이 거주하는 사가미 오다와라성으로 옮기고, 세대교체에 따른 검지와 수하들의 영지지배를 확인하는 안도장安堵狀을 발급했다. 이때 호조씨를 상징하는 호랑이 인장虎の印判을 사용하고, 호랑이 인장이 찍히지 않은 징수명령은 무효라고 선언하였다. 이로써 군다이·다이칸들이 백성·직인들을 위법으로 착취할 수 없게 하고, 센고쿠다이묘가 직접 촌락·백성을 일원―元 지배할 수 있는 길을 열었다.

우지쓰나는 1521년부터 사무카와진자 호덴寒川神社寶殿·하코네 다이곤겐 호덴箱根大權現寶殿을 재건하고 사가미 로쿠쇼구相模六所宮·이즈야마 곤겐伊豆山權現을 재건하는 등 사사의 조영사업에 힘써 사실상 사가미의 지배자임을 천하에 내보였다. 그리고 1523년 6월 즈음 우지쓰나는 성씨를 이세에서 호조로 바꾼 것으로 보인다. 소운이 막부의 용인하에 이즈를 침공한 이후 사가미까지 소령을 확대했으나, 이에 대해 구래의 간토 명족들인 야마노우치·오기가야쓰가 우에스기씨와 재지세력들이 '타국의 역도'라 부르며 반발하였다. 따라서 우지쓰나는 영국지배의 정당성·정통성을 확보하기 위해 조정에 공작하여 간토 지배에 유서 깊었던 싯켄執權 호조씨北條氏로 개성하였던 것이다. 개성 후 우지쓰나는 싯켄 호조씨의 고례에 따라 사쿄노다이부左京大夫에 임명되었고, 이로써 주변의 이마가와씨·다케다씨·우에스기씨 등과 동등한 가격을 유지하게 되었다.

우지쓰나는 1523년까지 무사시 남서부 구라기군久良岐郡(요코하마시 서부) 일대를 경략하고, 나아가 무사시 서부·남부의 재지영주들을 복속시켰다. 위기감을 느낀 오기가야쓰가 우에스기 도모오키는 야마노우치가 우에스기씨와 협력관계를 구축하여 우지쓰나에 대항하고자 하였다. 1524년 정월 우지쓰나는 무사시를 공격하여 다카나와하라高繩原 싸움에서 오기가야쓰가 우에스기씨 세력을 격파하였다. 이에 오타 스케타카太田資高가 오기가야쓰가 측을 이반하고 우지쓰나 측으로 가담하자, 우지쓰나는 그에게 에도성을 공격하게 하였다. 에도성 공략 후 우지쓰나는 바로 우에스기 도모오키 추격을 개시하고, 이타바시板橋를 제압했다. 그리고 2월 2일 오타 스케요리太田資賴가 다시 우지쓰나를 배반하자, 우지쓰나는 이와쓰키성을 공격·함락시켰던 오타 빗추노카미太田備中守(오타 스케요리의 형)를 격파하였다. 또한 게로성毛呂城(야마네성山根城. 埼玉縣入間郡毛呂山町) 성주 게로타로毛呂太郎·오카모토 쇼겐岡本將監이 호조 측에 가담했기 때문에 게로─이시토石戶 사이를 수중에 넣어 도모오키 측의 마쓰야마성松山城(埼玉縣比企郡吉見町)과 가와고에성 사이의 교통을 차단하였다.

이에 대해 오기가야쓰가 우에스기 도모오키는 야마노우치가 우에스기 노리후사의 지원을 받아 우지쓰나의 공세를 일단 수습하였다. 그리고 나서 고가쿠보 아시카가 다카모토와 화해하고, 나아가 가이 슈고 다케다 노부토라와 제휴하여 우지쓰나에 반격을 개시했다. 그런 가운데 6월 18일 우지쓰나 측에 가담하고 있던 오타 스케요리가 다시 도모오키 측으로 이반해 버렸다. 7월 20일 도모오키의 요청으로 다케다 노부토라가 무사시로 출진하여 이와쓰키성을 함락시켰고, 오타 스케요리는 이와쓰키성으로 복귀할 수 있었다. 사정이 이렇듯 불리하게 돌아가자 우지쓰나는 어쩔 수 없이 도모오키와 화해하고 게로성을 내주었다.

1525년 2월 우지쓰나는 도모오키와의 화해를 깨고 이와쓰키성을 탈환했다. 이에 도모오키는 야마노우치가 우에스기 노리후사·노리히로憲寬 부자와 제휴하여 우지쓰나 측에 역습을 가했다. 도모오키 측은 1525년부터 1526년에 걸쳐 무사시의 여러 성을 빼앗고, 사가미 다마나와성까지 진격하였다. 도모오키는 간토칸레이 야마노우치가 우에스기씨, 고가쿠보, 가이 다케다 노부토라, 그리고 호조씨와 우호관계였던 가즈사 마리야쓰 다케다씨, 오유미쿠보, 사토미씨와도 협력하여 우지쓰나 포위망을 형성하였다. 우지쓰나는 사면초가의 곤경에 빠졌다. 1526년 5월 사토미씨 군세가 가마쿠라를 습격하였고, 11월 쓰루오카하치만구鶴岡八幡宮가 불타 버렸다. 1530년 우지쓰나의 적남 호조 우지야스北條氏康가 도모오키군과 다마카와가하라多摩川河原 오자와가하라

小澤原에서 싸워 대승을 거두었으나, 1531년에는 도모오키에게 이와쓰키성을 빼앗겼다.

이러한 상황 속에서 1533년 사토미 요시토요里見義豊가 당주 자리를 위협하는 숙부 사토미 사네타카里見實堯를 살해하였다. 이에 사네타카의 아들 사토미 요시타카里見義堯가 아버지의 원수를 갚는다는 명목으로 군사를 일으켰다. 그런데 이 사건은 위의 우지쓰나의 가즈사 출병과 관련되어 있다. 우지쓰나는 가즈사 침공의 최대 장애인 요시토요를 견제하기 위해 사네타카와 수군을 장악하고 있던 사네타카 측근 마사키 미쓰쓰나正木通綱에 접근하려 했다. 이러한 움직임을 눈치 챈 요시토요와 후다이 중신들이 오유미쿠보 아시카가 요시아키의 묵인 하에 1533년 7월 27일 밤 사네타카와 미쓰쓰나를 이나무라성稻村城(千葉縣館山市稻付)으로 불러들여 살해했던 것이다(덴분의 내홍天文の內訌, 이나무라의 변稻村の變).

사네타카 살해 후 요시토요는 바로 가나야성金谷城(千葉縣富津市金谷)에 거주하고 있는 요시타카를 공격하였으나, 요시타카는 마사키 도키시게正木時茂·도키타다時忠 형제와 함께 쓰쿠로우미성造海城(햐쿠슈성百首城. 千葉縣富津市竹岡)에서 농성하며 우지쓰나에게 원병을 요청했다. 8월 요시토요 수군과 호조 다메마사北條爲昌가 파견한 호조 수군이 호타保田 묘혼지妙本寺 부근에서 충돌하였다. 사토미 수군은 미우라 반도三浦半島를 공격하여 호조씨와 요시타카의 연락을 차단하려 하였으나 실패하였다. 호조군의 원조를 받은 요시타카는 9월 아와 이나무라성에 버금가는 요지인 다키다성瀧田城(千葉縣南房總市)를 함락시켰다. 아와에서 쫓겨난 요시토요는 가즈사의 마리야쓰 노부키요眞里谷信淸를 의지하여 도망하였다. 요시토요는 마리야쓰씨 소령 구루리성久留里城(千葉縣君津市久留里)의 지성인 오도성大戶城(千葉縣君津市)을 거점으로 재기를 도모하여 1534년 4월 6일 아와로 출병하였으나 이누카케 싸움犬掛の戰い에서 대패하고 사망한다.

이러한 쟁란을 통해 사토미씨 가독을 이은 요시타카는 동년 7월 1일 마리야쓰 노부키요가 요시토요를 구원하는 데 실패하여 오유미쿠보 아시카가 요시아키의 노여움을 산 채로 병사하자, 태도를 바꿔 요시아키의 의향에 따라 마리야쓰씨 당주로 임명된 마리야쓰 노부타카眞里谷信隆 추방에 가담한다. 이로 말미암아 요시타카와 노부타카를 지원하는 호조 우지쓰나와의 동맹은 파기되고, 다시 호조씨와 사토미씨는 적대하게 된다.

2) 다테씨伊達氏

다테라는 씨명은 무쓰陸奧 이타테군伊達郡에서 유래하였다. '이타테伊達'라는 지명은 원래 '이타테' 혹은 '이타치'라 불렸고, 17세기 초반까지도 다테씨는 이다테씨라 불리기도 했다. 한편 15세기에 '다테伊達씨'는 기나이를 중심으로 다테タテ씨 혹은 닷테タッテ씨라 불리고 있었다. 에도 막부 시기에도 다테タテ와 이다테イダテ라는 명칭이 함께 사용되었다.

다테씨의 본관지는 무쓰 이사군伊佐郡 혹은 시모쓰케 나카무라쇼中村莊라 전해지며, 다테씨는 우오나류魚名流 후지와라노 야마카게藤原山蔭의 자손이라고 한다. 가마쿠라 시기에 미나모토노 요리토모源賴朝의 오슈합전奧州合戰에 참전하였고, 이시나자카 싸움石那坂の戰い에서 전공을 세운 히타치常陸 뉴도 넨사이入道念西가 요리토모에게 이다테군伊達郡을 영지로 받았는데, 이를 계기로 이사伊佐 혹은 나카무라中村에서 이다테 도모무네伊達朝宗로 개명하였다. 이렇게 해서 다테씨가 성립하였다. 이후 다테씨는 가마쿠라기에 무쓰陸奧·시모쓰케·히타치, 그 외의 이즈모出雲·다지마但馬·이세·스루가·빗추·고즈케·데와·에치고 등지에서 지토地頭로 정착하여, 각지에 다테씨 방계가庶流家가 생겨났다.

남북조 시기에 다테 유키토모伊達行朝는 노리요시신노義良親王를 받들

〈표 14〉 다테씨伊達氏 계보도

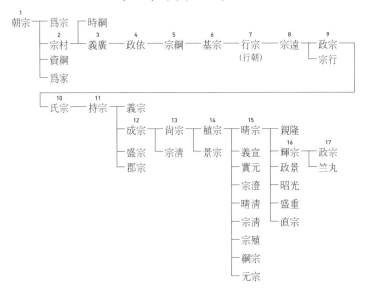

어 오슈를 평정하기 위해 출진한 기타바타케 아키이에北畠顯家 측에 가담하였고, 유키 무네히로結城宗廣 등과 함께 시키효조슈式評定衆가 되었다. 유키토모는 호조씨 잔당이 나카센다이의 난中先代の亂을 일으키자, 그와 연동하여 봉기한 호조씨와 싸웠다. 1335년 아키이에가 아시카가 다카우지 토벌을 위해 상경하자, 유키토모도 그를 따라 아시카가(북조) 측과 싸웠다. 그러나 1340~46년興國年間에는 남조(고다이고 천황後醍醐天皇) 측에 가담하여 동족인 이사伊佐씨와 함께 히타치 이사군 이사성伊佐城(茨城縣筑西市)을 거점으로 북조 측의 고노 모로후유高師冬 등과 싸웠으나 남조 측이 패하자 이사성을 버리고 탈출하였다. 그리고 쇼추의 난正中の變·겐고의 난元弘の亂에서는 분류分流(운단 다테씨계雲但伊達氏系)인 다테 유가伊達遊雅(산미보三位房, 유가법사祐雅法師)가 연좌되어 처벌되었다. 이 시기 운단雲但 다테씨와 스루가 다테씨는 아시카가 북조 측에 가담하고 있었다.

다테 무네토伊達宗遠 시기에는 북조 측에 항복하였고, 무네토는 데와 나가이군出羽長井郡을 공격하여 영주 나가이長井씨를 멸하고 나가이군을 지배하였다. 무네토의 아들 다테 마사무네伊達政宗는 가마쿠라쿠보 아시카가 미쓰카네足利滿兼가 다테씨에게 영토 할양을 요구하자, 이에 대항하여 미쓰카네와 아이즈 아시나 미쓰시게蘆名滿盛와 싸웠다. 마사무네는 1402년까지 세 번에 걸쳐 가마쿠라부에 반기를 들었다(다테마사무네의 난伊達政宗の亂).

오슈는 원래 가마쿠라부의 관할이었다. 1356년 시바씨가 오슈·우슈탄다이奧州·羽州探題를 세습하자, 다테씨는 형식상 시바씨의 수하가 되었다. 그리고 막부와 가마쿠라부의 대립이 격화되자, 다테씨는 막부에 접근하여 교토후치슈가 되었다. 다테씨는 1413년 오에이의 난 때에는 가마쿠라부를 견제하고(다테 모치무네의 난伊達持宗の亂), 1438년 에이쿄의 난 때에는 막부로부터 가마쿠라쿠보를 토벌하라는 명령을 받는 등 막부에 접근하여 지위를 높이고 세력을 확대하였다. 다테씨의 12대 당주 다테 나리무네伊達成宗는 1469년 가독을 잇고, 동시에 오슈탄다이奧州探題에도 취임했다고 한다.

1400년 막부는 가마쿠라부를 견제하기 위해 오슈칸레이직을 맡고 있던 시바씨 후예인 오사키 아키모치大崎詮持를 처음으로 오슈탄다이로 임명하였고, 이후 오슈탄다이직은 오사키씨大崎氏가 세습했다. 그러나 오슈 지역은 유력 재지영주들이 슈고에 버금할 정도로 강력한 권한을 유지하고 있었고, 오슈 남부 지역은 가마쿠라부의 영향력이 강하였다. 한편 막부는 가마쿠라부의 오슈 영향력을 견제하기 위해 오슈 지역의 재지영주 다테씨와 아시나蘆名씨 등을 교토후치슈로 임명하였다. 이러한 막부와 가마쿠라부의 힘겨루기 속에 유력 재지영주들은 자신의 지배 지역을 중심으로 한 영역지배를 확대·강화하여 간다. 이에 대항하는 오사키씨 역시 자신의 지배영역을 영국으로 하는 유력 재지영주의 하나로 전락하여 갔다. 이러한 상황에서 다테 나리무네가 오슈탄다이에 임명되었다는 것은 무로마치 막부의 오슈탄다이 제도가 사실상 종언을 고했음을 상징한다 하겠다.

나리무네는 1467년부터 1472년까지 고쿠분國分씨와 세 차례에 걸쳐 싸웠으나 결말을 내지 못한 채 화해하였다. 그러나 나리무네는 위 싸움에서 고쿠분씨를 지원하였던 데와 사가에寒河江씨를 공격하였다. 즉 1479년 겨울 고오리하리마노카미桑折播磨守를 대장으로 사가에성寒河江城(山形縣寒河江市)에 침입하였다가 추위 때문에 퇴각하였고, 1480년 봄 다시 침공하였으나 역시 실패하였다(쇼부누마 싸움菖蒲沼の戰い).

나리무네는 1483년 상경하여 쇼군에게 태도太刀 23진振, 말 95마리, 사금 380량, 전錢 57,000비키疋를 헌상하고 막부에게 오슈 지배를 인정받았다. 1488년 오사키씨 내부에 대립·항쟁이 발생하였는데, 나리무네의 정실正室이 오사키씨 출신이라 나리무네는 오사키 요시카네大崎義兼를 도와 그를 당주로 복귀시켰다.

나리무네가 언제 사망했는지는 명확하지 않다. 다테가 사서에 의하면, 1487년이 유력하다. 이에 따르면, 위의 오사키씨 내란에 개입한 것은 나리무네가 아니라 그를 이은 13대 당주 다테 히사무네伊達尙宗 시기에 해당한다. 히사무네는 1494년 4월 다테씨 영내에 소란이 발생하여 잠시 아이즈 아시나 모리타카蘆名盛高를 의지하여 피난하였다가 귀환하였다. 복귀 후 그는 교토에서 추방된 쇼군 요시즈미를 맞아들이고 그를 옹위하는 것으로 세력 확대를 노렸으나 실패하였다. 히사무네는 1514년 5월 5일 62세의 일기로 사망하고, 적남 다테 다카무네伊達高宗가 그 뒤를 이었다.

14대 당주 다테 다카무네는 1514년 우슈탄다이羽州探題 모가미 요시사다最上義定를 하세도성長谷堂城(山形縣山形市長谷堂)에서 격파하고, 누이동생을 요시사다에게 시집보냈다. 이로써 모가미씨를 지배 하에 둔 다카무네는 1517년 쇼군에 복귀한 요시즈미에게 많은 헌상물을 보내고, 간레이 호소카와 다카쿠니를 통해 쇼군의 편휘偏諱를 얻어 다테 다네무네伊達植宗로 개명함과 동시에 사쿄노다이부左京大夫에 임관되었다. 사쿄노다이부는 오슈탄다이 오사키씨가 세습하던 직위였기 때문에, 이는 명실공히 오사키씨에 대신하여 오슈의 지배자로 다테씨를 자리매김하려 한 것이었다. 그리고 다네무네는 가사이葛西씨·이와키岩城씨 등과 쟁패를 겨루면서 정략결혼을 통해 세력을 급격히 확대하여 갔다.

1520년 모가미 요시사다가 후사 없이 사망하자, 요시사다의 미망인을 통한 다테 다네무네의 영향력에서 벗어나고자 하는 모가미씨의 여러 장수들이 다네무네에게 반기를 들었다. 이에 다네무네는 가미노야마성上山城(山形縣上山市)·야마가타성山形城(山形縣山形市霞城町)·덴도성天童城(山形縣天童市天童)·다카마다성高擶城(山形縣天童市)을 파죽지세로 격파하였다. 1521년 사가에씨 공격에 나선 다네무네는 가사이·소마相馬·이와키·아이즈會津·미야기宮城·고쿠분國分·모가미의 군세를 집결시켜 다카세야마高瀨山(寒河江市高瀨山)에서 하치만바라八幡原(寒河江市元町)에 걸쳐 진을 치고 1개월여 동안 사가에씨와 대치하였다. 양자 간에 화해가 이루어져 전투 없이 회군하였으나, 다네무네는 이 싸움에서 모가미군最上郡 및 무라야마군村山郡 남부를 얻었고, 1522년에는 막부로부터 전례 없는 무쓰 슈고陸奧守護에 보임되었다.

다네무네는 1532년 거성을 야나가와성梁川城(福島縣伊達市)에서 니시야마성西山城(福島縣桑折町)으로 옮기고, 1533년 <구라카타노오키테藏方之掟> 13개조를 제정하였다. 이어 1533년 <무나야쿠닛키棟役日記>, 1538년 <고단센초御段錢帳> 등의 징세대장을 작성하고, 1536년 171조에 이르는 분국법 <진카이슈塵芥集>를 제정하였다. 이러한 여러 정책들은 모두 다테씨의 영국지배를 강화하고자 한 의도를 나타냄은 말할 나위도 없다. 또한 1536년 오사키씨가 일으킨 내란을 진압하기 위해 오사키 요시나

〈그림 12〉 무쓰 중부 지역도

오大崎義直의 요청에 응해 남부 오슈 장수들을 출동시켰다. 그리고 2남 다테 요시노부伊達義宣를 오사키 요시나오의 양자入嗣로 보냈다. 그리하여 오슈·우슈탄다이는 사실상 다테씨의 통제 하에 놓이게 되었다.

3) 다케다씨武田氏

다케다씨의 조상은 가와치겐지河內源氏 동량 미나모토노 요리요시源賴義의 3남 미나모토노 요시미쓰源義光(신라사부로 요시미쓰新羅三郎義光)라 전해지고 있다. 가와치겐지라 칭해지는 미나모토노 요리노부源賴信는 1029년 가이노카미甲斐守에 임관하고, 가이노카미직은 요리요시, 요시미쓰에게 계승되었다. 요리요시는 재경하고 있어서 가이에 부임하지는 않았다고 보이며, 가이에 토착했던 최초의 다케다씨 인물은 요시미쓰라 한다. 현 야마나시켄에 있는 와카미코성若神子城(山梨縣北杜市須玉町若神子)이 요시미쓰의 처소로 알려져 있다. 그러나 1981년 실시된 발굴조사에서 출토된 유물 중에 요시미쓰의 처소라고 확정할 만한 것은 발견되지 않았다. 그리고 가이의 고쿠가國衙가 야다이군八代郡에 있었던 점도 그가 와카미코성으로 이주하였다는 설에 의문을 남기고 있다. 또한

<表 15> 다케다씨武田氏 계보도

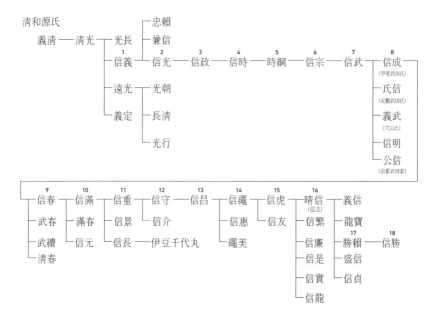

요시미쓰의 가이노카미 임관도 의심스럽다. 따라서 요시미쓰의 아들
미나모토노 요시키요源義淸(다케다카자武田冠者)가 히타치 나카군那珂郡 다
케다고武田鄕(茨城縣ひたちなか市武田)를 본관으로 다케다씨라 칭했다는 설
이 유력한 정설이다.

　1130년 요시키요의 적남 다케다 기요미쓰武田淸光가 불법행위狼藉行爲
를 저질러 요시키요·기요미쓰 부자는 히타치에서 추방되어 가이 고마
군巨摩郡 이치카와쇼市河莊(山梨縣西八代郡市川三鄕町)에 유배되었다고 한다.
요시키요 부자는 야쓰가타케八ヶ岳 산록 헨미노쇼逸見莊로 진출하여, 기
요미쓰는 헨미逸見라는 성을 칭했다(헨미카자逸見冠者). 그 후 요시키요
의 손자뻘인 헨미 노부요시逸見信義는 원복 때에 다케다 하치만구武田八幡
宮에서 조부 요시키요의 다케다 성姓으로 복귀하고, 가이 고마군 다케
다武田(山梨縣韮崎市)에 본거지를 구축했다.

노부요시는 1180년 4월 모치히토오以仁王의 명령을 받아 가이겐지甲斐源氏 일족을 이끌고 거병하여, 가이겐지의 독자적 입장을 표명하였다. 노부요시는 10월 20일 후지카와 싸움富士川の戰い에서 이즈의 미나모토노 요리토모源賴朝와 협력하고, 그 공으로 스루가 슈고로 임명되었다. 그 후 다케다씨의 세력 확장을 경계한 요리토모는 노부요시와 그 일족들을 숙청하였다. 다만 노부요시의 5남 다케다 노부미쓰武田信光만은 요리토모에게 우대를 받아 가이 슈고로 임명되어 다케다씨 적류로서 니라사키韮崎에 안착했다. 노부미쓰는 1221년 조큐의 난承久の亂에서 전공을 세워 아키 슈고로 임명되어 아키 다케다씨의 조상이 되었다.

한편 가이에 재류하여 야마나시군 이시와石和(山梨縣笛吹市石和町)를 본거지로 한 이시와류石和流 다케다씨 후예인 다케다 마사요시武田政義는 1331년 고다이고 천황이 막부 타도를 위해 거병하자(겐코의 난元弘の亂), 이에 호응하여 오가사와라 시나노뉴도小笠原信濃入道와 함께 고다이고 천황 편에 서서 거병하였다. 1331년 9월 막부군이 가사기야마笠置山를 함락하고, 고다이고 천황을 체포하면서 고다이고 천황의 도막 시도는 실패로 끝났다. 그러나 마사요시는 고다이고 천황 측의 구스노키 마사시게楠木正成 군세에 가담하여 막부에 저항하였다. 1333년 윤2월 고다이고 천황이 오키를 탈출하여 호키伯耆 센조산船上山(鳥取縣琴浦町)에서 거병하자, 마사요시는 이와미 슈고다이 시게노부를 공격하고 센조산으로 달려갔다고 한다.

가마쿠라 막부 멸망 후 1333년 6월 성립한 겐무 신정建武新政 시기에 마사요시는 가이겐지 일족의 총령總領이 되었고, 1334년 10월 14일 오가사와라 사다무네小笠原貞宗(시나노노카미信濃守), 오가사와라 나가토시小笠原長俊, 오가사와라 노부사다小笠原宣貞 등과 함께 고다이고 천황에 봉임하고 있었던 것을 확인할 수 있다. 그러나 1337년 아시카가 다카우지가 고다이고 천황에 대항하여 군사를 일으키자, 마사요시는 다카우지 측에 가담하여, 1338년 정월 시나노 슈고 오가사와라 사다무네小笠原貞宗와 함께 시나노信濃 스와군諏訪郡으로 침공하였다. 그 공로 때문인지는 분명하지 않으나, 이 시기 마사요시는 가이 슈고로 임명되었다. 그러나 그 후 남조 측으로 다시 돌아서 반아시카가 활동을 전개하다 1343년 막부 측의 공격을 받고 사망하였다.

그 후 쇼군 다카우지와 그의 동생 다다요시直義의 대립으로 발생한 간노의 난觀應の擾亂 중에 북조 아시카가 다카우지 측에 가담했던 아키 슈고 노부토키류信時流 다케다씨의 다케다 노부타케武田信武가 가이 슈고에 임명되었다. 아마도 노부타케가 다다요시 추토를 위해 가이로 들어갔던 것으로 보인다. 노부타케는 1362년 사망하고, 가이 슈고직은 그의 아들 다케다 노부나리武田信成, 아키 슈고직은 차남 다케다 우지노부武田氏信가 계승하였다. 그리하여 다케다씨는 가이 다케다가, 아키 다케다가, 교토 다케다가로 분화하였다.

무로마치 막부 시기 가이 지역은 가마쿠라부의 관할이었다. 1416년 간토칸레이 우에스기 우지노리上杉氏憲(젠슈禪秀)가 가마쿠라쿠보 아시카가 모치우지에 반기를 든 우에스기 젠슈上杉禪秀의 난이 발생한다. 가이 슈고직을 계승한 다케다 노부하루武田信春의 아들 다케다 노부미쓰武田信滿는 사위인 젠슈 측에 가담하였기 때문에 젠슈의 패망과 함께 가마쿠라부에 토벌을 당하여 자인했다.

이로부터 가이는 슈고 부재 상태가 된다. 이 틈을 타 가이 재지영주였던 헨미 아리나오逸見有直가 가마쿠라쿠보 아시카가 모치우지의 지원 아래 슈고직을 요구하며 대두하였다. 한편 가마쿠라부와 대립하고 있던 막부는 고야산高野山에 출가해 있던 노부미쓰의 동생 다케다 노부모토武田信元를 환속시켜 가이로 파견했다. 이때 막부가 시나노 슈고 오가사와라씨에게 다케다 노부모토를 후원하도록 지시하나, 다케다 노부모토와 헨미 아리나오의 대립은 계속되었다.

그런데 1420년 노부모토도 사망하면서 다시 가이는 슈고 부재 상태에 빠졌다. 즉 노부모토 사후 아토베跡部씨의 보좌를 받은 다케다 노부나가武田信長(다케다 노부미쓰의 아들)의 아들 다케다 이즈치요마루武田伊豆千代丸와 헨미씨를 중심으로 하는 반反다케다 세력이 대립·항쟁하는 가운데, 아토베씨가 다케다 노부나가를 가이에서 추방하게 되었고, 아토베씨의 전횡이 심해졌다. 한편 1421년 막부는 이즈치요마루의 삼촌 다케다 노부시게武田信重를 슈고로 임명하려는 방침을 가마쿠라부에 전하였으나, 가마쿠라쿠보 모치우지가 막부 명령에 따르려 하지 않아 슈고직 임명은 1423년 6월이 되어서야 이루어졌다. 그런데 노부시게는 헨미씨·아나야마穴山씨가 자신에게 저항한다면서, 이들이 자신을 받아들이지 않는다면 슈고 취임을 거부하겠다는 태도를 취했다.

노부시게가 든 가이 착임 거부의 표면상의 이유는 위와 같지만, 실제 이유는 가이 슈고가 가마쿠라부에 출사하여 봉임해야 하는 의무 때문이었다. 간토 지역은 가마쿠라부에 소속되어 있고, 막부와 가마쿠라부가 계속 대립하고 있는 상황에서 가마쿠라쿠보가 자신에게 적대하는 사람이 슈고로 임명되어 올 경우, 그 슈고는 가마쿠라쿠보에게 숙청당하거나 시해당할 수 있었던 것이다. 노부시게는 우에스기 젠슈의 난 가담자들에 대한 보복을 진행하고 있던 모치우지에게 보복당할 우려가 있어 가이 슈고 취임을 거부했던 것으로 보인다. 한편 노부시게의 가이 착임 거부를 쇼군에 대한 항명으로 본 막부는 그를 교토에서 추방하여 시코쿠로 유배시켰다.

이러한 상황 속에서 아시카가 모치우지는 1426년 가이로 출병하여 다케다 노부나가로부터 항복을 받고, 그를 가마쿠라부에 출사하게 했다. 모치우지는 이즈치요마루를 슈고로 인정하여 노부나가 부자를 회유하는 한편, 어린 이즈치요마루를 대신하여 가이를 직접 통치했다.

한편 쇼군에 취임한 요시노리는 노부시게에게 가이에 인접한 스루가 슨토군駿東郡 사노佐野·사와타고澤田鄕를 기증받고, 가이 슈고에 취임할 것을 제안하였다. 노부시게는 이번에도 이 제안을 거절하였으나, 요시노리는 노부시게를 용서하여 교토로 불러들였을 뿐만 아니라, 셋쓰 미소구이쇼溝杭莊의 일부도 안도하였다. 이는 요시노리가 모치우지와의 대결이 멀지 않았다고 보고 노부시게를 비호한 때문이라 생각된다.

한편 1433년 아토베씨가 주동한 린포잇키輪寶一揆로 가이에서 세력을 상실한 다케다 노부나가가 가마쿠라로 나오고, 1433년 아토베씨가 막부와 비밀리에 교섭하여 노부시게를 슈고로 받아들이려는 태도를 취했다. 그리하여 1434년 3월 교토에서 노부시게와 아토베씨가 대면하여, 아토베씨는 막부에 노부시게를 슈고로 옹립할 것을 약속했다.

마침내 1438년 노부시게는 오사가와라씨와 아토베씨의 협조를 얻어 가이로 들어갔다. 이 시기에는 막부와 가마쿠라부 간의 대립이 대단히 심각하였고, 에이쿄의 난 때 노부시게도 출병 요청을 받았으리라 생각되나, 그의 출병 여부는 불분명하다. 이어지는 유키 합전과 가키쓰의 난으로 노부시게가 출병하였고, 이 시기에 가마쿠라부와 헨미씨가 몰락하였다. 이에 노부시게는 가이를 수습하고, 후다이 가신단을 창출하며 자신의 지배력을 강화하였다. 노부시게는 유키 합전에서는 유키 모치토모結城持朝(유키 우지토모結城氏朝의 아들)를 격살하고, 1446년 시나노 슈고 오가사와라 마사야스小笠原政康 사후 발생한 싸움에서도 막부의 명령에 따라 오가사와라 미쓰야스小笠原光康의 옹립에 주력하였다.

1450년 노부시게는 구로사카 다로黑坂太郎를 토벌하던 중 아나야마 이즈노카미穴山伊豆守(실명은 불명)에게 살해되었고, 그의 뒤를 아들 다케다 노부모리武田信守가 이었다. 그러나 당시 실권은 슈고다이 아토베씨가 장악하고 있었고, 노부모리는 1455년에 사망하고 그의 아들 다케다 노부마사武田信昌가 뒤를 이었다. 노부모리는 사망 전 아들 노부마사에게 아토베씨 타도를 유언으로 남겼다고 하지만, 슈고다이 아토베 아키우미跡部明海(스루가노카미駿河守)·아토베 가게이에跡部景家(고즈케노스케上野介) 부자의 전횡은 계속되었다.

노부마사는 1457년 오가와라 합전小河原合戰(甲府市), 바바 합전馬場合戰에서 일문인 요시다吉田씨와 이와사키岩崎씨 등을 잃었다. 그러나 1464년 아토베 아키우미가 사망하자, 1468년 시나노 스와영주 스와 노부미쓰諏訪信滿의 도움을 받아 유가리자와 합전夕狩澤合戰(山梨市)에서 아토베 가게이에를 격파하고, 그를 오다노성小田野城(山梨縣山梨市牧丘町)에서 자인하게 했다. 이로써 노부마사는 아토베씨 배척에는 성공하였으나, 가이 유력 재지영주들이 대두하고 주변 세력이 침입하여 가이 지배는 여전히 불안한 상태였다. 1465년 교토쿠의 난이 발생하자, 막부는 노부마사에게 이마가와 요시타다今川義忠와 함께 간토로 출병할 것을 명하였다. 이 명령을 받은 노부마사가 간토로 출병했는지는 불분명하다.

노부마사는 1472년 시나노 사쿠군佐久郡 재지영주 오이 마사토모大井政朝가 가이 야다이군八代郡으로 침입하자, 하나토리야마花鳥山(山梨縣笛吹市)에서 마사모토에 맞서 싸웠다. 그 후 노부마사는 오이大井씨가 약해지자 사쿠군에 침입하였으나 사쿠로 침공한 무라카미村上씨에게 제지당하였다. 노부마사 시기에는 기근과 역병이 만연하고 잇키도 빈발하였고, 그 와중에 1490년 아나야마씨·오이(다케다武田)大井씨가 서로 싸우고, 아나야마씨, 오이씨, 이마이今井씨, 오야마다小山田씨 등 유력 재지영주들이 자립의 움직임을 보였다.

노부마사는 1492년 장남 다케다 노부쓰나武田信繩에게 가독을 물리고 야마나시군 오치아이落合(山梨市落合)에 은거하였다. 그러나 노부마사는 차남 아부라카와 노부요시油川信惠의 가독상속을 원하였기 때문에 당연히 노부쓰나 측과 노부마사·노부요시 측이 대립하고, 유력 재지영주들

역시 두 파로 분열하여 서로 대립하게 되었다. 여기에 가이 지배세력과 관련되어 있던 주변 세력들의 이해관계가 결합되어 양파의 대립은 안팎으로 복잡한 양상을 나타냈다.

당시 이즈 호리고에쿠보堀越公方 측에서도 내분이 발생했고, 스루가 이마가와 우지치카와 쇼군 요시즈미의 명을 받은 이세 소즈이(호조 소운)가 아시카가 자차마루를 추방하자, 노부쓰나는 자차마루를 지지하고 고즈케 야마노우치가 우에스기씨와도 결속하였다. 그렇게 되자 노부요시는 스루가 이마가와 우지치카·이세 소즈이와 척지게 되었다. 그러던 중 1498년 8월 25일 메이오 지진明應地震이 발생하여, 그 영향으로 노부쓰나와 노부요시는 일단 화해하였다. 그리고 가이 쓰루군 요시다吉田(富士吉田市)에 망명해 있던 아시카가 자차마루가 이세 소즈이에게 인도되어 절복하고, 다케다씨 가독은 다케다 노부쓰나가 계승하였다.

노부마사는 아토베씨 세력을 제압하고 후다이 가신층을 창출하는 등 가이 지배를 강화하여 센고쿠다이묘 영국의 기초를 쌓았으나, 지배 후반기에는 영국을 2분시키는 내란을 불러와 다케다씨가 센고쿠다이묘로 성장하는 과정을 저해하였다 하겠다. 1505년 9월 16일 노부마사는 59세 일기로 사망하고, 그로부터 1년 반 남짓 지난 1507년 2월 14일에는 노부쓰나까지 사망했다. 가독과 가이 슈고직은 다케다 노부토라가 계승하였다.

노부토라가 가독을 상속하자, 노부요시파와 항쟁이 다시 시작되었다. 노부토라의 숙부 노부요시는 동생 이와테 쓰나요시岩手繩美·구리하라 마사타네栗原昌種(소지로惣次郎)와 쓰루군 재지영주 오야마다 야타로小山田彌太郎, 가와무라河村씨·에토工藤씨·조조上條씨 등과 결속하여 노부토라 측에 대항했다. 1507년 호리고에쿠보가 멸망하고, 1508년 10월 4일 보미네 합전坊峰合戰(笛吹市境川町坊ヶ峰)에서 노부요시 측이 노부토라에게 대패하였다. 이 합전에서 노부요시 자신뿐만 아니라 이와테 쓰나

요시와 구리하라 마사타네·가와무라 사에몬노조河村左衛門尉, 노부요시의 자식들(야쿠로彌九郎·세이쿠로淸九郎·진보마루珍寶丸)도 전사하였다. 이로써 노부토라는 다케다 종가를 통일하였다.

노부요시 사망 후인 12월 오야마다 야타로가 세력 회복을 기도하였다가 노부토라에게 참패하여 전사

〈그림 13〉 가이 지역도

하자, 오야마다씨 일문인 오야마다 헤이조小山田平三(단조彈正), 쓰루군의 에토씨 등이 이즈 호조 소운을 의지하여 망명하였다. 노부토라는 1509년 가을 쓰루군으로 침공하였고, 1510년 봄 오야마다씨를 복속시켰다.

이즈음 가이 서북부 지역에서 전란이 일어나고, 시나노 스와군의 스와씨가 가이를 침공하였다. 1509년 10월 헨미씨의 본거인 시시쿠성獅子吼城(에구사성江草城. 山梨縣北杜市須玉町)이 오비야주로小尾彌十郎에게 공략되었다. 그리고 12월 데우가성丁器城(山梨縣北杜市須玉町) 싸움에서 스와 요리미쓰諏訪賴滿(헤키운사이碧雲齋)의 공격으로 이마이 노부코레今井信是의 동생 다케다 헤이조武田平三와 그의 종자 겐조源三(야토 겐조谷戸源三)가 전사했다.

1513년 5월 27일 가이 가와치령 아나야마씨의 당주 아나야마 노부토穴山信懸가 자식 세이고로淸五郎에게 살해되었다. 노부토의 딸은 다케다 노부토라의 본거지 가와다관川田館(山梨縣甲府市川田町) 근처에 거주하고 있었고, 노부토는 노부토라와 우호관계를 유지하고 있었다. 노부토는 이마가와 우지치카와 이세 소즈이와도 우호관계를 유지하고 있었기

192

때문에, 노부토는 노부토라와 이마가와·이세씨에게 양속하는 관계였다고 할 수 있다. 따라서 아나야마 노부토의 암살은 아나야마씨의 가신들 사이에 귀속문제를 둘러싸고 대립하는 과정에서 발생한 사건이라 할 수 있다.

그런 상황 속에서 자신의 형제인 세이고로를 살해하고 가독을 상속한 아나야마 노부쓰나穴山信綱(노부카제信風)는 아나야마씨의 당주가 되어 이마가와씨에 가담하고, 마침내 1515년 이마가와씨가 가이를 침공했다. 나아가 니시군西郡의 재지영주였던 오이 노부타쓰大井信達·노부나리信業 부자도 이마가와씨에 가담했다.

이에 노부토라는 1515년 10월 7일 오야마다 노부아리小山田信有와 함께 오이씨의 본거 도다성富田(戸田)城(山梨縣南アルプス市戸田)을 공격하였으나 실패하였고, 이 싸움에서 오야마다 야마토노카미小山田大和守·이부도에쓰飯富道悅·이부 겐시로飯富源四郎 등이 전사했다. 이마가와씨가 이 싸움에 개입하려는 움직임을 보이고, 가이·스루가 국경을 봉쇄하였다. 마침내 1516년 9월 28일 이마가와씨가 군사를 일으켜 노부토라의 본거지인 가와다관 부근 만리키萬力까지 진공하였으나 패퇴하였다. 이마가와군은 가이와 스루가를 잇는 도로에 위치하는 가쓰야마성勝山城(山梨縣甲府市上曾根町)을 점령하고, 각지를 방화하였다. 쓰루군에서도 12월 요시다야마성吉田山城(山梨縣富士吉田市)을 거점으로 한 이마가와군과 군나이 지역 재지영주들郡內衆이 싸워, 1517년 1월 12일 요시다야마성이 함락되었다. 그 후 군나이 재지영주들과 이마가와씨 사이에 화해가 이루어졌다.

이즈음 도토미에서 오코우치 사다쓰나大河內貞綱·시바 요시타쓰가 히쿠마성引間城(하마쓰성浜松城. 靜岡縣浜松市中區)을 공격하여 왔기 때문에 이마가와 우지치카는 노부토라와 화해하고자 했다. 다케다·이마가와씨는 렌가시連歌師 소초宗長의 중개로 3월 2일 화해하고 이마가와씨는 가이에서 철수하였다. 그리고 1518년 오야마다씨와 이마가와씨도 화해하였다. 또한 1520년 노부토라도 오이씨와 화해하여, 오이 노부타쓰의 딸(오오이 부인大井夫人)을 정실로 맞아들였다.

노부토라는 1518년 이시와관石和館(山梨縣甲府市川田町·笛吹市石和町)에 있던 슈고쇼守護所를 아이카와相川 선상지 고후甲府(山梨縣甲府市古府中町)로 이전하고자 했다. 이에 1519년 8월 15일부터 고후에 거관 쓰쓰지가사키관躑躅ヶ崎館(山梨縣甲府市古府中) 건설에 착수하고, 성하정城下町(武田)을 정비하여 유력 재지영주 가신들을 그곳에 집주시켰다. 1519년 4월 이마이 노부코레의 항복이 슈고쇼를 고후로 이전하는 계기였던 것으로 보인다. 그리고 쓰쓰지가사키관 동북의 마루야마에 요가이야마성要害山城(山梨縣甲府市上積翠寺町)을 축성하여 방어성詰城으로 삼았다.

노부토라의 이 같은 슈고쇼 이전에 대해 유력 재지영주들은 저항하였다. 1520년 5월 구리하라 노부토모栗原信友·이마이 노부코레·오이 노부타쓰大井信達 등이 고후에서 퇴거하는 사건이 발생했다. 이에 노부토라는 6월 8일 미야코즈카都塚(笛吹市一宮町本都塚·北都塚)에서 구리하라 세력을 격파하였다.

이러한 어수선한 상황에 1521년 2월 27일 이마가와씨 수하 다카덴진성高天神城(히지카타성土方城. 靜岡縣掛川市上土方嶺向) 성주 후쿠시마 마사시게福島正成를 주축으로 한 이마가와 세력이 후지카와藤川 연변의 가와치 지역을 침공하고(후쿠시마 난입사건福島亂入事件), 8월경 이마가와·다케다 양군 사이에 싸움이 벌어졌다. 8월 하순 노부토라가 가와치로 출병하여 이마가와 측의 후지富士씨를 격파하였고, 아나야마씨는 노부토라에게 항복하였다. 나아가 노부토라는 스루가에 있던 다케다 하치로武田八郎(노부카제信風의 아들. 다케다 노부토모信友)의 가이 복귀를 허락하였다.

한편 이마가와 군세의 거센 공격에 9월 16일 오이씨 거성 도다성이 함락되었다. 노부토라는 요가이야마성으로 후퇴하였으나, 10월 16일

이이다가와라 싸움飯田河原の戰い(甲府市飯田町)에서 이마가와군을 물리치고, 이마가와군은 가쓰야마성으로 후퇴하였다. 11월 23일 가미조가와라 싸움上條河原の戰い(甲斐市島上條 일대)에서 후쿠시마씨를 격파하여, 이마가와군을 스루가로 몰아냈다. 노부토라는 아나야마씨도 복속시켰으나, 후쿠시마 세력은 1522년 정월 다케다·이마가와 사이에 화해가 성립될 때까지 저항하였다. 이 와중에 요가이야마성에서 적남 다케다 하루노부武田晴信(신겐信玄)가 탄생한다.

한편 노부토라는 1521년 막부에 사쿄노다이부 보임과 서작叙爵을 청하였다. 4월 만도코로 시쓰지 이세 사다타다伊勢貞忠가 덴소傳奏 히로하시 모리미쓰廣橋守光와 함께 노부토라의 서임을 아뢰어, 노부토라는 종5위하에 서임되었다. 다케다가는 노부시게信重·노부모리信守·노부마사信昌 대에 '교부다이후形部大輔'라는 관도명官途名을 칭하였는데, 노부토라가 자신의 관도를 사쿄노다이부로 바꾸려 했던 것이다. 그리고 역대로 사용해온 유명幼名인 '고로五郎'를 쓰지 않고 적남 하루노부의 유명을 '다로太郎'로 바꾸었다.

이마가와군을 격퇴한 1522년, 노부토라는 가신들과 함께 미노부산身延山 구온지久遠寺에 참례하여 '수행법御授法'을 받았다. 이어 후지산에 올라 후지산 정상을 한 바퀴 도는 '오하치메구리御鉢(八葉, 八嶺)巡り'를 행하였다. 후지산 정상의 높은 곳을 여덟 장의 연꽃잎과 같다 하여 '하치하八葉'라고 하는데, 후에 이 정상을 도는 '오하치마이리御鉢參り'라는 습속이 생겨났다. 노부토라의 후지산 등정은 오하치마이리 습속이 센고쿠기로 거슬러 올라가는 사례로서 주목된다. 노부토라의 미노부산 참례와 후지산 등정은 가이를 평정하고, 스루가 이마가와씨, 사가미 호조씨와 긴장관계가 지속되는 정세 속에서 자신의 지위를 확립하고자 한 종교적 시위행위였다고 생각된다.

다케다씨에게 1520년대는 영외 세력과의 항쟁이 본격화하는 시기였다. 노부토라는 양 우에스기씨와 동맹을 맺어 호조씨에 대항하는 노부쓰나기의 외교노선을 계승했다. 1524년 2월 우에스기씨를 지원하기 위해 쓰루군 사루바시猿橋(大月市猿橋町猿橋)에 군사를 집결시켜 사가미 오쿠미호奧三保(神奈川縣相模原市)를 침공하고, 3월 무사시 지치부秩父로 출병하여 간토칸레이 우에스기 노리후사와 만났다. 그런데 노리후사가 3월 25일 사망하면서 야마노우치가 우에스기씨의 가독상속을 둘러싼 분쟁이 발생한다. 이러한 상황 속에서도 노부토라는 7월 20일 호조 측의 무사시 이와쓰키성의 오타 스케타카를 공격했다.

원정에서 돌아온 후, 노부토라는 1525년 호조 우지쓰나와 화해했다. 한편 우지쓰나는 에치고 나가오 다메카게와 제휴하여 고즈케를 침공하기 위해 노부토라에게 영내 통과를 요청했다. 그러나 노부토라가 야마노우치가 우에스기씨를 배려하여 이 요청을 거절했고, 이는 호조씨와의 화해가 파탄하였음을 의미한다. 노부토라는 야마노우치가 우에스기씨의 가독을 맡은 우에스기 노리히로와 함께 호조 측 사가미 쓰쿠이성津久井城(神奈川縣相模原市綠區)을 공격했다. 한편 4월 1일 스와 요리미쓰에게 쫓긴 스와타이샤諏訪大社·시모샤下社의 가나사시金刺씨로 추정되는 인물(스와도노諏訪殿)이 고후로 망명하였다. 노부토라는 그를 비호하기 위해 스와로 출병하였고, 8월 그믐날 가이와 시나노 경계에서 스와군과 충돌하였다. 이 싸움에서 다케다 측의 하기와라 빗추노카미荻原備中守가 전사하는 등 노부토라군은 대패했다.

1526년 노부토라는 나시노키다이梨の木平에서 호조 우지쓰나군을 무찔렀으나 이후 일진일퇴를 반복했다. 1527년 2월 쇼군 요시쓰나와 간레이 호소카와 다카쿠니가 교토를 탈출하여 오미로 도망하는 사건이 발생하자, 노부토라는 교토로 사자를 파견하였다. 쇼군 요시하루는 여러 지역의 다이묘들과 재지영주들에게 상경을 재촉하고, 4월 27일 노부토라에게도 상경을 재촉하는 명령을 내렸다. 이어 6월 19일 우에

스기 노부히로·스와 요리미쓰·기소 요시모토木曾義元에게 노부토라의 상경을 도우라는 명령을 내린다.

노부토라는 1526년 6월 3일 시나노 사쿠군佐久郡 도모노 사다요시伴野貞慶의 요청으로 시나노로 출병하였다. 이에 사쿠군 재지영주들과 오이씨 등이 노부토라에게 화해를 요청하고, 노부토라는 이를 수락했다. 그리고 7월 스루가 이마가와 우지쓰나가 사망하고, 그의 뒤를 이어 이마가와 우지테루今川氏輝가 가독을 상속하자, 노부토라는 이마가와씨와 일시 화해하였다.

한편 노부토라는 1528년 가이 전 지역을 대상으로 한 덕정령德政令을 내린다. 이 덕정령은 이해 여름부터 자연재해가 계속되자 추수기에 내린 것으로 보이는데, 이 덕정령은 동국 지역 다이묘가 발령한 최초의 것이라는 점, 그리고 잇키 발발 이전에 내려졌다는 점에서 주목된다.

노부토라는 1528년 다시 시나노 스와 공격을 감행하였으나, 고베·사카이가와 합전神戸·堺川合戰(諏訪郡富士見町)에서 스와 요리미쓰·요리타카賴隆에게 패배했다. 1529년 오야마다씨와의 관계가 악화한 가운데 노부토라가 군나이郡内의 도로를 봉쇄路地封鎖하는 사건이 발생했다. 이에 오야마다 노부아리小山田信有의 생모(노부토라의 여동생)가 도토미의 누이를 방문하여, 그의 주선으로 도로봉쇄를 풀게 했다. 한편 1530년 노부토라는 오기가야쓰가 우에스기씨 당주 우에스기 도모오키의 간여로 야마노우치가 우에스기씨의 전前 간토칸레이 우에스기 노리후사의 후실(도모오키의 숙모)을 측실로 맞았다. 이것은 오기가야쓰가 우에스기씨와의 관계를 강화하기 위한 정략결혼이라 볼 수 있다. 그리고 시기는 불분명하나 양 우에스기씨와 관계가 깊은 시모사 오유미쿠보 아시카가 요시아키와도 외척관계를 맺었다.

이러한 노부토라의 양 우에스기가와의 동맹관계 강화는 사가미 호조씨와의 대립을 격화시켰다. 위의 동맹은 우에스기씨의 입장에서 보면, 우에스기씨 영국의 측면에 있는 노부토라와 우호관계를 유지하면서 호조씨에 대항하기 위한 것이었다. 실제로 호조씨가 에도로 침입하자, 노부토라는 오야마다씨를 간토로 파견하고자 하였다. 그러나 오야마다군이 가이와 사가미의 국경에 있는 쓰루군 하치쓰보자카八坪坂(山梨縣上野原市大野)에서 호조군에게 격파당하여, 노부토라와 오기가야쓰가 우에스기씨의 연대는 실패하고 만다.

한편 다케다씨의 가신들은 우에스기 노리후사의 딸을 다케다가로 맞아들이는 것에 반발하였다. 1531년 정월 21일 구리하라 효고栗原兵庫·이마이 노부모토今井信元·오부 도라마사飯富虎昌 등이 고후를 떠나 오타케御岳(甲府市御岳町)에서 노부토라에 대항하였고, 니라사키韮崎(韮崎市)에 침입했던 시나노 스와군의 스와 요리미쓰가 반노부토라 측에 가담했다. 나아가 니시군西郡의 오이 노부나리大井信業도 반노부토라 측에 호응하였다. 이에 노부토라는 2월 2일 위 반노부토라 측과 싸워, 오이 노부나리·이마이 빗추 등을 멸하였다. 4월 12일 가와라베 합전河原部合戰(韮崎市)에서는 구리하라 효고 등 재지영주 연합세력을 격파하고, 1532년 9월 이마이 노부모토를 공격하여 그의 본거지인 시시쿠성을 점령하였다.

그리하여 1533년 노부토라는 우에스기 도모오키의 딸을 적남인 하루노부의 정실로 정하고, 1534년 11월 도모오키의 딸을 맞아들였다. 이로써 다케다씨와 오기가야쓰가 우에스기씨는 일시 중혼관계를 유지하게 되나, 도모오키의 딸이 사망하면서 중혼관계는 해소된다.

4) 나가오씨長尾氏

에치고 나가오씨는 간무헤이씨桓武平氏 가마쿠라당鎌倉黨의 일족으로 한토坂東 8다이라씨八平氏의 하나인 나가오씨의 지류다. 미우라 야스무라三浦泰村가 호치 합전寶治の合戰(1247)에서 가마쿠라 싯켄鎌倉執權 호조 도키요리北條時賴에게 패하자, 미우라三浦씨의 부하였던 나가오 가게모치長尾景茂가 미우라씨를 따라 순사하고, 영지도 몰수당했다. 가게모치의 손자 나가오 가게타메長尾景爲가 무슨 이유인지는 알 수 없으나 우에스기씨의 신하가 되었고, 가마쿠라 말기에는 우에스기씨 시쓰지로 활동했다. 남북조 내란이 일어나자, 가게타메의 아들 나가오 가게타다長尾景忠가 아시카가 다카우지의 명령으로 우에스기 노리아키上杉憲顯의 시쓰지로 에치고로 들어왔다. 그는 에치고에서 닛타 요시사다新田義貞 측의 오구니小國·가자마風間씨 등과 싸웠고, 엣추 미야자키성宮崎城(富山縣下新川郡朝日町)을 공격하여 승리하였다.

우에스기 노리아키는 1341년 에치고 슈고로 취임하자, 나가오 가게타다를 에치고 슈고다이로 임명했다. 아시카가 다카우지와 그의 동생 다다요시直義가 싸운 '간노의 난觀應の擾亂'(1343) 때 가게타다는 노리아키와 함께 다다요시 측에 가담하여 다카우지군과 싸웠다. 가게타다는 동생(사촌?) 나가오 가게쓰네長尾景恒에게 에치고를 맡기고, 고즈케 시로이성白井城(群馬縣澁川市白井字本丸)에 거주하고 있던 야마노우치가 우에스기씨에 출사하여 고즈케 나가오씨 여러 가문의 조상이 되었다.

가게쓰네는 간노의 난 때 형 가게타다, 아들 나가오 다카카게長尾高景와 함께 다다요시 측에 가담하여 우에스기 노리아키 휘하에서 활동했다. 1352년 노리아키가 남조 측으로 가담하자, 가게쓰네도 그와 행동을 같이하여 북조 측의 다카우지와 싸웠고, 노리아키가 북조 다카우지 측으로 복귀하자, 이번에도 노리아키와 행동을 함께했다.

가게쓰네의 적남 신사에몬노조新左衛門尉는 간바라蒲原 다이칸으로 근임하였으나, 오구니小國씨에게 야습당해 전사하였고, 둘째 아들 나가오 가게하루長尾景春는 자오도성藏王堂城(新潟縣長岡市西藏王)에서 고시古志 나가오長尾씨라 칭하였다. 가게하루의 후예가 후에 스요시栖吉로 옮겨가 스요시 나가오씨 일가를 이루게 된다. 3남 나가오 다카카게는 신사에몬노조의 간바라 다이칸직을 계승하고, 산조성三條城(新潟縣三條市)에 거주하면서 에치고 슈고다이로 임명되었는데, 그의 자손들이 대대로 슈고다이 나가오가를 상속했다. 다카카게는 간토칸레이 우에스기 노리마사上杉憲方의 2남 후사마사房方를 에치고로 맞아들여 슈고로서 후나이성府內城에 거주하게 하고, 자신은 가스가야마성春日山城(하치가미네성鉢ヶ峯城. 新潟縣上越市中屋敷字春日山)에 거주했다. 명장이었던 다카카게는 1388년 에치고 이즈모자키出雲崎에서 사도佐渡로 건너가 1389년 2월 그곳에서 전사했다고도 하고, 살해되었다고도 한다.

다카카게의 뒤를 나가오 구니카게長尾邦景가 계승했다. 구니카게는 슈고 우에스기 후사토모上杉房朝의 명으로 신사神事를 진행했고, 가마쿠라쿠보 아시카가 모치우지가 막부와 대립한 오에이의 난應永の亂(1423) 때에는 가마쿠라쿠보 측에 가담하여 막부에 대항했다. 요시노리가 쇼군에 취임한 후에도 모치우지는 막부에 대항하였으나, 다카카게는 태도를 바꿔 쇼군 요시노리에 접근하여 모치우지와 싸웠다. 모치우지는 1438년 적자 겐노마루賢王丸 원복 때, 쇼군에게서 이름 한 자를 받는 관례를 깨고 겐노마루를 요시히사義久라 개명하였다. 이에 대해 간토칸레이 우에스기 노리자네上杉憲實가 선례에 따라야 한다고 주장했지만, 모치우지는 따르지 않았다. 나아가 모치우지는 노리자네를 추토하기 위해 고즈케에서 군사를 일으켰다. 막부는 모치우지 추토를 결정하고, 여러 지역의 군사를 간토에 파견하였다. 구니카게의 아들 나가오 사네카게가 에치고 군대를 이끌고 간토로 출병하여 노리자네에 종군했다. 이 에이쿄의 난永享の亂에서 모치우지가 패하자 노리자네는 세 번에 걸쳐 모치우지를 살려줄 것을 막부에 탄원하였으나, 막부는 모치우지를 자인케 하여 가마쿠라쿠보가를 멸망시켰다.

그 후 시모사의 유키 우지토모結城氏朝가 모치우지의 유자를 옹립하여 거병했다. 우에스기 기요마사上杉淸方를 대장으로 하는 가마쿠라부군과 교토에서 내려온 젠슈의 아들 우에스기 모치후사上杉持房를 대장으로 하는 연합군이 유키성에서 맞붙었다. 이 싸움에서 우지토모 등이 사망하고, 모치우지의 아이들은 붙잡혀 미노에서 참수되었다. 이 유키합전結城合戰 때 사네카게는 아가키타슈揚北衆 이로베 시게나가色部重長 등을 이끌고 출진하여 유키성을 공격하였고, 1441년 유키성을 함락시킬 때 모치우지의 아이들을 생포하는 대공을 세웠다. 이 공으로 쇼군 요시노리에게 감사장感狀을 받은 사네카게는 붉은 칠을 한 가마를 타는 것이 허용되었고, 교토 다이칸으로 임명되었다.

그런데 쇼군 요시노리가 아카마쓰 미쓰스케에게 살해되는 가키쓰의 난이 발생하여 구니카게·사네카게 부자는 세력을 잃었다. 1449년 우에스기 후사토모의 사망으로 에치고 슈고로 임명된 우에스기 후사사다는 간토 세력들과 함께 모치우지의 막내 에이주오마루永壽王丸(시게우지成氏)를 가마쿠라쿠보로 옹립하려 하였다. 막부가 이 움직임을 허락하여 가마쿠라쿠보가를 재흥했다. 이렇게 되자, 모치우지의 아이들을 체포했던 나가오 구니카게·사네카게 부자의 입장이 매우 난처해졌고, 이에 나가오 부자는 가마쿠라쿠보 시게우지 습격에 가담하였다.

이 사건으로 1450년 구니카게는 슈고 후사사다의 명으로 절복하고, 사네카게는 시나노로 도망하였다. 막부는 후사사다에게 그의 토벌을 명하였다. 사네카게는 1453년 에치고를 공격하고자 하였으나, 후사사다가 엣추·에치고 군사를 이끌고 이에 대항하였다. 이 싸움에서 사네카게군은 대패하였고, 이후의 사네카게 움직임은 알 수 없다. 다만 1466년 쇼군 요시마사가 후사사다에게 내린 문서에 사네카게 잔당을 토벌하라는 문구가 보이는 것으로 보아, 사네카게 세력이 여전히 건재하고 있었음을 짐작할 수 있다.

사네카게 몰락 후, 후사사다의 근신 나가오 요리카게長尾賴景가 에치고 슈고다이로 임명되었다. 후사사다는 가독을 상속하지는 않았지만,

〈표 16〉 나가오씨長尾氏 계보도

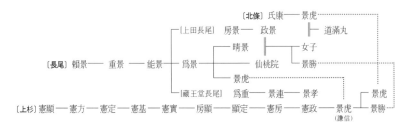

야마노우치가 우에스기씨의 동량 역할을 했다. 그는 쇼군 요시마사와 요시히사에게 접근하여 중앙정계에도 알려져 있었고, 영국에 검지를 실시하는 등 정치에도 힘썼다. 또한 장기에 걸친 간토 출병을 통해 가신단 통제를 강화하여 에치고 슈고 우에스기씨의 전성기를 마련하였다.

한편 1454년 교토쿠의 난享德の亂이 발생하여 가마쿠라쿠보 시게우지와 간토칸레이 야마노우치가 우에스기씨 사이에 군사 대립이 반복되었다. 요리카게와 그의 아들 나가오 시게카게長尾重景는 간토칸레이 우에스기씨를 지원하는 후사사다를 따라 간토로 출병하여 여러 곳에서 군공을 세웠다.

1446년 간토칸레이 우에스기 후사아키가 사망하자, 후사사다의 2남 우에스기 아키사다가 야마노우치가 우에스기씨를 계승하고 1467년에는 간토칸레이에 취임하였다. 그 후 고가쿠보 시게우지와 호리고에쿠보 마사토모가 대립하자, 후사사다는 나가오 시게카게의 협조를 얻어 막부와 고가쿠보를 화해시키려 노력하였으나, 1482년 막부는 고가쿠보를 와해시켜 버렸다. 그해 시게카게가 사망하고, 나가오 요시카게長尾能景가 나가오씨를 상속했다.

후사사다가 1494년 사망하고, 슈고직은 그의 아들 우에스기 후사요시上杉房能가 이었다. 1497년 요시카게는 후사요시를 도와 나카군中郡의 검지를 실시하고, 7월에는 가스가야마성 기슭에 린센지林泉寺를 건립하여 아버지 시게카게를 모셨다. 한편 1498년 후사요시는 에치고의 재지무사들에게 슈고 불입특권의 정지를 명했다. 이는 슈고 우에스기씨가 재지무사에게 본령을 안도하고, 그 안도된 지역에 슈고 권력이 개입할 수 없다고 한 것을 부정한 조치로, 재지영주들의 재지지배를 크게 제한하였다. 또한 그것은 역으로 슈고의 재지지배권이 재지영주보다 우위에 있음을 표현한 것이었다. 이러한 정책은 우에스기씨가 센고쿠다이묘로 나아가는 길을 나타낸다. 따라서 이 같은 조치에 대해 재지무사들이 저항하고 동요한 것은 당연하였다. 결국 위 슈교 불입특권의 정지를 관철시켜 후사요시가 재지무사들의 저항을 억누르고 에치고 지배권을 일원화할 수 있는가의 여부가 슈고 우에스기씨가 센고쿠다이묘로 진화할 수 있는가 없는가의 갈림길이었다고 하겠다.

'일곱 군七郡의 다이칸'으로서 최대의 슈고 불입지를 가지고 있었던 요시카게는 슈고 불입권 포기에 불만을 품고는 있었지만, 다른 무사들에 앞서 후사요시의 명에 따라 슈고 불입권을 포기하였다. 그러나 무사들의 불만은 고조되어 있었다. 더욱이 후사요시가 자신의 권력기반을 강고히 하지 못한 상태에서 슈고 불입권 포기를 명하였고, 거듭된 간토 출병으로 재지무사들은 지쳐 있는 상황이었다. 이러한 상황에서 1506년 엣추 잇코잇키에 대처하기 위해 출병했던 나가오 요시카게가 한냐노般若野에서 잇코잇키와 진보 요시무네神保慶宗에게 포위당해 전사했다.

요시카게의 전사로 슈고다이직은 그의 아들 나가오 다메카게長尾爲景가 상속했다. 그런데 1507년 8월 슈고 우에스기 후사요시는 다메카게가 모반을 꾸몄다며 토벌을 준비했다. 이에 대응하여 다메카게는 우에스기 후사요시의 양자 우에스기 사다자네를 옹립하고, 기선을 잡아 후사요시의 거소를 습격하여 후사요시를 덴스이天水에서 자인하게 했

〈그림 14〉 에치고 지역도

다(에이쇼의 난). 일설에는 후사요시가 위 한냐노 싸움에서 구원군을
내어 요시카게를 구출하지 않고 전사하도록 한 데 대해 다메카게가
원한을 품어 후사요시를 쳤다고도 한다. 후사요시 사후 슈고직은 다메
카게가 옹립한 사다자네가 계승하였으나, 당연히 에치고 실권은 슈고
다이 다메카게가 장악하였다. 슈고 사다자네는 다메카게의 꼭두각시
에 불과했다.

　이에 아가노가와阿賀野川(揚河) 북안 지역인 아가키타슈揚北衆의 유력자
혼조本莊·이로베씨 등은 후사요시 복수를 위한 전쟁이라 하면서, 다메
카게·사다자네에 대항하는 군사를 일으켰다. 다메카게는 아가키타揚

北의 유력자 나카조中條씨 등에게 혼조·이로베씨 등을 공격하게 하여 그들을 제압했다. 한편 후사요시의 패사를 알게 된 후사요시의 형 간토칸레이 야마노우치가 우에스기 아키사다는 1509년 양자인 노리후사와 함께 군사 8천을 이끌고 에치고로 진군했다. 이로베씨 등은 이미 다메카게에게 항복했으나, 우에다쇼上田莊 사카도성坂戶城(新潟縣南魚沼市) 성주 나가오 후사나가長尾房長가 아키사다 측에 가담하였고, 사카도성을 전선기지로 삼은 아키사다군은 8월 다메카게·사다자네군을 격파하였다. 다메카게군은 엣추로 퇴각하였고, 다메카게는 사도佐渡로 도망하였다.

다메카게는 1510년 사도 군사들도 가담시켜 군을 정비한 후 간바라노쓰蒲原津로 상륙하여 아키사다군에 반격을 시도하였다. 다메카게는 데라도마리·시이야 싸움寺泊·椎屋の戰い에서 아키사다군을 격파했다. 아키사다군은 간토로 퇴각하려 했으나, 다메카게가 퇴각하는 아키사다군을 공격하였다. 아카사다 측에 섰던 우에다上田 나가오 후사나가도 다메카게 측으로 가담하여 아키사다군의 퇴로를 막았다. 그리하여 다메카게군과 아키사다군이 나가모리하라長森原에서 피할 수 없는 일전을 벌이게 되었다. 이 싸움에서 아키사다가 패사하고, 다메카게는 에치고의 실권을 회복하였다(나가모리하라 싸움長森原の戰い). 그 후 다메카게는 누이 둘을 사다자네에게 시집보내 슈고 우에스기씨의 외척으로서 에치고 지배를 좌우하였다.

한편 다메카게의 전횡에 대항하여 사다자네는 조조上條 우에스기 사다노리上杉定憲, 비와지마성琵琶島城(新潟縣柏崎市) 성주 우사미 후사타다宇佐美房忠 등이 자신 편에 가담할 것이라 기대하고 거병하였다. 그리고 고시의 나가오 후사카게長尾房景에게는 서약서誓書를 보내 협조를 청했으나, 후사카게는 움직이지 않았다. 다메카게는 우사미 후사타다의 거소 오노성小野城(新潟縣上越市柿崎區)을 공격하였다. 이 싸움은 아가키타슈 나카조·시바타新發田씨 등이 다메카게 측에 가담하고 있었기 때문에 대세가 결정되었다. 불리한 상황에 처한 사다자네는 가스가야마성에서 농성하였으나, 다메카게는 사다자네를 성에서 끌어내 아라카와관荒川館에 유폐해 버렸다. 나머지 슈고 측은 총력을 다해 우에다의 나가오 후사나가를 공격하면서 간토와 연락하고자 하였다. 그러나 다메카게의 대군이 후사나가 구원에 나서 1514년 슈고 측과 우에다성上田城(長野縣上田市二の丸) 아래서 격전을 벌여 슈고 측을 괴멸시켰다.

이 싸움 후 다메카게는 엣추로 출병하여, 아버지 요시카게의 원수를 갚았다. 그리고 고가쿠보 아시카가 다카모토, 간토칸레이 우에스기 노리히로와 화해를 도모하였다. 나아가 조정과 막부의 권위를 존중하여 자주 즉위비용 등을 헌납하였다. 그 결과 다메카게는 시나노노카미信濃守로 임명되었고, 슈고와 오토모슈의 격식인 백산대白傘袋·모전안복毛氈鞍覆·도여塗輿 등을 인정받았다. 이러한 일은 아사쿠라씨와 우라가미씨 등 다른 슈고가 출신의 센고쿠다이묘에게도 있었다. 즉 쇼군과 관계를 맺어 가격家格을 상승시키고, 슈고의 권위를 이용하여 자신의 권력을 자립시키려 한 것이다. 이로써 다메카게는 에치고의 통치자로서 자신의 지위를 안정시키고, 가스가야마성을 튼튼히 하여 에치고의 재지영주들에 대한 통제도 강화하였다.

이제 나가오씨는 센고쿠다이묘로의 일보를 내딛게 되었다. 그러나 다메카게는 에치고 슈고에 임명되지는 못하였고, 다메카게 정권도 후추·우에다·고시의 나가오 3가의 지원과 아가키타슈의 협력 하에 성립한 것으로 불안정하였다. 조조 사다노리上條定憲는 이러한 성격을 이용하여 1530년 다메카게에 대항해 거병하였다(조조의 난上條の亂).

다메카게는 나가오 가게노부長尾景信의 협력을 얻어 나카조中條·구로카와黑川·가지加地·시바타·이로베·혼조씨 등 아카키타 재지영주들(고쿠진슈國人衆)에게 조조성上條城(新潟縣柏崎市上條)을 공격하게 하였고, 사다

노리는 일단 다메카게에게 항복하였다. 그런데 막부에 정변이 일어나 (다이모쓰쿠즈레大物崩れ), 다메카게와 가까웠던 호소카와 다카쿠니가 자인하면서 다메카게의 권위도 땅에 떨어졌다. 이러한 상황에서 조조 사다노리上條定憲가 1533년 또다시 나가오 후사나가, 아가키타슈 등을 끌어들여 다메카게에 대항하는 군사를 일으켰다. 반란군 세력은 중부·하부의 에치고를 포함하는 대세력이었다.

이에 다메카게가 상부 에치고 지역을 평정하고, 기타조 미쓰히로北條光廣·나가오 가게노부·야마요시 마사히사山吉政久 등이 조조로 출진하였다. 1534년 다메카게는 후추로 진격해 온 우사미·가키자키榊崎군을 산분이치하라三分一原에서 영격하여 격퇴하였으나, 이것은 후추를 방어한 데 불과하였다. 다메카게 측은 1535년 조조 측 우사미宇佐美 일당의 거성을 공격하였으나 실패하고 수세에 몰리게 되었다. 게다가 아이즈의 아시나씨도 조조 측에 가담하고, 우에다 세력은 고시 나가오씨의 거점인 자오도로 진출하였다. 오지야小千谷 지역을 평정한 히라코平子씨도 조조 측에 가담하였다. 사방이 적으로 에워싸인 상황에서 다메카게는 조정에 공작하여 금기錦旗를 하사받거나 내란평정의 윤지를 받거나 하여 위기를 극복하고자 했다.

1536년 재지영주들은 싸움 패배의 책임을 물어 다메카게에게 은거를 강요하였다. 다메카게는 산분이치하라 싸움에서 승리한 유리한 상황에서도 은거하게 되는데, 이는 재지영주들의 분열을 봉합하기 위해서였을 가능성이 크다. 다메카게를 이어 나가오 하루카게長尾晴景 (겐신謙信. 이하 우에스기 겐신)가 나가오씨 가독을 잇고, 다메카게는 1543년 12월 24일 사망했다.

4. 서부 및 규슈 지역

1) 오우치씨大內氏

오우치씨는 백제 성왕의 셋째 아들 임성태자琳聖太子의 후예라 한다. 임성태자가 일본의 스오 다다라하마多々良浜에 안착하여 다다라多々良라는 성을 쓰게 되었고 나중에 오우치촌大內村에 거주하면서 오우치라는 성名字을 사용하였다고 한다. 그러나 오우치씨가 임성태자의 후예를 칭한 것은 14세기 이후의 일이고, 이 일족은 대대로 스오곤노스케周防權介를 세습한 재청관인 가문이었다.

헤이안 후기인 1152년 발급된 재청 게부미在廳下文에 다다라씨 3인의 서명이 보인다. 이것이 다다라씨가 역사상 처음 문서에 나타나는 예인데, 이로 보아 오우치씨는 재지에 상당한 세력을 가진 재청관인이었음을 알 수 있다. 헤이안 말기 다다라 모리후사多々良盛房는 스오의 최대 실력자가 되어 스오노스케周防介에 임명되었고, 그 후 오우치노스케大內介라고 칭하였다. 가마쿠라 시기에 들면, 오우치 일족은 스오 고쿠가 재청國衙在廳을 완전히 장악·지배하여 스오 지역의 실질적인 지배자가 되었다. 그리고 막부의 고케닌御家人으로서 로쿠하라탄다이六波羅探題 효조슈評定衆로 임명되었다.

겐무 신정建武新政 시기에 오우치씨는 스오 슈고로 임명되었고, 남북조 내란기에는 북조 측의 아시카가 다카우지足利尊氏를 지원하였다. 다카우지가 규슈로 하향했을 때도 오우치씨는 스오 슈고로 임명되었다. 남북조 내란이 본격화할 즈음, 오우치씨는 당주 오우치 히로유키大內弘幸와 숙부 와시즈 나가히로鷲頭長弘가 가독을 둘러싸고 대립하였다. 이러한 상황에서 오우치 히로유키는 일시 남조에 가담하여 1350년 아들 오우치 히로세大內弘世와 함께 나가히로 토벌을 개시하였다. 히로유키는 와시즈鷲頭씨를 이은 와시즈 히로나오鷲頭弘直를 복속시키고,

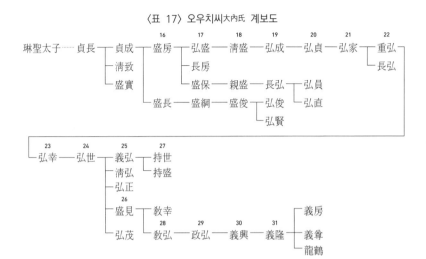

남조로부터 스오 슈고로 임명되었다. 나아가 1358년 나가토長門 슈고 고토厚東씨의 거점 시모후리성霜降城(山口縣宇部市)을 공략하여 고토씨를 구축하였다. 이렇게 하여 오우치씨 세력은 스오와 나가토 2개 지역으로 확대되었다.

　오우치씨가 보초防長 2개 지역을 통일하자, 북조 측 아시카가 다카우지는 오우치씨의 보초 지역에서의 세력 확대가 남북조 내란에 크게 영향을 미치게 될 것을 염려하여, 오우치 히로세를 보초 2개 지역의 슈고로 임명한다는 조건 하에 오우치씨를 북조 측으로 가담시켰다. 히로세는 1363년 다시 북조 무로마치 막부 측으로 복귀하여, 쇼군 요시아키라를 교토에서 알현하고, 본거지를 야마구치山口로 옮겼다.

　히로세의 뒤를 이은 적남 오우치 요시히로大內義弘는 규슈탄다이 이마가와 사다요今川貞世(료슌了俊)의 규슈 제압에 종군하고, 남북조 합일도 중재하였으며, 1391년 야마나山名씨가 일으킨 메이토쿠의 난明德の亂에서도 활약했다. 그 결과 오우치씨는 이즈미·기이紀伊·스오·나가토長門·부젠·이와미石見 등 6개 지역의 슈고로 임명되었고, 요시히로는 독자로 조선과의 무역도 행하여 오우치씨의 최성기를 열었다. 그러나 요시히로 세력을 위험하다고 본 3대 쇼군 요시미쓰가 그를 견제하며 대립하게 되었다. 이에 요시히로가 가마쿠라쿠보 아시카가 미쓰카네足利満兼와 공모하여 1399년 사카이堺에서 거병하였으나 패사하였다(오에이의 난).

요시히로 사후 영국의 태반이 쇼군 요시미쓰에게 몰수되었고, 스오·나가토 2개 지역의 슈고직도 요시히로의 아우 오우치 히로시게大內弘茂에게 안도되어 오우치 세력은 일시 약화되었다. 그러나 영국에 남아 있던 요시히로의 또 다른 아우 오우치 모리하루大內盛見가 위의 결정에 반대하여 가독상속을 둘러싸고 분쟁이 발생했다. 이 싸움에서 모리하루가 히로시게를 살해하고 주변의 재지영주층이 모두 모리하루에게 항복하자, 막부도 모리하루의 가독상속을 인정하였다.

가독이 된 모리하루는 오우치씨의 옛 영광을 회복하기 위해 북규슈 지역으로 진출한다. 모리하루는 이마가와 사다요의 후임 규슈탄다이 시부카와澁川씨에 대신하여 북규슈를 담당하여 막부의 신임을 얻고 부젠 슈고로 임명되었다. 그러나 그는 1431년 쇼니 미쓰사다少貳満貞·오토모 모치나오大友持直와의 싸움에서 패사하고, 그의 뒤를 조카 오우치 모치요大內持世(요시히로의 유아)가 이었다.

오우치 모치요의 가독상속은 오우치씨의 내부대립으로 원만하게 이루어지지 않았다. 모리하루는 모치요에게 가독과 나가토를 제외한 소령을, 모치요의 동생 오우치 모치모리大內持盛에게는 나가토를 양여한다는 유언을 남겼다고 한다. 일설에는 모리하루가 모치모리에게 오우치씨 가독과 스오와 아키의 소령 일부를, 모치요에게 나가토·지쿠젠·부젠을, 일족인 오우치 미쓰요大內満世(요시히로·모리하루의 조카)에게는 이와미 니마군邇摩郡과 나가토 일부를 양여할 생각이었다고 한다.

그런데 무로마치 막부와 교섭하던 오우치씨 중신 나이토 지토쿠內藤智得가 모리하루의 유지를 내세워, 모치요의 오우치가 가독상속과 모치

모리의 나가토와 니마군·아키 일부 상속을 막부에 주장하였고, 막부가 이를 인정하였다고 한다. 여기에 불만을 품은 모치모리가 1432년 2월 10일 규슈 출진 중인 모치요를 공격하였다. 모치모리는 미쓰요를 가담시켜 오우치씨 영국을 장악하였고, 모치요는 이와미 미스미三隅씨를 의지하여 도망하였다. 그러나 모치요는 재지영주층의 지지를 얻어 3월 야마구치를 회복하였고, 모치모리·미쓰요는 오토모 모치나오에 의지했다. 제6대 쇼군 요시노리의 지지를 받아 슈리다이부修理大夫에 임명된 모치요는 세력을 강화하기 위해 막부에 오토모 지카쓰나大友親綱를 붙고, 기쿠이케 가네토모菊池兼朝를 지쿠고筑後 슈고로 임명하도록 공작하여 관철시켰다.

1433년 3월 막부가 오토모 모치나오·쇼니 미쓰사다 추토 명령을 내렸다. 이에 규슈로 내려온 모치요는 아키·이와미·이요의 재지영주들과 고노 미치히사河野通久·오토모 지카쓰나 등과 협력하여 쇼니 미쓰사다·쇼니 스케쓰구少貳資嗣 부자를 체포하고, 모치나오와 싸워 승리를 거두어 세력을 확대했다. 4월 모치모리는 부젠에서, 미쓰요는 교토에서 체포되었다. 1434년 쇼니 요시요리少貳嘉頼·오토모 모치나오가 다시 거병하자, 모치요는 1435년 다시 규슈로 내려가 북규슈를 안정시키고 쇼니씨를 멸망 직전까지 밀어붙인 데 이어 규슈 지바씨九州千葉氏 내분에도 관여했다.

1439년 규슈 원정을 마친 모치요는 야마구치로 돌아온다. 그러나 오우치씨 세력의 급격한 확대를 불안하게 여긴 쇼군 요시노리는 6월 모치요가 상경 명령에 따르지 않았다는 이유로 아키 소령을 몰수했다. 모치요는 1440년 요시노리에게 쇼니 요시요리·쇼니 노리요리少貳教頼 형제와의 화해를 요청하여 쇼니씨를 존속시키고, 자신도 교토로 갔다. 이는 쇼니씨와 동맹관계에 있던 쓰시마 소씨宗氏와의 관계 악화를 염려하였기 때문이라고 하는데, 모치요가 조선에 쓰시마 할양을 조건으로 군사동맹을 맺어 쇼니·소씨를 멸망시키고자 기도한 것이라고도 한다. 당시 조선은 세종 치세로, 상왕인 태종 이방원의 주도로 1419년 쓰시마에 이종무를 대장으로 한 쓰시마 정벌군을 파견한 적이 있다. 이 정벌은 쓰시마 도주가 조선에 신종하는 것으로 일단락되었지만, 모치요의 조선과의 군사동맹 체결과 소씨 멸망을 전제로 한 조선에의 쓰시마 할양 계획은 이 같은 조선의 움직임과 관련되어 있을 것으로 추정된다. 그러나 이 계획은 모치요의 돌연한 죽음과 함께 사라졌다.

한편 쇼군 요시노리가 1440년 잇시키 요시쓰라一色義貫·도키 모치요리土岐持頼를 살해하는 사건이 발생했다. 이때 모치요도 위험에 처하였으나, 1441년 3월 요시노리에 대항하는 이복동생 오우치 요시아키大內義昭를 보호하고 있던 사쓰마薩摩 시마즈 다다쿠니島津忠國가 모치요의 설득으로 요시아키를 자인하게 함으로써 요시노리와의 신뢰를 회복하였다. 그런데 6월 24일 아카마쓰 미쓰스케赤松滿祐가 유키 합전의 승전 축하연에서 쇼군 요시노리를 살해하였고, 이 자리에서 중상을 입은 모치요도 7월 28일 사망하였다(가키쓰의 난). 그의 뒤를 사촌동생(조카라고도 함)이자 양자인 오우치 노리히로大內教弘(모리하루의 아들)가 이어 스오·나가토·지쿠젠·부젠 등 4개 지역을 영유했다.

당주에 오른 노리히로는 막부의 명령에 따라 1442년 규슈탄다이 시부카와 노리나오澁川教直와 함께 쇼니 노리요리少貳教頼와 싸우고, 소씨에 의지하여 쓰시마로 도망간 쇼니씨를 토벌하기 위해 조선에 쓰시마 일부의 할양을 제안했다고 한다. 한편 노리히로는 1443년 야마나씨와 관계를 강화하기 위해 이와미 슈고 야마나 히로타카山名熙貴의 딸과 오우치 모치토요大內持豊(소젠宗全)를 결혼시켰다.

노리히로는 1446년 나가토 슈고다이 와시즈 히로타다鷲頭弘忠를 해임하고, 1448년 2월 17일 나가토 후카가와성深川城(山口縣長門市深川)에서 멸망시켰다. 와시즈씨는 오우치씨와 동족으로 오우치씨가 스오를 정복

할 때까지 스오 슈고였으며, 히로타다는 지쿠젠 가이타노쇼粥田莊의 본가 닌나지仁和寺의 다이칸 지위를 이용하여 료케領家인 곤고산마이인 金剛三昧院 다이칸을 추방하여 지배 하에 두려 하였다. 이 때문에 노리히로가 히로타다를 공격하였던 것이다. 이는 영내 장원을 보호하려는 노리히로의 의도를 나타낸다 하겠다.

오우치씨는 아키 동부 히가시사이조東西條(東廣島市)를 영유하고 있었는데, 노리히로가 아키 중앙의 분군分郡 슈고 다케다 노부시게武田信繁· 노부카타信賢 부자와 대립하여 1447년 아키로 침공하였다. 1457년 사위 이쓰쿠시마진자嚴島神社 간누시神主 사에키 지카하루佐伯親春가 노부카타에게 소령을 횡령당하고 노리히로에 의지하였다. 이에 노리히로는 노부시게의 거성 사토가나야마성佐東銀山城(廣島縣廣島市安佐南區)과 고이성己斐城(廣島縣廣島市西區己斐上四丁目)을 공격하였다. 그러나 막부 명령을 받은 모리 히로모토毛利熙元·고바야카와 히로히라小早川熙平·깃카와 유키쓰네吉川之經 등이 노부카타를 지원하여 노리히로의 아키 공격은 실패로 돌아갔다. 더욱이 막부는 싸움의 책임을 물어 노리히로에게서 오우치씨 당주 지위를 박탈하고, 적남 가메도마루龜童丸(후의 오우치 마사히로大內政弘)를 임명하였다.

한편 1459년 조로쿠 합전에 패한 시바 요시토시가 오우치씨를 의지하여 망명해 왔다. 1461년 1월 막부는 시바 요시토시를 보호하고 있다는 이유로 노리히로 토벌을 결정하고, 노리히로의 지배지인 히가시사이조를 다케다씨에게 안도하려 했다. 그리고 이 명령을 노리히로에게 전하기 위해 고바야카와 히로히라를 야마구치로 파견할 것을 검토하였다. 노리히로는 이에 반발하여 히라가 히로무네平賀弘宗·고바야카와 모리카게小早川盛景 등과 함께 히가시사이조로 출진하여, 호소카와씨 및 막부의 지원을 받은 다케다씨와 싸워 승리하였다. 그 결과 오우치씨 세력은 아키·이와미·비젠으로 확대되었다. 오우치씨는 조선·명과의 교역을 둘러싼 싸움에서도 호소카와씨에게 승리하여 국제교역에서 우위를 차지하였고(조일무역朝日貿易·일명무역日明貿易), 조선과도 통교하였다.

이렇듯 상황이 노리히로에게 유리하게 돌아가자, 막부는 1463년 노리히로에 대한 당주 해임 명령을 취소하였고 노리히로는 당당히 오우치 당주로 복귀하였다. 이즈음 노리히로가 출가한 것으로 보이며, 1465년 막부는 다케다씨에 대한 위 히가시사이조 안도 명령도 취소하였다. 한편 노리히로는 간레이로 막정을 장악하고 있던 호소카와씨와 대립하고 있어서, 막부와의 관계가 악화되어 간다. 1465년 8월 노리히로는 막부 명령에 따라 이요 고노 미치하루河野通春를 토벌하기 위해 이요로 도해했으나, 오히려 미치하루와 손잡고 시코쿠에서 호소카와 가쓰모토細川勝元군과 싸웠다. 그러나 노리히로는 1465년 9월 3일 고고시마興居島에서 사망하고 장남 오우치 마사히로大內政弘가 가독을 이었다.

마사히로는 아버지 노리히로와 마찬가지로 일명무역勘合貿易을 둘러싸고 간레이 호소카와 가쓰모토와 다투었고, 호소카와씨와 적대하는 이요의 고노 미쓰하루를 지원하였다. 이에 막부는 호소카와씨에게 오우치씨 추토의 명을 내리고, 이에 호응한 아키 분군 슈고 다케다 노부카타와 아키 재지영주 고바야카와 히로히라·모리 도요모토毛利豊元 등이 오우치군과 싸웠다.

한편 간토에서 추방되어 오우치씨에 의지하고 있던 시바 요시토시는 마사히로와 가쓰모토의 대립으로 마사히로로부터 이탈하여 1465년 12월 30일 교토로 돌아갔다. 그리고 요시토시는 쇼군 요시마사에게 사면되자, 1466년 7월 23일 시바 요시카도에 대신하여 시바씨 당주로 다시 복귀하여, 8월 25일 에치젠·오와리·도토미 슈고로 임명되었다. 요시카도는 1466년 단계에 하타케야마 요시히로·야마나 소젠(마사히로의 의조부)과 연결되어 있었고, 마사히로 역시 소젠과 결합되어 있었다. 이 때문에 마사히로가 오닌의 난 때 반호소카와 세력으로 활동하게 되었던 것이다.

오닌의 난이 일어나자, 마사히로는 서군 야마나 소젠과 협력하여 1467년 7월 1만 병력을 이끌고 상경하여 도지東寺에 진을 쳤다. 1468년 7월 서군이 쇼군으로 옹립한 요시미가 마사히로를 사쿄노다이부로 임명하자, 동군 측 쇼군 요시마사는 오우치 마사히로 등을 조적朝敵으로 지목하고 두 번에 걸쳐 토벌 명령을 내렸다. 이 명령에 따라 동군 측 쇼니 노리요리와 소 모리사다宗盛貞가 12월 마사히로가 부재하는 지쿠젠을 침공하였으나 마사히로 측에게 격퇴되었다. 그런데 1470년 쇼니씨, 호소카와씨 등의 사주를 받은 마사히로의 숙부 오우치 노리유키大內敎幸(도톤道頓)가 아카마가세키赤間關(下關市)에서 모반하여 거병하였다(오우치 도톤의 난大內道頓の亂). 마사히로는 마스타 사다카네益田貞兼를 급히 귀향시키고, 야마구치에 남아 있던 중신 스에 히로모리陶弘護에게 반란 진압을 명했다. 히로모리 등의 활약으로 부젠까지 내몰린 노리유키는 1472년 자인하고, 난은 진압되었다.

1473년 야마나 소젠·호소카와 가쓰모토가 연달아 병사하면서 야마나씨와 호소카와씨는 화해하였으나, 마사히로는 요시미를 교토의 자택으로 맞아들이고 싸움을 계속했다. 그러나 싸움은 소규모로 잦아들고, 요시마사도 1474년 11월 13일 마사히로를 사쿄노다이부에 임명하는 등 회유하는 태도를 취했다. 마침내 1476년 9월 마사히로는 요시마사가 중재하는 동·서 화해 요청을 수락하고, 1477년 막부는 동군이 오우치령을 공격하지 않는다는 것과 마사히로가 화해조건으로 제시한 고노 미치하루의 사면에 응한다는 조건으로 호소카와씨와의 대립은 일단락되었다. 마사히로는 10월 쇼군에 취임한 아시카가 요시히사의 이름으로 스오·나가토·부젠·지쿠젠 등 4개 지역 슈고로 임명되었으며, 11월 귀로에 올랐다.

1477년 12월 23일 마사히로는 야마구치에 도착하고, 1478년 규슈로 출병하여 쇼니씨를 공격하였다. 이 싸움에서 승리한 마사히로는 부젠·지쿠젠을 확보하고, 아키·이와미 호족과 재지영주 등을 신종시켜 북규슈와 세토 내해의 해적세력海賊衆을 평정하여 서국西國 지배권 확립에 힘썼다. 그러나 마사히로가 야마구치를 비운 사이 오우치 노리유키의 반란을 진압했던 스에 히로모리가 영국을 장악하여 마사히로와 대립하게 된다.

이러한 상황 속에서 1482년 마사히로 거관에서 스에 히로모리가 요시미 노부요리吉見信賴에게 살해되었다(야마구치오우치 사건山口大內事件). 이 사건의 원인으로 스에씨 및 친척인 마스타씨와 요시미씨의 대립을 들고 있으나, 히로모리에게서 실권을 되찾으려 한 마사히로가 배후에서 조종했다고도 한다. 어쨌든 최고 실력을 가진 중신 스에 히로모리가 사라져 마사히로는 가중家中을 장악할 수 있게 되었고, 지배기구를 재편하여 권력을 강화하여 영국 재건에 힘썼다.

마사히로는 1480년 소반슈로 임명되었고, 1487년 9대 쇼군 요시히사가 행한 오미 롯카쿠 다카요리 토벌(조쿄·엔토쿠의 난長享·延德の亂) 때에는 가신 도이다 히로타네問田弘胤를 파견하였다. 1490년 마사히로는 조정이 도다이지령東大寺領으로 하사한 스오 고쿠가령國衙領 모쿠다이代에 자식인 오우치 다카히로大內高弘(손코尊光)를 임명하였다. 이후 고쿠가령의 조세는 오우치씨가 징수하여 도다이지에 보내기로 했으나, 걷은 세금을 도다이지에 보낸 일은 없었다고 한다. 이것은 마사히로가 오우치씨 영내에 있는 도다이지 소유의 고쿠가령을 몰수하는데 성공하였음을 나타낸다.

1491년 10대 쇼군 요시타네가 마사히로에게 다시 롯카쿠 다카요리토벌을 명하여, 마사히로는 적자인 오우치 요시오키와 함께 1492년 상경하여 참진한다. 그러나 1494년 중풍의 악화로 요시오키에게 가독을 물려주고 은거하다 1495년 50세로 사망하였다.

위에서 알 수 있듯이 오우치씨의 가독상속은 그리 원만하지는 않았다. 무로마치 막부기만 해도 5건이나 된다(요시히로-미쓰히로, 모리하루-히로시게, 모치요-모치모리, 노리하루-노리유키, 요시오키-다카히로). 이에 노리히로의 아들 마사히로가 부·조의 연기법요^{年忌法}要와 계보 정비에 나서고, 조정을 움직여 역대 당주의 증위를 기도하였다. 그리고 마사히로는 오우치씨의 조상이 백제 성왕의 셋째 아들인 임성태자의 자손이라는 막연히 전해오던 조상신화를 강조하기에 이른다. 이 주장의 배경에는 조선과의 무역을 원활히 하려는 의도가 있었으나, 또한 일족·가신에 대한 당주의 권위를 조선 왕의 권위를 빌려 강화하려 한 것이었다.

오우치 요시오키는 1477년 오우치씨 제29대 당주 마사히로의 아들로 태어났다. 어린 시절 이름은 가메도마루였으며, 1488년 3월 13일 교토에서 원복하고 쇼군 요시히사에게서 요시義를 받아 요시오키라 하였다. 요시오키는 1492년 아버지를 따라 롯카쿠 다카요리 토벌에 출진하였는데, 1493년 간레이 호소카와 마사모토가 쇼군 아시카가 요시키足利義材를 유폐하는 사건이 발생했다(메이오의 정변). 요시오키는 군사를 셋쓰 효고에 주둔시키고 사태의 추이를 관망하였다. 이 정변과 관련하여 윤4월 호소카와 마사모토 측 다케다 모토노부의 부하가 교토에 체재하고 있던 요시오키의 누이동생을 유괴하기도 하고, 8월에는 마사히로가 요시오키의 측근에게 절복을 명하는 사건도 일어났다.

이 사건들은 호소카와 마사모토가 마사히로가 요시키를 지원하는 것을 두려워해서 발생한 것이었다. 마사모토는 마사히로가 인질을 취해 젊은 요시오키에게 압력을 가한 것에 대한 대응이 적절하지 않다고 보았고, 이에 어쩔 수 없이 마사히로는 요시오키의 측근을 절복케 한 것으로 판단된다. 그러나 요시오키의 교토 체류는 자신과 관련 없던 영국의 신하들과 유대관계를 맺는 데 크게 도움이 되어, 요시오키가 가독을 계승한 후의 영국 지배에 일조하였다. 1494년 요시오키는 마사히로가 병으로 은거하자 그의 뒤를 이어 가독을 상속하고, 마사히로는 요시오키를 후견하였다.

1495년 9월 18일 마사히로가 사망하고, 요시오키가 가독을 상속할 즈음 오우치 영내에서는 여러 사건들이 발생한다. 요시오키에 종군하여 기나이로 출진한 스에 다케모리陶武護가 1492년 갑자기 도망하여 출가하더니, 1495년 2월 자신을 이어 가독을 상속한 동생 스에 오키아키陶興明를 살해하고 다시 가독이 되었다. 그리고는 나가토 슈고다이 나이토 히로노리內藤弘矩가 요시오키의 동생 오우치 다카히로를 옹립하려 한다며 요시오키에게 참언하였다. 요시오키는 이 말을 믿고 히로노리와 그의 아들 나이토 히로카즈內藤弘和를 주살하였으나, 나중에 모함이었다는 것을 알고 참언한 다케모리를 주살한다.

요시오키는 나이토 히로노리의 딸을 정실로 맞아들이고, 히로노리의 동생 나이토 히로하루內藤弘春에게 나이토씨를 재흥하게 하였으며, 스에씨도 막내 스에 오키후사陶興房에게 승계하게 하여 재흥시켰다.

동생 다카히로를 옹립하려는 움직임은 1499년 중신 스기 다케아키라杉武明의 반란으로 나타난다. 이 난을 진압한 요시오키는 다케아키라를 자인하게 하고, 다카히로는 오토모 지카하루大友親治를 의지하여 분고로 망명한다.

이렇듯 스에 히로모리·다케모리, 나이토 히로노리 등 유력 중신이었던 스에씨·나이토씨를 일시에 몰락시킴으로써 요시오키의 지위는 안정되었다.

한편 오토모 마사치카大友政親는 대립관계에 있던 오우치 마사히로의

218

누이동생을 처로 맞아들이고, 그녀가 낳은 오토모 요시스케大友義右에게 가독을 상속하게 하여 오토모씨와 오우치씨는 상호 안정된 관계를 유지했다. 그러나 1496년 요시스케가 급사하자, 요시스케와 대립하던 아버지 마사치카가 요시스케를 독살했다는 소문이 나돌고, 실권을 잡은 마사치카가 북규슈 오우치령에 침입하기 위해 병사를 일으켰다.

오우치령에 침입하던 도중에 오토모 마사치카가 탄 배가 조난하는 일도 있었으나, 마사치카는 오우치씨 본거지인 나가토에 도착하였다. 이에 격분한 요시오키가 오토모 마사치카를 붙잡아 절복하게 했다. 이 사건의 배후에는 세력을 확대하고 있던 오우치씨와 호쿠리쿠에 망명 중인 전 쇼군 요시키와의 연휴를 두려워한 호소카와 마사모토가 오토모씨를 이용하여 오우치씨를 견제하려 한 계책이 있었던 것으로 보인다.

요시오키는 오토모 지카자네大友親實(다이쇼인 소신大聖院宗心. 오토모 지카쓰나의 아들)를 오토모가의 후계자로 삼으려 했으나, 마사치카의 동생 오토모 지카하루大友親治의 반항으로 실패하였다. 한편 1499년 반란에 실패하고 오토모씨를 의지하여 망명한 오우치 다카미쓰(다카히로)는 호소카와 마사모토가 옹립한 쇼군 아시카가 요시타카足利義高(요시토=요시즈미. 이하 요시즈미)에게서 이름 한 자를 하사받아 오우치 다카히로大友高弘로 개명하였다. 한편 지쿠젠 탈환을 노리고 있던 쇼니 마사스케少貳政資·다카쓰네高經 부자도 오토모 마사치카·지카하루 형제와 결합하여 히젠肥前에서 지쿠젠으로 군사를 내어 오우치군에 맞섰다. 요시오키는 1496년 말 아카마가세키赤間關에 군사를 집결시켜 1497년 지쿠젠으로 침공한 쇼니 부자를 격파하고, 히젠으로 침공하여 4월 그들을 자인하게 했다. 또한 쇼니씨의 공격을 받고 있던 규슈탄다이 시부카와 다다시게澁川尹繁를 지원하여 세력을 확대하였다. 그러나 우사군宇佐郡 군다이 사다 야스카게佐田泰景가 오토모군에 체포되는 등 고전하기도 했다.

이렇듯 오우치씨와 오토모씨의 싸움이 한창인 가운데, 1500년 1월 30일 교토를 떠나 망명중인 전 쇼군 아시카가 요시타다義尹(요시키義材→요시타다義尹(1498)→요시타네義植(1513). 이하 요시타네)가 요시오키를 의지하여 야마구치로 들어왔다. 요시타네는 스스로를 현직 쇼군이라 주장하면서 야마구치에 막부를 설치하였다. 요시오키도 호소카와 마사모토에 대항하여, 요시타네를 옹립하여 상경하려 했다. 이에 대해 아시카가 요시즈미·호소카와 마사모토는 오토모 지카하루·오우치 다카히로·쇼니 스케모토資元(마사스케政資의 3남)·기쿠치 다케유키菊地武運·아소 고레나가阿蘇惟長 등에게 요시오키 토벌을 명하고, 1501년 7월 23일 고카시와바라 천황後柏原天皇에게서 요시오키 토벌의 윤지綸旨를 얻어냈다. 요시오키는 졸지에 조정의 적朝敵이 되었고, 쇼군 요시즈미는 서일본 다이묘와 유력 재지영주 28명에게 요시오키 토벌을 명했다.

그러나 오우치령 부젠으로 쳐들어온 오토모·쇼니 연합군에게 반격을 가한 요시오키는 7월 서쪽으로는 부젠의 요소 우마가다케성馬岳城(福岡縣行橋市大字津積字馬ヶ岳)을 되찾고, 동으로는 요시오키 토벌을 명받은 아키의 모리 히로모토毛利弘元를 자신 편으로 끌어들이는 데 성공하였다. 그리고 나서 아시카가 요시타네의 중재로 오토모 마사치카와 화해하고, 1507년 쇼니 스케모토와도 화해하였다. 이로써 요시오키는 북규슈에서 계속 세력을 유지하였다.

요시오키는 1504년경부터 상경을 계획하여 영내에서 임시 단센段錢을 징수하였다. 그러던 중 1507년 6월 요시즈미를 쇼군으로 옹립하여 막정을 좌지우지하던 호소카와 마사모토가 암살되고(에이쇼의 난), 호소카와씨 내부에서도 대립·항쟁이 지속되었다. 이를 호기로 판단한 요시오키는 전 쇼군 아시카가 요시타네의 상경을 구실로 규슈·주고쿠中國 다이묘들에게 군사동원령을 내린다. 11월 미기타 히로아키右田弘詮 등에게 영국 수호를 맡기고, 야마구치를 출발하여 12월 빈고까지 진출했다. 호소카와씨는 분열하여 마사모토의 양자인 호소카와 다카쿠니가 요시오키 측에 가담하여 마사모토의 또 다른 양자 호소카와 스미모토와 대립하였다. 1508년 3월 호소카와 스미모토는 다카쿠니·요시오키에게 압박을 받고 쇼군 요시즈미와 함께 오미로 도망하였다. 4월 26일 요시타네를 대동하여 사카이로 들어온 요시오키는 기나이의 호소카와 스미모토 측을 평정하고 있던 호소카와 다카쿠니와의 연휴를 강화하였다. 5월 5일 다카쿠니를 호소카와 게이초가(호소카와씨 종가)의 당주로 인정하는 요시타네의 명령서御內書가 내려졌다.

마침내 6월 8일 요시타네와 요시오키가 교토로 들어왔다. 요시오키는 7월 1일 아시카가 요시타네를 쇼군직에 복귀시키고, 자신은 사쿄노다이부·간레이다이管領代로 임명되어 호소카와 다카쿠니와 함께 막정을 수행했다. 쇼군에 복귀한 요시타네는 요시오키의 군공을 인정하여 쇼코쿠지 스주인령崇壽院領이었던 이즈미 사카이미나미노쇼堺南莊(사카이 남쪽 반)를 주었으나, 요시오키가 은상을 거절하고 사카이미나미노쇼를 쇼코쿠지에 반환했다. 이에 요시타네는 그 대신 요시오키에게 야마시로 슈고직을 부여하였다. 교토·나라의 공가와 사사는 이러한 사사령 보호를 공언한 요시오키의 태도에 호감을 나타냈다.

요시타네를 쇼군으로 복귀시킨 요시오키는 불안한 영내 정세를 염려하여 귀향을 서둘렀으나, 호소카와 스미모토·미요시 유키나가 등이 교토 탈환을 위해 공격해 왔기 때문에 귀국이 어려웠다. 그러던 중 1508년 12월 나라 도다이지가 1490년 이래 오우치씨가 몰수한 스오 고쿠가령의 반환을 요구하며 절을 폐문했다. 이에 조정과 막부는 도다이지의 폐문을 풀기 위해 요시오키에게 몰수한 고쿠가령의 반환을 종용하였다. 도다이지는 고후쿠지興福寺 등 다른 유력 사원에 고쿠가령 반환에 동조해줄 것을 요청하였으나, 유력 사사들은 요시오키가 사사 소령 보호정책을 포기할 것을 우려하여 이 요청을 거절하였다. 그러나 이미 사카이 미나미노쇼를 쇼코쿠지에 반환한 적이 있던 요시오키는 조정과 막부, 그리고 도다이지의 압력을 이기지 못해 1509년 고쿠가령의 도다이지 반환을 표명하여 사태를 수습하였다.

한편 1509년 6월 뇨이가타케 싸움에서 패배한 호소카와 스미모토 등이 시코쿠 아와로 물러나자, 요시오키는 1510년 1월 호소카와 다카쿠니와 함께 오미로 침공하였다. 그러나 스미모토를 지지하는 이 지역 재지영주들의 반항이 강하여 스미모토 측에 대패했다. 상황이 이렇게 되자 요시즈미 측은 일대 결전을 결의하고, 1511년 7월 셋쓰로 침공하였다(아시야가와라 합전芦屋河原の合戰). 이에 요시오키는 다카쿠니와 함께 요시즈미 측을 영격하였지만, 셋쓰와 이즈미에서 모두 패배(후카이성 합전深井城の合戰)하고 단바로 도주했다. 그러나 8월 14일 아시카가 요시즈미가 급사하는 호조건에 힘입어, 8월 23일 후나오카야마성의 결전에서 호소카와 스미모토군을 격파하고 다시 교토를 탈환했다(후나오카야마 합전船岡山合戰). 요시오키는 아키 재지영주 다가야 다케시게多賀谷武重에게 사카이 수호를 명했고, 다가야 다케시게가 사카이를 잘 지킨 결과 호소카와 스미모토를 지원하는 시코쿠에서의 원군을 막아낼 수 있었다.

위와 같은 활약으로 요시오키는 1512년 3월 종3위에 임명되어 공경의 반열에 올랐다. 이것은 쇼군 아시카가 요시타네의 의향을 뿌리친 고카시와라 천황의 결단에 의한 것이었다. 그리고 요시오키는 딸을 아시카가 요시쓰나(요시즈미의 차남)에게 시집보내 쇼군가와 친척이 되었다. 1516년 쇼군 요시타네는 오우치씨에게 일·명무역遣明船派遣을 관장하는 권한을 항구적으로 보장한다는 명령서御內書(奉行人奉書)를 내렸다. 이는 쇼군이 호소카와 다카쿠니의 의견을 거부한 것으로, 후의 영파의 난寧波の亂의 원인이 되었다.

그런데 쇼군 요시타네와 다카쿠니의 사이가 서서히 나빠지고, 장기간에 걸친 교토 체재에 지친 이와미와 아키의 재지영주들이 멋대로 귀향해 버렸다. 이러한 상황에서 이즈모出雲의 아마고 쓰네히사가 오우치씨 영국을 공격하여 왔다. 요시오키는 1517년 이와미 슈고로 임명받고, 재경한 채로 아마고씨를 물리치기 위해 마스타씨와 요시카와씨 등 이와미 재지호족들과 손잡았으나 아마고씨의 세력 확대를 제압하기는 어려웠다. 이에 요시오키는 1518년 8월 2일 간레이다이직에 사표를 내고 사카이를 출발하여 10월 5일 야마구치로 돌아왔다.

야마구치로 돌아온 요시오키는 이반의 움직임을 보인 아키의 다케다 모토시게武田元繁·미쓰카즈光和 부자와 도모다 오키후지友田興藤를 공격하였다. 그러나 1523년 아마고 쓰네히사가 아키로 진출하여 다케다씨, 도모타씨 등과 협력하며 오우치령을 본격적으로 공격하였다. 이와미 하시우라波志浦가 아마고군에 공략되었고, 아키에서는 오우치씨에게 종속해 있던 모리씨가 요시오키를 이반하여 아마고 측으로 가세하였다. 쓰네히사는 모리가의 당주 모리 고마쓰마루毛利幸松丸의 후견이었던 모리 모토나리毛利元就를 이용하여 오우치씨의 아키 경영거점인 사이조西條 가가미야마성鏡山城(廣島縣東廣島市西條町)을 공략했다(가가미야마성 싸움鏡山城の戰い). 이로써 아마고씨는 일시적이기는 하나 오우치씨를 압도했다.

요시오키는 아키·이와미로 출병하여 아마고씨에 대항하였으나 전과를 올리지는 못하였다. 그러다가 1524년 아키 이쓰쿠시마嚴島에 있던 도모타씨의 거점 사쿠라오성櫻尾城(廣島縣廿日市市櫻尾本町)을 공략하고, 다케다씨의 거점 사토 가나야마성 공방전에서 아마고씨를 격파하였다. 1525년 모리씨를 이은 모리 모토나리가 아마고씨를 이반하여 다시 요시오키 측으로 가담하면서 요시오키는 아키에서 어느 정도 세력을 회복하였다. 아마고씨는 빈고 슈고로 산인山陰 지역 동부를 지배하던 야마나山名씨와도 다투고 있었기 때문에, 요시오키는 이와미에서도 세력을 회복하였다.

나아가 요시오키는 북규슈의 쇼니 스케모토少貳資元 등과도 싸워 전황을 유리하게 이끌었다. 마침내 빈고는 북쪽에서 진출한 쓰네히사와 요시오키의 명을 받아 오우치군을 이끄는 스에 오키후사가 서쪽에서 침략하여 슈고 야마나씨 세력이 약화되었고, 그리하여 빈고는 아마고씨와 오우치씨가 쟁탈하는 무대가 되었다. 오키후사는 1527년 호소사와야마 싸움細澤山の戰い에서 아마고 쓰네히사를 격파하고, 야마나 노부토요山名誠豊·야마노우치 나오미치山內直通 등과 함께 아마고씨에 대항했다.

1528년 7월 아키 가도야마성門山城(廣島縣廿日市市大野) 공격의 진중에서 병으로 쓰러진 요시오키는 야마구치로 돌아온 직후 12월 20일 향년 52세로 사망하였다. 그의 적남 오우치 요시타카大內義隆가 그 뒤를 이었다. 당시 오우치씨는 스오를 비롯해 나가토·이와미·아키·빈고·부젠·지쿠젠 등을 영유하는 명실공히 서일본 제일의 센고쿠다이묘로 전성기를 맞았고, 명과의 교역을 독점하였다. 학문·예술에 열심이고 영내에서의 기독교 포교를 인정한 요시타카는 공가와 선교사를 적극 보호하여, 오우치 영내에는 독특한 야마구치 문화山口文化가 꽃피어 문화의 전성기를 맞았다.

2) 오토모씨大友氏

오토모씨의 시조로 알려진 오토모 요시나오大友能直는 사가미 아코군愛甲郡 후루쇼 고시古莊鄉였던 곤도(후루쇼) 요시나리近藤(古莊)能成의 아들로 태어나, 후루쇼 요시나오古莊能直로 개명하고 다시 곤도 요시나오近藤能直로 개명하였다. 그 후 어머니의 생가 하타노 쓰네이에波多野經家(大友四郎經家)의 영지 사가미 아시가라카미군足柄上郡 오토모고大友鄉를 계승한 후 오토모 요시나오라 하였다. 오토모 요시나오는 아버지 요시나리가 빨리 세상을 떠나서인지 이모부 나카하라노 지카요시中原親能의 유

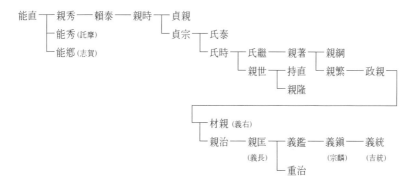

자猶子가 되어 나카하라 요시나오中原能直라고도 했다. 아버지 요시나리의 동생은 무토 요리히라武藤賴平로, 그의 유자가 바로 쇼니씨의 조상인 무토 스케요리武藤資賴다. 그리고 미나모토노 요리토모源賴朝 창업 이래의 고케닌이었던 곤도 구니히라近藤國平가 사촌이며, 동생 다무라 나카노리田村仲敎의 자손이 후의 미즈노야水谷씨다.

오토모 요시나오의 어머니 도네노쓰보네利根局는 미나모토노 요리토모의 첩이었고, 양부 나카하라노 지카요시는 요리토모의 측근이었다. 즉 요시나오는 요리토모의 서자였고 그 때문에 요리토모의 총애를 받아 후에 오토모씨가 흥성하였다고도 하는데, 이 설은 신빙성이 약하다. 여하튼 요시나오는 1188년 17세로 원복하고, 그해 10월 14일 미나모토노 요리토모의 추천으로 사콘노쇼겐左近將監에 임명되었다. 병으로 사가미 오토모고에 있던 요시나오는 12월 17일 요리토모의 저택 오쿠라고쇼大倉御所에서 처음 출사하였다. 1189년 오슈 합전奧州合戰에 종군하고 요리토모의 긴주近習로 종사하였으며, 1193년에는 소가 도키무네曾我時致가 요리토모를 습격하여 태도太刀를 뽑으려 하자 그것을 막았다고 한다.

1196년 정월 11일 부젠·분고의 양국 슈고 겸 진제이부교鎭西奉行로 임명된 요시나오는 현지로 내려가 6월 11일 분고 하야미군速見郡 하마와키우라浜脇浦로 들어갔고, 1207년경 지쿠고筑後 슈고로도 임명되었다. 그는 규슈 임지와 교토를 왕래하며, 1213년 와다 합전和田合戰에서는 교토 로쿠하라六波羅에 체재하고 규슈에는 슈고다이를 배치하였다. 1223년 11월 27일 교토에서 사망한 요시나오의 뒤를 오토모 지카히데大友親秀가 이었으나, 지카히데는 1236년 아들 오토모 요리야스大友賴泰에게 가독을 물려주었다.

오토모 요리야스는 1271년까지는 주로 교토와 가마쿠라에서 활동하다, 1272년 분고로 내려가 쇼니씨와 함께 규슈 군정을 담당했는데 그의 규슈행은 몽골 침략을 방어하기 위해서였다고 한다. 그런데 오토모씨의 흥륭은 미나모토노 요리토모와의 개인적인 친분에 의한 것으로, 그 위치는 미나모토가源家의 멸망 후 호조씨 싯켄執權 체제 하에서는 미묘한 것이었다. 그러한 연유로 요리야스는 1272년 분고로 내려가 정착한 것으로 보인다. 1274년 요리야스는 도리카이가타 싸움鳥飼潟の戰い에서 원군元軍을 격파하여 원군의 내륙 침공을 저지하였다. 1281년 원의 제2차 침입 때도 시카노시마 싸움志賀島の戰い에서 분투하여 김방경金方慶과 홍다구洪茶丘 등이 이끄는 여원麗元연합군에 대승을 거두어 여원연합군을 시카노시마에서 몰아냈다. 요리야스의 이 같은 공이 오토모씨 흥륭의 기초를 닦았고, 이후 오토모씨는 분고에 정착하여 일족 서자를 재지호족의 양자로 보내 소령을 탈취하면서 세력을 확대하였다.

요리야스는 1300년 9월 17일 사가미에서 사망하였다. 그가 가독을 오토모 지카토키大友親時에게 언제 물려주었는지는 알 수 없으며, 지카토키는 요리야스에 앞서 1295년 사망하였다. 지카토키의 뒤를 이은 것은 그의 아들(혹은 동생) 오토모 사다치카大友貞親인데 그 역시 1311년 사망하여, 그의 동생 오토모 사다무네大友貞宗가 가독을 이었다. 사다무네는 막부가 파견한 진제이탄다이鎭西探題 호조 히데토키北條英時에 출사하여, 1333년 3월 고다이고 천황後醍醐天皇의 밀명을 받은 기쿠이케 다케토키菊池武時를 히데토키와 쇼니 사다쓰네少貳貞經 등과 함께 패사시켰다. 그러나 5월 아시카가 다카우지가 교토 로쿠하라탄다이六波羅探題를 공략하자, 사다무네는 시마즈島津씨와 함께 히데토키를 배신하고, 쇼니 사다쓰네 등과 함께 히데토키를 공격하여 멸망시켰다. 이 공적으로 사다무네는 분고 슈고로 임명되었으나, 12월 3일 교토에서 사망하고 오토모 우지야스大友氏泰가 그의 뒤를 잇는다.

가마쿠라 막부 멸망 후 고다이고 천황이 겐무 신정을 연다. 고다이고 천황을 이반한 아시카가 다카우지는 셋쓰에서 패하여 규슈로 도망하였다. 쇼니씨가 다카우지를 맞아들이고, 오토모 우지야스는 쇼니씨와 함께 다타라하마 싸움多々良浜の戰い에서 고다이고 천황 측의 기쿠이케씨를 격파하였다. 이후 우지야스는 다카우지의 재거병에 힘을 쏟은 공적으로 분고 외에 히젠·부젠·휴가日向 슈고로 임명되었다. 1362년 우지야스가 사망하고 그의 동생 오토모 우지토키大友氏時가 뒤를 이었다. 당시 규슈 지역은 남조세력인 기쿠미쓰菊池武光가 강성하였기 때문에 우지토키는 쇼니 요리히사少貳賴尙와 함께 기쿠이케군에 대항하였다. 1368년 우지토키가 병으로 사망하고, 그의 뒤를 적남 오토모 우지쓰구大友氏繼가 이었다.

한편 오토모씨는 규슈탄다이와 일정 거리를 유지하였으나, 남북조 시기인 1370년 막부가 남조세력인 가네요시신노懷良親王의 정서부征西府를 토벌하기 위해 이마가와 사다요를 규슈로 파견하자, 오토모 우지쓰구의 동생 오토모 지카요大友親世가 사다요에 접근하여 소령을 확대하였다. 이로 말미암아 오토모씨는 분열되었고, 이 분열 상태는 1444년 우지쓰구의 손자 오토모 지카시게大友親繁가 양파의 지지를 얻어 가독을 상속할 때까지 지속되었다. 가독은 우지쓰구와 지카요의 후손들이

번갈아 상속하기로 하여 양가는 대립하면서도 협조하는 관계를 유지하였다. 규슈가 평정되자, 단다이직探題職을 원하던 오우치 요시히로는 오토모씨와 사다요에 연합하고자 하였으나 거절당하였다. 1399년 요시히로가 사카이에서 거병하여 오에이의 난이 일어나자, 지카요는 쇼군 요시미쓰에게 사다요가 오우치씨와 내통하고 있다고 참언하였다. 그리하여 사다요는 이마가와 나카아키今川仲秋에게 슈고직을 빼앗기고 실각하였다. 오우치씨는 오에이의 난으로 일시 쇠락하나, 이후에도 오토모씨·쇼니씨의 항쟁은 계속되었다.

1431년 12대 당주 오토모 모치나오大友持直는 쇼니씨와 연합하여 규슈의 막부령을 관리하던 오우치 모리하루大內盛見를 쳐서 규슈에서 권익을 확보하였다. 그러나 이 때문에 모치나오는 쇼군 요시노리의 노여움을 사 슈고직을 박탈당하고, 슈고직은 일족인 오토모 지카쓰나(제13대 당주)에게 넘어가고, 오토모씨가 계승하여 온 지쿠고 슈고직은 기쿠이케씨에게로 넘어갔다. 그리고 오우치 모치요의 모치나오 추토군이 규슈로 파견되었다. 이로 말미암아 오토모씨는 모치나오 측(모치나오, 지카아키親著, 오토모 지카시게)과 막부 측(지카쓰나, 오토모 지카타카 등)으로 분열했다. 1435년부터의 히메다케 합전姬岳合戰에서 모치나오는 이요 슈고 고노 미치히사河野通久를 패사시키는 등 강력히 대항하였으나 결국 패배하고, 이후 모치나오의 행적은 알 수 없다.

1444년 제15대 당주에 오른 오토모 지카시게大友親繁는 오토모씨의 내부혼란을 해결하기 위해 가신단 통제를 강화하고, 영국 지배를 강화하였다. 그리고 해외무역에 주목하여 적극적으로 조선으로 사절을 파견하여 막대한 이익을 취하였다. 지카시게는 1460년 우스키노쇼臼杵荓 영유를 둘러싸고 이요 고노 노리미치河野教通와 다투고, 1467년 오닌의 난에서는 동군에 가담하였다. 동군으로부터 오토모 노리유키大友教幸를 원조하고 서군을 토벌하라는 명령을 받았다. 지카시게는 1476년

장남 오토모 마사치카大友政親에게 가독을 물리고 은거하다 1493년 83
세로 사망했다.

지카시게 사후 마사치카와 마사치카의 아들 오토모 요시스케大友義右
(지카토요親豊)가 대립하는 내분이 발생하여, 1496년 5월 3일 마사치카가
지쿠젠으로 도망하였다. 1496년 5월 17일 오토모 요시스케가 사망하
고(마사치카가 독살하였다는 소문이 돌았다), 마사치카는 지쿠젠에서 돌아
와 북규슈 오우치령을 침입하기 위해 거병한다. 그러나 다치바나야마
성立花山城(福岡縣福岡市東區)으로 향하던 배가 조난되는 바람에 오우치씨
의 본거지 나가토에 표착하였다. 마사치카는 오우치 요시오키가 보낸
스기 시나노노카미杉信濃守에게 붙들려, 나가토 후나키 지조인舟木地藏院
에서 53세로 절복切腹했고, 오토모씨는 일시에 멸망의 위기에 처했다.
이에 마사치카의 동생 오토모 지카하루大友親治가 당주에 올라 내분을
수습하고, 다음 당주 오토모 요시나가大友義長가 히고肥後로 진출하는
등 센고쿠다이묘로 발전해 간다.

당시 북규슈는 오우치 요시오키 세력이 강하였다. 요시오키가 1493
년 메이오의 정변으로 간레이 호소카와 마사모토에게 추방당한 아시
카가 요시타네를 옹립하고 있었기 때문에, 오토모 지카하루는 당초
오우치씨의 지원을 얻기 위해 요시타네에게 접근하였다. 그런데 요시
오키가 다이세이인大聖院 소신宗心(오토모 지카쓰나의 6남)의 가독상속을
주장하면서 오토모 지카타다親匡(요시나가義長) 가독상속의 정당성을 부
정했다. 오토모씨와의 적대를 바라지 않은 요시타네의 중재로 오우치
요시오키와 오토모 지카하루가 일시 화해하였으나, 지카하루·지카타
다 부자는 호소카와와 마사모토가 옹립한 쇼군 요시즈미에게 접근하였
다. 마사모토의 도움으로 오토모 요시나가義長(지카타다)는 부젠으로
진출하여 소신을 스오로 추방하였다. 요시나가는 1501년 쇼군 요시즈
미로부터 가독을 승인받고 분고·지쿠고·부젠의 슈고로 임명받아 오토

모씨의 정당한 상속자로 인정받게 되었다.

오토모 요시나가는 잠시 요시즈미 측의 장수로 쇼니 스케모토少貳資元 등과 함께 요시타네·오우치씨와 적대하였다. 그런데 1507년 에이쇼의 난으로 호소카와 마사모토가 암살되어 기나이 지역이 혼란에 빠지고, 그 틈을 타서 오우치 요시오키가 전 쇼군 요시타네를 옹립하여 교토로 올라갔다. 이런 상황 속에서 요시나가는 요시즈미를 이반하고 오우치씨와 화해하기 위해 요시오키에게 자금을 제공하여 원조하고, 요시타네가 쇼군에 복귀하자 부젠 슈고직을 요시오키에게 양도했다.

히고肥後에서 기쿠이케씨의 가독을 둘러싼 싸움이 발발하자, 요시나가는 겉으로는 기쿠이케 마사타카菊池政隆를 지지하면서 비밀리에 아소 고레나가阿蘇惟長(기쿠이케 다케쓰네菊池武經)를 지원했다. 1506년에는 공공연히 고레나가를 지원하여 히고·지쿠고로 침공하였고, 1509년 기쿠이케 마사카타를 자인하도록 몰아갔다. 그리고 지쿠고를 손에 넣자 이젠 쓸모없어진 고레나가를 내몰아 사쓰마薩摩로 추방하였다. 또한 지쿠고 호시노星野씨 등 재지영주들이 오우치씨와 내통하여 모반을 일으키자, 군사를 발진하여 대치한 끝에 1513년 재지영주들을 진압했다.

요시나가는 은거한 아버지 지카하루와 함께 영국을 통치하였는데, 1515년 아들인 오토모 지카야스大友親安(요시아키義鑑)에게 가독을 물리고도 아버지와 마찬가지로 영국 지배의 실권을 계속 장악하였다. 요시나가는 지카하루와 함께 1518년 다이세이인 소신의 옹립을 기도한 중신 구타미 지카미쓰朽網親滿의 반란을 제압하였으나, 1518년 아버지에 앞서 사망하였다. 요시나가는 아버지와 함께 오토모씨의 센고쿠다이묘화에 크게 기여한 명군이었다.

오토모 지카야스는 1502년 오토모 요시나가의 아들로 태어나 1515년 어린 나이로 가독을 이었으나, 1518년까지 할아버지와 아버지의 보좌를 받고, 아버지가 사망한 후에는 할아버지가 사망한 1524년까지 보좌를 받았다. 위에서 보았듯이 1518년 구타미 지카미쓰의 반란이 진압되었고, 지카야스는 1524년 3월 9일 슈리노다이부에 임관하였으며, 쇼군 요시쓰나의 이름 한 자를 받아 오토모 요시아키大友義鑑로 개명하였다.

요시나가 시기에 내분은 수습된 상태였기 때문에, 요시아키는 영지 확대에 적극 나섰다. 우선 명족 기쿠이케씨가 내분으로 약해져 있어서 이렇다 할 세력이 없던 히고 쪽으로 눈을 돌렸다. 요시아키는 동생 오토모 시게하루大友重治(기쿠이케 요시타케)를 기쿠이케가의 양자로 들여 보내 히고 지배를 노렸으나, 시게하루와 요시아키의 사이가 나빴다. 시게하루는 오토모씨로부터 독립할 생각을 갖고 있었기 때문에 요시아키와 골육상쟁을 반복하게 된다. 요시아키는 1532년 3월 29일 정5위 하에서 종4위하로, 1532년 7월 4일 종4위상으로 승진하였다. 관직은 슈리노다이부로 동일했다.

3) 아마고씨尼子氏

아마고씨는 우다겐지宇多源氏 사사키씨佐々木氏의 후예로 교고쿠씨의 분가다. 그래서 교고쿠 아마고씨로 불렸다. 남북조 시기에 바사라婆娑羅(남북조기의 유행어로, 제멋대로 행동하는 풍조 혹은 그런 사람을 일컫는다) 다이묘로 무로마치 막부 초기에 영향력을 행사한 사사키 다카우지佐々木高氏(도요道譽)의 손자 사사키 다카히사佐々木高久가 오미 슈고다이로 임명되어 오미 고라쇼甲良莊 아마고고尼子鄉(滋賀縣甲良町)에 거주하면서 아마고씨라 칭하기 시작했다. 다카히사의 적자 아마고 아키히사尼子詮久는 오미 소령을 이어받고(오미 아마고씨), 다카히사의 차남 아마고 모치히사尼子持久는 종가 교고쿠씨가 이즈모 슈고에 임명되자, 이즈모 슈고다이로 이즈모로 내려가 갓산 도다성月山富田城(島根縣安來市廣瀬町)에 자리잡았다(이즈모 아마고씨).

〈표 19〉 아마고씨尼子氏 계보도

모치히사의 아들 아마고 기요사다尼子淸定가 1467년경 가독을 이었
다. 오닌의 난으로 슈고 교고쿠씨의 이즈모 지배가 급격히 쇠퇴하고,
마쓰다松田씨와 미사와三澤씨 등 재지영주들의 반교고쿠씨 경향이 강
해졌다. 기요사다는 이들 반교고쿠 재지영주 세력들을 진압하고, 이들
을 장악·통제하면서 실력을 키워 나갔다. 오닌의 난 때는 동군에 가담
하여 야마나씨의 이즈모 침공을 격퇴하였고, 그 공적으로 이즈모·오키
·히다飛驒·오미 슈고인 교고쿠 종가 교고쿠 모치키요京極持淸에게 이즈
모 노기군能義郡 부교직奉行職과 막부 고료소御料所 미호노세키美保關의
다이칸으로 임명되었다. 이를 기회로 이즈모 동부에서 세력을 강화한
기요사다는 1474년경부터는 공용전公用錢을 상납하지 않는 등 독립의
움직임을 보였다. 기요사다는 1488년 78세의 일기로 사망하고, 아마고
쓰네히사尼子經久가 그의 뒤를 이었다.

슈고다이를 계승한 모치히사의 손자 쓰네히사는 1458년 11월 20일
아마고 기요사다의 적남으로 이즈모에서 태어났고, 어린 시절 이름은
마타시로又四郎였다. 1474년 인질로 주군 교고쿠 마사쓰네의 교토저택
으로 보내져 5년간 교토에서 체재한다. 그 사이 원복하여, 교고쿠
마사쓰네의 이름 한 자를 받아 쓰네히사라 개명하였다. 5년간의 교토
체재를 마치고 1479년 이즈모로 하향했는데, 아마도 1478년 이전에
아버지로부터 가독을 물려받은 것으로 보인다.

쓰네히사는 처음에는 교고쿠씨 측에 섰으나, 서서히 재지영주들을 강하게 결집시켜 무로마치 막부의 명령을 무시하면서 주군 교고쿠 마사쓰네의 사사령을 빼앗고, 미호노세키의 공용전公用錢 단센段錢의 징수를 거부하였다. 이러한 권력기반의 강화 과정에서 쓰네히사는 서이즈모의 엔야鹽冶씨와 대립하게 된다.

쓰네히사의 권력기반 확대는 당연히 막부·슈고·재지영주들의 반발을 사, 슈고였던 교고쿠 마사쓰네에게 1484년 슈고다이직을 박탈당하고 갓산 도다성에서 쫓겨났다. 그럼에도 쓰네히사는 여전히 이즈모에 일정 세력을 유지하고 있었다. 엔야 가몬노스케鹽冶掃部介가 새로운 슈고다이로서 갓산 도다성으로 파견되었으나, 1486년 쓰네히사는 엔야 가몬노스케를 기습하여 갓산 도다성을 탈환하고, 1488년 이즈모 재지영주 미사와씨를 공격하여 항복을 받아냈다. 그리하여 아마고씨는 교고쿠씨 대신 이즈모에 대한 지배권을 확립하고, 센고쿠다이묘로 성장해 간다.

쓰네히사가 슈고다이직에 다시 복귀한 것은 1500년이고, 마사쓰네가 오미 어가소동(교고쿠 소란)에서 패하여 이즈모로 내려오자, 쓰네히사와 마사쓰네의 관계는 회복되었다. 쓰네히사는 마사쓰네 사후 이즈모오야시로出雲大社를 조영하고, 신지宍道씨와의 혼인을 통해 대립하고 있던 엔야씨를 압박하였다. 마사쓰네는 손자 기치도지마루吉童子丸에게 가독을 물려주고 1508년 사망하는데, 바로 기치도지마루가 행방불명된다. 그리하여 기치도지마루의 후견역을 맡았던 쓰네히사가 사실상 이즈모의 주인이 되었다. 그러나 쓰네히사에게 저항하는 움직임이 지속되어 쓰네히사가 이즈모를 완전히 장악하기까지는 10년여의 세월이 더 필요했다.

1511년 오우치씨 당주 요시오키가 상경하자 쓰네히사도 그를 따라 상경하였다. 쓰네히사는 교토에서 후나오카야마 합전船岡山合戰에 참가했다고 하며, 1512년 빈고 재지영주 혼고성本鄕城(오바야마성大場山城. 廣島縣福山市本鄕町) 성주 고시 다메노부古志爲信가 오우치씨에 대항하여 반란을 일으켰을 때는 고시 다메노부를 지원했다. 이즈음 차남 아마고 마고시로尼子孫四郎는 호소카와 다카쿠니에게 이름 한 자를 받아 아마고 구니히사尼子國久로, 엔야씨의 양자였던 3남 엔야 히코시로鹽冶彦四郎는 오우치 요시오키에게 이름 한 자를 받아 엔야 오키히사鹽冶興久라 했다. 이는 아마고씨가 호소카와씨·오우치씨와 우호관계를 맺고 있었음을 나타낸다.

1517년 오우치 요시오키의 이와미 슈고직 취임을 납득하지 못한 쓰네히사가 전 이와미 슈고 야마나씨와 손잡고 이와미의 오우치씨 측 성들을 공격하였다. 그런데 쓰네히사는 이 공격에는 그리 적극적이지 않았고, 빗추 북부에 세력을 형성한 니이미新見씨와 손잡고 미무라三村씨를 공격하였다. 1518년 쓰네히사는 동생 아마고 히사유키尼子久幸에게 호키의 난조 소쇼南條宗勝를 공격하게 하고, 적남 아마고 마사히사尼子政久에게 반기를 든 사쿠라이 뉴도 소테키櫻井入道宗的가 지키는 아요성阿用城(島根縣雲南市大東町)으로 향하게 하였다. 그런데 이 와중에 마사히사가 화살에 맞아 사망하였다.

1520년 쓰네히사는 마침내 이즈모 서부에 대한 지배를 확립하였다. 그러나 빈고의 야마나씨, 아키의 시시도宍戸씨 등과 접경하고 있는 재지영주들과의 사이에 대립이 발생했다. 특히 야마나씨는 이즈모 영내에 상당한 영향력을 갖고 있어 빈고·아키 지역으로 진출하려면 이즈모 지배의 안정이 필수였다. 이는 아마고씨와 야마나·오우치씨 간의 충돌이 피할 수 없는 것이었음을 의미한다.

1521년 이래 아마고씨가 이와미로 침입했다. 아키에도 손을 뻗쳐 1523년 아마고씨의 중신 가메이 히데쓰나龜井秀綱가 수하인 아키 재지영주 모리씨에게 오우치씨의 아키 지배거점 가가미야마성을 공격하

〈그림 15〉 이즈모·아키·빗추 지역도

게 했다. 모리씨 당주 모리 고마쓰마루幸松丸의 숙부 모리 모토나리는 책략을 써서 가가미야마성 성주 구라다 후사노부藏田房信의 숙부 구라다 나오노부藏田直信를 이반시켜 성주 후사노부를 자인하게 하여 가가미야마성을 함락시켰다. 그 후 모토나리는 나오노부도 자인하게 하였다(가가미야마성 싸움鏡山城の戦い). 1524년 쓰네히사는 서호키西伯耆로 침공하여 난조 소쇼를 파하고, 나아가 슈고 야마나 스미유키山名澄之를 패주시켰다. 패배한 호키 재지영주들 다수는 이나바因幡·다지마但馬로 도망하였고, 난조 소쇼는 다지마 야마나씨를 의지하여 망명하였다(다이에이노 사쓰키쿠즈레大永の五月崩れ).

그러나 1524년 아마고씨 측에 가담해 있던 아키 다케다씨·도모다友田씨가 오우치씨에 패배하고, 모리 모토나리는 이복동생 아이오 모토쓰나相合元綱와의 내분 후인 1525년 아마고씨와의 유대관계를 청산하고 다시 오우치씨 측으로 돌아섰다. 모리씨가 아마고씨를 이반한 것은 모리씨 후계싸움에 아마고씨의 가신 가메이 히데쓰나가 개입한 것과 관련이 있다고 하나, 실제로는 쓰네히사의 강력한 아키 지배에 강력히 반발하였기 때문으로 보인다. 그리하여 아마고씨 쪽으로 기울어 있던 아키의 세력판세가 바뀌게 되었다.

1526년 호키·빈고 슈고였던 야마나씨가 아마고씨에 대한 대항을 명확히 하면서, 아마고씨는 오우치씨·야마나씨에게 포위당한 형국이 되었다. 1527년 쓰네히사가 직접 빈고로 출병하여 형세 타개를 노렸으나, 호소사와야마 싸움에서 오우치 측의 스에 오키후사에게 패주하였다. 나아가 아마고씨 측에 가담하였던 빈고 재지영주들 다수가 오우치씨 측으로 넘어갔다. 1528년 쓰네히사는 빈고에 다시 출병하여 다가야마多賀山씨의 시토미야마성蔀山城(廣島縣莊原市高野町新市)을 공략하여 함락시켰으나, 5월 이와미의 아마고씨 측 다카하시高橋씨가 모리·와치和智씨의 공격을 받아 멸망하였다.

더욱이 1530년 3남 엔야 오키히사鹽冶興久가 아마고파에 반대하는 내분을 일으켰다. 오키히사가 이즈모오야시로·가쿠엔지鰐淵寺·미사와씨·다가씨·빈고 야마나씨 등을 끌어들여 대규모 반란을 일으켰던 것이다. 그리고 아마고씨의 적대세력인 오우치씨에게 원조를 요청하였다. 이에 대해 쓰네히사도 오우치씨에게 서간을 보내 사정을 전했는데, 오우치씨는 소극적이기는 하나 쓰네히사의 입장을 지지했다. 당시 오키히사는 쓰네히사와 정면으로 대립하면서 쓰네히사의 공격을 수차에 걸쳐 막아냈다. 오우치씨는 오토모씨로부터도 지원 요청을 받았지만, 결국 쓰네히사 측을 지원하여 아마고씨와 화해했다.

오키히사의 반란은 1534년 진압되었고, 오키히사는 빈고 야마나씨에 의지하여 고타치성甲立城(고류성五龍城. 廣島縣安藝高田市甲立)으로 도망하였으나, 조카 아마고 아키히사의 공격으로 자인했다. 오키히사의 소령은 쓰네히사의 차남 아마고 구니히사가 계승했다. 이 시기 오키 재지영주 오키 다메키요隱岐爲淸도 반란을 일으켰으나 아키히사에게 곧바로 진압되었다. 1534년 아키히사는 미마사카美作를 공략하여 아마고씨의 영향권에 넣었고, 이후에도 아마고씨는 동쪽 비젠으로 침공하여 세력을 확대하였다. 이렇게 하여 아키히사는 오토모씨와 함께 반오우치 포위망을 형성하였다.

4) 모리씨毛利氏

모리씨는 가마쿠라 막부의 명신 오에 히로모토大江廣元의 4남 오에 스에미쓰大江季光를 조상으로 한다. 오에 스에미쓰는 아버지 히로모토에게 사가미 아이코군愛甲郡 모리노쇼毛利莊(神奈川縣厚木市 주변)를 소령으로 받아 그곳을 본관으로 하였기 때문에 이 일가를 모리씨라 칭하였다.

스에미쓰는 가마쿠리 막부 3대 쇼군 미나모토노 사네토모源實朝에 출사하여 쓰루오카하치만鶴岡八幡 사참행렬社參行列에서 전구前驅 역할을 하였고, 사네모토 사후 출가하여 뉴도사이아入道西阿라 하였다. 스에미쓰는 1221년 조큐의 난承久の亂이 일어나자, 호조 야스토키北條泰時를 따라 고토바 상황後鳥羽上皇 세력과 싸우고, 미노 기소가와木曾川 돌파전, 야마시로 우지카와宇治川·요도가와 돌파전에서 무명武名을 날렸다. 그 공으로 스에미쓰는 아키 요시다쇼吉田莊 지토직地頭職에 임명되었고, 1233년 싯켄執權 호조 야스토키에게 간토효조슈關東評定衆로 임명되었다. 1247년 스에미쓰는 호조씨 싯켄파에 대립한 처가 미우라三浦씨 측에 가담하여 싸웠으나 패배하였다(호지 합전寶治合戰). 이로 말미암아 스에미쓰는 가마쿠라 홋케도法華堂에서 자식 히로미쓰廣光·미쓰마사光

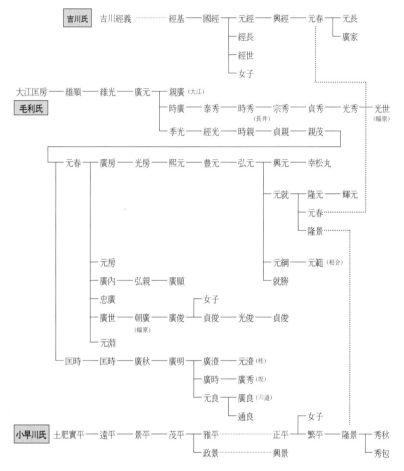

〈표 20〉 깃카와씨吉川氏·모리씨毛利氏·고바야카와씨小早川氏 계보도

正·야스미쓰泰光·모로키쓰師雄 등과 함께 자인하여 모리씨 일족이 대부분 사망하거나 지리멸렬해졌다.

그러나 에치고에 있던 스에미쓰의 4남 모리 쓰네미쓰毛利經光 가계만은 살아남았다. 위 싸움으로 모리씨는 발상지인 사가미 모리노쇼를 상실하였지만, 쓰네미쓰는 동족 나가이長井씨의 도움으로 에치고 가리와군刈羽郡 사하시노쇼佐橋莊의 난조南條, 아키 요시다쇼吉田莊를 영유하게 되었다. 쓰네미쓰는 1270년경 4남 모리 도키치카毛利時親에게 아키 요시다쇼를 물려주었다. 도키치카는 가마쿠라 막부가 멸망하는 1333년에 은거하나, 남북조 내란이 발발하자 아들 모리 사다치카毛利貞親, 손자 모리 지카히라毛利親衡는 남조 측에 가담하여 에치고 모리령(난조)을 거점으로 활동하였다. 이 때문에 도키치카는 아키 지토직을 몰수당하였으나, 증손 모리 모토하루毛利元春(모로치카師親)를 북조 측 아시카가 다카우지에게 가담시키고, 모토하루는 무로마치 막부가 규슈 남조세력 가네요시신노懷良親王의 세이세이후征西府를 공격하기 위해 파견한 이마가와 사다요(료슌了俊) 밑에서 활약했다. 1336년 요시다쇼로 하향한 도키치카는 사다치카, 지카히라를 북조 측에 귀순하도록 권유하고, 1337년 증손 모토하루에게 요시다쇼를 양여하고 1341년 사망했다.

한편 도키치카는 은거할 당시 사다치카에게 가와치 가가타고加賀田鄕를 양여하였고, 사다치카는 적남인 지카히라에게 에치고 난조쇼를 양여했다. 그런데 1337년 고다이고 천황에 신종하고 있던 사다치카가 지카히라와 함께 아시카가 다카우지에게 반기를 들어 거병하였다. 격노한 다카우지는 사다치카를 오에씨 일족의 총령이었던 나가이 다카후유長井高冬(長井擧冬)의 영내에 유폐하였지만, 도키치카의 북조 측 가담으로 아키에서의 모리씨 세력은 유지되었다.

모토하루는 1341년 후견인이었던 증조부 도키치카의 사망으로 19세에 아키 요시다쇼 지배를 계승하여 '고리야마토노郡山殿'라 불렸다. 모토하루는 규슈탄다이 이마가와 사다요를 따라 규슈로 내려가 북조 측에 가담해서 싸웠다. 한편 지카히라는 1350년 간노의 난이 발생하자 반 막부 측에 가담하여 활동하고, 규슈의 남조세력과 스오의 오우치 히로요大內弘世 등과 결속하여 모토하루 부재의 모토하루 영지를 침입했다. 그리고 히게쓰성日下津城(廣島縣安藝高田市向原町)을 공격해온 아키 슈고 다케다 우지노부武田氏信 군세를 격퇴함으로써 이후 지카히라의 자손이 유력한 모리씨 지족으로 자리잡는다.

모토하루는 적자 모리 히로후사毛利廣房가 1385년 아키 사이조西條에서 전사하자 손자 모리 미쓰후사毛利光房에게 가독을 물려주고 후견하였다(1381년 히로후사가 아버지 모토하루에게 요시다쇼 지토직의 반을 상속받고, 동시에 모리가의 가독도 상속받은 것으로 추측된다). 미쓰후사는 아버지 히로후사의 유복자로 1386년에 태어났는데, 할아버지 모토하루가 언제 미쓰후사에게 가독을 물려주었는지는 명확하지 않다.

그러나 위에서 보았듯이 이 시기 모토하루의 형제 지카히라가 반란을 일으키는 등 방계의 활동이 두드러져, 사카坂씨·아리토미有富씨, 서자인 아사하라麻原씨·주마中馬씨·후쿠바라씨福原씨 등이 탄생한다. 사카씨에서는 가쓰라桂씨·미쓰나가光永씨·시지志道씨 등의 서가가 탄생하였다. 이들 모리가의 방계·서가들은 대립과 협력을 반복하며 모리가를 지탱하는 일문 가신이 된다. 따라서 이 시기 모리가를 이은 미쓰후사의 지배기반은 대단히 불안정하였다고 할 수 있다.

특히 1418년경 모리씨 총령가惣領家와 서가 사이의 대립이 격화하여, 미쓰후사의 거성 요시다 고리야마성吉田郡山城(廣島縣安藝高田市吉田町)이 서가의 공격을 받았다. 교토에서 이 소식을 접한 미쓰후사는 유력 서가의 하나인 후쿠바라 히로요福原廣世에게 적자 모리 히로모토毛利熙元에 대한 지원을 의뢰하였고, 히로요의 구원으로 서가의 공격을 격퇴할 수 있었다. 이러한 일련의 모리가 내부의 대립·항쟁은 인근 재지영주 히라가平賀씨를 필두로 시시도宍戸씨, 다카하시高橋씨 등의 조정으로, 미쓰후사의 적남 히로모토와 그 후견을 담당하던 후쿠바라 히로요, 그리고 다른 서가들과 화해가 성립하여 일단 봉합되었다. 그러나 미쓰후사의 어려운 상황은 이후에도 지속되었다.

쇼군 요시미쓰의 명에 따라 스오 오우치 모리하루를 공격하고 규슈에도 원정한 미쓰후사가 1436년 규슈에서 전사하고, 같은 해 적남 모리 히로모토가 그의 뒤를 잇는다. 히로모토는 1437년 제6대 쇼군 요시노리의 명령으로 상경하여 기나이로 출진하고, 1442년 가키쓰의 난이 발발하자 아카마쓰 미쓰스케를 토벌하기 위해 하리마로 출진했다. 1457년에는 스오 오우치 노리히로가 아키 분군分郡 슈고 다케다 노부시게武田信繁·노부카타信賢 부자의 거성 사토 가나야마성으로 진격하자, 막부의 명에 따라 깃카와 유키쓰네吉川之經와 함께 다케다 노부시게를 지원하였다.

이렇듯 막부에 충성을 다하는 히로모토에게 1463년 모리씨 서가가 반항하고, 분가들 가운데 막부에 히로모토를 참언하는 자까지 나와 영지의 일부가 세키쇼關所로 몰수되었다. 1464년 히로모토는 적남 모리 도요모토毛利豊元에게 몰수된 영지의 회복을 유언하고 사망하였다.

가독을 이은 도요모토는 빈고 슈고 야마나 고레토요山名是豊 휘하로 가와치·기이에 종군하고, 오닌의 난 때에는 고레토요가 동군에 속해 있었기 때문에 동군에 가담하여 교토로 출진하여 서군과 싸웠다. 그러나 동군 측의 모리씨에 대한 조치에 불만을 품고 1471년 귀향하여, 서군의 오우치 마사히로 측에 가담하여 막부에게 몰수당한 소령을 회복했다. 이후 모리씨는 오우치씨의 영향을 받는 재지영주가 된다.

도요모토는 동군을 지원하는 덕정德政잇키를 진압하고, 오우치씨의 아키 지배거점인 가가미야마성의 동군을 물리치는 등 오우치씨의 아키 지배에 크게 공헌하였다. 그 공로를 인정받아 오우치 마사히로에게서 사이조西條 분지 일부를 소령으로 받았다. 그리고 빈고에서 서군 야마나 마사토요를 도와 수차례의 격전을 통해 동군 측의 야마나 고레토요군을 격퇴하고, 세라 대지世羅台地 일부를 차지하였다. 지배영역의 확대에 노력하였던 도요모토는 1476년 33세의 젊은 나이로 사망하고, 모리 히로모토毛利弘元가 그 뒤를 이었다.

히로모토 시기의 모리씨도 선대와 마찬가지로 스오·나가토 슈고 오우치 마사히로의 세력 아래 있었다. 한편 1499년 메이오 정변으로 실각한 쇼군 요시타네를 보호하고 있던 오우치씨와 막부 사이에서 흔들리던 히로모토는 위기를 모면하기 위해 은거하고(1505년 사망), 아들 모리 오키모토毛利興元에게 가독을 물려준다.

모리 오키모토는 1499년 요시타네를 옹립하여 상경한 오우치 요시오키를 따라가 4년 동안 머물렀으며, 후나오카야마 합전船岡山合戰에도 참가했다. 한편 오우치 요시오키와 모리 오키모토가 재경하는 가운데, 한 발 먼저 귀향한 이즈모 아마고 쓰네히사가 세력 확장을 기도하자, 아키·빈고 지역은 아마고씨와 오우치씨의 세력 각축장이 되었다. 오키모토는 아키 지역의 유력 재지영주 다카하시 히사미쓰高橋久光·히라가 히로야스平賀弘保·아마노 오키쓰구天野興次 등과 재지영주 잇키國人一揆를 맺고, 빈고 재지영주들의 대립을 조정하여 아키·빈고 지역 재지영주들의 지도자 지위·위치를 확보했다. 그러나 인근 시시도 모토요시宍戶元源와의 대립은 여전하여, 오키모토가 시시도 영내로 침공하여 싸웠으나 승부를 내지는 못했다. 1516년 오키모토는 25세의 젊은 나이로 사망하고, 그의 뒤를 두 살 난 고마쓰마루幸松丸가 잇는다. 오키모토의 동생 모토나리(쇼주마루松壽丸)와 외할아버지 다카하시 히사미쓰가 고마쓰마루를 후견하였다.

모리 모토나리는 1497년 3월 14일 모리 히로모토와 정실 후쿠바라씨의 차남으로 태어났다. 그의 형이 고마쓰마루의 아버지 오키모토다. 오키모토가 가독을 상속하자, 모토나리는 아버지 히로모토와 함께 다지히多治比 사루가케성猿掛城(廣島縣安藝高田市)으로 옮겨 살았다. 1501년 어머니가 사망하고 이어 1506년 아버지 히로모토까지 사망하자, 당시 열 살 난 모토나리는 가신 이노우에 모토모리井上元盛에게 소령을 횡령당하고 살고 있던 사루가케성에서도 쫓겨났다.

이렇듯 불우한 처지에 빠진 모토나리를 세간에서는 '걸식 도련님乞食

若殿'이라고 하며 비아냥거렸는데, 이때 모토나리를 지원해준 이가 양모 스기노오카타杉大方였다. 스기노오카타는 1511년 교토에 있던 오키모토에게 사자를 보내 쇼주마루松壽丸(모토나리)의 원복을 상의하고, 오키모토의 허락을 받아 원복하게 하였다. 쇼주마루는 원복 후 다지히多治比(단비丹比) 모토나리라 칭하여 분가하고, 사람들은 그를 다지히토노多治比殿라 불렀다.

1516년 오키모토가 급사하고 이어서 1523년 고마쓰마루까지 사망하자, 모리씨 소령이 다시 동요하였다. 사토 가나야마성 성주 다케다 모토시게武田元繁가 1517년 5천 군사를 이끌고 깃카와령 아리타성有田城(廣島縣山縣郡北廣島町)을 침공하였다. 이에 숙부로서 고마쓰마루를 후견하던 모토나리는 고마쓰마루를 대리하여 아리타성을 구원하기 위해 출진했다. 모리씨의 운명을 건 이 초진에서 모토나리는 다케다씨의 중진이며 맹장으로 알려진 다케다군 선봉장 구마가이 모토나오熊谷元直가 이끄는 군사를 격파하였다(모토나오는 전사). 아리타성을 공격하고 있던 다케다 모토시게가 이 소식을 듣고 크게 노해, 일부 병사로 아리타성을 포위하고 나머지 병력을 동원하여 모리·깃카와 연합군을 공격하였다. 병사가 많은 다케다군이 우세를 점하였으나, 마타우지가와又打川를 건넌 다케다 모토시게가 화살에 맞아 전사하면서 다케다군은 일시에 혼란에 빠져 괴멸하였다(아리타나카이데 싸움有田中井手の戰い).

아리타나가이데 싸움은 소수의 병력으로 다케다씨 대군을 격파하여 서국의 오케하자마 싸움西國の桶狹間の戰い으로 불리며, 다케다씨의 쇠퇴와 모리씨의 세력 확대를 가르는 분수령이 되었다. 이 전투의 승리로 자신의 이름을 세상에 널리 알린 모토나리는 이후 아마고씨 측으로 기울어 아키 사이조西條 가가미야마성 공략전을 전개하여 승리하였다. 이러한 전공으로 모토나리는 모리씨 가중家中에게 큰 신임을 얻게 되었다.

고마쓰마루는 1523년 아마고씨가 오우치씨의 아키 지배 요충지인 가가미야마성을 공략하자, 오우치씨의 수하로 이 전투에 참가하였다가 귀향 후인 7월 겨우 아홉 살 나이로 병사하였다. 이에 분가이기는 하나 모리가의 직계로 가독계승의 유력자였던 모토나리가 시지 히로요시志道廣良 등 중신들의 추거로 27세의 나이에 가독을 잇는다. 그러나 가독상속을 둘러싼 분쟁이 있었던 듯, 모토나리의 가독상속을 인정하는 중신들이 연서장을 작성하는 등의 과정을 거쳐 모토나리는 마침내 8월 10일 요시다 고리야마성에 입성하였다.

당시 모토나리는 고마쓰마루를 후견하였던 외척 다카하시씨와 우호관계를 유지하고 있었다고 할 수는 없다. 다카하시 히사미쓰의 죽음에도 수상한 점이 많고, 히사미쓰를 전사시킨 미요시三吉씨는 모리씨와 나중에 인척관계를 맺었다. 히사미쓰의 뒤를 이은 다카하시 오키미쓰高橋興光도 모토나리의 꼬임에 빠져 숙부 다카하시 모리미쓰高橋盛光에 모반하여 다카하시 일족이 멸망 지경에 빠진다. 히사미쓰의 동생 혼조 쓰네미쓰本城常光도 후에 모토나리에게 멸망당하는 등의 사실로 비춰볼 때, 고마쓰마루는 모토나리 일파에게 제거되었을 가능성도 크다.

모토나리의 가독상속에 불만을 품은 사카坂씨·와타나베渡邊씨 등의 유력 가신들 일부는 아마고 쓰네히사의 지시로 아마고씨 중신 가메이 히데쓰나龜井秀綱의 지원을 받아 모토나리의 이복동생 아이오 모토쓰나相合元綱를 옹립하여 모토나리에 대항하였다. 모토나리는 집정執政 시지 히로요시 등의 지원을 받아 모토쓰나 일파를 숙청하고 자인하게 하여 가신단 결속을 강화하였다. 이 사건으로 사카씨 일족의 장로격인 가쓰라 히로즈미桂廣澄도 자인하였는데, 원래 히로즈미는 위 사건과 직접 관련이 없어 모토나리가 만류하였음에도 일족의 모반 책임을 지고 자인하였다고 한다. 모토나리의 만류를 거부한 데 대한 책임을 물을 것을 두려워한 가쓰라 일족은 가쓰라 모토즈미桂元澄를 중심으로 가쓰라성桂城(廣島縣安藝高田市)에서 농성하였다. 이에 놀란 모토나리가 고다마 나리타다兒玉就忠를 가쓰라성으로 보내 가쓰라 모토즈미를 설득하였지만 농성을 멈추지는 않았다. 이에 모토나리가 직접 단신으로 가쓰라성에 들어가 자인하려는 모토즈미를 설득하여 복속시켰다.

가독상속을 계기로 모토나리는 아마고 쓰네히사와 적대관계가 되었고, 1525년 아마고씨와 결별한 오우치 요시오키의 수하로 들어갔다. 1529년 고마쓰마루의 외척으로 모토나리에게 인질을 내게 할 정도로 강력한 세력을 유지하면서 아마고씨와 결합해 있던 아이오 모토쓰나를 옹립하고자 한 다카하시 오키미쓰 등 다카하시씨 일족을 토벌하고, 다카하시씨가 영유하고 있던 아키에서 이와미에 걸친 넓은 지역을 얻었다. 1535년에는 빈고 다가야마성多賀山城(廣島縣莊原市高野町)에 거처하고 있던 다가야마 뇨이多賀山如意를 공격하여 항복을 받았다.

한편 오랜 세월 대립하고 있던 시시도宍戶씨와의 관계 회복에 부심하던 모토나리는 자신의 딸을 시시도 다카이에宍戶隆家에게 시집보내는데, 이는 아버지 히로모토弘元의 유언에 따른 것이라고 한다. 모토나리는 시시도씨와 우호관계를 맺음으로써 야마우치山內씨와도 연결될 수 있었다. 그리고 일시 오우치씨에 반란을 일으켜 궁지에 빠진 아마노天野씨와 아키 다케다씨와 관계가 악화된 구마다니熊谷씨와도 우호관계를 유지하여 아키의 맹주 지위를 확보했다. 한편 1532년 가신 32명이 도망 하인들을 숨기지 않고 원주인에게 돌려줄 것 등 3개조를 지키고, 이를 위반하는 자는 모토나리가 처벌한다는 기청문起請文에 연서하였다. 이로써 모토나리는 재지영주들보다 우위에 선 센고쿠다이묘의 지위를 확보했다.

모토나리는 1533년 오우치 요시타카를 통해 조정에 4,000비키疋를 헌상하여 종5위하 우마노카미右馬頭에 임명되었다. 이로써 추거자 오우치 요시타카와 모토나리의 관계는 더욱 강고해졌고, 형식화했다고는 하나 관위에 오름으로써 아키의 재지영주들에게 자신이 조정과 오우치씨의 후원을 받고 있음을 널리 과시하여 영국지배의 정통성을 나타냈다. 이즈음 아키의 유력 재지영주 깃카와吉川씨 당주 깃카와 오키쓰네吉川興經가 모토나리와 아마고씨 간의 화해를 주선하였으나, 아마고씨 측이 이를 거부하였다. 이에 모토나리는 1537년 장남 모리 다카모토毛利隆元를 인질로 오우치씨에게 보내 우호관계를 더욱 강화하였다.

5) 시마즈씨島津氏

시마즈씨의 조상으로 알려진 시마즈 다다히사島津忠久는 고레무네 다다히사惟宗忠久라고도 한다. 시마즈가 사료에 따르면, 다다히사의 어머니는 미나모토노 요리토모源頼朝의 측실 히키 요시카즈比企能員의 여동생 단고노쓰보네丹後局(단고노나이시丹後內侍)이며, 다다히사는 요리토모의 숨겨진 아들이었다고 한다. 그 때문에 다다히사가 우대를 받았다고 전해지나, 이는 소위 가짜 겐지설僞源氏說의 일종이다. 다다히사가 고레무네노 히로코토惟宗廣言의 아들이라고 하는 설도 있으나, 고레무네씨는 문관으로 고토言를 통자通字로 하고 있어서 부자연스러워 부정되고 있다. 현재는 시마즈씨가 고레무네씨의 고레무네노 다다야스惟宗忠康의 자손이라는 설이 유력하다. 다다히사의 어머니는 다다히사가 1203년 히키 요시카즈의 변比企能員の變에 연좌되어 처벌당한 것으로 보아 히키比企씨의 친척(요시카즈能員의 의자매義姉妹의 아들)으로 보이며, 『요시미 계도吉見系圖』에 기록되어 있듯이 히키니比企尼의 장녀 단고노나이시丹後內侍였던 것으로 볼 수 있다 한다.

다다히사는 원래 셋칸가攝關家에 봉임하는 무사였으나, 지쇼·주에이 治承·壽永의 난으로 미나모토노 요리토모가 대두하자, 어머니가 요리토모의 유모였던 인연으로 요리토모에게 중용되었던 것으로 보인다.

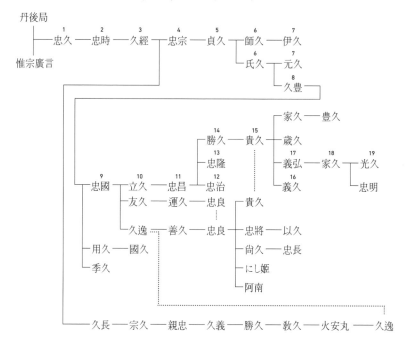

다다히사는 1185년 3월 히키 요시카즈 부하로 다이라가平家 추토에 참가하고, 그 공으로 1185년 6월 요리토모에게서 이세 하데노미쿠리 야波出御廚, 스카노쇼須可莊 지토직에 임명되었다. 그리고 1185년 8월 17일 미나모토노 요리토모에게서 셋칸가령 시마즈노쇼島津莊(현재의 미야기켄 중남부와 가고시마켄에 걸쳐 있는 일본 최대의 장원) 게시下司로 임명되었다. 그리하여 다다히사와 남규슈와의 인연이 시작된다. 1185년 시나노 시오타노쇼鹽田莊 지토에도 임명된 그는 1189년에는 오슈 합전奧州合戰에 요리토모 수하의 고케닌으로 참전하고, 1190년 요리토모 상경 때에도 함께 상경했다. 1197년 12월 오스미大隅·사쓰마薩摩 슈고에 이어서 휴가日向 슈고로 임명되었으며, 1198년 사에몬노조左衛門尉에 임관되었다. 이후 다다히사는 광대한 시마즈노쇼를 본관으로 삼았다.

한편 요리토모 사후 1203년 9월 히키의 난比企の亂(히키 요시카즈의 변比企能員の變)으로 히키 요시카즈가 호조씨에게 멸망하였다. 다다히사는 히키씨 친척으로 연좌되어 오스미, 사쓰마, 휴가의 슈고직을 몰수당했다. 그러나 히키의 난 후 재경 중이던 1213년 2월 3대 쇼군 미나모토노 사네토모源實朝의 가쿠몬쇼반學問所番에 임명되었고, 고케닌 지위를 되찾았다. 1213년 6월 와다 합전和田合戰에 가담하여 가이 쓰루군都留郡 후루고리古郡씨 소령인 하가리노쇼波加利莊(신쇼新莊)를 얻었다. 7월 사쓰마노쿠니 지토직에 복귀하였으며, 이어 사쓰마 슈고에 재임되었다. 1221년 조큐의 난承久の亂 후에는 시나노 오타노쇼太田莊 지토직과 에치젠 슈고직을 얻었다. 이즈음 다다히사는 어머니가 후지와라씨 혈통이었던 연유로 성을 고레무네惟宗에서 후지와라藤原로 바꾸었다. 1224년 야소시마시八十島使 수병隨兵으로 근무하였고, 1225년 게비이시檢非違使에 임명되었으며, 1226년 분고노카미로 임관하였다.

다다히사는 1227년 6월 18일 사망하고, 그 뒤를 시마즈 다다토키島津忠時가 이었다. 다다토키는 가마쿠라에 거주하면서 유력 고케닌으로서 슈반야쿠習番役 등에 임명되었고, 그 공으로 이가伊賀·사누키讚岐·이즈미·에치젠·오미 등지의 지토직을 얻었다. 1265년 적남 시마즈 히사쓰네島津久經에게 가독을 물린 후 은거하고, 1272년 4월 10일 71세로 사망하였다. 히사쓰네는 가마쿠라의 유력 고케닌으로 슈반슈書番衆에 임명되었고, 1275년 몽골 침입 때 규슈로 하향하였으며, 지쿠젠 슈고에 임명되었다. 1281년 고안의 역弘安の役 때 군사를 이끌고 참전하여 공을 세웠다. 1284년 가고시마에 조코묘지淨光明寺를 세우고, 4월 21일 지쿠젠 하코자키야쿠쇼筥崎役所에서 60세로 사망하였다. 그의 뒤를 이은 적자 시마즈 다다무네島津忠宗는 아버지 히사쓰네와 함께 몽골 침입 때 참전하여 공을 세운 바 있고, 진제이탄다이鎭西探題 호조 사네마사北條實政 밑에서 히키쓰케引付 직무를 수행하였으며, 서국의 공소控訴 재정에도 관여하였다. 1317년 휴가 고치비노쇼高知尾莊와 히젠 마쓰우라노쇼松浦莊 등의 지토에 보임되었다. 그는 이 소령들을 적남 시마즈 사다히사島津貞久를 필두로 많은 아들들에게 분여하여 방계인 혼고北鄕씨, 가바야마樺山씨, 니이로新納씨 등 여러 가문이 생겼다. 1325년 11월 12일 75세의 일기로 사망하고 사다히사가 그의 뒤를 이었다.

위에서 보았듯이 시마즈 다다히사와 다다토키는 가마쿠라에서 활동하였고, 3대 히사쓰네가 몽골 침입으로 규슈로 하향하면서 남규슈에서 본격적인 재지화가 이루어지고, 4대 다다무네가 처음으로 규슈에서 사망하였다. 시마즈씨 당주가 남규슈에서 토착하였음을 확인할 수 있는 것은 5대 당주 사다히사 이후다. 사다히사는 이카리야마성碇山城(鹿兒島縣薩摩川內市天辰町)에 슈고쇼를 두었다고 한다.

사다히사는 1318년 사쓰마 슈고직을 물려받았다. 1333년 겐코의 난元弘の亂에서는 아시카가 다카우지足利高氏의 도막 거병 권유에 따라 쇼니 사다쓰네, 오토모 사다무네 등과 함께 진제이탄다이 호조 히데토키를 공격하여 자인하게 하였다. 그 공로로 사다히사는 오스미·휴가 슈고로 임명되었다. 초대 당주 다다히사 이래 본관지로 인식되던 사쓰마·오스미·휴가薩·隅·日 3 지역을 130년 만에 회복한 것이다.

1335년 다카우지가 고다이고 천황에 이반하자, 사다히사는 일시 패하여 규슈로 도망쳐온 다카우지를 도와 다타라하마多々良浜에서 기쿠이케군을 격퇴하여 무로마치 막부의 성립에 크게 공헌하였다. 한편 지배하고 있던 영국에서 다니야마谷山씨와 기모쓰키肝付씨가 남조 측에 가담하여 거병하자, 서장자 가와카미 요리히사川上賴久 등을 사쓰마로 보내 남규슈의 남조 측과 싸우게 했다. 남규슈는 원래 다니야마씨 등 사쓰마 다이라平씨와 기모쓰케肝付씨 등 재청관인이 세력을 유지하고 있던 지역으로, 가마쿠라 시기 시마즈씨와 시부야澁谷씨 등 동국 무사단이 내려와 재지세력과 대립하고 있었다. 이에 울분을 느끼고 있던 재지세력이 남조 측에 가담하고, 북조 측에 가담한 시마즈씨와 대립하였던 것이다.

1342년 서정대장군征西大將軍 가네요시신노懷良親王가 다니야마성谷山城(鹿兒島市下福元町)에 입성하여 남조 측 세력이 강성해지자, 사다히사가 자주 다니야마성을 공격하였으나 번번이 실패한다. 전황이 남조 측에게 유리하게 진행되는 가운데, 1350년 북조 측이 다카우지 측과 나오요시直義 측으로 분열하였다(간노의 난觀應の擾亂). 이에 나오요시 측의 하타케야마 다다아키畠山直顯와도 싸워야 했던 사다히사는 일시 남조 측에 가담하기도 했으나, 간노의 난이 종결된 후에는 다시 북조 측으로 복귀하였다. 사다히사는 1363년 사쓰마 슈고직은 3남 시마즈 모로히사島津師久(소슈가總州家)에게, 오스미 슈고직은 4남 시마즈 우지히사島津氏久(오슈가奧州家)에게 물려주고, 7월 95세의 일기로 사망하였다.

1375년 무로마치 막부가 규슈의 남조세력을 구축하고자 파견한 규슈탄다이 이마가와 사다요가 기쿠이케씨를 토벌하기 위해 쇼니씨·오토모씨·시마즈씨(규슈 산닌슈九州三人衆) 등을 불러모으자, 영지를 분할하여 오스미 지역을 상속받은 우지히사가 오토모 지카요와 함께 8월 착진하였다. 쇼니 후유스케少貳冬資는 사다요의 착진 요구를 거부하다가 우지히사의 설득으로 착진하였는데, 이 후유스케를 사다요가 모살해버리는 사건이 발생했다(미즈시마의 변水島の變). 이로 인해 체면을 구긴 우지히사가 귀향해 버리자, 사다요가 바로 우지히사에게 사자를 보내 지쿠고 슈고직에 추거한다고 하였다. 우지히사는 사다요의 제안을 거부하고 저항하였고, 이에 1376년 오스미 슈고직에서 해임되었다.

한편 1375년 6월 사다요 5남 이마가와 미쓰노리今川滿範가 남규슈를 토벌하기 위해 히고 사가라 사키요리相良前頼와 오스미·휴가·사쓰마 재지영주들을 규합하면서 휴가로 향하여, 1377년 우지히사의 사촌동생 혼고 요시히사北郷義久가 농성하고 있는 미야코노성都之城(宮崎縣都城市

都島町)을 포위했다. 우지히사는 9월 조카인 소슈가總州家의 7대 당주 시마즈 고레히사島津伊久와 함께 사다요에게 항복하였다. 그러나 사다요·미쓰노리 부자에게 귀속한 남규슈 재지영주 잇키를 조정하면서 1378년 3월 사다요와 결별하였다. 미쓰노리가 재지영주 잇키와 함께 미야코노성을 다시 포위하자, 우지히사는 시부시성志布志城(鹿兒島縣志布志市志布志町)에서 미쓰노리군 후방으로 진군하여 1379년 3월 1일과 3일 미노바루 합전蓑原の合戰에서 격전 끝에 승리를 거두고, 이어 오스미 히메키성姬木城(鹿兒島縣霧島市國分姬城)을 함락시켜 미쓰노리를 미야코노성에서 내쫓았다. 우지히사는 1381년 10월 다시 북조 측으로 복귀하였으나, 재지영주 잇키의 동요를 틈타 잇키 세력의 소령을 공격하였고, 사가라 사키요리가 남조 측으로 이반하여 약해진 재지영주 잇키 세력을 붕괴시켰다. 우지히사는 1387년 60세로 사망하고, 그의 뒤를 적남 시마즈 모토히사島津元久가 이었다.

모토히사는 1393년 소슈가 당주 시마즈 고레히사·시마즈 모리히사島津守久 부자를 중재한 공으로 고레히사에게 사쓰마 슈고직과 시마즈씨 가보, 그리고 영지 가와베군川邊郡(이오지마硫黃島 포함)을 양여받았다. 휴가 쇼나이莊內 지배를 기도하는 사가라 사키요리와 충돌하였던 모토히사는 1394년 혼고 히사히데가 사가라 사키요리와 연합한 규슈탄다이 이마가와 사다요의 4남 오자키 사다카네尾崎貞兼에게 패배하였다. 그러나 사키요리가 전사하고 사다요가 규슈탄다이직에서 해임되어 모토히사의 쇼나이 지배가 확정되었다.

1400년 모토히사는 양자인 고레히사의 3남 시마즈 히사테루島津久照와 고레히사 일족인 부인과의 연을 접고, 나아가 사쓰마에 시미즈성淸水城(鹿兒島縣鹿兒島市淸水町)을 쌓아 소슈가와의 사이도 나빠졌다. 1401년 재지영주 시부야澁谷 5씨 중에 쓰루타鶴田씨를 제외한 4씨가 고레히사 측에 가담하여 오슈가·소슈가는 절연 상태가 되었다. 마침내 모토히사와 고레히사 간의 대립이 첨예화하여 쓰루타 합전鶴田合戰이 벌어졌다. 모토히사는 이 싸움에서 패배하여 쓰루타씨와 함께 미쓰비시카리三菱刈(鹿兒島縣伊佐市菱刈)로 도망하였다. 막부는 고레히사를 지지하였으나, 감합무역勘合貿易 등에 대한 영향을 생각하여 1404년 양가를 조정하여 화해시켰다. 이에 모토히사는 오스미·휴가 슈고로 임명되고, 1409년 사쓰마 슈고에도 임명되어 영내 재지영주들을 수하로 삼고 지배력을 강화하였다. 그리고 명·조선·류큐와의 무역에도 힘을 기울이고, 후쿠쇼지福昌寺, 가고시마진자鹿兒島神社도 건립하였다.

모토히사는 후사를 두지 않은 채로 1411년 출진하였다가 사망하였다. 그리하여 모토히사의 동생 시마즈 히사토요島津久豊와 조카 이주인 히로히사伊集院熙久가 후계자 자리를 놓고 싸움을 벌였다. 원래 모토히사는 히사토요를 후계자로 지정하였으나, 7대 당주 시마즈 요리히사島津賴久가 아들인 히로히사를 후계자로 옹립하려 했기 때문이다. 히사토요는 모토히사의 장례식에 난입하여 모토히사의 위패를 탈취하여 장례식을 치르고, 히로히사를 추방시켜 버렸다. 이런 무모하고 강압적인 행위로 영국은 히사토요파와 이주인파로 분열하여 대립하였고, 마침내 히사토요와 요리히사(히로히사의 아버지)가 충돌했다. 히사토요는 소슈가 시마즈 히사요島津久世가 요리히사 측에 가담하여 일시 고전하였으나, 1416년 히사요를 물리치고, 1417년 요리히사가 히사토요에게 항복함으로써 후계자 문제는 일단락되었다.

히사토요는 1422년 소슈가 시마즈 모리히사(히사요의 아버지)를 히고로 추방하여 소슈가·오슈가의 항쟁도 끝냈다. 무로마치 막부는 히사토요의 무리한 가독상속에 반대하였으나, 히사토요가 소슈가를 내쫓고 시마즈씨를 통합한 것을 인정하여 히사토요를 슈고로 임명하여 시마즈씨 슈고 영국이 완성되었다. 히사토요는 1425년 휴가로 출진중 51세로 병사하고, 그의 뒤를 적남 시마즈 다다쿠니島津忠國가 이었다.

다다쿠니는 1427년 휴가의 이토 스케하루伊東祐立와 화해하고, 1430년 소슈가 시마즈 히사모리島津久林를 쳐서 시마즈씨를 통일하였다. 그러나 1432년 영국지배를 위협하는 재지영주 잇키가 빈발하자, 다다쿠니는 동생 시마즈 요시히사島津好久(모치히사用久)를 슈고다이로 임명하여 잇키에 대처했다. 그런데 요시히사가 슈고다이로 지배력을 강화하게 되자 형제간에 대립이 발생했고, 이 둘의 싸움은 모반을 기도한 6대 쇼군 요시노리의 동생 다이카쿠지 요시아키大覺寺義昭가 1441년 3월 13일 자인하면서 요시노리를 지원한 다다쿠니에게 유리하게 종식되었다. 양자는 화해하였고 이후 다다쿠니는 요시히사를 분가시켜 삿슈가薩州家를 세웠다.

다다쿠니는 1450년 일찍이 이주인 영지였던 이시가야石谷(鹿兒島市石谷町)를 마치다 다카히사町田高久에게 주었는데, 이에 반발한 일족의 유력자인 이주인 히로히사가 다카히사를 이치우지성一宇治城(鹿兒島縣日置市伊集院町大田)에서 살해하는 사건이 발생했다. 다다쿠니는 히로히사를 히고로 추방하고 거성 이치우지성을 몰수하였다. 1459년부터 적남 시마즈 다쓰히사島津立久가 다다쿠니를 대신하여 활동하였고, 만년에 류큐로 도해할 계획을 세웠다는 다다쿠니는 사쓰마 남부로 이주하여 1470년 68세로 사망하였다.

그의 뒤를 적남 다쓰히사가 이어 사쓰마·오스미·휴가 3개 지역의 슈고에 올랐다. 그리고 서장자 도모히사友久가 소슈가相州家, 3남 히사야스久逸가 이자쿠가伊作家, 4남 가쓰히사勝久가 가쓰라桂씨, 5남 다다쓰네忠經가 사코미즈迫水씨, 7남 다다히로忠弘가 시마즈계 기이레喜入씨(기모쓰키계 기이레肝付系喜入씨도 있음)가 각각 가家를 연다. 이 가운데 히사야스의 손자에 해당하는 시마즈 다다요시島津忠良가 이자쿠伊作·소슈相州 양가의 가독을 겸하였다.

오닌의 난이 발생하자, 다쓰히사는 1469년 동군 측에 가담하였지만

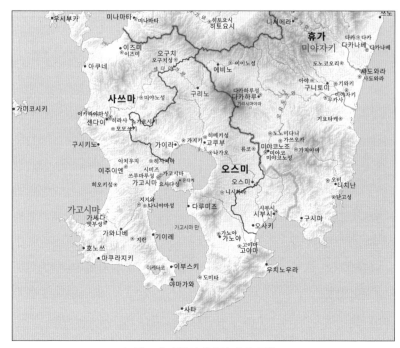

〈그림 16〉 사쓰마·오스미·휴가 지역도

출진 요청은 거부하였다. 한편 숙부 호슈가豐州家 당주 시마즈 스에히사島津季久는 서군인 야마나 소젠 측에 가담하는데, 이는 다른 다이묘들과 마찬가지로 오닌의 난 결과에 관계없이 가문을 존속시키려는 고육지책이었다. 1459년부터 당주 역할을 한 다쓰히사는 정식으로 당주에 오른 지 4년 후인 1474년 43세로 사망하고, 적남 시마즈 다다마사島津忠昌가 그의 뒤를 이었다.

1463년 다쓰히사의 아들로 태어난 다다마사는 출가하여 이치키市來 류운지龍雲寺에 기거하면서 겐칸源鑑이라 했다. 1474년 아버지가 사망하자 환속하여 가독을 이었으나, 나이도 어리고 해서 시마즈씨 내부에 분란이 발생했다. 1484년 오비飫肥에 있던 니이로 다다쓰구新納忠續가 이자쿠가 시마즈 히사야스島津久逸와 이토씨의 연합군에 협격 당하자,

254

다다마사는 아픈 몸을 이끌고 출진하였다. 다다마사는 1485년 이토씨 당주 이토 스케쿠니伊東祐國를 휴가 오비성飫肥城(宮崎縣日南市飫肥) 싸움에서 격파하여 전사시키고 히사야스에게 항복을 받아냈다. 한편 다다쿠니는 스케쿠니의 아들 이토 다다스케伊東尹祐에게 보복당할 것을 두려워하여 1495년 다다스케와 화해하였다.

다다마사는 군사보다는 문학에 뛰어나, 1478년 게이안 겐주桂庵玄樹를 초빙하여 주자학을 강설하게 하여 사쓰난 학파薩南學派의 기초를 닦고, 류큐·조선과도 적극 통교하여 무역을 장려하였다. 나아가 셋슈雪舟에게 사사하고, 명에 유학했던 다카조 슈게쓰高城秋月를 초치하여 수묵화 보급에도 힘써 사쓰마의 문화를 흥륭시켰다.

다다마사는 1508년 시미즈성에서 "원컨대 꽃 아래에서 봄에 떠나기를, 새 움트는 달(2월) 보름 즈음願わくば花のもとにて春死なむその如月の望月のころ"이라는 사이교西行의 시를 읊고 46세로 자결하였다. 아마도 광기와 시마즈씨의 내란으로 고통을 받았기 때문일 것이다. 그의 뒤를 이은 장남 시마즈 다다하루島津忠治도 문약한 성격이어서 당시의 내분을 수습할 능력이 없었다. 다다하루는 1515년 오스미 요시다성吉田城(鹿兒島縣鹿兒島市)의 요시다이 기요시를 공격하였으나, 진중에서 27세의 젊은 나이로 사망하였다. 그의 뒤를 이은 동생 시마즈 다다타카島津忠隆는 1516년 류큐 지배를 노리고 있던 빗추 하스지마蓮島의 미야케 구니히데三宅國秀를 토벌하여 류큐에서의 시마즈씨 이익을 지켰다(그러나 이 사건은 시마즈씨가 류큐 무역을 독점하기 위해 만들어낸 허위사건이라고도 한다). 다다타카는 요시다이 기요시吉田位淸를 격파하여 영내 평정을 진전시켰으나, 형과 마찬가지로 군사보다는 문학 쪽으로 치우쳐 있어서 시마즈씨의 내부 분쟁은 지속되었다. 그리고 그 역시 형과 마찬가지로 단명하여 1519년 4월 14일 23세로 세상을 떠나고, 동생 시마즈 가쓰히사島津勝久가 그 뒤를 이었다.

위에서 보았듯이 다다마사는 영내 일족과 재지영주가 종가에 대항하여 계속 거병하였기 때문에 자인하였고, 이어 다다하루·다다타카 역시 일찍 세상을 떠났다. 그 와중에 영내의 시마즈 일족과 재지영주, 나아가 오스미의 기모쓰키씨, 휴가의 이토씨 등이 지배력을 강화하여 시마즈 종가에 대항하는 형국이 지속되어, 이즈음 슈고가 시마즈씨의 영국지배는 대단히 약화되어 있었다.

따라서 갑작스런 아버지의 죽음으로 가독을 이은 가쓰히사의 정권 기반 역시 대단히 취약하였다. 게다가 삿슈가 5대 당주 시마즈 사네히사島津實久는 누이동생이 가쓰히사의 부인이었던 관계로 권세를 강화하는 상황이었다. 이에 가쓰히사는 유력 분가인 이자쿠가의 협력을 얻기 위해 1526년 11월 이자쿠 다다요시伊作忠良(시마즈 다다요시의 장남 시마즈 다카히사島津貴久)를 양자로 맞아 가독을 물리고, 국정을 맡긴 후 이자쿠로 은거했다. 그러나 이 결정에 맹렬히 반대한 시마즈 사네히사가 1527년 6월 시미즈성에 있던 다카히사를 급습하여 승리하고, 가쓰히사를 슈고직에 복귀시켰다.

그런데 가쓰히사가 가독을 이은 직후 다다타카 시기의 가로家老를 적극 바꾸었기 때문에 중신들의 불만이 많았다. 새로 기용된 가로들은 이자쿠가에 가까운 자들이 많아 이들의 영향으로 다카히사를 양자로 맞아들여 가독을 상속시키려 했던 것이다. 한편 해임된 전대 가로들은 시마즈 사네히사 편에 가담하여 다카히사를 밀어내려 했다. 이러한 상황에서 슈고로 복귀한 가쓰히사로서는 다시 전대의 가로들을 중용하지 않을 수 없었고, 이는 가신들을 대단히 불안하게 만들었다.

이러한 사태에 직면한 호슈가 시마즈 다다토모島津忠朝는 1529년 니이로 다다카쓰新納忠勝·네지메 기요토시禰寢清年·기모쓰키 가네히로肝付兼演·혼다 다다치카本田薫親·가바야마 요시히사樺山善久·시마즈 유키히사島津運久·시마즈 히데히사島津秀久·아타 다다오阿多忠雄 등 시마즈 일족과 함께 가쓰히사에게 시마즈 다다요시와 화해하도록 간언하였으나, 가쓰히사는 받아들이지 않았다. 이에 1533년 3월 27일 다다요시·다카히사가 반격을 개시하여, 2월 사네히사 측으로 돌아선 히오키日置 난고성南鄕城(宮崎縣日南市南鄕町) 성주 구와바타 히데카게桑波田榮景를 공격하였다. 난고성을 공격하기 위해 맹승盲僧을 첩자로 보내 정보를 모으던 다다요시는 마침 성주 히데카게가 사냥을 떠난다는 정보를 얻어, 사냥꾼으로 변장한 군사들을 이끌고 성주의 군사로 위장하여 난고성에 입성하여 성을 함락시켰다. 구와바타 히데카게가 8월 난고성을 탈환하기 위해 가고시마·요시다·히오키 등의 사네히사 군병을 모아 반격을 시도하였으나, 내습에 대비하고 있던 다다요시군에게 패배하였다. 그리고 12월 사네히사에게 공략되어 복종하고 있던 히오키성日置城(鹿兒島縣日置市日吉町) 성주 야마다 아리치카山田有親가 다다요시에 항복하여 왔다.

1534년 국로國老였던 가와카미 마사히사川上昌久는 중신 16명과 함께 간신 스에히로 다다시게末弘忠重를 배척할 것을 가쓰히사에게 간언하였다. 가쓰히사가 이를 받아들이지 않자, 마사히사는 다다시게를 살해해 버렸다. 두려움을 느끼고 네지메 시게나리禰寢重就를 의지해 도망한 가쓰히사는 1535년 다시 돌아와 마사히사를 절복하도록 몰아부쳤다. 이에 격분한 사네히사가 마침내 가쓰히사 제거를 결심하고, 8월 가와카미川上氏와 함께 가쓰히사를 습격했다. 가쓰히사는 사네히사에게 가관(야카타屋形)의 이름을 물려준 후 조사帖佐로 도망하고, 사네히사는 슈고가 가신단과 재지영주들의 추대로 슈고에 올랐다. 가쓰히사는 9월 휴가 마사키인眞幸院의 기타하라北原氏와 오스미 조사의 게도인祁答院氏의 협력을 얻어 사네히사에 대한 반격을 시도하였으나 실패하고 게도인씨에 의지하여 도망하였다.

슈고가를 둘러싼 사네히사와 다다요시의 대립 속에서, 1537년 5월 상순 양자는 사태 해결을 위해 회담하였다. 다다요시는 "가와베川邊·가

세다加世田를 나에게 주면, 가고시마鹿兒島·다니야마谷山·이주인·요시다를 헌상하고, 당신을 슈고로 맞은 후에는 수어지교水魚之交의 군신관계를 맺겠다"고 제안하였으나, 사네히사가 이 제안을 거부하여 둘의 싸움은 피할 수 없게 되었다. 다다요시는 이주인·다니야마·가와베 등을 전전하면서 사쓰마 반도를 장악하기 위해 노력하면서 아울러 가쓰히사와도 화해하고, 나아가 북사쓰마의 시부야씨 일족을 끌어들여 사네히사의 본거지 이즈미出水와 가고시마 사이를 차단하고자 했다. 다다요시는 1539년 정월 가세다加世田 벳푸성別府城(鹿兒島縣南さつま市) 싸움에서 사네히사의 수하 군사를 격파하여 남사쓰마를 거의 제압하였다. 8월 이치키市來 쓰루마루성鶴丸城(가고시마성. 鹿兒島縣鹿兒島市城山町) 싸움에서 사네히사의 동생 다다토키忠辰가 토벌되자, 사네히사는 본거지 이즈미로 퇴각하였다. 이때에 이르러 다다요시·다카히사 부자는 시마즈 종가 가독을 상속하고 슈고로 복귀하였다. 가쓰히사는 가고시마를 회복한 다카히사와도 대립하여, 다시 오스미로 도망하여 기타하라씨와 혼고씨에 의지하였으나, 결국 어머니 친척인 오토모씨에 의지하여 분고로 망명하였다. 그러나 가고시마와 사쓰마 반도 이외의 지역에 다카히사의 지배가 미치는 데는 시간이 걸렸다. 다카히사가 시마즈 종가가 대대로 임관하여 왔던 슈리노다이부에 보임하고, 막부와 조정으로부터 슈고로 인정받은 것은 1552년의 일이다.

5장

무로마치 막부의 붕괴와
센고쿠다이묘의 광역패권 지향

<표 22> 센고쿠다이묘 생몰도

	1500년	1510	1520	1530	1540	1550	1560	1570	1580	1590	1600

伊達
稙宗(1488~1565)
晴宗(1519~1577)
輝宗(1544~1585)
政宗(1567~1636)

北條
早雲(1432~1519)
氏綱(1486~1541)
氏康(1515~1571)
氏政(1538~1590)
氏直(1562~1592)

武田
信虎(1498~1574)
信玄(1521~1573)
勝賴(1546~1582)

上杉
長尾爲景(? ~1536)
謙信(1530~1578)
景勝(1555~1623)

今川
氏親(1473~1526)
氏輝(1513~1536)
義元(1519~1560)
氏眞(1538~1614)

松平
信忠(1490~1531)
廣忠(1526~1549)
家康(1543~1616)

齋藤
道三(? ~1556)
義龍(1527~1561)
龍興(1548~1573)

織田
信秀(1510~1551)
信長(1534~1582)

朝倉
四代·孝景(1493~1548)
義景(1533~1573)

淺井
亮政(? ~1542)
久政(? ~1573)
長政(1545~1573)

六角
定賴(1495~1552)
義賢(1521~1598)

三好
元長(1501~1532)
長慶(1522~1564)
義興(1542~1563)

大內
義興(1477~1528)
義隆(1507~1551)

毛利
元就(1497~1571)
隆元(1523~1563)
吉川元春(1530~1586)
小早川隆景(1553~1597)
輝元(1553~1625)

大友
義鑑(1502~1550)
宗麟(1530~1587)

尼子
經久(1458~1541)
晴久(1514~1560)
勝久(1553~1578)
義久(? ~1610)

長宗我部
國親(? ~1560)
元親(1538~1599)

島津
貴久(1514~1571)
義久(1533~1611)
龍造寺隆信(1529~1584)

1. 무로마치 막부의 붕괴

1) 교로쿠·덴분의 난享祿·天文の亂

호소카와 다카쿠니를 멸망시킨 후, 호소카와 하루모토와 미요시 모토나가의 관계가 악화되어 간다. 모토나가는 1527년 이래 사카이에 거주하면서 할아버지 미요시 유키나가를 죽음으로 내몬 다카쿠니에 게 원수를 갚고, 교토 및 야마시로·셋쓰를 실질적으로 지배하고 있던 요시즈미의 차남(장남이라고도 함) 아시카가 요시쓰나(사카이쿠보)를 쇼군에 취임시키려 하였다. 이에 반해 하루모토는 쇼군 요시하루와 화해 하고자 했는데, 이에 대해서는 가와치의 하타케야마 요시타카(하루모토의 의형제)도 결사반대하였다. 사태가 이에 이르자, 하루모토는 모토나가를 위험인물로 판단하게 된다. 게다가 하루모토 휘하의 기자와 나가 마사와 모토나가의 실각을 원하는 모토나가 종숙부 미요시 마사나가의 암약도 있어서 하루모토와 모토나가 사이의 대립은 더욱 심화되었다. 그런 가운데 모토나가가 1532년 교토 산조성三條城을 지키고 있던 야나기모토 진지로柳本甚次郞(이전에 대립하고 있던 야나기모토 가타하루의 아들)를 아와 군사阿波軍를 동원하여 토멸하여 버렸다. 이 토멸로 인해 하루모토의 노여움을 감당하기 어렵다고 생각한 모토나가가 출가하자(법명 가이운海雲), 아와 슈고 호소카와 모치타카(하루모토의 사촌동생)가 하루모토와 모토나가 사이를 중재해 보려 하였으나 실패하였다. 양자의 관계는 더욱 악화되었다.

모토나가는 하루모토에 밀착하여 세력을 키우고 있는 기자와 나가마사가 하극상을 일으킬까 봐 걱정하는 하타케야마 요시타카와 손을 잡았다. 사카이쿠보의 대우를 둘러싸고 하루모토와 대립하고 있던 요시타카가 마침내 1532년 5월 기자와 나가마사의 거성 이이모리야마성을 공격했다. 모토나가도 요시타카가 쇼군의 명을 받아 기자와 나가마사를 토벌한다는 명목으로 요시타카를 지원하였다. 물론 하루모토는 나가마사를 옹호하였으나, 이이모리야마성 포위가 지속되어 나가마사의 운명은 풍전등화와도 같았다.

자력으로는 요시타카·모토나가 군세를 퇴치하기 어렵다고 판단한 하루모토는 잇코슈一向宗와 법화종의 대립을 이용하여 야마시나 혼간지의 쇼뇨証如에게 지원을 요청했다. 당시 법화종을 비호하는 모토나가를 토멸하고자 하였던 쇼뇨는 하루모토의 요청에 호응하여 6월 15일 수만 명의 잇키군에게 요시타카 배후를 공격하게 하였다. 이로 말미암아 요시타카 세력이 순식간에 무너지고, 잇코잇키군에 쫓기던 요시타카는 17일 자인하였다. 모토나가도 사카이 겐폰지顯本寺로 도망하였다. 6월 20일 겐폰지를 포위한 잇코잇키 군세는 총 10만에 이르렀고, 모토나가는 겐폰지에서 자인하였다. 한편 사카이쿠보 요시쓰나는 사카이를 겨우 탈출하여 시코쿠로 도망하였다(교로쿠의 난享祿の亂).

한편 쇼군 요시하루는 교토에서 오미 간논지성 산록의 구와노미데라桑實寺 경내로 3년여 동안 막부를 옮겼다. 이때 많은 호코슈·부교슈가 쇼군 요시하루와 함께했다. 교로쿠의 난이 마무리된 1534년 요시하루는 롯카쿠 사다요리·요시카타 부자의 후원을 얻어 하루모토와 화해하고 귀경하였다. 그러나 이후에도 하루모토와 대립과 화해를 반복하면서 퇴경과 귀경을 반복하였다. 즉 요시하루는 1541년 오미 사카모토로 도망하였다가 1542년 귀경하고, 1543년 다시 오미로 도망하였다.

한편 법화종을 옹호한 '불적佛敵' 미요시 모토나가를 격살한 잇코잇키의 봉기는 가라앉지 않았다. 쇼뇨와 렌준蓮淳의 전투정지 명령에도 불구하고, 잇코잇키 신도들은 법화종 이외의 종파도 추방하여야 한다고 주장하였다. 야마토에서 슈고 지위에 있던 고후쿠지興福寺와 센고쿠다이묘를 지향하고 있던 쓰쓰이 준코筒井順興·오치 도시모토越智利基를 공격하기 위해 잇키 세력이 나라로 침입했다. 잇키 세력은 혼간지에게도 유서 깊은 다이조인大乘院(렌뇨蓮如의 젊은 시절 수행 장소)을 시작으로 고후쿠지의 모든 탑두塔頭를 불태우고, 사루사와이케猿澤池 잉어와 가스가타이샤春日大社 사슴들까지 모두 잡아먹었다고 한다. 이 잇키 세력은 쓰쓰이씨·오치越智씨와 도이치 도하루十市遠治 원군에게 나라에서 쫓겨났다.

잇코잇키 세력의 강성함에 놀란 하루모토는 혼간지와의 결별을 결심하고 잇코잇키를 진압하고자 했다. 이를 알아차린 렌준이 잇코잇키의 행동을 추인하고 호소카와 하루모토를 공격하라고 명했다. 하루모토의 신하 이바라기 나가타카茨木長隆는 혼간지를 싫어하는 오미 슈고 롯카쿠 사다요리와 함께 잇코잇키에 대항 태세를 취하고, 교토와 야마시로의 법화종 신자들이 결집한 홋케(법화)法華잇키가 잇코잇키 세력 타도에 호응했다. 물론 하루모토의 명령을 받은 기자와 나가마사도 잇코잇키 세력 타도에 참가했다.

1532년 8월 7일 교토에 집결한 홋케잇키 세력은 교토 소재 혼간지 사원들을 공격하였고, 12일 롯카쿠군과 연합하여 렌준이 거주하는 오쓰 겐쇼지顯証寺를 함락시켰다. 23일에는 쇼뇨가 거주하는 야마시나 혼간지를 3만 대군으로 포위, 24일 야마시나 혼간지를 불태웠다. 기나이 지역의 혼간지 세력에 영향력이 있던 렌준은 혼간지 세력의 또 하나의 거점인 이세 나가시마 간쇼지願証寺로 도망하였고, 고립된 쇼뇨는 당시 혼간지로 대피해 있던 렌뇨蓮如의 막내 지쓰주實從에게 발견되어 이시야마 고보石山御坊로 탈주하였다.

이시야마 고보를 이시야마 혼간지로 바꾸고 그곳을 새로운 근거지로 삼은 쇼뇨는 렌준을 대신하여 문도들을 지휘하고 있던 시모쓰마 라이슈下間賴秀·라이세이賴盛 형제에게 홋케잇키 공격을 방어하도록 명했다. 그러나 12월 돈다富田 교교지敎行寺가 함락되고, 이시야마 혼간지도 호소카와 하루모토·롯카쿠 요시타카·홋케잇키 연합군에 포위되었다. 1533년 2월 10일 잇코잇키 세력이 하루모토의 본거지 사카이를 함락시키고 하루모토는 아와지로 도망하였다. 한편 호소카와 다카쿠니의 동생 호소카와 하루쿠니細川晴國와 미요시 모토나가 측이었던 하타노 다네미치波多野稙通 등 하루모토에 원한을 품고 있던 세력이 연합하여 일시 이시야마 혼간지 포위망을 풀었다.

그러나 이 일 때문에 역으로 쇼군 요시하루는 하루모토에게 혼간지 토벌을 명했다. 잇코잇키 세력은 3월 셋쓰 이타미성을 포위했으나, 3월 29일 홋케잇키를 이끈 기자와 나가마사에게 타도되었다. 한편 4월 7일 하루모토가 아와지에서 셋쓰 이케다성으로 입성하여 이후 일진일퇴의 전황을 보여준다. 6월 18일 야마시로에서 호소카와 하루쿠니가 하루모토의 무장 야쿠시지 구니나가藥師寺國長를 무찔렀다. 이를 계기로 하루모토 측과 혼간지 측이 화해 분위기로 돌아섰다. 마침내 6월 20일 미요시 모토나가의 유아 지쿠마마루千熊丸(미요시 나가요시三好長慶)를 중재자로 하여 하루모토 측과 혼간지 측이 화해하였다. 그러나 시모쓰마 라이세이는 화해에 반대하여 1534년 3월 쇼뇨를 인질로 하였고, 쇼뇨는 이시야마 혼간지로 돌아와 5월 29일 위의 화해를 파기해 버렸다. 그리하여 다시 싸움이 시작되어 1535년 6월 호소카와군의 총공세로 혼간지는 패배하였다.

한편 쇼뇨는 1535년 4월 나가시마長島에서 돌아온 렌준과 고쇼지興正寺 렌슈蓮秀와 함께 다시 화해를 도모하였다. 쇼뇨 등은 위 잇키의 선동자로 시모쓰마 형제를 지목하고, 그들에게 책임을 전가하였다. 이에 하루모토는 쇼뇨·렌준에게 책임을 묻지 않고, 시모쓰마 형제와 오미 등지의 기나이 문도들을 총파문한다는 조건으로 9월 혼간지와 화해교섭을 타결하였고, 11월 막부·호소카와·롯카쿠씨의 화해도 이루어졌다. 화해를 거부한 일부 잇코잇키 세력은 1536년 3월 나카시마성中嶋城(大阪市淀川區)에서 농성하였으나, 7월 29일 기자와 나가마사에게 진압되고, 시모쓰마 형제도 나중에 숙청되었다(덴분의 난天文の亂).

위 싸움에서 승리한 홋케잇키는 교토에서 자치권을 획득하였고, 히에이잔 엔랴쿠지와 적대하였다. 엔랴쿠지는 1536년 7월 혼간지에 원군을 요청하였으나, 혼간지는 파병 대신 군자금을 보내 엔랴쿠지 지지를 표명하였다. 홋케잇키와 엔랴쿠지 간의 싸움은 엔랴쿠지·롯카쿠 연합군의 승리로 마무리되고, 8월 다카쿠니의 동생 호소카와 하루쿠니는 측근의 배반으로 패사하였다.

호소카와 하루모토는 교로쿠·덴분의 난을 마무리한 후, 1537년 사쿄노다이부에 임관하고 간레이로서 막부를 장악하였다. 그리고 1537년 4월 19일 롯카쿠 사다요리의 유자가 된 산조 긴요리三條公賴의 딸과 결혼하였다.

그러나 당시 쇼군 요시하루는 하루모토에 대항하기 위해 권력기반을 정비하고, 막부 내에서는 롯카쿠 사다요리의 영향력이 커져 가고 있었다. 반면 호소카와 게이초가의 가신들 대부분이 호소카와씨의 부하로서 운명을 함께하여 게이초가는 정치수완을 상실하고 있었고, 이 때문에 게이초가의 막정에 대한 영향력도 크게 저하되어 있었다.

모토나가 사후 미요시 종가는 모토나가의 아들 미요시 나가요시三好
長慶가 이었는데, 당시 나가요시는 열 살의 어린 소년으로 미요시씨
세력은 약화되었다. 하루모토 등은 아시카가 요시쓰나(요시타네의 양자)
를 교로쿠·덴분의 난으로 혼란해진 틈을 타 아와로 보내고(아와쿠보阿波
公方), 하루모토는 쇼군 요시하루와 화해하여 정권을 장악하였으며,
반모토나가 세력이었던 측근 미요시 마사나가·기자와 나가마사 등이
대두했다. 그러는 사이 지용을 겸비한 무장으로 성장한 나가요시가
가와치 슈고다이로서 기나이에서 강력한 세력을 자랑하던 유사 나가
노리(하타케야마 비슈가畠山尾州家의 가신)의 딸을 후처로 맞는다. 아버지를
잃고 호소카와 하루모토를 원수로 여기던 나가요시가 마침내 1539년
6월 아와의 호소카와 모치타카와 결탁하여 하루모토를 타도하기 위한
군사를 일으켰다. 이에 놀란 오미 슈고 롯카쿠 사다요리가 막부에
대책을 요구하고, 쇼군 요시하루는 롯카쿠 사다요리와 기자와 나가마
사에게 조정을 명하였다. 요시하루도 나가요시와 하루모토에게 서장
을 보내 자중할 것을 요구하였다.

한편 나가요시는 아와뿐 아니라 셋쓰에도 세력을 확대하였다. 그는
동생 미요시 짓큐三好實休(아와阿波)와 아타기 후유야스安宅冬康(아와지淡路),
소고 가즈마사十河一存(사누키讚岐) 등과 협력하여, 1542년 아버지의 원수
기자와 나가마사 등을 차례로 쳐부수고 아버지 이상의 세력을 형성하
였다(다이헤이지 싸움太平寺の戰い). 1549년 나가요시는 장인인 유사 나
가노리의 원군을 얻어 호소카와 다카쿠니의 양자 호소카와 우지쓰나細
川氏綱를 옹립하여 호소카와 하루모토에 반기를 들었다. 하루모토는
미요시 마사나가를 셋쓰 에구치江口에서 물리치지만(에구치 싸움江口の
戰い), 쇼군 요시쓰나와 함께 오쓰大津로 도망하면서 정권이 붕괴된다.
그 후 나가요시는 센고쿠다이묘의 길을 걷게 된다.

2) 쇼군 권력의 회복 노력과 미요시 정권의 성쇠

쇼군 요시하루의 나가요시·하루모토 간의 중재 요구를 무시한 미요시군은 1539년 6월 중순 셋쓰 시마카미島上 주변으로 진군하고, 선봉대는 니시오카西岡 무키진자向神社까지 진군하였다. 이에 대응해 하루모토가 미요시 마사나가에게 출진을 명하고, 자신도 직접 일대를 이끌고 야마자키성으로 출진하였다. 양군은 셋쓰·야마시로 경계에서 대치하였다. 이때 롯카쿠 사다요리와 무로마치 막부의 만도코로다이政所代 니나가와 지카토시蜷川親俊 등이 중재에 나섰고, 이 중재를 받아들여 양군은 철수하기로 하였다. 화해조건에 따라, 미요시군은 아쿠타가와 야마성芥川山城(大阪府高槻市)을 내주고, 8월 14일 고시미즈성으로 입성하였고, 미요시 나가요시는 셋쓰의 반국 슈고다이로 임명되었다.

한편 이 중재를 위해 노력한 기자와 나가마사는 가와치 반국 슈고다이와 기나이의 최요충지 시기산성信貴山城(奈良縣生駒郡平群町信貴畑)을 얻었다. 야마토의 재지영주들과 함께한 나가마사는 1541년 7월 가사기성笠置城(京都府相樂郡笠置町)을 수축하여 거성으로 삼았다. 하루모토와 화해한 나가요시는 8월 12일 하루모토의 명에 따라 미요시 마사나가, 이케다 노부마사(이케다성주), 하타노 히데타다波多野秀忠(야카미성주八上城主) 등과 함께 호소카와 다카쿠니의 매부인 시오카와 마사토시鹽川政年의 거성 히토쿠라성一庫城(야마시타성山下城, 다쓰오성龍尾城. 兵庫縣川西市山下)을 공격하였다. 하루모토는 다카쿠니 잔당을 일소하고 싶어했던 것 같으나, 시오카와 마사토시와 인척관계인 이타미성 성주 이타미 지카오키伊丹親興와 미야케성 성주 미야케 구니무라三宅國村 등이 9월 29일 쇼군 요시하루에게 공격의 부당성을 호소하고, 기자와 나가마사에게 원군을 요청하였다. 기자와 나가마사는 야마시로, 야마토, 가와치의 대군을 이끌고 미요시군을 후면에서 공격하려 하였다. 미요시군이 이를 눈치채고 10월 12일 고시미즈성으로 돌아갔다.

기자와군이 미요시군을 쫓아 10월 12일 고시미즈성으로 진군하여 성을 포위하였다. 기자와 나가마사는 그 전날인 11일 쇼군 요시하루를 만나 교토 방어 임무를 맡고 싶다고 하였다. 그러나 무로마치 막부는 가사기성을 축성하고, 하타케야마 나가쓰네畠山長經를 살해하고, 히토쿠라성의 싸움 중지를 무시한 나가마사의 전횡에 혐오감을 갖고 있었다. 때문에 10월 29일 간레이 하루모토가 북이와쿠라로, 10월 30일 쇼군 요시하루가 지쇼지慈照寺로 물러나고, 그 후 시라카와白川에서 오미 사카모토로 도망하였다. 쇼군 요시하루가 교토를 떠나자 나가마사는 가와치로 군대를 물렸다. 북이와쿠라로 가 있던 하루모토는 11월 18일 쇼군 요시하루에게 이가 슈고 니키仁木씨에게 가사기성 공격을 명하는 서한을 보낼 것을 청했다. 쇼군의 명을 받은 니키씨는 11월 하순 이가, 가가의 닌자 70~80인을 가사기성으로 침투시켜 성곽 일부를 불태웠다. 그러나 이틀 후 반대로 역습을 당해 패퇴한다. 『미요시노노하나三芳野の花』는 이 전투에서 최초로 닌자 부대가 활동한 것으로 기록하고 있다.

그 후 남가와치 슈고다이 유사 나가노리遊佐長敎와 하루모토는 하타케야마 다네나가畠山稙長에게 하타케야마 마사쿠니 토벌 명령서를 보내도록 쇼군 요시하루에게 청하고, 이시야마 혼간지 쇼뇨에게 기자와 나가마사 측에 가담하지 말라는 서간을 보냈다. 그리고 하루모토는 나가마사를 토벌하기 위해 12월 8일 북이와쿠라로 출진하여 아쿠타가와야마성에 입성하고, 미요시군을 집결시켰다. 기자와군도 즉시 이에 대응하여 가사기성을 나서 야마시로 이데井出로 출진하여 포진했다. 양군은 기쓰가와木津川, 요도가와淀川를 끼고 대치한 채로 해를 넘겼다. 또 다른 동맹자 유사 나가노리는 기이 재지영주들을 회유하고, 네고로지根來寺, 고야지高野寺, 고카와데라粉河寺 승려들까지 동원하였다. 하루모토 측에 가담한 이즈미 반국 슈고 호소카와 모토쓰네細川元常는 1542

년 2월 귀향하여 병사를 모아 만약의 사태에 대비하였다.

1542년 3월 8일 유사 나가노리가 마침내 행동에 나서, 하타케야마 마사쿠니의 수하인 사이토 야마시로노카미齋藤山城守 부자를 암살하고 하타케야마 다네나가에의 귀속을 명확히 했다. 이에 놀란 하타케야마 마사쿠니가 3월 10일 신변의 위험을 걱정하여 다카야성高屋城(大阪府羽曳野市古市)을 나와 시기산성으로 도망하였고, 3월 13일 하타케야마 다네나가는 기이紀州병사 약 1만과 함께 8년 만에 귀성했다.

〈그림 17〉 교토와 그 주변 지역도

다네나가가 1만 병사를 동원할 수 없을 것이라 생각하였던 나가마사는 곧바로 야마토, 야마시로 병사를 이끌고 시기산성보다 견고한 니조잔성二上山城(奈良縣葛城市加守)으로 들어갔다. 니조잔성은 다카야성 남동쪽에 위치하여, 니조잔성과 시기산성은 야마토가와大和川를 끼고 서로 마주보고 있었다. 마사쿠니는 시기산성에서, 나가마사는 니조잔성에서 다카야성을 협격할 수 있는 체제를 정비했다고 생각했을 것이다. 이에 대응하여 하루모토는 미요시 세력에게 구원을 명하고, 아쿠타가와야마성을 나서 고야카이도高野街道를 남하하였다.

3월 17일 다카야성에서 출발한 선발대와 니조잔성에서 다카야성으로 향하던 정찰대가 격돌했다. 이 상황을 지켜보던 기자와 나가마사는 자신이 불리하다고 판단하여 니조잔성에 3천 군사를 남기고 나머지 약 7천 군사를 전선에 투입하였다. 양군은 고야카이도에서 이이모리야마飯盛山 방면으로 북진, 오치아이가와落合川 우에하타上畠에서 백병전을 벌였다. 나가마사의 북진은 시기산성에 있는 마사쿠니의 증원군을 기대한 행동이었을 것이다. 전투는 오후 3시경 시작되었다. 나가마사는 한 시간이 지날 즈음 마사쿠니의 원군이 달려올 것이라고 생각했으나, 달려온 것은 미요시군이었다.

측면을 돌파당한 기자와군은 곧바로 붕괴되기 시작했고, 이에 나가마사는 전군에게 이이모리야마성으로 퇴각하라고 명했다. 이이모리야마성에는 나가마사의 주군 하타케야마 아리우지畠山在氏가 있었기 때문에 그의 비호를 받고자 했을 것이다. 그러나 유사군과 미요시군의 추격은 맹렬하였다. 특히 미요시 나가요시군은 히토쿠라성 싸움에서 패한 적도 있고, 아버지의 원한도 있어서 더욱 맹렬히 나가마사군을 추격하였다. 그리하여 마침내 나가요시는 나가마사를 다이헤이지太平寺 부근에서 패사시켰다(다이헤이지 싸움太平寺の戰い).

싸움 후 하타케야마 다네나가가 가와치 슈고로 임명되었고, 미요시 나가요시 측에 가담했던 아쿠타가와 마고주로芥川孫十郎는 아쿠타가와 야마성을 얻었다. 10년간 기나이에서 권세를 누렸던 기자와씨는 몰락하였고 미요시 나가요시 세력은 더욱 강대해졌다. 이 싸움은 조총이 전래되기 전 기나이 최대의 싸움이었다고 하는 샤리지 싸움舍利寺の戰い으로 이어진다.

그런데 1543년 호소카와 우지쓰나(호소카와 다카쿠니의 양자)가 하루모토를 타도하기 위해 이즈미에서 거병하였으나 곧바로 진압되었다. 한편 1543년 12월 쇼군 요시하루는 오미 사카모토 히요시진자日吉神社에서 적남 아시카가 요시테루足利義輝(어렸을 적 이름은 기쿠도마루菊童丸, 원복 후 요시후지義藤, 1554년 요시테루로 개명)를 원복시키고, 자신이 건재한 가운데 요시테루에게 쇼군직을 물려주고 그를 후견하였다. 한편 이 쇼군직 물림과 관련하여 롯카쿠 사다요리가 간레이다이로 임명되었다. 롯카쿠 사다요리는 쇼군 취임식에서 본래 간레이가 행해야 할 가관역加冠役(烏帽子親)을 행했다. 이에 대해 종래에는 간레이 하루모토가 출진 중이어서 간레이다이인 사다요리가 가관역을 대행했으나, 하루모토는 간레이에 임명된 적이 없다. 당시 간레이 직무는 의례 분야로 한정되어 있었고, 하루모토가 사카모토로 달려왔다면 요시테루 원복 전에 간레이에 임명되었을 것이다. 그러나 위와 같은 상황에서 하루모토가 사카모토로 달려올 수 없었기 때문에, 요시하루는 오미 슈고였던 사다요리를 간레이다이로 임명하고, 요시테루의 가관 의례를 행했던 것이다. 이 행태는 쇼군가 스스로 전통 의례의 관례를 깬 것이었고, 이로 말미암아 하루모토의 체면도 손상되었다. 그리고 위 상황은 쇼군 요시하루 부자의 호소카와 우지쓰나 지지 태도를 천하에 드러낸 것으로, 쇼군가와 하루모토의 대립이 표면화하였다.

1545년 야마시로에서 다카쿠니파 우에노 모토하루上野元治·모토타케元全 부자와 단바 나이토 구니사다內藤國貞 등이 거병하였으나, 나가요시·마사나가 등에게 곧바로 진압되었다. 거병에 실패한 우지쓰나는 다카쿠니파와 함께 게릴라전을 펼치다, 1546년 가와치 슈고다이 유사 나가노리와 결탁하여 다카야성 입성을 준비하였다. 이 소식에 접한 하루모토에게 우지쓰나 토벌의 명을 받은 미요시 나가요시가 8월 사카이로 들어가 우지쓰나·나가노리군 공격을 준비하다, 오히려 그들에게 포위당해 버렸다. 사카이 포위는 사카이 에고슈會合衆의 중재로 풀렸으나, 우지쓰나·나가노리군이 북상하여 니시나리군西成郡 오쓰카성大塚城(大阪市天王寺區茶臼山町)을 포위했다. 나아가 나가노리는 미야케성의 미야케 구니무라와 이케다성의 이케다 노부마사에게 서장을 보내, 셋쓰 유력 재지영주들을 우지쓰나 측으로 유도하고 하루모토에 대한 이반을 명확히 했다.

나가요시는 오쓰카성 구원을 단념하고, 아와 슈고 호소카와 모치타카에게 원군을 요청하였다. 한편 시코쿠에 있는 미요시 짓큐·소고 가즈마사와 아와지 수군을 이끄는 아타기 후유야스 형제 세력을 결집시켜 9월 4일 오쓰카성을 함락시켰다.

그런데 아타기·이케다씨의 이반으로 하루모토는 14일 교토를 떠나 단바 간노산성으로 물러나고, 우지쓰나·나가노리군은 아쿠타가와야마성을 공격하였다. 이에 대응하여 18일 미요시 마사나가가 배후에서 간노산성을 공격하여 함락시켰다.

이러한 승리에도 불구하고 열세를 면치 못하던 하루모토·미요시 측은 11월 13일 하루모토가 간노산성에서 셋쓰 서부의 간노지성을 거쳐 나가요시가 있는 고시미즈성으로 이동하고, 아타기 후유야스·미요시 짓큐·고소 가즈마사 원군 군선 500, 병사 2만을 집결시켜, 12월 쇼카쿠지에 포진하였다. 나가요시군은 1547년 2월 20일 하라다성原田城(大阪府豊中市), 3월 22일 미야케성을 떨어뜨리고, 6월 25일 아쿠타가와성과 이케다성에 무혈 입성하여 세력을 회복했다. 그 사이 3월 29일 쇼군 요시하루는 교토 북동쪽 쇼군야마성으로 들어가 우지쓰나·나가노리군을 지원하였으나, 효과는 거의 없었다. 4월 롯카쿠 사다요리에게서 원군을 얻은 하루모토·미요시 측이 압도적 우위를 유지했다. 7월 미요시군이 단바에서 하타케畑(京都市右京區梅ヶ畑高雄町 주변)로 들어와 그 일대를 불사르자, 쇼군 요시하루가 19일 쇼군야마성을 불사른 후 오미 사카모토로 도망하였고, 하루모토는 1년 만에 교토를 탈환했다.

한편 7월 21일 미요시군은 가와치 에나미성榎並城(大阪市城東區)에 집결하여, 가와치 다카야성에 있던 우지쓰나·나가노리군을 공격하기 위해 남하했다. 이에 대응하여 우지쓰나·나가노리군은 다카야성을 나와 쇼가쿠지성을 거쳐 북상하였다. 양군은 샤리지 주변에서 맞닥뜨려 기나이 최대의 전투를 벌였다(샤리지 싸움舍利寺の戰い). 싸움은 활싸움

弓戰으로 시작하여 총력전으로 바뀌었다. 하타케야마 나오마사畠山尚誠와 마쓰우라 오키노부松浦興信가 먼저 나아가 수시간 창합전槍合戰을 벌였다. 나가노리군은 이 싸움에서 패하여 병사 400명을 잃고 도주하였다. 패전 소식을 듣고 실망한 쇼군 요시하루는 윤7월 1일 하루모토와 사다요리에게 사자를 보내 화해를 청하였다.

한편 샤리지에서 다카야성으로 도망한 나가노리군을 추격하던 미요시 나가요시군은 와카바야시若林(大阪府松原市若林周邊)에 진을 치고, 우지쓰나·나가노리는 병사들을 출격시켜 대치하였으나 큰 싸움은 없었다. 미요시군은 우지쓰나·나가노리군을 8개월간 포위하였으나 1548년 4월 27일 사다요리의 중재로 양군은 화해하였고, 나가요시는 나가노리의 딸과 정략결혼을 하였다.

그런데 5월 6일 호소카와 하루모토가 미요시씨 장로격 미요시 마사나가의 진언을 받아들여 우지쓰나 측에 가담한 셋쓰 재지영주 이케다 노부마사를 하루모토 저택에서 할복하게 하자, 미요시 나가요시와 셋쓰 재지영주들이 서로 대립했다. 8월 나가요시는 하루모토에게 미요시 일족의 분란을 일으키는 미요시 마사나가 토벌을 요청하였다가 거절 당하자, 10월 우지쓰나 측으로 이반하여 거병하였다. 나가요시군에 공격당하여 에나미성榎並城에서 농성하고 있던 마사나가의 아들 미요시 마사카쓰三好政勝를 내버려 둔 채 기나이 재지영주들의 협력을 얻을 수 없다고 판단한 하루모토는 셋쓰 에구치江口에서 나가요시와 싸웠다. 단, 양 진영은 전력을 다하는 싸움은 자제하였다. 하루모토는 롯카쿠군의 진군을 기다려 결전에 나서려 했으나, 기선을 제압당하면서 제대로 싸워보지도 못한 채 에구치 싸움江口の戰い에서 패배하였다. 이 싸움으로 미요시 마사나가·다카바타케 나가나오高畠長直 등 많은 부하를 잃은 하루모토는 나가요시의 추격을 염려하여 쇼군 요시테루와 함께 오미 사카모토로 도망쳤다. 이렇게 하여 나가요시는 기나이(셋

쓰, 가와치, 야마토, 단바, 야마시로, 이즈미)와 시코쿠(아와, 사누키, 아와지)를 합한 9개 지역과 하리마, 이요伊予, 도사土佐 일부를 지배하는 대 다이묘로 성장했다.

싸움에서 승리한 미요시 나가요시와 호소카와 우지쓰나가 교토로 입성하고, 나가요시가 막부와 교토 지배의 실권을 장악한 것은 말할 나위도 없다. 한편 위에서 보았듯이 요시하루는 아시카가 요시테루에게 쇼군직을 물리고, 1548년 하루모토와 화해하였다. 그런데 오미로 도망해 있던 하루모토는 1550년 5월 요시하루가 사망하자, 쇼군 요시테루를 옹위하여 고자이 모토나리香西元成와 미요시 마사카쓰 등 자신의 지지자들을 이끌고 히가시야마東山 나카오성中尾城(京都府京都市左京區淨土寺大山町)과 단바를 거점으로 교토 탈환을 시도하였으나 실패하였다. 이때 쇼군 요시테루는 미요시 나가요시를 타파하기 위해 하루모토와 함께 나카오성으로 들어가, 7월 8일 스스로 히가시야마 요시다·조도지 등 기타시라카와로 출정했다. 그럼에도 1551년 7월 14일 단바슈丹波衆 3,000을 이끌고 교토 입성을 시도한 고자이 모토나리·미요시 마사카쓰가 마쓰나가 히사히데·마쓰나가 나가요리 등이 이끄는 4만여 나가요시군에 패하여(쇼코쿠지 싸움相國寺の戰い), 마사카쓰·모토나리 등은 단바로 도주했다.

이 싸움의 결과, 나가요시와 쇼군 요시테루가 1552년 1월 호소카와 우지쓰나를 간레이로 임명하는 것을 조건으로 화해하고, 요시테루는 교토로 돌아왔다. 우지쓰나는 호소카와가 당주가 되었으나, 적남 소메이마루(후의 아키모토昭元)를 나가요시에게 인질로 보냈다. 그럼에도 불구하고 호소카와 하루모토는 요시테루와 우지쓰나의 화해를 인정하지 않고 출가하였다. 그는 와카사 슈고 다케다 노부토요武田信豊를 의지하여 와카사로 내려가 노부토요의 도움을 받아 이후 단바에서 자주 남하하여 미요시군을 위협하였다.

한편 1553년 윤1월 요시테루의 호코슈들이 나가요시를 배제하기 위해 하루모토와 내통하였다. 호코슈와 나가요시는 화해하였으나, 호코슈들은 나가요시에게 인질을 보내야 했다. 2월 27일 나가요시가 하루모토를 치기 위해 단바로 출진하자, 3월 요시테루가 나가요시와의 화해를 깨고 히가시야마 기슭의 료젠성靈山城(京都市東山區淸閑寺靈山町)으로 들어가고, 아쿠타가와 마고주로芥川孫十郎가 다시 거병하여 셋쓰 아쿠타가와야마성에서 농성하였다. 단바, 셋쓰, 야마시로의 세 방향에서 위협받던 나가요시는 마쓰나가 히사히데에게 명하여 하루모토 측을 공격하여 공략했다. 7월 나가요시가 아쿠타가와야마성을 포위하고 있던 중, 요시테루가 하루모토와 연합하여 입경을 노렸다. 이에 나가요시는 아쿠타가와야마성을 제압하기 위한 병사만 남겨둔 채 상경하였다. 하루모토군은 싸우지도 않고 도망하였고, 요시테루는 8월 료젠성이 미요시군에 함락되자 오미 구쓰키朽木로 도망하였다. 나가요시가 쇼군 요시테루와 함께하는 자의 영지를 몰수한다고 통달하였기 때문에, 많은 막부 신하들이 요시테루를 떠나 귀경하였다고 한다.

　단바에서는 고자이 모토나리·미요시 마사카쓰 등이 하타노 하루미치波多野晴通와 손잡고 나가요시 측의 나이토 구니사다를 격파하였으나, 구니사다의 양자로 나가요시 부장이었던 마쓰나가 나가요리松永長賴가 반격에 나서 단바 대부분을 평정하였다. 1557년 하타노 하루미치가 나가요리와 화해하여 단바는 미요시씨의 영국이 되었다. 하리마에서도 모토나리가 아카시明石씨와 결탁하고 있었으나, 1555년 아카시씨가 미요시군의 공격에 항복하였다. 이러한 상황에서 하루모토도 어찌해 볼 도리가 없었다.

　1558년 교토 탈환을 위해 요시테루와 하루모토는 오미 슈고 롯카쿠 요시카타의 지원 속에 3,000병을 이끌고 구쓰키다니朽木谷에서 남하하여 5월 3일 사카모토에 도착하였다. 한편 나가요시 부장 마쓰나가

히사히데松永久秀·마쓰나가 나가요리 형제와 나가요시의 종숙부 미요시 나가야스三好長逸가 셋쓰·단바에서 15,000 군세를 이끌고 9일 교토 남부에 포진하였다. 나가요시도 거성 셋쓰 아쿠타가와야마성에서 교토 도지東寺로 이동하였다. 13일 요시테루의 보병이 사카모토와 교토 사이에 솟아 있는 히가시야마東山 우료야마瓜生山 부근에 출몰하여, 양자 사이에 긴장이 감돌았다. 미요시군은 19일 교토 시중에서 군사 시위를 하고 교토 경계에 임했다.

마침내 6월 2일 이와나리 도모미치岩成友通·이세 사다타카伊勢貞孝가 가담한 미요시군이 우료야마 산정의 쇼군야마성將軍山城(京都市左京區北白川清澤口町)을 점거하였다. 요시테루 측도 4일 우료야마 남동쪽 2㎞ 지점에 있는 뇨이가타케如意ヶ嶽를 점거하고, 서쪽 시시가타니鹿ヶ谷에서 미요시군과 대전을 벌였고, 조도지淨土寺에서 기타시라카와北白川에 이르는 지역에 방화하였다. 요시테루는 뇨이가타케를 점거함으로써 쇼군야마성을 내려다보는 형세가 되었고, 서쪽 산록 방화로 미요시군에 대해 전략적 우위를 확보했다.

남쪽과 서쪽 지역에서 흔들리던 미요시군은 7일 쇼군야마성을 불태우고 후퇴하여 교토로 퇴각하였다. 요시테루는 뇨이가타케에서 출격하여 쇼군야마성을 빼앗았으나, 뇨이가타케는 8일 미요시 측의 나가야스·히사히데 등의 공격을 받아 빼앗겼다. 양군은 9일 시라카와에서 격돌하였고, 승리는 미요시군에게 돌아갔다.

이후 전선은 다시 교착상태에 빠지고, 나가요시와 요시테루를 지원하는 롯카쿠 요시카타가 화해교섭을 시작하였다. 한편 나가요시는 시코쿠에서 군사를 불러모아, 7월 숙부 미요시 야스나가三好康長가 선봉대를 이끌고, 8월부터 9월에 걸쳐 동생 요시미 짓큐三好實休·아타기 후유야스安宅冬康·소고 가즈마사十河一存와 요시나가 아들 미요시 요시오키三好義興가 속속 효고兵庫와 사카이堺에 상륙하였다. 이에 상황을 불리하다고 판단한 요시카타가 쇼군 요시테루와 나가요시의 화해를 추진하였던 것이다. 한편 9월 18일 사카이에서 미요시 일족이 회합을 열고, 히가시야마에 주둔하고 있는 쇼군 요시테루군에 더욱 압력을 가했다.

나가요시와 요시카타의 화해교섭 결과, 11월 6일 요시테루와 나가요시의 화해가 성립하였다. 27일 요시테루는 쇼군야마성에서 내려와 쇼코쿠지相國寺에서 나가요시·이세 사다타카·호소카와 우지쓰나 등의 마중을 받으며 5년 만에 교토로 돌아왔다. 12월 교토에서 아쿠타가와 야마성으로 돌아간 나가요시는 시코쿠 군사를 해산시켰지만, 하루모토와의 화해에는 응하지 않아 이후에도 여전히 대립하였다.

나가요시는 이후 막부와의 관계를 개선하면서 세력 확대에 노력하였다. 1559년 3월 요시테루를 자신의 집에 초대하여 환대하였고, 1560년 가와치·야마토를 평정하였다. 1560년에는 막부 쇼반슈로 임명되고 슈리다이부修理大夫로 임명되었다. 나가요시의 아들 미요시 요시오키도 지쿠젠노카미筑前守, 오토모슈에 임명되었다. 이렇게 나가요시 부자는 막부의 신하로서 요시테루에 봉임하여, 양자는 협력관계를 강화하였다.

한편 규슈탄다이는 아시카가 일족인 시부카와澁川씨가 세습하였는데, 쇼니少貳씨와 오우치大內씨의 항쟁 속에서 시부카와씨의 규슈탄다이 계승은 이미 단절되어 있었다. 이에 요시테루가 1559년 오토모 요시시게를 규슈탄다이에 임명하여 그에게 규슈 통치를 위임했다. 이것도 막부 스스로 막부제도를 파괴한 것이었다. 오토모씨는 규슈에서 아시카가 쇼군가와 가장 유대관계가 깊은 유력 슈고다이묘으로, 당시 오토모 요시시게는 분고·부젠·지쿠고·지쿠젠·히고肥後·히젠肥前 슈고 및 휴가日向의 반국 슈고였다.

그런데 1560년 들어 가와치의 정세가 급변하였다. 나가요시의 지원으로 슈고에 복귀한 하타케야마 다카마사畠山高政가 슈고다이 유카와

나오미쓰湯川直光를 파면하고 나가요시와 대립했던 야스미 무네후사安見宗房를 복귀시켰다. 다카마사의 이 같은 배신에 격노한 나가요시는 다카마사와 절교하고, 7월 동오사카 일대에서 하타케야마군을 공격하여 승리했다. 7월 22일 현재의 하치오시八尾市 일대에서 야스미군을 격파하였고, 다카야성을 후미에서 방어하고자 한 고자이·하타노군, 네고로슈根來衆(네고로지根來寺를 중심으로 한 일대에 거주하던 승병집단) 등도 단바에서 내원한 마쓰나가 나가요리에게 격파되었다. 이 때문에 10월 24일 이이모리야마성의 야스미 무네후사, 10월 27일 다카야성의 다카마사가 나가요시에게 항복하였다. 이로써 가와치를 완전히 평정한 나가요시는 이 평정에 큰 공을 세운 동생 짓큐實休에게 다카야성을 주고, 자신은 이이모리야마성을 거성으로 삼았다. 또 하타케야마씨의 영향력이 강했던 야마토를 마쓰나가 히사히데에게 평정하도록 명하여, 11월까지 야마토 북부 지역을 평정하여, 그 통치를 히사히데에게 맡겼다.

나가요시는 1561년 5월 6일 요시테루의 권고에 따라 호소카와 하루모토와 화해하고, 그를 셋쓰 후몬지普門寺로 맞아들였다. 1561년에는 적자 요시오키를 종4위하 쇼반슈로 승진시켜, 미요시씨와 막부·조정의 관계를 더욱 강화하였다. 1561년까지 나가요시의 세력권은 먼저 언급한 8개 지역(셋쓰, 가와치, 단바, 야마시로, 이즈미, 아와, 사누키, 아와지) 외에 가와치, 야마토를 포함하여 도합 10개 지역으로 증가하였고, 이요 동부 2군과 야마시로 남부에 대한 지배도 강화하였다.

그런데 1561년 4월 나가요시의 동생 소고 가즈마사十河一存가 급사하였다. 이로 말미암아 미요시씨의 이즈미 지배가 약화되자, 이 틈을 타 하타케야마 다카마사와 롯카쿠 요시카타가 결탁하여 호소카와 하루모토의 차남 호소카와 하루유키細川晴之를 옹립하여 7월 거병하였다. 이들은 남과 북에서 미요시 측을 공격하여, 1562년 3월 5일 다카마사가

가와치를 지배하고 있던 미요시 짓큐를 패사시켰다(구메다 싸움久米田の戰い). 그러나 교토에서는 요시오키와 마쓰나가 히사히데가 미요시군을 이끌며 선전하였다. 일시 교토를 롯카쿠군에게 빼앗기기도 했으나, 요시오키·히사히데 등이 아타기 후유야스 등 미요시 일족의 대군으로 반격하여 5월 20일 교코지 싸움教興寺の戰い에서 하타케야마군을 대파하였다. 나가요시는 하타케야마 다카마사를 추방하고 다시 가와치를 평정하였으며, 롯카쿠군은 6월에 미요시씨와 화해하고 교토에서 물러났다. 이 시기 미요시군은 요시오키·히사히데와 후유야스 등이 지휘하였는데, 아마도 나가요시는 병중이었던 것 같다. 이후 이즈미는 소고 가즈마사에 대신해 아타기 후유야스가, 가와치 다카야성 성주에는 미요시 야스나가가 임명되어 지배권을 재구축하였으나, 1561년 4월 가즈마사가 사망하고, 1562년 3월 구메다 싸움久米田の戰い에서 짓큐가 사망하면서 미요시 정권은 약화되어 갔다.

이러한 상황 속에서 1562년 나가요시와 손잡고 막정을 농단하던 만도코로 시쓰지執事 이세 사다타카가 나가요시와 반목하였다. 요시테루는 나가요시를 지원하여 사다타카를 경질하고, 새로이 셋쓰 하루카도攝津晴門를 만도코로 시쓰지로 임명했다. 이로써 3대 쇼군 아시카가 요시미쓰조차 개입할 수 없었던 이세씨의 만도코로 지배가 막을 내리고, 막부 쇼군이 직접 만도코로를 장악하는 길이 열렸다. 이는 쇼군 스스로 무로마치 막부제도를 파괴한 것으로, 무로마치 막부의 붕괴를 상징하는 것이었다.

이에 격노한 사다타카가 반란을 일으켰으나, 9월 나가요시에게 진압되었다. 1562년 8월 사다타카가 하타케야마·롯카쿠씨와 결속하여 교토에서 거병하였으나, 9월 마쓰나가 히사히데·미요시 요시오키가 이끄는 미요시군에게 제압되었던 것이다. 그런데 이 싸움을 승리로 이끈 히사히데 세력이 강화되어 미요시씨 실권은 히사히데가 장악해 나갔다. 1563년 1월 이즈미에서 네고로슈와 미요시군이 격돌하였고 (10월에 화해), 야마토에서는 히사히데의 미요시군괴 도노미네多武峯 신도들이 격돌하였으며, 호소카와 하루모토 잔당들의 반란도 발생했다. 이러한 반反미요시 움직임은 1562년 이후 더욱 두드러졌다.

게다가 1563년 8월 요시오키가 22세의 젊은 나이로 병사하자, 나가요시는 소고 가즈마사의 아들 요시쓰구구義繼를 양자로 맞아들였다. 12월에는 명목상의 주군 호소카와 우지쓰나도 병사하고, 그 바로 직전에 호소카와 하루모토도 병사했다. 이로써 미요시 정권을 유지하는 형식상의 괴뢰 간레이도 사라졌다. 또한 나가요시는 마쓰나가 히사히데의 참언으로 1564년 5월 9일 동생 아타기 후유야스를 거성 이이모리야마성에서 불러내어 살해했다. 당시 나가요시는 병세가 더욱 악화되었던 것으로 보이며, 이 때문에 6월 22일 요시쓰구가 가독을 상속하기 위해 상경하였다. 7월 4일 나가요시가 이이모리야마성에서 43세로 병사하고, 그의 뒤를 이은 요시쓰구는 아직 나이가 어려 마쓰나가 히사히데와 미요시 산닌슈三好三人衆(미요시 나가야스三好長逸·미요시 마사야스三好政康·이와나리 도모미치岩成友通)가 후견으로서 요시쓰구를 보좌했다.

한편 쇼군 요시테루는 쇼군의 권력과 권위를 회복하기 위해 다이묘들과의 관계 정상화에 힘썼다. 1548년 다테 하루무네伊達晴宗와 다테 다네무네, 1550년 사토미 요시타카里見義堯와 호조 우지야스, 1558년 다케다 하루노부武田晴信(다케다 신겐)와 나가오 가게토라長尾景虎(우에스기 겐신), 1560년 시마즈 다카히사島津貴久와 오토모 요시시게大友義鎭, 모리 모토나리와 아마고 하루히사尼子晴久, 1561년 마쓰다이라 모토야스松平元康(도쿠가와 이에야스)와 이마가와 우지자네今川氏眞, 1563년 모리 모토나리와 오토모 소린大友宗麟, 1564년 겐신과 호조 우지마사北條氏政와 다케다 신겐 등 다이묘 상호간의 대립·항쟁을 조정하고자 노력하고 있다.

요시테루는 오토모 요시시게를 지쿠젠·부젠 슈고로, 모리 다카모토를 아키 슈고로 임명하고, 미요시 나가요시·요시오키 부자와 마쓰나가 히사히데에게 쇼군가 문장인 오동문장의 사용을 허락하였다. 나아가 많은 다이묘들에게 쇼군 이름 중 한 자의 사용을 허락하는 등의 유화책을 썼다. 요시테루는 호소카와 후지타카細川藤孝(유사이幽齋)와 쓰쓰이 후지카쓰筒井藤勝(준케이), 아시카가 일문인 아시카가 후지우지足利藤氏·후지마사藤政 등에게 '후지藤'를, 모리 데루모토毛利輝元·다테 데루무네伊達輝宗·우에스기 데루토라上杉輝虎(겐신), 아시카가 데루우지足利輝氏에게 '데루輝'를 부여하였다. 또한 시마즈 요시히사島津義久, 다케다 요시노부武田義信 등에게는 아시카가 쇼군가의 통자인 '요시義'를 부여하였다.

시나노 북부를 둘러싸고 가이의 다케다 신겐武田信玄과 에치고의 우에스기 겐신 사이에 가와나카지마川中島 싸움이 발발하자, 요시테루는 양자의 싸움을 조정하고, 1558년 신겐을 시나노 슈고로 임명하였다. 이를 근거로 신겐은 겐신에게 시나노에서 철수할 것을 요구하였다. 요시테루는 겐신의 시나노 출병을 인정하였고, 1561년 신겐에게 쫓겨 교토로 망명한 전 시나노 슈고 오가사와라 나가토키小笠原長時의 귀국을 지원하도록 겐신에게 명했다. 그리고 겐신의 간토칸레이 취임을 허가하고 쇼반슈도 확충했다. 모리 모토나리, 모리 다카모토, 오토모 요시시게, 사이토 요시타쓰齋藤義龍, 이마가와 우지자네, 미요시 나가요시, 미요시 요시오키, 다케다 노부토라(신겐의 아버지) 등을 쇼반슈에 임명하였던 것이다.

한편 1564년 7월 나가요시가 병사하자, 요시테루는 이를 기회로 막부권력을 회복하기 위한 활동을 강화하였다. 이러한 상황은 마쓰나가 히사히데와 미요시 산닌슈에게는 그리 달가운 일이 아니었다. 히사히데의 장남 마쓰나가 히사미치松永久通와 미요시 산닌슈는 아시카가 요시타네의 양자 아시카가 요시쓰나(요시테루의 숙부)와 짜고, 요시쓰나의 적남 아시카가 요시히데足利義榮(요시테루의 사촌)를 새로운 쇼군으로 옹립할 것을 조정에 요구하였으나 거절당하였다.

1565년 5월 19일 마쓰나가 히사미치와 미요시 산닌슈는 주군 미요시 요시쓰구와 함께 기요미즈데라淸水寺 참예를 명목으로 집결한 약 1만 군세를 이끌고 니조 고쇼로 들이닥쳤다(에이로쿠의 변永祿の變). 요시테루는 스스로 칼을 뽑아 대항하였으나 살해되었다. 당시 미요시 산닌슈가 손쉽게 니조 고쇼에 접근할 수 있었던 요인 중의 하나로 요시테루의 최대 후원자였던 오미 롯카쿠씨가 1563년 간논지 소동觀音寺騷動 이후 영국을 떠날 수 없게 되었던 것을 들 수 있다. 이 쇼군 살해는 무로마치 막부의 몰락을 상징하는 것으로, 이로 말미암아 센고쿠다이묘들은 교토 장악에 대한 욕망을 불태웠다. 따라서 쇼군 요시테루 살해는 새로운 사태의 개막을 알리는 일대 사건이라 할 수 있다 하겠다.

2. 센고쿠다이묘의 광역패권 지향

1) 에치젠·와카사·가가·오미 지역

당시 중앙의 권력투쟁과 관련하여 잇코잇키 세력이 자주 에치젠으로 침공하였다. 무로마치 막부 간레이 호소카와 마사모토는 혼간지와 화친관계를 유지하고 있었는데, 자신에게 반항하는 아사쿠라씨를 견제하기 위해 혼간지에 아사쿠라씨를 포함한 반호소카와 세력을 공격하도록 강력히 요청하였던 것이다. 한편 가가 잇코잇키 세력은 1488년 6월 가가 슈고 도가시 마사치카를 다카오성 싸움高尾城(石川縣金澤市)の戰い에서 멸망시키고, 가가 전체를 장악하였다. 그리고 가가 잇코잇키 세력은 주변의 노토·엣추·에치젠 등지로 세력을 확대하였다.

당시 가가는 잇키 세력의 합의제로 통치되었으며, 그 수뇌부로 소위 '산잔노오보즈三山の大坊主'로 불린 가와호쿠군河北郡 와카마쓰若松의 혼센

282

지本泉寺, 노미군能美郡 하사타니波佐谷의 쇼코지松岡寺, 에누마군江沼郡 야마다山田의 고쿄지光敎寺 등 3개 사찰이 있었다. 그런데 에치젠의 혼가쿠지本覺寺·조쇼지超勝寺가 잇코잇키 측으로 들어오자 불협화음이 생겼다. 위 3개 사찰은 8대 법주 렌뇨의 아들로 9대 법주인 지쓰뇨實如의 방침에 따라 전선 확대를 바라지 않는 현상유지파였으나(소잇키小一揆), 혼가쿠지·조쇼지는 1529년 가가로 하향한 혼간지 가로 시모쓰마 라이슈·라이세이 형제와 결속하여 에치젠으로 복귀하여 세력을 확대하고자 하였다(대잇키大一揆).

그리하여 양자 사이에 1531년 윤5월 주도권 싸움이 일어났다. 대잇키파가 쇼코지 등을 불태우고 우위를 확보하자, 열세에 빠진 소잇키파는 아사쿠라씨에게 지원을 요청하였다. 아사쿠라씨는 혼가쿠지·조쇼지의 에치젠 복귀를 원하지 않았기 때문에 가가 파병을 결정하였다. 그리하여 8월 아사쿠라 소테키·아사쿠라 가게토시朝倉景紀·호리에 가게타다堀江景忠 등이 노토·엣추 소잇키파의 원군 요청에 응하여 8,000여 군사를 이끌고 가가로 침공하였다. 아사쿠라군은 10월 26일 데도리가와手取川를 건너 대잇키군과 싸워 패주시켰다. 그러나 북방 노토·엣추에서는 대잇키군에 패배하였고, 이 소식에 접한 아사쿠라군은 11월 7일 철수하여 결국 대잇키군의 승리로 끝났다(교로쿠의 난享祿の亂). 이 싸움으로 아사쿠라군과 연합한 소잇키 세력이 몰락하고 강경파인 대잇키 세력이 가가를 지배하게 되었다.

한편 1535년 다카카게는 막부로부터 쇼군·공가·장로 등에게 허락된 가마 누리고시塗輿를 타는 것을 허락받는다塗輿御免. 도키 요리타케를 이은 도키 요리즈미土岐賴純와 도키 요리노리 사이에 오미 슈고직을 둘러싸고 대립이 발생하자, 다카카게와 롯카쿠씨는 요리즈미 측을 지지하여 미노 전체가 병화에 휘말렸다. 가게타카는 오노군大野郡 아나마성穴間城을 공략하였고, 요리노리가 정식으로 미노 슈고에 오른다.

그런데 1536년 미노에서 도키 요리타케와 도키 요리노리가 슈고직을 둘러싸고 대립하자, 도키 요리타케를 지원하고 있던 다카카게는 1527년부터 오노군大野郡 군지郡司에 임명된 아사쿠라 가게타카朝倉景高를 파견하여 오노군 아나마성穴間城을 공략하였다. 원래 아사쿠라씨는 막부와 우호관계를 유지하며 세력을 확대시켜 왔다. 그리하여 위에서 보았듯이 1535년 다카카게는 막부로부터 누리고시를 인정받고, 1538년 8월에는 막부 쇼반슈로 임명되었으며, 11월 고나라 천황後奈良天皇의 천조踐祚를 맞아 조정에 1만 비키疋를 헌상했다.

그러나 이 시기 가게타카가 다카카게와 아버지의 소령을 둘러싸고 대립하여, 오노군 군지직에서 파면되었다. 가게타카는 1540년 8월 교토로 상경하여 막부와 공가들에게 반다카카게 운동을 전개하였으나 실패하였다. 그러자 다카카게가 조정에 궁궐 수리비로 100간몬貫文, 쇼군가에 50간몬을 헌상하고, 가게타카 추방을 막부에 요청했다. 그리하여 9월 가게타카가 교토에서 추방되고(요큐카이 사건楊弓會事件), 와카사 다케다 노부토요의 보호를 받았다. 그 후에도 가게타카는 혼간지, 잇코잇키, 와카사 다케다씨, 오와리 시바씨를 통해 에치젠 침공을 획책하였다. 그러나 혼간지와의 동맹교섭에 실패하고, 1543년 4월 와카사를 떠나 이즈미 사카이에서 서국으로 옮겨가 몰락하였다.

다카카게는 1544년 에치젠으로 도망와 있던 도키 요리즈미(도키 요리타케의 적남)를 슈고로 삼기 위해 오와리 오다 노부히데와 함께 미노 사이토 도산齋藤道三과 도키 요리노리를 공격하여 이노쿠치성井口城(기후성岐阜城, 이나바야마성) 성하를 불태웠다. 그러나 도산에게 야습을 받아 1만 이상의 병력을 잃은 채 퇴각했다(가노구치 싸움加納口の戰い). 게다가 다카카게는 1548년 3월 사원 참예에서 돌아오다가 향년 55세로 생을 마감했다.

그의 뒤는 아사쿠라 요시카게朝倉義景가 이었는데, 요시카게의 어머니는 와카사 다케다씨 일족인 다케다 모토노부(혹은 다케다 모토미쓰武田元光)의 딸이었다고 한다. 요시카게의 어렸을 적 이름은 나가야샤長夜叉고, 가독을 이으면서 아사쿠라 노부카게朝倉延景로 개명했다. 이후 1552년 6월 16일 쇼군 아시카가 요시테루로부터 '요시義'를 받아 요시카게義景로 개명하고, 이즈음 사에몬노카미左衛門督에 임관되었으며, 1559년 11월 9일 종4위하에 서임된다. 요시카게가 쇼군에게 '요시'를 하사받고 1등관인 사에몬노카미에 오른 것은 이례적인 일에 속한다. 이제까지 아사쿠라 당주는 사에몬노조左衛門尉 등 3등관이었는데, 요시카게가 1등관에 오를 수 있었던 데에는 아버지인 다카카게가 무로마치 막부의 도모슈供衆·쇼반슈 지위에 올랐고, 요시카게의 정실이 간레이 호소카와 하루모토의 딸로 막부와 각별한 관계였다는 점, 거기에 날로 약해져 가던 막부에게 친 막부 성향 다이묘의 협조가 무엇보다도 절실하였기 때문으로 보인다.

당시 요시카게는 나이가 어려 아사쿠라씨 일족의 명장 아사쿠라 소테키(노리카게敎景)의 보좌를 받다가 1555년 소테키가 사망한 후 직접 정무를 행하였다. 이 전후 시기에는 특별한 일이 없었고, 아사쿠라씨와 에치고 우에스기씨도 평온한 관계를 유지하였다.

그런데 와카사 슈고 다케다 요시즈미武田義統가 쇠퇴하고 아와야 가쓰히사粟屋勝久와 헨미 마사쓰네逸見昌經 등이 단바 마쓰나가 나가요리와 내통하여 다케다 요시즈미에게 반기를 들었다. 이에 아사쿠라 요시카게는 1563년 8월 와카사 아와야 가쓰히사를 공격하고, 이후 1568년까지 매해 주로 가을에 아와야씨를 공격하기 위해 와카사로 출진하였다. 1564년 9월 1일 아사쿠라 가게아키라朝倉景鏡와 아사쿠라 가게타카朝倉景隆를 대장으로 한 아사쿠라군이 가가로 출진하였다. 9월 12일 요시카게도 출진하여 모토오리本折·고마쓰小松를 함락시키고, 이어 9월 18일 미유키즈카御幸塚, 9월 19일 미나토가와湊川를 방화하고 다이쇼지大聖寺

까지 진출하였다가 9월 25일 이치조다니一乘谷로 돌아왔다.

아자이淺井씨는 오기마치산조가正親町三條家(사가가嵯峨家)의 지족支族으로 본성이 후지와라藤原씨로 알려져 있으며, 오미 아자이군淺井郡을 본거지로 한 재지호족이었다. 북오미 3군을 지배하는 슈고다이묘 교고쿠씨의 12가신 중 한 가문으로 오미 오다니성小谷城을 중심으로 한 지역을 지배하였다.

1496년 미노 슈고다이격인 사이토 묘준이 미노 슈고 도키씨의 내란(후나다 합전船田合戰)에서 이시마루 도시미쓰石丸利光를 토벌하기 위해 오미 슈고 교고쿠씨에게 원군을 요청하였는데, 아자이 나오타네淺井直種가 교고쿠 측의 원군으로 출진하였다가 패하고 자인했다. 그의 뒤를 아자이 스케마사淺井亮政가 이었다. 이즈음 교고쿠씨 당주 교고쿠 다카키요京極高淸가 가독을 차남 교고쿠 다카요시京極高吉에게 물려주려 하면서 어가소동이 발발했다. 이때 스케마사는 오미 재지영주國衆 아자미 사다노리淺見貞則와 더불어 다카키요의 장남 교고쿠 다카노부京極高延를 후계자로 후원하고 있었다. 때문에 스케마사는 다카키요와 대립하였다. 사다노리와 스케마사는 주군 다카키요, 다카요시, 그리고 다카요시를 지원한 우에사카 노부미쓰上坂信光를 오와리로 내쫓았다. 이후 오미는 재지영주 잇키가 주도권을 행사하게 되었고, 그 중심에 스케마사가 있었다. 행동을 함께해 온 아자미 사다노리의 전횡이 심해지자, 스케마사는 그를 추방하여 잇키 맹주가 되었고, 교고쿠가의 실권을 장악했다.

이리하여 북오미에서 실권을 장악한 아자이 스케마사는 남오미 슈고 롯카쿠 사다요리와 대립하게 된다. 위에서 보았듯이 롯카쿠씨는 사사키씨 적류이고, 교고쿠씨 본가에 해당하는 가격 높은 가문으로 쇼군의 비호를 받고 있어서, 스케마사가 당해내기 어려운 강력한 세력이었다. 그러다 보니 스케마사는 재지영주층을 장악하여 다다요리의

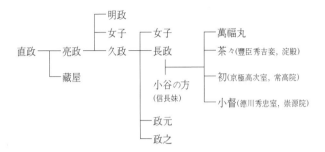

압력을 겨우겨우 견뎌냈다. 한편 스케마사의 전횡에 불만을 품은 교고
쿠 다카노부가 아버지 다카키요와 화해하고, 우에사카上坂氏를 필두로
하는 반스케마사 재지영주층을 결집시켜 스케마사에 대항하였다. 이
같은 상황에서 아사쿠라 다카카게는 1532년 12월 롯카쿠씨와 '대대손
손末代迄' 화친하겠다는 밀약을 맺어 아자이씨의 에치젠 진출을 견제하
고, 가가 잇코잇키와도 화해하였다. 다카카게로서는 어쩌면 북오미와
가가로 진출할 수 있는 좋은 기회였는데 화해를 선택해 날려 버렸다고
도 보인다. 한편 스케마사는 롯카쿠씨와의 대립 속에서 아사쿠라 다카
카게의 침공을 우려하여 어쩔 수 없이 1534년 교고쿠 다카노부와 그의
아버지 다카키요와 화해했다. 그리하여 스케마사는 북오미 지배권을
강화하였다.

　그러나 1541년 다시 다카노부가 스케마사에 반기를 들었다. 스케마
사는 이를 제압하지 못한 채 1542년 1월 6일 사망했다. 그의 사후
가독상속을 둘러싸고 적남 아자이 히사마사淺井久政와 서양자 다야 아
키마사田屋明政가 싸웠다. 아키마사가 교고쿠 다카노부와 결탁하여 히
사마사를 공격하자, 히사마사는 롯카쿠씨에 신종하였다. 미노의 사이
토씨가 몰락하면서 동쪽의 위협이 사라지자, 롯카쿠씨는 북오미를
본격 침공하였는데, 특히 사다요리의 아들 롯카쿠 요시카타가 아자이

씨에 대공세를 펼치며 압박하였다. 이에 아자이씨는 롯카쿠씨에 신종하여 가신화되어 갔던 것이다.

롯카쿠씨에 대한 히사마사의 이러한 태도는 가신들의 불만을 샀고, 이를 알고 있던 히사마사의 아들 아자이 다카마사淺井賢政(후의 아자이 나가마사淺井長政)가 1560년 노라다 싸움野良田の戰い에서 롯카쿠 요시카타에 대승을 거두어 롯카쿠씨로부터 독립하였다. 이에 가신들은 히사마사에게 가독을 나가마사(=다카마사)에게 넘기라고 강요하여 히사마사를 은퇴시켰다. 그럼에도 히사마사의 영향력은 여전히 강하여, 히시마사 이래의 친아사쿠라 정책은 유지되었으며, 신흥세력 오다씨와의 대립도 지속되었다. 아자이 히사마사 때 구세력 교고쿠씨가 세력 만회를 꾀하였고, 남오미의 롯카쿠씨와 미노 슈고다이 사이토씨(=사이토 도산) 등이 대두하여 북오미는 다이묘들의 각축장이 되었다. 이런 상황 속에서 나가마사는 아버지 때부터 맺어온 아사쿠라씨와의 동맹관계를 더욱 강화하여 사태를 타개하고자 했다.

1565년 5월 19일, 쇼군 요시테루가 마쓰나가 히사히데 등에게 암살당했다. 아사쿠라 요시카게는 이 소식을 다케다 요시즈미의 서장을 통해 5월 20일 접하였다. 한편 요시테루의 동생 가쿠케이覺慶(후의 아시카가 요시아키足利義昭)가 7월 28일 유폐지인 나라를 탈출해서 오미로 도망하였다. 8월 5일 요시테루의 숙부 다이카쿠지大覺寺 요시토시義俊가 우에스기 겐신에게 보낸 서장에 의하면, 가쿠케이의 이 같은 도망의 배후에는 요시카게의 책략이 있었다고 한다. 즉 당시 요시카게는 요시테루 가신 와다 고레마사和田惟政·호소카와 후지타카·고메다 모토마사米田求政 등과 가쿠케이의 탈출과 관련하여 연락을 하고 있었던 듯하다.

요시테루 암살과 동시에 마쓰나가 히사미치에게 포박되어 나라 고후쿠지에 유폐되어 감시를 받고 있던 가쿠케이는 요시테루의 측근 잇시키 후지나가一色藤長, 와다 고레마사, 니키 요시마사仁木義政, 하타케야마 나오마사畠山尙誠, 고메다 모토마사, 미쓰부치 후지히데三淵藤英, 호소카와 후지타카 및 다이카쿠지 몬제키門跡 요시토시(고노에 히사미치近衛尙通의 아들) 등의 도움을 받아 7월 28일 고후쿠지를 탈출, 나라에서 기쓰가와를 거슬러 이가로 도망하였다. 이들 일행은 오미 롯카쿠 요시카타의 허락을 얻어 고카군 와다성和田城(와다 고레마사和田惟政의 거성. 滋賀縣甲賀市甲賀町)에 일단 안착했다.

이곳에서 가쿠케이는 자신이 아시카가 쇼군가의 당주라고 선언하고, 11월 21일 와다 고레마사와 니키 요시마사의 간여로 롯카쿠 요시카타·요시하루義治 부자의 허락을 얻어 고카군에서 교토에 가까운 야스군野洲郡 야시마무라矢島村(守山市矢島町)로 나아가 그곳을 처소로 삼았다(야시마고쇼矢島御所). 이때 가쿠케이는 우에스기 겐신 등에게 막부의 재흥을 의뢰하고, 겐신·신겐·우지마사에게 화해를 명하였다. 1566년 2월 17일 가쿠케이는 쇼군가를 재흥하기 위해 환속하여 요시아키義秋로 개명하고, 조정은 요시아키에게 4월 21일 차기 쇼군이 취임하는 종5위하·사마노카미左馬頭로 임명했다.

요시아키는 야시마고쇼矢島御所에서 3 간레이가의 한 가문인 가와치 하타케야마 다카마사, 간토칸레이 우에스기 데루토라上杉輝虎(우에스기 겐신), 노토能登 슈고 하타케야마 요시쓰나畠山義綱(近江滋賀郡 체재) 등과 연락하면서 상경 기회를 엿보았다. 특히 다카마사는 요시아키를 적극 지원하여, 동생 하타케야마 아키타카畠山昭高에게 요시아키를 따르게 했다. 롯카쿠 요시카타도 당초에는 와다 고레마사에게 아자이 나가마사와 오다 노부나가의 누이동생 오이치お市의 결혼을 성사시키기 위해 노력하게 하고, 요시아키의 상경에 적극적이었다. 이것은 요시아키·롯카쿠씨·와다和田씨 등의 전략에 연유한 것이었다. 즉 요시아키·롯카쿠씨·와다씨 등은 적대하고 있던 롯카쿠씨·아자이씨·사이토씨·오다씨, 나아가 다케다씨·우에스기씨·호조씨 등을 화해시켜, 그들의 협조를 받아 교토 입성을 노렸던 것이다. 실제로 와다 고레마사와 호소카와 후지타카의 설득으로 노부나가와 사이토 다쓰오키齋藤龍興가 화해하였고, 노부나가는 미노에서 롯카쿠씨의 세력권인 북이세·남오미를 거쳐 상경하고자 했다. 이러한 요시아키의 움직임에 대해 미요시 산닌슈의 미요시 나가야스는 군세 3,000기를 동원해 돌연 야시마고쇼를 습격하였으나, 오쿠사大草씨 등 부교슈(친위대)의 분투로 간신히 나가야스군을 격퇴하였다.

그러나 1566년 8월 요시아키의 전략에 따라 상경하려 했던 오다군이 사이토 다쓰오키의 습격으로 오와리로 철수했다. 더욱이 롯카쿠 요시카타·요시하루 부자가 미요시 산닌슈와 비밀리에 내통한다는 정보가 있어서, 요시아키는 매부관계인 다케다 요시즈미에 의지하여 와카사로 갔다. 사이토 다쓰오키와 롯카쿠 요시카타의 요시아키 이반은 미요시 측의 책략에 의한 것으로 판단된다. 그런데 다케다 요시즈미는 가독을 둘러싸고 아들과 항쟁하면서 그와 관련하여 중신들이 모반하는 등 영국이 불안정하여 상경할 형편이 아니었다.

그리하여 요시아키는 와카사를 떠나 에치젠 아사쿠라 요시카게(닛키 요시히로仁木義政의 친족이라고 한다)를 의지하여 9월 8일 스루가敦賀로 갔다. 8월 아사쿠라군은 와카사에 출병하고 있었으나, 요시카게는 요시아키에게 가게아키라를 보내 그의 내방을 환대했다. 요시아키는 아사쿠라씨의 후원을 얻기 위해 아사쿠라씨와 가가 잇코잇키의 화해를 주선하였으나, 이들의 장기간에 걸친 대립이 심각하여 화해가 성사되지는 않았다. 1567년 3월 요시카게의 가신 호리에 가게타다가 가가 잇코잇키와 내통하여 모반을 일으켰다. 요시카게는 가가에서 스기우라 겐닌杉浦玄任이 이끌고 온 잇키군과 교전하면서, 야마자키 요시이에山崎吉家·우오즈미 가게카타魚住景固에 명하여 호리에 가게타다를 공격하게 하였다. 가게타다는 필사적으로 대항하였으나, 마침내 요시카게와 화해하고 가가를 거쳐 노토로 도망하였다. 11월 21일 요시카게는 요시아키를 이치조다니 안요지安養寺로 맞아들이고, 11월 27일 요시아키를 알현하였다. 그리고 마침내 요시아키의 중재로 12월 요시카게와 잇코잇키 사이에 화해도 성립하였다.

요시아키는 여러 다이묘, 특히 우에스기 겐신에게 상경을 요구·재촉하는 서장을 보냈으나, 다케다 신겐과 대립하고 있던 겐신은 신겐의 책략으로 아가키타슈揚北衆 혼조 시게나가本莊繁長가 반란을 일으켜 상경과 출병이 불가능했다. 당시 요시아키는 막부의 실무를 수행하는 호코슈를 장악하고 있어서 차기 쇼군 후보로서 대항마인 사촌 아시카가 요시히데足利義榮보다는 유리한 입장에 서 있었다. 하지만 미요시 산닌슈가 옹립하는 요시히데는 요시테루에게 파멸당한 이세씨(전 만도코로 시쓰지政所執事)의 재흥을 약속하는 등 조정과 교토에 남아 있던 막부 신료들을 설득하여 1568년 2월 8일 셋쓰에 주재한 채로 쇼군 선하를 받았다.

요시아키는 요시카게에게도 공식·비공식으로 상경을 요청하였는데, 요시아키가 보낸 서장御內書에 요시카게의 부장副狀이 발급되고 있는 것으로 보아 요시카게의 지위는 실질상 간레이에 상당하였던 것으로 보인다. 또 요시아키는 조정에 상주하여 1568년 3월 8일 요시카게의 어머니 고토쿠인廣德院을 종2위에 서임시켰다. 4월에는 자신의 이름을 요시아키義秋에서 요시아키義昭로 개명하고, 아사쿠라관朝倉館에서 원복, 상경을 위해 진력을 다하였다. 그런데 그해 6월 자신의 적남 구마기미마루阿君丸가 급사하여 큰 슬픔에 빠진 요시카게는 요시아키를 대동한 상경에 냉담해졌다 한다.

위에서 언급했듯이, 요시카게는 요시아키의 나라 탈출을 위해 책략을 꾸미기도 했으나, 아시카가 요시쓰구(아시카가 요시미쓰의 4남)의 후예 아시카가 쓰구토모足利嗣知도 지원하고 있어서(요시카게는 쓰구토모의 딸을 내실로 맞았다), 요시아키의 상경에 소극적이었던 것 같다. 그래서 요시아키의 상경 요구에 대해 확실한 답변을 주지 않은 채 시간을 끌었던 것이다. 거기에 구마기미마루까지 사망하자, 요시아키는 요시카게에게 기대 상경하기는 어렵다고 판단하고, 7월 미노를 지배 하에 넣어 세력을 떨치고 있던 오다 노부나가에 의지하여 거처를 옮기고자 하였다. 요시카게가 이를 제지하려 하였으나, 요시아키는 그동안의 후한 대우에 감사한다는 서장을 남기고 에치젠을 떠나 오와리로 향했다.

한편 1552년 롯카쿠 사다요리가 사망하고 그의 아들 롯카쿠 요시카타가 가독을 상속했다. 롯카쿠씨는 고카군을 포함한 오미 슈고였고, 나아가 이가 4군 중 3군(아카군阿加郡·야마다군山田郡·아하이군阿拝郡)을 간접통치하고 있었다. 단 북오미는 교고쿠씨의 세력권으로 아자이씨가 지배하고 있었다. 요시카타는 아버지의 사후에도 쇼군 요시테루와 호소카와 하루모토를 도와 미요시 나가요시와 싸웠으나, 강력한 미요시군에게 고전하고 있었다. 요시카타는 1558년 기타시라카와北白川 싸움 후 요시테루와 나가요시를 중재하여 화해시켰지만, 이를 계기로 대립하고 있던 북오미의 아자이 히사마사淺井久政가 롯카쿠씨를 공격하였다. 이를 격퇴하여 아자이씨를 종속시킨 요시카타는 종속관계를 강화하기 위해 히사마사의 적남에게 이름 한 자를 하사하여 다카마사賢政로 하고(후에 나가마사長政로 개명), 가신 히라이 사다타케平井定武의 딸을 다카마사에게 시집보냈다(후에 이혼).

그런데 위에서 보았듯이 1559년 위 아자이 히사마사의 롯카쿠씨에 대한 굴욕외교에 불만을 품은 가신들이 다카마사를 옹립하여 쿠데타를 일으켰다. 가신들은 히사마사를 강제 은거시키고 다카마사에게 가독을 양보하게 했다. 다카마사는 롯카쿠 요시카타의 '다카賢'를 버리고 나가마사로 개명하여 롯카쿠씨와 절교하고, 히라이 사다타케의 딸인 아내 히라이 부인을 롯카쿠가로 돌려보냈다. 이 쿠데타는 사전에 주도면밀하게 계획되었던 듯, 쿠데타와 동시에 아자이·롯카쿠령 경계에 위치하는 롯카쿠 측 재지영주들에게 공작하여 1560년 아이치군愛知郡 히다성肥田城(滋賀縣彦根市肥田町) 성주 다카노 비젠노카미高野備前守(다카노세 히데요리高野瀨秀賴)가 아자이씨 측으로 돌아섰다.

한편 롯카쿠 요시카타는 1559년 적남 요시하루에게 가독을 물리고 은거하였다. 1560년 요시카타는 다카노 비젠노카미의 배반 소식에 격노하여 바로 히다성에 수공水攻을 전개하였다. 이 소식을 접한 나가마사도 바로 히다성 구원에 나섰는데, 요시카타는 이 공격을 막아냈다. 양군은 우소가와宇曾川를 끼고 노라다野良田에서 대치했다. 롯카쿠군의 총세는 25,000, 총대장은 요시카타, 선봉은 가모 사다히데와 나가하라 시게오키永原重興, 제2진으로 나라사키 이키노카미楢崎壹岐守와 다나카 지부다이후田中治部大輔 등이 참전했다. 이에 비해 아자이군은 총세 11,000으로 롯카쿠군의 반에도 미치지 못해, 전세는 압도적으로 롯카쿠군에 유리하였고, 서전에서도 아자이군은 열세를 면치 못했다. 그러나 서전의 승리에 취한 롯카쿠군에게 아자이군이 반격을 가하여 승리를 거두었다. 이 전투에서 롯카쿠군 920명, 아자이군 400명이 사망하였다고 한다(노라다 싸움野良田の戰い).

이 전투의 승리로, 아자이 나가마사는 북오미에서 아자이씨의 정치적 지위와 북오미 센고쿠다이묘로서의 지위를 확고히 했다. 그러나 아직은 은거하고 있는 히사마사의 영향력이 남아 있어서 완전한 권력 이양이 이루어지지는 않았다. 즉 아자이 영국에는 나가마사와 히사마사의 대립이 잠복되어 있었다.

이 전투에 패한 롯카쿠씨는 크게 동요하였다. 은거해 있던 요시카타는 전투에 패하자 출가하여 조테이承幀라 했다. 이즈음부터 요시하루의 혼인문제 등을 둘러싸고 요시카타와 요시하루 사이에 대립이 심각해져 갔다. 1561년 호소카와 하루모토가 미요시 나가요시에게 유폐되었

다는 소식을 접하고 격노한 롯카쿠 요시카타는 하타케야마 다카마사와 함께 교토로 진군하여 미요시 나가요시의 적남 요시오키와 그 가로 마쓰나가 히사히데와 싸웠다. 그리하여 일시 미요시씨를 교토에서 내쫓고(지조산 싸움地藏山の戰い), 1562년 3월 5일에는 다카마사가 가와치에서 나가요시의 동생 미요시 짓큐三好實休에 대승하여 짓큐를 패사시켰다(구메다 싸움久米田の戰い). 6일 요시카타는 교토로 진군하여 8일 덕정령을 내리고 야마시로를 장악했다. 그러나 4월 25일 하타케야마 다카마사에게 군사 발진을 재촉 받으면서도 요시카타는 무슨 이유에서인지 야마시로를 점령한 후부터 움직이지 않았다. 5월 19일부터 20일에 걸친 교코지 싸움教興寺の戰い에서 하타케야마군이 궤멸 당하자, 요시카타는 야마시로에서 철군하여 미요시 나가요시와 화해하였다.

한편 가독을 이은 롯카쿠 요시하루는 1563년 롯카쿠씨 중신 고토 다카토요後藤賢豊를 간논지성 성내에서 암살하였다. 다카토요는 사다요리 때부터 롯카쿠씨의 공신으로 인망이 높았고, 요시카타의 신망도 두터웠다. 그는 병사한 신도 사다하루進藤貞治와 함께 '롯카쿠씨의 양후지兩藤'로 칭해지던 숙로로, 롯카쿠씨 당주 대리로 정무를 집행하고 있었다. 이러한 상황에서 젊은 당주 요시하루가 영국의 지배권을 확보하기 위해 다카토요를 암살한 것으로 보인다(간논지 소동觀音寺騷動).

간논지 소동은 롯카쿠 가신단에 큰 충격을 주어 요시하루에 대한 불신을 키웠다. 요시카타·요시하루 부자가 롯카쿠씨 본가가 아니라는 이설에 의하면, 롯카쿠씨 내부에는 '사다요리-요시카타-요시하루'의 진다이陣代 미쓰쿠리가箕作家보다 가격이 높은 '우지쓰나-요시자네義實-요시히데義秀-요시사토義鄕'로 이어지는 롯카쿠씨 본가가 있었고, 본가와 요시카타의 진다이가 사이에 대립이 심각하였다고 한다. 그리고 위에서 언급한 노라다 싸움 후 아자이씨가 롯카쿠씨를 공격할 움직임을 보이자, 아자이 측으로 이반하는 영주들이 나타났다.

이에 롯카쿠 요시하루가 간논지 소동에 불만을 품은 일부 가신단을 아버지 요시카타와 함께 간논지성에서 추방하였다. 가모 사다히데·다카히데 부자의 중재로 요시카타·요시하루 부자는 간논지성으로 복귀하나, 가독은 롯카쿠 요시사다六角義定(요시하루의 동생)에게 양여하고, 다이묘 권력을 제한하는 내용을 담은 <롯카쿠씨시키모쿠六角氏式目>에 서명하였다. 이로써 롯카쿠씨 당주의 권한은 크게 제한되었다. 그리고 고토씨 가독은 장남 이키노카미壹岐守가 아버지와 함께 주살되었기 때문에 차남 고토 다카하루後藤高治가 이었다.

위 전투 후 롯카쿠씨는 이제까지 적대해 온 사이토 요시타쓰와 동맹을 맺고 아자이씨와 싸웠으나, 전과는 여의치 않았다. 사이토 요시타쓰와의 동맹은 요시하루가 주도했다고 생각된다. 한편 요시카타는 누이가 미노 슈고 도키 요리노리와 혼인한 상태였기 때문에, 미노를 찬탈한 사이토씨와의 동맹에 반대하였다. 요시카타는 무로마치 막부 이래의 전통적인 동맹 상대였던 도키씨의 미노 복귀를 지향하는 보수 성향을 보였고, 사이토씨가 오다씨·아사쿠라씨와 적대관계에 있었기 때문에, 롯카쿠씨는 이 대립에 말려드는 것을 꺼려하였던 것으로 생각된다.

그 후 1565년 쇼군 요시테루가 마쓰나가 히사히데·미요시 산닌슈에게 암살당하는 에이로쿠의 변이 발생하자, 위에서 보았듯이 요시테루의 동생 가쿠케이가 오미 와다 고레마사의 도움 속에 나라를 탈출하였다. 요시카타는 가쿠케이의 상경에 협력하는 자세를 보여 야스군 야시마로 맞아들이고, 오다 노부나가·아자이 나가마사의 동맹에 간여하였다. 그러나 나중에 미요시 산닌슈에게 설득당해 가쿠케이의 상경에 반대하는 방향으로 선회하였기 때문에, 가쿠케이는 아사쿠라 요시카게를 의지하여 도망하였다. 이러한 요시카타에 대항하여 아자이 나가마사가 1566년 롯카쿠령을 침공하였고, 롯카쿠씨는 그것을 겨우 막아냈다. 간논지 소동 이후 롯카쿠씨 세력은 회복 불능 상태에 빠져들어가고 있었다.

2) 오와리·미노·미카와 지역

단조노추가 가독을 물려받은 오다 노부히데는 1532년경 주가 오다 미치카쓰와 대립하였으나, 후에 화해하였다. 노부히데는 1532년 이마가와 우지토요今川氏豊의 거성 나고야성那古野城(愛知縣名古屋市中區. 후의 名古屋城)을 탈취하고, 그곳으로 거성을 옮겨 주변 지역으로 세력을 확대했다(나고야성 탈취에 대해서는 1538년설도 있다). 그 후에도 세력을 확대해 나가면서 1539년 후루와타리성古渡城(愛知縣名古屋市中區), 1548년 스에모리성末森城(愛知縣名古屋市千種區)을 세워 거성을 옮겼다.

이렇듯 세력을 확대한 노부히데는 상경하여 조정에 헌금하여 종5위 하 빈고노카미備後守에 임명되고 쇼군 요시테루도 알현했다. 노부히데는 1541년에는 이세진구伊勢神宮의 천궁遷宮을 위해 목재와 전錢 700간몬貫文을 헌상하였고, 그 답례로 조정으로부터 9월 미카와노카미三河守에 임명되었다. 1543년 조정에 궁궐 수리비용으로 4,000간몬을 바치기도 하였다.

한편 1535년 마쓰다이라 기요야스松平淸康가 후술하는 모리야마쿠즈레森山崩れ로 사망하자, 노부히데는 미카와를 지배하고 있던 마쓰다이라씨를 공격하였다. 노부히데는 1540년 안조성을 공략하여 지배하에 넣었다(제1차 안조성 합전安祥城合戰). 그로 말미암아 마쓰다이라씨는 이마가와씨에게 종속하게 되고, 이마가와씨와 오다 노부히데가 대립하게 된다. 노부히데는 1542년 제1차 아즈키자카 싸움小豆坂の戰い에서 이마가와씨에게 승리하여 서미카와 지역을 손에 넣었다. 이즈음 미노에서 사이토 도산이 도키 요리노리를 추방하였는데, 노부히데는 요리노리를 보호하고 사이토 도산과도 대립했다. 한때 노부히데는 오가키

성大垣城(岐阜縣大垣市郭町)도 빼앗았으나, 1544년 도산을 응원한 에치젠 아사쿠라 소테키에게 패배하였고, 세 번째로 안조성을 공격하여 함락시켰다(제2차 안조성 합전).

노부히데는 1547년 도산의 거성 이나바야마성을 공격하였다가 도산에게 반격을 받아 패배하였다(가노구치 싸움加納口の戰い). 1548년 이누야마성犬山城(愛知縣犬山市) 성주 오다 노부키요織田信淸(동생 노부야스信康의 아들)와 가쿠덴성樂田城(愛知縣犬山市樂田) 성주 오다 히로사다織田寛貞가 모반을 일으키자 바로 이들을 제압하여 신종시켰다. 1548년 오와리 하4군 슈고다이 오다 미치카쓰의 뒤를 이은 오다 노부토모가 후루와타리성을 공격하여 다시 야마토노카미가와 대립하였으나, 1549년 화해했다. 1549년 제2차 아즈키자카 싸움에서 이마가와씨에게 패배하고, 이어지는 제3차 안조성 합전安祥城合戰에서 안조성을 빼앗겼다.

이렇듯 이마가와씨·사이토씨, 그리고 오와리 내부의 적대세력과의 대립으로 고전하던 노부히데는 1549년 아들 오다 노부나가와 사이토 도산의 딸 노히메濃姬를 정략결혼시켜 사이토씨와의 대립을 해소하고자 하였다. 그러나 이마가와씨와의 대립은 지속되었다.

이상에서 보듯이 노부히데는 주가인 야마토노카미가에 상하관계를 유지하면서, 지위와 권위, 그리고 재지지배의 역량에서 이미 슈고다이 야마토노카미가와 슈고가 시바씨를 능가하는 세력을 형성하였다. 그는 동생 오다 노부야스織田信康와 오다 노부미쓰織田信光 등 일문·가신들을 오와리 요소요소에 배치하여 오와리의 다른 세력들을 압도하였다. 그러나 슈고다이 가신의 지위를 극복하려 하지는 않았고, 오와리 지역 지배를 둘러싸고 사이토씨, 마쓰다이라씨, 이마가와씨와 대립하고는 있었지만, 오와리 전 지역의 통일에는 소극적이었다. 사이토씨, 이마가와씨와의 대립으로 고통을 겪은 노부히데는 1551년 3월 3일 유행병으로 스에모리성에서 42세로 급사하고, 오다 노부나가가 뒤를 이었다.

1534년 5월 12일 오다 노부히데와 정실 도타고젠土田御前 사이에 적남 오다 노부나가가 쇼바타성에서 태어났다(나고야성那古野城에서 태어났다는 설도 있다). 노부나가는 어릴 적 깃보시吉法師로 불렸고, 어려서부터 청년에 이르기까지 이상한 행동을 많이 하여 사람들에게 왕바보大うつけ로 불렸다. 그러나 노부나가는 당시 전래한 조총에 지대한 관심을 보였고, 신분에 상관없이 시정 젊은이들과 잘 어울렸다고 한다.

노부나가는 적자로 있던 시절, 위계상 가신의 위치에 있으면서 긴장관계가 잠재되어 있던 오다 야마토노카미가 지배하는 기요스성 성하에 불을 지르는 등 대담한 행동을 벌여 아버지 노부히데를 놀라게 했다. 한편 마쓰다이라씨 수하로 있던 도다 야스미쓰戶田康光가 이마가와씨의 인질 마쓰다이라 다케치요松平竹千代(후의 도쿠가와 이에야스)를 호송하던 도중에, 이마가와씨를 배반하고 다케치요를 노부히데에게 보냈다. 이 때문에 노부나가는 다케치요와 소년기를 함께 보냈고, 이는 후에 양자의 동맹관계를 유지하는 밑바탕이 된 것으로 보인다.

위에서 보았듯이 오다씨는 오다 노부사다, 오다 노부히데 2대에 걸쳐 영역을 확장하고, 이마가와씨와 미카와·오와리의 경계 지역 지배를 둘러싸고 대립하였다. 더욱이 서미카와를 지배하고 있던 마쓰다이라씨 당주가 2대에 걸쳐 횡사하면서 약체화하더니 마침내 이마가와씨 세력권으로 들어갔기 때문에, 이마가와씨와 오다씨의 대립은 주로 서미카와에 한정되어 있었다. 이에 1542년 제1차 아즈키자카 싸움이 발생하였고, 이때는 오다 측이 우세를 점하였다.

1546년 노부나가는 후루와타리성에서 원복하고, 가즈사노스케 노부나가上總介信長라 하였다. 그러나 1548년 제2차 아즈키자카 싸움에서는 이마가와 측이 승리하고, 1549년 오다씨의 미카와 진출거점이었던 안조성이 함락되고 오다씨의 미카와 진출은 일단 저지되었다. 위에서 보았듯이 이마가와씨의 미카와 공세가 거세지자, 노부히데는 1548년

〈그림 18〉 오와리·미노·미카와 지역도

대립하고 있던 미노 사이토 도산과 화해하고, 도산의 딸 노히메濃姬를
노부나가와 결혼시켰다. 이듬해 1549년(혹은 1553년이라고도 함) 노부나
가는 쇼토쿠지正德寺에서 도산과 만났는데, 이때 도산은 왕바보라고
놀림당하던 노부나가의 기량을 단번에 간파했다고 한다. 같은 해 노부
나가는 오미 구니토모무라國友村에게 화승총 500정을 주문했다고 한다
(『구니토모 철포기國友鐵砲記』).

　1551년 오다 노부히데가 병사하고, 노부나가가 가독을 이었다. 그러
나 이 가독상속에 불만을 품은 동생 오다 노부카쓰와의 사이에 내분이
일어나 오와리와 미카와 접경지대의 오다씨 세력이 동요하였다. 노부

히데의 사망을 전후한 시기에 나루미鳴海·가사데라笠寺(愛知縣名古屋市綠區南區) 등 두 성을 지키던 야마구치씨가 이마가와 측으로 투항하였다. 그리고 야마구치씨의 책략으로 오와리 동남의 오다카성大高城(愛知縣名古屋市綠區大高), 구쓰카케성沓掛城(愛知縣豊明市沓掛町) 일대가 이마가와씨의 세력 아래로 들어갔다. 이 4성은 오와리 중심부와 지타知多 반도를 분단하는 지역에 위치하여, 농업 생산에서는 그리 중요하지 않았으나 이세만 동안과 통하는 해상교통의 요지였다. 오다씨는 이 지역을 장악하면서 상업항구 쓰시마津島를 장악·지배하여 상당한 재정 수입을 확보하고 있었기 때문에, 이 지역을 이마가와씨에게 빼앗긴 것은 오다씨에게 큰 위협이었다. 그리고 오와리 서부 가니에성蟹江城(愛知縣海部郡蟹江町)까지 이마가와씨에게 공략되어 오다씨의 이세만 해역 제해권이 서서히 약화되었다.

이런 와중에 1553년 노부나가의 교육을 맡고 있던 히라테 마사히데平手政秀가 자인하였는데, 간언 때문이라고도 하고 서형 고로에몬五郎右衛門과 노부나가의 대립 때문이라고도 한다. 노부나가는 마사히데의 죽음을 매우 슬퍼하여, 다쿠겐澤彦을 개산으로 한 세이슈지政秀寺를 건립하여 마사히데의 영혼을 모셨다.

한편 이마가와씨의 공격에 대항하여 노부나가는 1554년 지타 영주 미즈노水野씨를 지원하여 이마가와 측의 무라키 성채村木砦(愛知縣知多郡東浦町)를 공략하기로 결심했다. 당시 이마가와 요시모토는 시기하라鴫原(愛知縣知立市上重原町)에 있는 하라성原城의 오카 덴고로岡傳五郎를 공격하여 멸하고, 미즈노 긴고水野金吾(다다와케忠分)의 거성 오가와성緖川城(愛知縣知多郡東浦町)을 공략하기 위해 기무라村木에 성채를 구축했다. 그런데 노부나가 측의 데라모토성寺本城(愛知縣知多市八幡町)이 이마가와 측으로 돌아서 노부나가의 거성인 나고야성那古野城(愛知縣名古屋市中區)과 오가와성 사이가 차단되었다. 이에 노부나가는 데라모토성을 피해 배로 바다를 건너 무라키 성채를 배후에서 공격하고자 했다. 한편 자신이 나고야성을 비운 사이 대립하고 있던 기요스성의 오다 노부토모가 나고야성을 공격할 것으로 생각한 노부나가는 장인 사이토 도산에게 사자를 보내 원군을 요청했다.

도산은 이 요청에 호응하여 1554년 1월 18일 안도 모리나리安藤守就 이하 1,000명의 군사를 오와리로 파견하고, 다미야田宮·가부토야마甲山·안자이安齋·구마자와熊澤·모노토리 신고物取新五 등 5인에게 매일매일 상황을 보고하게 했다. 20일 안도 모리나리가 오와리에 도착하여 나고야성 부근 시가志賀·다바타田幡(愛知縣名古屋市北區. 나고야성은 바로 남쪽 나카쿠中區에 있음)에 포진하였다. 노부나가는 안도 모리나리를 방문하여 감사를 표했다.

출진 날인 21일 하야시 히데사다林秀貞·미치토모通具 형제가 노부나가에게 불복하여 돌아갔으나, 노부나가는 개의치 않고 출진하여 아쓰타熱田로 진군하였다. 노부나가는 22일 도해하고자 하였으나, 강풍으로 선장·수부들이 출선을 반대하였다. 이에 노부나가는 "미나모토노 요시쓰네와 가지와라 가게토키가 배의 역진을 둘러싼 논쟁을 벌였을 때도 이런 바람이 불었을 터. 빨리 배를 띄워라! 源義經と梶原景時か逆櫓論爭をした時もこのような風が吹いていただろう. 早く船を出すのだ!"라고 하며 출선을 명했다. 그리하여 오다군은 약 한 시간 정도를 항해하여 오가와성 부근에 도착하여 야영하였다. 다음 날 노부나가는 오가와성으로 가서 미즈모토 노부모토水野信元와 만나 상황을 듣고 오가와성에 머물렀다.

24일 새벽 노부나가는 출진하여 8시부터 무라키 성채를 공격하였다. 무라키 성채 북쪽은 요해로 수비가 적었고, 동쪽은 오테몬大手門, 서쪽은 가라메테몬搦手門, 남쪽은 옹형甕型으로 대단히 큰 해자가 둘러싸고 있었다. 노부나가군의 미즈노 다다와케水野忠分가 동쪽에서, 오다 노부미쓰가 서쪽에서, 그리고 노부나가는 남쪽에서 공격하였다. 노부

나가는 성채에 있는 세 협간狹間을 각 철포대에게 맡기고, 그 사이에 적은 병력을 동원하여 해자에 오르게 했다. 오다군의 쉴 새 없는 공격으로 수많은 부상자와 사망자가 나오자 이마가와 측은 항복하였다(무라키토리데 싸움村木砦の戰い).

노부나가는 이 싸움에서 가사데라성笠寺城(愛知縣名古屋市南區立脇町)을 탈환하고, 나루미성 주변에 단게 성채丹下砦(愛知縣名古屋市綠區鳴海町)·젠소지 성채善照寺砦(愛知縣名古屋市綠區鳴海町)·나카시마 성채中嶋砦(愛知縣名古屋市綠區鳴海町)를, 오다카성 주변에 마루네 성채丸根砦(愛知縣名古屋市綠區大高町)·와시즈 성채鷲津砦(愛知縣名古屋市綠區大高町)를 설치하여 이마가와씨를 압박하고, 이마가와 측이 장악하고 있던 성과 성채 상호간의 연락을 차단하였다. 이 전투에서 노부나가군도 많은 피해를 입어 노부나가는 그 뒤처리를 미즈노 다다와케에게 맡기고, 25일 데라모토성으로 약간의 병력을 보내 성하를 불사른 후 나고야성으로 복귀하였다. 26일 노부나가는 안도에게 감사의 뜻을 전하고, 27일 안도 등이 미노로 돌아갔다. 안도 등을 통해 싸움의 전말을 들은 도산은 "대단한 남자다. 곁에 껄끄러운 놈이 있군"이라고 했다 한다.

노부히데 사후 노부나가가 그의 뒤를 잇자, 슈고다이 오다 야마토노카미가의 당주 오다 노부토모는 노부나가 동생 오다 노부카쓰織田信勝의 가독상속을 지지하여 노부나가와 대립하였다. 마침내 1554년 노부토모는 노부나가 암살계획을 세운다. 그런데 노부토모에게 종속되어 있었던 슈고 시바 요시무네가 이 계획을 노부나가에게 밀고하였다. 이에 격노한 노부토모가 요시무네의 적자 시바 요시카네斯波義銀가 소수의 사람들을 데리고 천렵을 나간 사이 요시무네를 살해하였다. 요시카네는 노부나가에 의지하여 도망하였다.

노부나가는 숙부 모리야마성 성주 오다 노부미쓰와 협력하여 노부토모를 모반인으로 몰아 살해하였다. 이로써 오다 야마토노카미가는 멸망했다고 보아도 좋다. 노부나가는 나고야성에서 기요스성으로 본거지를 옮기고, 오와리 슈고쇼守護所를 손에 넣었다. 그리하여 오다씨 서가 태생의 노부나가는 명실공히 오다씨 수장이 되었다.

한편 나가이 노리히데는 1538년 미노 슈고다이 사이토 도시나가가 병사하자, 사이토가를 이어 사이토 신구로 도시마사新九郎利政(사이토 도산齋藤道三)라 개명하였다. 그리고 1539년 거성 이나바야마성을 크게 개축하였다. 그런데 1541년 도시마사가 도키 요리미쓰土岐賴滿(요리노리賴藝의 동생?)를 독살하는 사건이 발생했다. 이로 말미암아 미노 슈고 도키 요리즈미土岐賴純와 도시마사의 대립·항쟁이 시작된다. 도시마사 는 일시 궁지에 빠지기도 했지만, 1542년 요리즈미 거성 오가성을 공격하여, 요리즈미는 아사쿠라씨(요리즈미의 어머니가 아사쿠라 사다카게 의 3녀)를 의지하여 에치젠으로 도망하였다. 그리고 가독상속을 두고 요리즈미와 대립했던 요리타케 동생 도키 요리노리土岐賴藝와 그의 아들 요리쓰구賴次도 오와리로 도망하였다.

오와리로 도망한 요리노리는 오다 노부히데織田信秀의 후원을 얻고, 에치젠으로 도망하여 아사쿠라 다카카게에게 의지하고 있던 전 쇼군 요리즈미와 동맹을 맺어 슈고가 도키씨의 미노 지배를 명분으로 미노 를 회복하고자 했다. 1544년 8월 요리노리가 오와리의 오다씨와 에치 젠의 아사쿠라씨의 원조를 받아 미노를 침공하였다. 아사쿠라군은 아사쿠라 소테키를 총대장으로 삼아 도쿠야마타니德山谷(岐阜縣揖斐郡揖斐 町)를 남하하여, 9월 19일 아카사카赤坂에서 사이토군과 싸워 승리함으 로써 롯카쿠씨와 사이토씨 간의 연결을 차단하였다. 오다군은 9월 22일 도시마사가 지키는 이나바야마성을 총공격하였으나, 사이토군 의 저항으로 철수하던 중에 사이토군의 공격을 받고 대패하였다(가노 구치 싸움加納口の戰い). 이 패배로 말미암아 아사쿠라군은 에치젠으로 철수하였고, 요시즈미도 다시 에치젠으로 돌아갔다.

1546년 가을 아사쿠라 다카카게와 오다 노부히데는 막부에 공작하여 요리즈미·요리노리와 도시마사를 화해시키고자 하였다. 그리하여 노부히데는 요리노리와 동맹을 맺고 롯카쿠 사다요리도 중재에 나서 요리즈미와 요리노리·도시마사(=도산) 사이에도 화해가 성립하였다. 강화 조건은 요리노리의 은퇴와 요리즈미의 미노 슈고직 취임, 그리고 도시마사의 딸과 요리즈미의 결혼이었다. 그러나 슈고로 복귀한 요리즈미가 1547년 11월 17일 급사하였다. 도시마사의 모략에 걸려 암살당한 것으로 보인다.

한편 도시마사는 오와리 오다씨와의 관계를 개선하고, 1548년 딸 기초歸蝶를 노부히데의 적남 오다 노부나가에게 시집보냈다. 이를 배경으로 오다가의 후원 아래 도시마사에게 반역한 아이바성相羽城(岐阜縣揖斐郡大野町) 성주 나가오 가게오키長屋景興와 이비성揖斐城(岐阜縣揖斐郡揖斐川町) 성주 이비 미쓰치카揖斐光親 등을 멸하고, 나아가 이비 기타가타성北方城에 머물고 있던 요리노리를 1552년 다시 오와리로 추방하여 미노를 완전히 평정하였다. 1554년 도시마사는 가독을 아들 사이토 요시타쓰義龍에게 물려주고, 조자이지에서 삭발하여 도산道三이라 칭하고, 사기야마성鷺山城(岐阜縣岐阜市)에 은거했다.

그러나 도산은 요시타쓰를 '미련한 놈耄者'이라고 경멸하고, 요시타쓰의 동생 마고시로孫四郎와 기헤이지喜平次를 '영리하고 기민한 놈利口者'이라며 총애하였다. 특히 3남 기헤이지를 잇시키 베에다이스케一色右兵衛大輔라고 불렀다. 도산이 요시타쓰를 제치고 기헤이지에게 명문 잇시키一色씨 성과 관도官途를 주고, 두 동생들을 치켜세우며 요시타쓰를 모욕하자, 도산과 요시타쓰의 사이는 돌이키기 어려운 불신 상태에 이른다.

요시타쓰는 1555년 10월 도산에 대항하기 위한 수단을 강구하게 된다. 1555년 11월 22일 요시타쓰는 도산이 야마시타山下(麓の井口) 사저

로 간 틈을 타 두 동생 기헤이지와 마고시로에게 숙부 나가이 미치토시長井道利를 보내 "자신은 중병으로 때만을 기다리고 있다. 만나서 한마디 하고 싶으니 와주기 바란다"라고 전하였다. 이렇게 하여 자신의 곁으로 불러들인 동생들을 총신 히네노 히로나리日根野弘就를 시켜 살해하게 하였다. 두 동생을 살해한 요시타쓰는 도산에게 사자를 보내 그 전말을 전했다. 소식을 들은 도산은 격노하여 급히 병사를 모아 이나바야마성 성하를 불태우고, 나가라가와長良川를 넘어 오가성으로 도망하였다.

도산과 요시타쓰의 싸움은 1556년 4월에 시작된다. 4월 18일 도산이 쓰루야마鶴山에 포진하였다. 도산의 사위 오다 노부나가도 기소가와木曾川·히다가와飛驒川를 건너 다이라大良(岐阜縣羽島市) 도지마戸島, 도조보東藏坊에 포진하였다. 20일 요시타쓰군이 나가라가와長良川 남쪽으로 움직이자, 도산군은 쓰루야마를 내려와 나가라가와까지 진군하여 북쪽으로 이동하였다. 이곳에서 양군이 격돌하였다. 미노의 중신들은 대부분 요시타쓰 측에 가담하여, 도산군은 겨우 2,500여에 불과한 데 비해 요시타쓰군은 17,500여를 헤아렸다. 전세는 이미 요시타쓰 측으로 기울었다 하겠다.

요시타쓰군의 선봉 다케고시 도친竹腰道鎭군이 원진円陣을 짜 나가라가와를 건너 도산 본진으로 돌진하였으나, 도산의 지휘로 다케고시 도친군은 패주하였다. 이를 바라보고 있던 요시타쓰가 직접 병사를 이끌고 강을 건너 진을 견고히 하였다. 이때 요시타쓰 측의 나가야 진에몬長屋甚右衛門이 단기필마로 나가고, 이에 대응하여 도산 측의 시바타 가쿠나이柴田角內가 나섰다. 싸움은 시바타 가쿠나이의 승리로 끝났고 바로 양군이 격돌하였다. 서전은 도산 측에 유리하였으나, 병력 차이는 어쩔 수 없었다. 결국 도산은 전장에서 사망하였고, 노부나가는 원군을 파견하여 다이라 입구에 착진하고 있었으나, 싸움에 시간을

맞추어 대응하지는 못하였다(나가라가와 싸움長良川の戰い).

싸움에서 승리하여 사기가 오른 요시타쓰군은 노부나가가 진을 치고 있는 다이라로 군사를 파견하여, 다이라 하천변에서 양군이 격돌하였다. 이 싸움에서 노부나가 측의 야마구치 도리테노스케山口取手介와 히지카타 히코사부로土方彦三郎(가쓰히사雄久의 아버지)가 전사하고, 노부나가 측의 모리 요시나리森可成와 요시타쓰 측의 센고쿠 마타이치千石又一도 부상을 당했다. 노부나가는 도산의 패배 소식을 접하고는 잡인雜人과 우마牛馬를 후방으로 이동시키고, 전군을 강 건너로 후퇴시켰다. 그 후미를 직접 지휘한 노부나가는 배 한 척을 강에 띄워 요시타쓰군 기마대가 강변에 나타나면 조총을 쏘아댔다. 이에 요시타쓰 기마대는 도하를 단념하였고, 노부나가는 무난히 퇴각하였다(다이라가와라 싸움大良河原の戰い).

위 싸움은 당연히 오와리 지역에 영향을 주었다. 노부나가에게 도산의 죽음은 노부나가 지배의 북부 외측을 지탱하는 기반이 붕괴한 것을 의미한다. 이는 당연히 노부나가의 영국 지배력 약화, 내부 분열·대립을 가져왔다. 오와리 상4군을 지배하는 이와쿠라 오다가岩倉織田家 당주 이세노카미伊勢守 오다 노부야스織田信安는 사이토 요시타쓰에 호응하여, 기요스 근처 시모노고下之郷(春日町)를 불태웠다. 이에 대응하여 노부나가는 이와쿠라 오다가 영지를 공격하여 부근 영지를 불태웠다. 한편 오와리 하4군을 지배하는 쇼바타 오다가勝幡織田家(단조노추가彈正忠家)= 오다 노부나가 영국 내부에서도 요시타쓰와 노부야스에 호응하여, 하야시 히데사다(미치카쓰通勝)·하야시 미치토모林通具·시바타 가쓰이에柴田勝家 등이 노부나가를 이반하고, 노부나가의 동생 노부카쓰信勝(노부유키信行)를 옹립하려는 움직임을 보였다. 이에 대해 모리 요시나리·사쿠마 모리시게佐久間盛重·사쿠마 노부모리佐久間信盛 등은 노부나가를 지원하고 있었다. 노부나가가 넷째 동생 오다 노부토키織田信時만을 데리고 하야시 히데사다의 성으로 갔을 때, 히데사다의 동생 미치토모는 히데사다에게 노부나가를 잡아 절복시키자고 건의하였다. 그러나 히데사다는 3대에 걸쳐 은혜를 입은 주군=쇼바타 오다가라고 하면서 노부나가와 노부토키를 돌려보냈다고 한다.

마침내 1556년 8월 24일 노부카쓰파가 거병하였다. 노부나가군은 기요스에서 동남쪽 오타이가와於多井川(쇼나이가와莊內川)를 건너 동쪽에서 온 시바타군, 남쪽에서 온 하야시군과 맞섰다. 당시 노부나가의 군세는 겨우 700(사쿠마 모리시게·모리 요시나리·사쿠마 노부모리·마에다 도시이에前田利家·니와 나가히데丹羽長秀·오다 노부후사織田信房 등)에 미치지 못하였고, 노부카쓰 측은 시바타 가쓰이에가 1,000, 하야시 히데사다가 700으로 합 1,700여였다.

정오경 노부나가군의 약 반수가 시바타군을 공격하였으나 역부족이었다. 이 싸움에서 노부나가는 삿사 마고스케佐々孫介(나리마사成政의 형으로 아즈키자카의 일곱 창小豆坂七本槍 중 한 명) 등 많은 가신을 잃었다. 곤경에 처한 노부나가 본진으로 시바타군이 공격해 왔을 때 노부나가 앞에는 오다 쇼자에몬織田勝左衛門·오다 노부후사·모리 요시나리와 장창병鑓持ち 40인 정도밖에 없었다고 한다. 그야말로 절체절명의 위기였다.

그러나 오다 노부후사·모리 요시나리 등이 사력을 다해 싸웠고, 노부나가 역시 분전하여 시바타군을 어렵게 물리쳤다. 그리고 세를 가다듬은 노부나가는 하야시군을 공격하여 승리하였다. 이 싸움에서 노부나가군은 가마타 스케노조鎌田助丞·도미노 사쿄노신富野左京進·야마구치 마타지로山口又次郎·하시모토 지후자橋本十藏·쓰노다 신고角田新五·오와키 도라조大脇虎藏·고베 헤이시로神戶平四郎 등 노부카쓰 측의 무장을 포함한 450인을 죽였다. 이에 노부카쓰 측은 붕괴하여 도주하였다(이노오 싸움稻生の戰い). 그 후 노부카쓰 측의 스에모리성·나고야성에서 농성하였고, 노부나가는 위 두 성 성하를 불살랐다.

노부나가는 스에모리성에서 농성하던 노부카쓰를 포위하였으나, 생모 도타고젠의 중재로 노부카쓰·가쓰이에 등을 사면하였다. 한편 서형 오다 노부히로織田信廣도 사이토 요시타쓰와 결탁하여 기요스성 찬탈을 도모하였으나, 정보가 새는 바람에 미수에 그치고, 노부나가에 게 항복하여 사면되었다. 그런데 1557년 노부카쓰가 다시 모반을 도모 하였다. 하지만 이노오 싸움稻生の戰い 후부터 노부나가와 함께한 시바 타 가쓰이에가 노부카쓰의 모반을 밀고하여, 노부나가는 병을 칭해 노부카쓰를 기요스성으로 유인해서 살해했다. 이 어수선한 틈을 타 노부나가는 동족 이누야마성 성주 오다 노부키요織田信淸와 협력하게 된다. 한편 야마토노카미가 오다씨의 숙적으로 오다 일문의 종가인 오와리 상4군 슈고다이 오다 이세노카미가岩倉織田家의 이와쿠라성 성 주 오다 노부타카織田信賢가 노부나가를 공격하여 왔다.

1558년 노부나가가 군사 2,000을 이끌고 우키노浮野에서 군사 3,000 을 이끌고 출전한 노부타카군과 싸웠다. 양군 사이에 격전이 벌어졌으 나, 노부키요가 노부나가 측에 서서 원군 1,000을 이끌고 참전하자 전세는 일변하였다. 노부나가는 승리를 거두고 노부타카군은 괴멸하 였다(우키노 싸움浮野の戰い). 이 싸움에서 노부타카는 1,200명이 넘는 전사자를 내고 이와쿠라성으로 도주하였다. 1559년 노부나가는 노부 타카의 본거 이와쿠라성을 포위하였고, 농성하던 노부타카가 노부나 가에게 항복함으로써 마침내 오와리는 통일되었다(일설에는 위 우키노 싸움이 1557년, 이와쿠라 낙성이 1558년이라고 한다). 오와리를 통일한 노부나 가는 1559년 2월 2일 약 100명의 군사를 이끌고 상경하여, 13대 쇼군 요시테루를 알현하였다.

이러한 상황 속에서 1560년 5월 12일 이마가와 요시모토가 대군을 이끌고 슨푸를 출발하여 도카이도를 통해 오와리로 진군하였다. 5월 17일 오와리에 있는 이마가와 측 성중에 미카와와 가장 가까운 구쓰카케성에 든 이마가와군은 5월 18일 마쓰다이라 모토야스(도쿠가와 이에야스)가 이끄는 미카와군을 선봉으로 삼고, 오다카성으로 병량을 옮겼다. 한편 노부나가 측은 기요스성에서 농성할지, 아니면 출격하여 이마가와군에 맞설지를 둘러싸고 의견이 분분하였다.

19일 3시경 마쓰다이라 모토야스와 아사히나 야스토모朝比奈泰朝는 노부나가군이 지키는 마루네 성채와 와시즈 성채를 공격하였다. 이 소식에 접한 노부나가는 고와카마이幸若舞 <아쓰모리敦盛>를 춘 후, 출진 준비를 마치고 20일 새벽 4시경 기요스성을 출발하였다. 8시경 아쓰타진자에 도착한 노부나가는 군사를 집결시킨 후, 아쓰타진구에서 전승 기도를 올렸다. 10시경 노부나가군은 나루미 성채를 둘러싼 젠소지 성채로 들어갔으나, 군사는 겨우 4,000명 정도였다. 한편 이마가와군의 선봉 마쓰다이라군에게 맹공을 당한 마루네 성채의 노부나가군 500여 명은 성 밖에서 백병전을 벌였고, 이 싸움에서 사쿠마 모리시게가 전사했다. 와시즈 성채에서는 농성전이 전개되었으나, 이이노오 사다무네飯尾定宗, 오다 히데토시織田秀敏가 전사하고, 이이노오 히사키요飯尾尚淸는 패주하였다.

이렇듯 전황은 노부나가 측에 불리하게 돌아갔으나, 여하튼 이 싸움들로 노부나가는 시간을 벌었다. 오다카성 주변을 제압한 이마가와군은 요시모토가 이끄는 본대가 구쓰카케성을 출발하여 오다카성 방면의 서쪽으로 진군하다가 남쪽으로 진군하였다. 한편 노부나가는 11시부터 12시경 젠소지 성채에 사쿠마 노부모리 이하 500인 정도를 주둔시키고, 병사 2,000을 이끌고 나루미에서 보아 동남쪽인 오케하자마桶狹間를 향해 출격하였다. 이때의 이마가와 요시모토 군세는 2만 혹은 4만이라고도 하며, 노부나가 군세는 총 5,000명여 정도였다.

정오경 나카시마 성채의 전위를 맡은 삿사 마사쓰구佐々政次, 센슈 시로千秋四郎 등 30여 명이 노부나가의 출진 소식을 듣고 사기충천하여

이마가와군의 전위를 공격하였다. 그러나 이마가와 전위군에 패하였고, 마루네와 와시즈 양 성채를 함락시킨 요시모토는 기분이 한껏 들떴다. 그러나 13시경 갑자기 우박 섞인 호우가 세차게 퍼부었고, 이를 틈타 노부나가가 군사를 돌격시켜 요시모토의 본진을 급습하였다. 이마가와 본진은 이때 5,000~6,000인 정도로, 양군은 혼전 양상을 보였다. 요시모토 주위를 지키던 친위대인 기마 약 300인이 요시모토를 에워싸고 퇴각하려 하자, 노부나가군이 요시모토 친위대를 맹렬히 추격하였다. 요시모토 친위대는 노부나가 측의 핫토리 가즈타다^{服部一忠}를 물리쳤으나, 결국 요시모토는 모리 요시카쓰^{毛利良勝}에게 살해당했다(오케하자마 싸움^{桶狹間の戰い}).

이 싸움에서 당주 요시모토, 그리고 마쓰이 무네노부^{松井宗信}, 구노 모토무네^{久野元宗}, 이이 나오모리^{井伊直盛}, 유이 마사노부^{由比正信}, 이치노미야 무네코레^{一宮宗是}, 간바라 우지노리^{蒲原氏德} 등 유력 부장을 잃은 이마가와군은 신속히 퇴각하였다. 이마가와 수군을 이끌던 오와리 야토미^{彌富} 호족 핫토리 도모사다^{服部友貞}는 철군 도중에 아쓰타를 불태우려 하였으나, 상인들의 반격으로 실패하고 해로를 통해 도주하였다.

오다카성을 지키던 마쓰다이라 모토야스(도쿠가와 이에야스)도 전장에서 이탈하여 다이주지^{大樹寺(松平家 菩提寺)}에 의탁했으나, 노부나가 측에 포위되었다. 이를 비관한 모토야스가 선조의 묘에서 절복하려다 주지 도요 덴시쓰^{登譽天室}가 "고난 가득 찬 이 세상이 싫어 등지려 한다면, (그런 마음으로 오히려) 즐거이 정토를 구하라^{厭離穢土, 欣求淨土}"라고 한 말에 절복을 포기하고, 자신과 함께 싸운 부하들을 해산시켰다. 그 이래 이에야스는 이 글귀를 마인^{馬印}으로 사용하게 된다. 모토야스는 이마가와군 조다이^{城代} 야마다 가게타카^{山田景隆}가 버리고 도망간 오카자키성으로 들어갔다.

오와리·미카와 경계에 위치한 성들은 여전히 이마가와 측에 가담하여 노부나가에게 대항하였다. 이에 노부나가군은 이마가와군을 격파한 여세를 몰아 6월 21일 구쓰카케성을 공략하여 곤도 가게하루近藤景春를 패사시키고, 그 일대를 단번에 탈환하였다. 그러나 나루미성은 오카베 모토노부岡部元信 등이 완강히 저항하여 함락시키지 못했다. 모토노부는 노부나가와 교섭하여 이마가와 요시모토의 시신을 수습하고, 나루미성을 노부나가에게 인계하였다. 그는 스루가로 귀환하던 도중 미즈노 노부모토水野信元가 성주로 있는 가리야성刈谷城(愛知縣刈谷市)을 공격하여 미즈노 노부치카水野信近를 패사시켰다.

이 일련의 싸움으로 이마가와 세력은 서미카와에서 오와리에 이르는 지역에서 일소되었다. 별동대의 선봉에 섰던 마쓰다이라 모토야스(이하 이에야스)는 이마가와씨에게서 독립하여 마쓰다이라의 옛 영지의 회복에 나섰다. 이 지역은 당연히 노부나가와 이에야스의 각축장이 될 가능성이 높았다. 그러나 이에야스는 요시모토의 뒤를 이은 이마가와 우지자네가 요시모토의 원수를 갚기 위해 출진하지 않았다는 구실을 들어 1562년 이마가와씨를 이탈하여 노부나가와 강화하였다(쇼쿠토쿠 동맹織德同盟).

노부나가·이에야스의 동맹은 가독을 이어 영국 안정에 온 힘을 다하는 우지자네의 영국 지배가 견고해지기 전에 자립하고자 한 이에야스의 의지를 나타낸다. 이후 이에야스는 공공연히 이마가와씨와 대립하면서 미카와 통일을 지향했다. 한편 노부나가가 이에야스와 동맹관계를 맺으려 했던 것은 어릴 적에 함께한 점도 있겠지만, 미노의 사이토씨 공략이 급했기 때문이다. 즉 노부나가는 이마가와씨와 마쓰다이라씨의 대립구조를 만들어 서쪽에서의 위협을 제거하고, 미노 사이토씨 공략에 집중하려 했던 것이다. 또한 노부나가와의 동맹관계를 통해 동쪽으로부터의 위협을 제거하고, 이마가와씨의 영국 스루가로 진출하고자 하였다. 이 동맹관계는 노부나가 사후까지도 이어졌다.

오케하자마 싸움으로 요시모토 본대를 구성하는 스루가, 도토미의 유력 무장들이 다수 사망하여 이마가와 영국은 동요하였고, 노부나가의 대두로 이 지역의 정세가 어수선하였다. 한편 가이·사가미·스루가 동맹의 일각을 형성하던 이마가와씨가 패배함으로써, 호조·다케다가에 적대하는 세력, 특히 에치고 우에스기 겐신이 크게 고무되었다. 오타 스케마사太田資正·가쓰누마 노부모토勝沼信元 등이 호조씨에 대항하여 반란을 일으키는 등 간토 무장들 다수가 겐신 측으로 선회하였다. 이러한 형세 변화는 오다와라성 싸움과 제4차 가와나카지마 싸움으로 이어졌다.

나아가 가이 다케다씨와 이마가와씨의 관계도 악화하여, 1568년 말 양자의 동맹도 깨지고 다케다씨는 스루가 이마가와 영국을 침공하기 시작한다. 한편 노부나가와 다케다씨는 이미 1560년 전후부터 외교 관계를 유지하고는 있었으나, 노부나가와 이마가와씨의 대립으로 일정 거리를 유지하고 있었다. 그런데 1565년경 노부나가의 양녀가 신겐의 후계자 다케다 가쓰요리武田勝賴와 결혼하는 등 노부나가와 신겐은 우호관계를 다지고, 이후에도 동맹관계를 유지하였다.

한편 사이토 도산 사후 노부나가와 요시타쓰의 관계는 험악하였다. 양자는 일진일퇴를 거듭하면서 대립·대치하였다. 그러나 1561년 요시타쓰가 급사하고 그의 적남 사이토 다쓰오키가 가독을 잇는 어수선한 틈을 타 노부나가가 미노로 출병하여 승리하였다(모리베 싸움森部の戰い). 나아가 주욘조 싸움十四條の戰い에서도 승리하여 사기가 오른 노부나가는 이나바야마성 공격을 감행하였으나 성공하지는 못했다. 노부나가는 1563년 미노를 공략하기 위해 고마키야마성小牧山城(愛知縣小牧市)을 축성하고, 그곳으로 본거지를 옮겼다. 1563년에는 동미노로 출진하였으나 신카노 싸움新加納の戰い에서 사이토 다쓰오키에게 패배하였다.

그러나 위 싸움을 통해 노부나가는 미노 지역에서 우위를 차지하게 되고, 사이토씨는 내부 분열하였다. 1564년 노부나가는 북오미 아자이 나가마사와 동맹을 맺어 사이토씨를 견제하고, 이때 노부나가는 누이 동생인 오이치를 나가마사에게 시집보냈다.

1564년 사이토씨의 가신 다케나카 시게하루와 안도 모리나리가 다쓰오키를 이반하여 이나바야마성을 탈취하였고, 다쓰오키는 이 성을 포기하였다. 이때 노부나가는 시게하루에게 성을 다쓰오키에게 돌려주라고 권유하였으나, 시게하루가 거부하였다고 한다. 시게하루와 모리나리가 이나바야마성을 탈취한 후, 가치타성加治田城(岐阜縣加茂郡富加町加治田) 성주 사토 다다요시佐藤忠能와 가지타슈加治田衆가 노부나가 측으로 이반하였다. 시게하루 등은 반년 정도 이나바야마성을 점령하다가 다쓰오키에게 성을 돌려주었다. 이러한 일련의 상황들은 사이토씨의 쇠퇴와 가신들의 이반을 잘 나타내고 있다 하겠다.

이런 어수선한 상황 속에서 노부나가는 중부 미노의 성들을 수중에 넣었다(주노 공략전中濃攻略戰). 즉 서미노 산닌슈(이나바 요시미치稻葉良通·우지이에 나오모토氏家直元·안도 모리나리) 등도 노부나가 측으로 돌아섰다. 또한 1565년 노부나가는 사이토씨를 이반한 가지타성 성주 사토 다다요시를 공격하려 한 도호라성堂洞城(岐阜縣加茂郡富加町夕田) 성주 기시 노부치카岸信周를 공격하여 격파했다. 도산의 막내로 노부나가 측에 가담하고 있던 사이토 도시하루齋藤利治도 기시 노부치카에 호응한 세키성關城(岐阜縣關市安櫻山) 성주 나가이 미치토시長井道利를 격파하여 세키성을 빼앗았다. 그리하여 중부 시나노 지역도 노부나가 세력권으로 들어왔다. 한편 노부나가는 1565년부터 다키가와 이치마스瀧川一益에게 원군을 의뢰받고 이세 방면으로도 진출하여 간베 모토모리神戶具盛 등과도 싸웠다(호쿠세이 48가北勢四十八家 공략).

이렇듯 노부나가가 세력 확장에 힘쓰던 1566년 오다씨와 사이토씨는 쇼군 요시테루의 중재를 받아들여 일단 화해하였다. 그러나 사이토씨가 화해를 파기하여 윤8월 29일 고노시마 싸움河野島の戦い이 발발하였고, 이 싸움에서 노부나가가 다쓰오키에게 대패하였다. 그런데 1567년 8월 1일 위 서미노 산닌슈 이나바 요시미치稻葉良通(잇테쓰一鐵), 안도 모리나리道足, 우치이에 나오모토氏家直元(보쿠젠ト全)가 노부나가의 이나바야마성 공격에 내응할 것을 약속하고, 그 표시로 노부나가에게 인질을 보내겠다고 하였다. 이에 노부나가는 무라이 사다카쓰村井貞勝·시마다 히데미쓰島田秀滿를 보내 인질을 받아들이고, 곧바로 병사들을 집결시켜 이구치야마井口山와 연결된 즈이료지야마瑞龍寺山로 나아갔다. 다쓰오키 측에서 이 군세가 적인지 아군인지를 몰라 당혹해하는 사이, 노부나가는 이구치까지 진격하여 이나바야마성 성하를 불태웠다. 그리고 8월 14일 이나바야마성을 포위하자, 견디지 못한 사이토 측의 미노 무장들이 8월 15일 노부나가에게 항복하고, 다쓰오키는 배로 나가라가와를 내려가 이세 나가시마長島로 탈주하였다. 이렇게 해서 마침내 노부나가는 이나바야마성을 점령하고, 후에 이구치를 기후岐阜라고 명명하였다(노부나가의 이나바야마성 낙성 시기에 대해서는 1564년, 1566년, 1567년의 3설이 있다. 여기서는 1567년설을 채택하였다).

오와리·미노를 영유한 다이묘로 성장한 노부나가는 1567년 11월부터 사와히코澤彦에게 받은 '천하포무天下布武'의 주인朱印을 사용하기 시작하였다. 이 인장의 사용은 노부나가의 천하통일 포부를 나타낸 것으로 해석하고 있다. 그리고 11월 9일 오기마치 천황正親町天皇은 노부나가를 가리켜 "고금무쌍의 명장"이라고 칭찬하면서, 노부나가에게 황실령의 회복과 사네히토신노誠仁親王의 원복 비용 조달을 요청하였다.

한편 노부나가를 굴복시키고 교토로 진출하려 했던 요시모토가 오케하자마 싸움에서 불귀의 객이 되자, 이마가와 영국은 요시모토를 이은 이마가와 우지자네가 지배하게 된다. 그러나 오케하자마 싸움으로 이마가와씨 중신들, 유이 마사노부, 이치노미야 무네코레 등과 재지영주들, 마쓰이 무네노부·이이 나오모리 등이 다수 사망하였다. 그리고 미카와·도토미의 재지영주 중에는 이마가와의 지배에 불만을 품은 자들이 있어서, 요시모토 사망을 계기로 분쟁이 일어났고, 이는 재지영주들의 이마가와씨 이반으로 나타났다. 우지자네는 미카와의 사사·재지영주·상인들에게 다수의 안도장을 발급하여 이 동요를 진정시키려 하였다. 그러나 이미 보았듯이 서미카와 지역은 도쿠가와 이에야스의 수중으로 들어갔다. 1561년 정월 쇼군 요시테루는 우지자네와 이에야스의 화해를 독촉하고, 호조씨가 양자의 중재자로 나섰다. 그러나 이에야스는 이마가와씨와 단교하고 노부나가와 손을 잡았다.

동미카와에서는 우지자네가 재지영주들에게 새로이 인질을 요구하여, 이에 불만을 품은 재지영주들이 이에야스 측으로 돌아섰다. 이로 말미암아 이에야스 측에 가담한 세력과 이마가와 측에 남아있는 재지영주 세력이 서로 대립하였다(산슈의 난三州亂). 한편 우지자네가 1561년 이마가와씨를 이반한 스가누마 사다미쓰菅沼定盈의 노다성野田城(愛知縣新城市豊島)을 공격하기에 앞서 우지자네의 수하 오하라 시즈네小原鎭實가 인질 10여 명을 처형하였다. 이를 계기로 많은 동미카와 재지영주들이 이에야스 측으로 이반해 버렸다.

한편 이에야스는 1562년 정월 노부나가와 동맹을 맺고 독립의 태세를 명확히 하였다(기요스 동맹淸洲同盟). 1562년 2월 우지자네는 스스로 병사를 이끌고 우시쿠보성牛久保城(愛知縣豊川市牛久保町)으로 출병하여 이에야스 측의 이치노미야 성채一宮砦(愛知縣豊川市一宮町)를 공격하였으나, 이에야스가 이 공격을 막아냈다. 이즈음 슨푸에 체재하고 있던 우지자네의 외조부 다케다 신겐의 움직임이 심상치 않아 우지자네는 도중에 군대를 돌려 귀환했다. 1565년 이에야스가 동미카와의 거점인 요시다성吉田城(愛知縣豊橋市今橋町)을 공격하고 이곳을 지키던 오하라 시즈네를 퇴거시켜 이마가와씨의 미카와 지배를 일소했다.

도토미에서도 가신단과 재지영주들의 혼란이 발생, 이이노야井伊谷의 이이 나오치카井伊直親, 히쿠마성曳馬城(靜岡縣浜松市中區元城町) 성주 이노오 쓰라타쓰飯尾連龍, 미쓰케見付의 호리코시 우지노부堀越氏延, 이누이犬居의 아마노 가게야스天野景泰 등이 이마가와씨를 이반하는 움직임을 보였다(엔슈 총극遠州忽劇, 엔슈의 난遠州亂). 1562년 이마가와씨 중신 아사히나 야스토모가 모반 의심을 받고 있던 이이 나오치카를 살해했다. 이어 1564년 이노오 쓰라타쓰가 이에야스와 내통하여 이마가와씨에 반기를 들었다. 이에 우지자네는 중신 미우라 마사토시三浦正俊 등에게 히쿠마성 공격을 명하나, 성을 함락시키지 못했을 뿐 아니라 오히려 마사토시가 전사하였다. 그 후 우지자네는 화해에 응해 항복한 쓰라타쓰를 1565년 12월 모살하고, 다시 이노오씨 가신들이 농성하는 히쿠마성을 공격하고, 1566년 4월 히쿠마성을 함락시켜 반란을 진압하였다.

우지자네는 1560년 후반부터 1562년에 걸쳐 사사·수하·재지영주들에게 많은 문서를 발급하여 영국의 안정화를 도모하고, 외교 면에서는 호조씨와의 관계를 강화하였다. 1561년 3월 겐신이 간토로 침입하자, 우지자네는 호조씨에게 원병을 보내 가와고에성 농성전에도 참가하였다. 그리고 1561년 무로마치 막부 쇼반슈 반열에 들고, 막부의 권위를 이용하여 영국의 혼란을 진정시키려 했다. 내정에서는 1566년 4월 후지 노보타다富士信忠에게 후지富士 오미야大宮 5일장六齊市(한 달에 여섯 번 서는 시장)을 라쿠이치樂市로 삼고, 그곳에 덕정을 실시하여 역의 면제를 명했다. 이 라쿠이치령은 노부나가의 그것보다 빠른 것이었다. 그러나 이 선진적인 상업·상인 정책도 이마가와씨의 쇠락을 막을 수는 없었다.

이마가와씨와 동맹을 맺고 있던 가이 다케다 신겐은 1561년의 가와나카지마 싸움을 계기로 북시나노 지역에서의 에치고 우에스기씨와의 항쟁을 수습하려는 외교책으로 전환했다. 우지자네는 스루가에 인접한 가와치 영주 아나야마 노부토모穴山信元를 개입시켜 가이·스루가 동맹甲駿同盟을 확인하고자 하였으나, 1565년 우지자네의 누이동생 레이쇼인嶺松院을 정실로 맞은 다케다가의 적남 다케다 요시노부가 폐적되는 사건이 발생했다. 동년 11월 다케다 신겐은 레이쇼인을 이마가와가로 돌려보내 가이·스루가 동맹관계를 해소하여 버렸다. 이 시기 신겐은 아들인 스와諏訪 다케다 가쓰요리武田勝頼의 정실로 노부나가의 양녀인 류쇼인龍勝院을 맞아들였고, 나아가 도쿠가와 이에야스와 동맹을 맺어 가이·스루가의 관계는 험악해졌다. 이러한 상황 속에서 우지자네는 에치고 우에스기 겐신과 화목을 도모하고, 사가미 호조씨와 함께 가이에 대한 소금 공급을 끊었다. 그러나 신겐은 이에야스와 노부나가와 동맹을 맺고 이마가와씨에 대항하였기 때문에, 우지자네의 소금 공급 차단책은 별 효과를 보지 못했다.

마침내 12월 6일 신겐이 고후를 나와 스루가 공격을 개시했다. 우지자네도 12월 12일 삿타토게薩埵峠에서 다케다군을 영격하기 위해 오키쓰興津 세이켄지清見寺로 출진하였다. 그런데 세나 노부테루瀬名信輝와 가쓰라야마 우지모토葛山氏元·아사히나 마사사다朝比奈政貞·미우라 요시카네三浦義鏡 등 스루가의 유력 재지영주 21인이 신겐과 내통하고 있었기 때문에, 이마가와군은 다케다군에게 패주하였다. 그리하여 스루가도 신겐군에게 점령 당하고, 우지자네는 아사히나 야스토모의 거성 가케가와성掛川城(静岡縣掛川市掛川)으로 도망하였다. 더욱이 도토미의 이마가와 영토를 분할한다고 신겐과 약속한 이에야스가 도토미로 침공하여 도토미 대부분을 제압하였다. 12월 27일 도쿠가와군은 가케가와성을 포위하였으나, 야스모토를 필두로 한 이마가와 가신들의 저항으로 반년 가까이 농성전이 전개되었다.

호조 우지야스는 스루가로 구원군을 보내 삿타토게에 포진하였다. 전력상 호조군이 우세하였으나, 다케다군을 격파하지는 못하여 싸움은 교착 상태에 빠졌다. 장기간에 걸쳐 가케가와성을 포위한 이에야스는 도토미에 압박을 가하기 위해, 신겐과의 약속을 파기하고 우지자네와 화해를 모색했다. 1569년 5월 17일 우지자네는 가신들의 목숨 보장을 조건으로 가케가와성을 이에야스에게 넘겼다, 이때 우지자네·이에야스·우지야스 사이에 다케다 세력을 스루가에서 구축한 후 우지자네를 다시 스루가의 지배자로 한다는 맹약을 맺었다. 그러나 이 맹약이 지켜질 리 만무하였고, 결과적으로 센고쿠다이묘로서의 이마가와씨는 가케가와성의 개성과 함께 멸망하였다 할 수 있다. 이해 이마가와 가신 호리에성 성주 오사와 모토타네大澤基胤가 이에야스의 공격을 견디지 못하고 항복하였다.

3) 스루가·간토·가이·에치고 지역

1536년 3월 17일 이마가와 우지테루와 히코고로가 같은 날 사망하자, 당시 영향력이 강했던 우지테루의 정실 주케이니壽桂尼와 다이겐 셋사이太原雪齋 등 중신들은 우지테루의 동생 센가쿠 쇼호梅岳承芳를 환속시켜 쇼군의 이름 한 자를 받아 이마가와 요시모토今川義元로 개명시키고 가독을 잇게 하려 하였다. 네 살 때 출가한 요시모토는 임제종 스루가 후지군富士郡 세코瀨古에 있는 젠토쿠지善德寺에 맡겨져 센가쿠 쇼호라 칭했고, 이마가와가의 중신 출신 승려 다이겐 셋사이와 함께 교토에서 5산五山 학문을 배웠다. 그 후 센가쿠 쇼호는 우지테루의 명으로 스루가로 내려와 있었다.

그런데 이마가와씨의 유력 가신으로 도토미, 가이 방면의 외교와 군사를 담당하고 있던 후쿠시마福島씨가 요시모토의 가독 상속에 반대하였다. 이마가와 우지치카의 측실이 후쿠시마 스케하루福嶋助春의 딸인데, 후쿠시마씨는 이마가와씨와 외척관계였으며, 요시모토의 이복동생 겐코 에탄玄廣惠探을 가독으로 옹립하려 하였기 때문이다.

1536년 5월 24일 주케이 니는 에탄을 가독으로 옹립하려는 후쿠시마 에치젠노카미福島越前守(후쿠시마 마사시게福島正成?)를 만나 요시모토의 가독상속을 설득하였으나 실패하였다. 이에 25일 에탄을 지지하는 세력이 구노야마久能山에서 거병하여 스루가 후추 이마가와관今川館을 습격하였다. 다이겐 셋사이·오카베 지카쓰나岡部親綱 등 요시모토 측 가신단이 지키는 이마가와관은 수비가 견고하여 이 습

〈그림 19〉 스루가·이즈·가이 지역도

격을 막아냈다. 그러나 에탄파는 가타노카미성方ノ上城(靜岡縣燒津市策牛), 하나구라성花倉城(靜岡縣藤枝市花倉)을 거점으로 삼아 저항하였고, 도토미 등에서도 에탄을 지지하는 자들이 나타났다. 요시모토는 이즈·사가미 호조씨의 지원을 얻어 6월 10일 오카베 지카쓰나가 가타노카미성을 공격하여 함락시키고, 이어 에탄이 농성하는 하나구라성을 공격하였다. 이를 견디지 못한 에탄은 세도야에 있는 후몬지普門寺로 도망하여 자인하였다(하나쿠라의 난花倉の亂). 이로써 요시모토는 가독상속을 선언하고, 영내 지배력 강화에 힘썼다.

그런데 요시모토는 1537년 2월 우지테루와 대립하고 있던 가이 슈고 다케다 노부토라의 딸(조케인定惠院)을 정실로 맞아 다케다씨와 동맹을

맺는다(가이·스루가 동맹). 이 동맹의 배후에는 당시 다이묘 상호간의 대립이 작용하고 있다. 우선 가이 다케다씨의 움직임을 보자. 위에서 보았듯이 노부토라는 1533년 우에스기 도모오키의 딸을 적남 하루노부의 정실로 정하고, 1534년 11월 그녀를 맞아들였다. 그리하여 다케다씨와 오기가야쓰가 우에스기씨는 일시에 중혼관계를 유지하나, 도모오키의 딸이 사망하면서 중혼관계는 해소된다.

노부토라는 1535년 이마가와씨와의 국경지대인 만자와萬澤(南巨摩郡南部町萬澤)로 침공하였다. 그러나 이마가와씨와 혼인관계를 맺고 전통적으로 우호관계를 유지하고 있던 호조씨가 가고사카토게籠坂峠를 넘어 야마나카山中(南都留郡山中湖村)로 침입하여 다케다 측의 오야마다씨와 가쓰누마勝沼씨에게 승리했다. 이러한 상황에서 노부토라는 1535년 9월 17일 가이와 시나노의 국경지대인 사카이가와堺川에서 스와 요리미쓰와 만나, 스와타이샤諏訪大社 가미샤上社의 보령寶鈴을 울려 동맹관계를 맺었다.

한편 1536년 정월 다케다 노부토라의 적남 다로太郞는 종5위하 사쿄노다이부, 노부토라는 종4위에 서임된다. 그리고 3월 다로는 원복하고, 쇼군 요시하루에게 편휘偏諱를 요청하여 '하루晴'를 받아 '하루노부晴信'(이하 신겐으로 함)로 개명하였다. 신겐은 1541년 후술하는 노부토라 추방 후 관도명을 다이젠노다이부大膳大夫라 칭했다.

당시 노부토라는 양 우에스기가와 동맹관계를 맺고 있었다. 1537년 동맹관계에 있는 오기가야쓰가 당주 우에스기 도모오키가 사망하고 우에스기 도모사다上杉朝定가 가독을 이었다. 그러나 도모사다가 1537년 7월 본거지 가와고에川越를 잃고 마쓰야마성으로 물러났다. 1538년 10월 노부토라와 우호관계를 유지하던 오유미쿠보 아시카가 요시아키가 멸망하면서, 간토에서 노부토라의 동맹자는 야마노우치가 우에스기씨만 남았다.

이러한 상황 속에서 노부토라는 적남 신겐과 함께 시나노 사쿠군으로 출진하였다. 신겐에게는 이것이 첫 출진이었다. 노부토라는 가이·스루가 동맹을 둘러싼 내부 대립과 호조 우지마사와의 관계를 수습한 후, 1540년 이마이 노부모토에게 우라성浦城(山梨縣北杜市須玉町)에서 항복을 받고, 4월 스와 요리시게諏訪賴重와 함께 시나노 사쿠군으로 출진하여 처음으로 가이 바깥 지역에서 소령을 얻었다. 그리고 11월 스와 요리시게에게 딸 네네禰々를 시집보내 스와씨와 동맹관계를 더욱 강화하였다. 12월 9일 요리시게가 고후를 방문하고, 12월 17일 노부토라가 스와를 방문하여 양자의 동맹은 더더욱 공고해졌다.

이상에서 보듯이 노부토라는 스와·시나노 접경지대를 스와씨와 맺은 동맹관계를 통해 안정시키면서 이마가와씨를 공격하고, 우에스기씨와의 동맹관계로 호조씨에 대항하였다. 그런데 다케다씨 외교노선의 한 축인 오기가야쓰가 우에스기씨와의 동맹관계가 호조 우지야스의 공격으로 약화되자, 다케다씨와 호조씨의 한판 승부가 가시화되어 갔다.

한편 미카와에서는 마쓰다이라씨, 오와리에서는 오다씨가 세력을 확대하고 있었다. 이에 이마가와씨는 미카와에서 세력을 확대하여, 이를 통해 오와리 오다가를 견제할 필요가 있었다. 이러한 상황 속에서 요시모토는 다케다씨와 동맹을 맺어 미카와로 진출하려 하였고, 다케다씨는 호조씨와의 일전을 대비하였다. 이러한 양자의 이익이 일치하여 요시모토는 자신의 가독상속에 결정적 역할을 한 호조씨와의 전통적인 호조·이마가와 동맹관계(슨소 동맹駿相同盟)을 파기하면서까지 가이·스루가 동맹을 맺었던 것이다(고슌 동맹甲駿同盟).

이 다케다·이마가와씨의 동맹에 호조 우지쓰나는 당연히 격노하였고, 그 때문에 1536년 우지쓰나의 적남 우지야스가 스루가 후지군 요시와라吉原로 침공하였다. 내부 대립이 아직 가라앉지 않은 스루가

의 이마가와 요시모토는 이 침입에 적절히 대응할 수 없었다. 요시모토는 다케다씨와 연계하여 반격을 시도하였으나, 에탄 측에 가담했던 호리코시·이이씨 등 도토미에 기반을 둔 무장들이 이반하고 호조씨 측으로 가담하였기 때문에, 요시모토는 반란 가신들과 호조씨에게 협격을 받아 가토河東(靜岡縣東部) 지역이 호조씨에게 넘어갔다(제1차 가토의 난河東の亂). 더욱이 오와리의 오다 노부히데가 1540년 미카와로 침공하였다. 요시모토는 1542년 미카와에 원군을 보내 미카와 무장들과 함께 노부나가군과 싸웠으나 패하였다고 한다(제1차 아즈키자카 싸움小豆坂の戰い) (이 전투가 실제로 있었는지 여부는 불분명하다. 즉 후세에 창작된 것일 수도 있다).

그런데 가이·스루가가 동맹을 맺을 때, 다케다 가중에서도 반발이 있었다. 1537년 6월 가이에 망명한 반요시모토파를 지원한 마에지마前嶋 일가가 절복하였고, 동맹에 반대하는 호코슈가 가이를 퇴거하는 사태도 발생했다. 그리고 위에서 보았듯이, 이마가와씨와 전통적인 동맹관계였던 호조씨 역시 이 동맹에 반발하여, 이마가와씨 사이에 항쟁이 일어났다(제1차 가토의 난河東の亂). 노부토라는 가이·스루가 동맹에 의거하여 슨토군駿東郡으로 군사를 파견하여 이마가와씨를 지원하였다. 한편 호조씨는 다시 1538년 다케다령 가이 쓰루군으로 침공하여 요시다吉田를 급습하였으나, 1539년 호조 우지쓰나가 다케다씨와 화해했다.

한편 노부토라는 시나노 무라카미 요시키요村上義淸와도 동맹을 맺어, 1541년 5월 25일 다케다·무라카미·스와씨는 시나노 사쿠군으로 출병하여 공동작전을 폈다. 신겐도 함께 출진한 이 싸움에서 노부토라는 운노 무네쓰나海野棟綱와 지이사가타군小縣郡(長野縣東御市)에서 우미노다이라 싸움海野平の戰い을 벌여 승리하였다. 싸움에서 패한 운노 무네쓰나가 고즈케로 망명하여 간토칸레이 야마노우치가 우에스기 노리마사에게 의탁하였고, 노리마사는 사쿠군으로 출병하였다. 그런데 노부토라가 동맹관계인 야마노우치가 우에스기씨와의 충돌을 피해 철병하여 6월 4일 가이로 돌아갔다.

귀국한 노부토라는 6월 14일 요시모토의 정실인 딸을 보기 위해 스루가로 갔다. 그런데 신겐이 이타가키 노부카타板垣信方·아마리 도라야스甘利虎泰 등 후다이 가신들의 지지를 얻어 가이와 스루가를 연결하는 가와치로를 봉쇄하여 노부토라를 스루가로 추방하고, 다케다가 가독과 슈고직을 차지했다. 이에 노부토라는 이마가와씨에 몸을 의탁했다. 그럼에도 불구하고, 요시모토와 신겐 사이의 동맹관계는 유지되었고, 요시모토는 1545년 발생한 다카토 합전高遠合戰에서 다케다 측에 원군을 파견했다.

이 사건의 배경에 대해서는 여러 설이 있다. 노부토라가 적남 신겐을 멀리하고 차남 다케다 노부시게武田信繁를 편애하여, 노부시게에게 가독을 물려주려 하였다는 부자 불화설, 신겐과 다케다가 중신들과의 공모설, 그리고 신겐과 이마가와 요시모토와의 공모설 등도 있다. 여하튼 노부토라 시기에 자주 내부 대립이 발생하였고, 외정도 많았다. 이러한 계속된 싸움은 가신들의 불만을 사고, 농민·재지영주들에게 과중한 부담으로 작용하였을 것이다. 따라서 노부토라의 스루가 추방과 신겐의 집권은 영내에서 크게 환영받았다고 한다.

한편 1541년 호조 우지쓰나가 사망하고 호조 우지야스가 가독을 이었다. 우지야스의 공세에 밀린 요시모토는 1545년 우지야스에 대적하기 위해 야마노우치가 우에스기 노리마사와 동맹을 맺었다. 8월 22일 요시모토와 노리마사의 동맹으로 호조 측은 2분되었고, 요시모토는 다케다씨 원군을 얻어 가토로 침공하였다. 호조군은 서로는 이마가와군, 동으로는 우에스기 연합군에게 협격을 당하는 형세에 놓여 궁지에 빠졌다. 이에 우지야스는 다케다 신겐에게 중재를 요청하고,

양자 사이의 화해를 이끌어 냈다. 이 화해의 결과, 요시모토는 가토 지역을 회복하고(제2차 가토의 난河東の亂), 미카와로 세력을 확장하여 마쓰다이라 히로타다松平廣忠의 귀순을 얻어내고, 히로타다의 적남 다케치요(이에야스)를 인질로 잡았다.

노부히데는 이렇게 세력 확장을 시도하는 요시모토를 견제하였으나, 요시모토는 미카와에서 착착 세력을 키워 나갔다. 그런데 다케치요의 호송을 맡은 미카와 다하라성田原城(愛知縣田原市田原町)의 재지영주 도다 야스미쓰戸田康光가 요시모토를 배반하여 다케치요를 노부히데에게 넘겨 버렸다. 그리고 전년 요시모토가 도다씨 일족인 도다 노부나리戸田宣成, 도다 요시미쓰戸田吉光 일족을 토멸해 버렸기 때문에, 도다 종가 당주였던 도다 야스미쓰가 반란을 일으켰다. 이에 요시모토는 도다 종가를 철저히 무력으로 괴멸시키고, 그의 거성이었던 다하라성에 유력 가신 아사히나朝比奈씨를 들여보냈다. 1548년 요시모토가 적극적으로 미카와 진출을 모색하자, 위기감을 느낀 오다 노부히데가 요시모토를 공격하였다. 그러나 요시모토의 군사 셋사이와 유력 중신 아사히나 야스요시 등이 노부히데군을 크게 무찔렀다(제2차 아즈키자카 싸움小豆坂の戰い).

요시모토는 1549년 마쓰다이라 히로타다가 사망하자, 주인 없는 서미카와 오카자키로 군세를 몰아 마쓰다이라령을 점령하고, 오다 측 미카와 안조성을 공격하여 노부히데 세력을 몰아냈다. 우위에 선 요시모토는 노부히데의 서장자庶長子 오다 노부히로織田信廣를 체포하고, 오다씨가 보호하고 있던 다케치요도 되찾아 자신의 수하로 삼고 다케치요를 오와리 진출의 선봉으로 삼고자 했다. 1551년 오다 노부히데가 사망하자 요시모토는 오와리 공격에 더욱 박차를 가했다.

한편 요시모토는 1553년에 아버지 우지쓰나가 정한 『이마가와카나모쿠로쿠今川仮名目録』에 추가법(가나목록추가21조仮名目録追加二十一條)을 추가하였다. 이로써 이마가와 영국의 지배자는 아시카가 쇼군가가 아닌 이마가와씨이며, 무로마치 막부가 정한 슈고 불입권은 폐지한다고 선언하고, 막부와 슈고다이묘 이마가와씨의 관계를 청산하였다. 이는 이마가와씨가 무로마치 막부의 권위를 배경으로 영국을 통치하는 것이 아니라, 스스로의 실력으로 영국을 통치하는 센고쿠다이묘임을 선언한 것이었다.

1554년 요시모토의 적자 우지자네가 호조 우지야스의 딸인 하야카 와도노早川殿와 결혼하고, 1553년 다케다 신겐의 딸 오바이인黃梅院과 호조 우지야스의 아들 우지마사가 결혼하였다. 그리하여 가이·사가미 ·스루가 동맹이 결성된다(젠토쿠지 회맹善德寺の會盟). 이 세 지역 간 상호 불가침 동맹도 물론 당시 정세를 반영하고 있다. 위에서 보았듯이, 요시모토는 오와리 오다가를 압박하면서 서쪽으로 진출하려 하였다. 한편 다케다 신겐은 스와씨와 동맹을 맺어, 시나노 사쿠군·지이사가타군小縣郡으로 세력을 확대하려 했던 아버지 노부토라와는 달리 호조씨와 관계를 개선하면서 시나노·스와, 주로 스와를 침공하였다. 이제까지 다케다씨와 우호관계를 맺고 있던 야마노우치가 우에스기 씨는 간토를 둘러싸고 호조씨와 적대하였기 때문에, 다케다·호조씨 사이의 우호관계 성립은 다케다씨와 시나노 재지영주들을 비호하는 야마노우치가 우에스기씨와의 관계 악화를 초래하였다.

1542년 6월 신겐은 스와씨 서가庶流 다카토 요리쓰구高遠賴繼와 함께 스와로 침공하여 스와 요리시게령을 점령하고, 요리시게를 고후甲府로 연행하여 자인하게 하였다. 이에 스와에서 9월 다카토 요리쓰구가 신겐에게 반기를 들었으나, 신겐에게 곧바로 격파당했다. 나아가 1543년 시나노 나가쿠보성長窪城(長野縣小縣郡長和町) 성주 오이 사다타카大井貞隆를 공격하여 자인하게 하고, 1545년 4월 가미이나군上伊那郡 다카토성高遠城(長野縣伊那市高遠町)을 공격하여 다카토 요리쓰구高遠賴繼를 멸망시켰다. 이어 6월 후쿠요성福与城(長野縣上伊那郡箕輪町) 성주 후지사와 요리치카藤澤頼親를 추방하였다(다카토 합전高遠合戰). 1544년 신겐은 호조씨와 화해하고, 1545년 제2차 가토의 난 때에는 이마가와씨와 호조씨의 화해를 중재하기도 했다. 이로써 호조씨는 간토에만 집중하여 가와고에성 싸움河越城の戰い에서 대승을 거둔다. 이러한 움직임들은 가이·사가미·스루가 동맹과 연관되어 있었다.

이마가와·호조씨의 안정된 관계에 기초하여 다케다씨는 시나노 침공을 본격화하여, 시나노 슈고 오가사와라 나가토키小笠原長時, 지이사가타 영주 무라카미 요시키요 등과 대적했다. 1547년 다케다군은 간토 칸레이의 지원을 받은 시가성志賀城(長野縣佐久市)의 가사하라 기요시게笠原淸繁를 공격하고, 8월 6일 오다이하라 싸움小田井原の戰い에서 우에스기·가사하라 연합군을 대파하였다. 이해(1547년) 신겐은 영국지배를 위한 분국법 <고슈핫토노지다이甲州法度之次第>를 정했다.

1548년 2월 신겐은 시나노 북부에서 세력을 키운 가쓰라오성葛尾城(長野縣埴科郡坂城町) 성주 무라카미 요시키요村上賴淸와 우에다하라上田原에서 격돌하였다(우에다하라 싸움上田原の戰い). 이 싸움에서 신겐은 숙로 이타가키 노부카타板垣信方·아마리 도라야스甘利虎泰 등을 비롯한 많은 병사를 잃고, 자신도 부상을 입었다. 이 승기를 이용하여 오가사와라 나가토키小笠原長時가 4월 스와로 침공하여 왔으나, 신겐은 7월 시오지리토게 싸움鹽尻峠の戰い(갓쓰루토게 싸움勝弦峠の戰い이라고도 함)에서 오가사와라군을 격파했다. 1550년 7월 신겐은 다시 오가사와라령을 침략했다. 이에 오가사와라 나가토키는 저항 없이 하야시성林城(長野縣松本市大字里山邊)을 포기하고 무라카미 요시키요를 의지하여 도망하였다. 이로써 중부 시나노는 다케다씨의 지배 아래 들어갔다. 승기를 잡은 신겐은 9월 무라카미 요시키요의 지성 도이시성砥石城(長野縣上田市上野)을 공격하였으나, 대패하였다(도이시쿠즈레砥石崩れ). 그러나 1551년 4월 사나다

유키타카眞田幸隆(유키쓰나幸綱)의 책략으로 도이시성을 함락시켰다.

위 싸움으로 우세를 점한 다케다군은 1553년 4월 북시나노로 출병하여 오가사와라씨 잔당과 무라카미씨가 장악하고 있던 여러 성을 공략하였다. 이에 무라카미 요시키요는 가쓰라오성을 버리고 에치고로 도망하였다. 요시키요는 나가오씨와 인척관계인 다카나시高梨씨를 통해 겐신에게 지원을 요청하였고, 5월 북시나노 재지영주들과 겐신 지원병 5,000병을 이끌고 다케다 측에 반격을 가하였다. 이를 하치만 싸움八幡の戰い(千曲市八幡地區 武水別神社 부근)이라 한다. 신겐이 일단 병사를 철수시켜 요시키요는 가쓰라오성을 탈환하였으나, 7월 다케다군이 다시 북시나노로 침공하여 무라카미 측의 여러 성을 함락시키고, 요시키요가 농성하고 있던 시오다성鹽田城(長野縣上田市前山)을 공격하였다. 이에 8월 요시키요는 성을 버리고 다시 겐신을 의지하여 도망갔다. 이리하여 젠코지善光寺(가와나카지마) 이북과 남시나노 일부를 제외한 시나노서부와 동부가 다케다씨의 지배하에 들어갔고, 이후 당연히 겐신과 신겐은 대립하게 된다. 겐신이 시나노 출병을 시작한 이래 젠코지 지역의 주도권을 둘러싼 가이 다케다씨와 에치고 우에스기씨의 싸움이 마침내 본격화하였다.

한편 에치고에서는 1536년 8월 나가오 다메카게가 은거하고, 도라치요虎千代의 형 나가오 하루카게가 가독을 이었다. 도라치요는 성하의 린센지林泉寺에 입문하여 덴시쓰 고이쿠天室光育에게 가르침을 받았다. 1542년 12월 다메카게가 병사하자, 도라치요의 가독상속에 반대하는 세력들이 가스가야마성으로 몰려와 도라치요 등은 갑옷을 입은 채로 장례에 임하였다고 한다. 하루카게는 에치고를 지배할 능력이 없었고, 이에 슈고 우에스기 사다자네가 복권하여, 우에다 나가오가上田長尾家, 우에스기 사다노리上杉定憲, 아가키타슈 등 슈고파가 권력을 장악하였다. 도라치요는 1543년 8월 15일 원복하여 나가오 가게토라(겐신, 이하 겐신으로 함)로 개명하였다. 9월 하루카게가 겐신에게 고시군古志郡 군지로서 가스가야마성을 나와 산조성三條城(新潟縣三條市), 이어 도치오성栃尾城(新潟縣長岡市栃尾)에 들 것을 명하였다. 이는 나카코리中郡의 반 슈고 세력을 평정하여 나가오가령長尾家領을 통치하고, 나아가 시모코리下郡의 아가키타슈를 제압하기 위한 것이었다.

당시 에치고에서는 슈고 우에스기 사다자네가 다테 다네무네의 아들 도키무네마루時宗丸(다케 사네모토伊達實元)를 서양자婿養子로 맞아들이는 일로 내분이 일어났다. 에치고 재지영주들도 이 양자 문제를 둘러싸고 찬성과 반대파로 분열·대립하였다. 하루카게는 병약하기도 하였고, 내분을 수습할 능력도 없었다. 1544년 에치고 호족들이 하루카게를 모반하고, 그해 원복한 15세의 겐신을 우습게 본 근처의 호족들이 도치오성을 공격하려 하였다. 이에 겐신이 소수의 병사를 2분하여, 한 부대로 하여금 가사마쓰傘松에 진을 치고 있는 반겐신 측 본진을 배후에서 급습하게 하였다. 그리고 혼란에 빠진 반겐신군을 성내에 대기하고 있던 본대가 출격하여 괴멸시켰다(도치오성 싸움栃尾城の戰い).

1545년 10월 슈고 우에스기씨의 중신 구로타키성黑瀧城(新潟縣西蒲原郡彌彦村) 성주 구로다 히데타다黑田秀忠가 나가오씨에 대항하여 군사를 일으켰다. 히데타다는 슈고다이 하루카게의 거성 가스가야마성까지 진격하여, 겐신의 형 나가오 가게야스 등을 살해한 후 구로타키성으로 돌아가 농성했다. 겐신은 우에스기 사다자네에게 형 하루카게 대신 히데타다를 토벌하라는 명을 받고, 히데타다 공격 총대장으로서 군사를 지휘하여 히데타다를 항복시켰다(구로타키성 싸움黑瀧城の戰い). 그러나 1546년 2월 다시 히데타다가 거병하자 겐신이 맹공을 퍼부어 구로다씨를 멸망시켰다.

상황이 이렇게 되자, 일찍부터 하루카게에게 불만을 품고 있던 에치고의 일부 재지영주들이 겐신을 옹립하여 하루카게에게 퇴진을 요구하였다. 1548년 아가키타슈의 돗사카성鳥坂城(新潟縣胎内市羽黑) 성주 나카조 후지스케中條藤資, 북시나노 호족으로 겐신의 숙부인 다카나시 마사요리高梨政賴 등은 하루카게를 폐하고 겐신을 슈고다이로 옹립하려는 움직임을 본격화하였다. 그리고 도치오성에서 겐신을 보좌하던 혼조 사네요리本莊實乃, 겐신의 어머니 도라고젠虎御前의 친정인 스요시성栖吉城(新潟縣長岡市栖吉町) 성주 나가오 가게노부長尾景信(고시 나가오가古志長尾家), 요이타성与板城(新潟縣長岡市与板町与板) 성주 나오에 사네쓰나直江實綱, 산조성 성주 야마요시 유키모리山吉行盛 등이 겐신의 슈고다이 옹립에 호응하여 겐신파가 형성되었다. 이 세력에 대항하여 사카도성 성주 나가오 마사카게長尾政景(우에다 나가오가上田長尾家)와 간바라군蒲原郡 오쿠야마노쇼奧山莊의 구로카와성黑川城(新潟縣胎内市) 성주 구로카와 기요자네黑川淸實 등은 하루카게를 지원하였다.

12월 30일 슈고 우에스기 사다자네는 양측을 조정하여, 하루카게가 겐신을 양자로 들여 가독을 물려주고 은거하도록 하였다. 겐신은 가스가야마성으로 들어가 19세의 나이로 나가오씨 가독을 상속하여 슈고다이에 임명되었다. 1550년 슈고 사다자네가 후계자 없이 사망하자, 쇼군 요시테루는 겐신의 에치고 지배를 추인하였다.

그런데 1550년 12월 일족인 사카도성 성주 우에다 나가오가의 나가오 마사카게가 겐신의 가독상속에 불만을 품고 반란을 일으켰다. 겐신이 에치고의 지배자가 되면서 하루카게를 지원하던 마사카게의 입장이 곤란해졌다. 장기간에 걸쳐 우에다 나가오가와 대립하고 있던 고시 나가오가가 겐신을 지원하면서 고시 나가오 가게노부의 영향력이 확대되었기 때문이다.

겐신은 1551년 1월 마사카게 측 홋치 나가요시發智長芳의 거성 이타기성板木城(新潟縣南魚沼市板木)을 공격해서 승리하고, 8월 사카도성坂戸城을 포위하여 나가오 마사카게를 제압하였다(사카도성 싸움坂戸城の戰い).

항복한 마사카게는 겐신의 누이 센토인仙桃院의 남편이었기 때문에 목숨을 부지하여 이후 겐신의 중신으로 활약한다. 이 반란이 진압되면서 에치고의 내란은 막을 내리고, 겐신은 22세의 젊은 나이에 에치고를 통일하였다.

한편 무라카미씨와 협력 관계였던 나가노長野 분지 이북의 북시나노 재지영주 다카나시씨와 이노우에井上씨 일족 등은 원래 무라카미씨와 북시나노에서 쟁패를 겨루던 시기부터 에치고 슈고다이 나가오씨와 우호관계를 유지하고 있었다. 그런데 위에서 보았듯이 다케다씨의 공격으로 무라카미씨가 패퇴하여 나가오씨에게 도움을 요청하였다. 특히 다카나시씨는 이전부터 나가오씨와 인척관계로, 아버지 나가오 다메카게의 어머니가 다카나시가 출신이었고, 더욱이 다카나시 사다요리의 처는 겐신의 숙모였다. 이러한 인척관계는 물론이려니와 다케다 신겐이 나가노 분지 이북의 북시나노를 점거할 경우 에치고의 안전도 보장하기 어려웠다. 때문에 겐신은 다케다씨의 북시나노 침공에 적극적으로 개입하려 했다.

이에 1553년 9월 1일 겐신이 직접 병사를 이끌고 북시나노로 출진하였다. 겐신은 후세布施(長野縣長野市篠／井) 싸움에서 다케다군 선봉대를 물리치고, 진군하여 아라토성荒砥城(長野縣千曲市上山田)을 함락시키고, 3일 아오야기성靑柳城(長野縣東筑摩郡筑北村)을 공격하였다. 신겐은 이마후쿠 이와미노카미今福石見守가 지키는 가리야刈屋 하라성原城(長野縣松本市刈谷原町錦部)을 구원하기 위해 야마미야山宮씨와 오부 사쿄노스케飯富左京亮(도라마사虎昌) 등을 원군으로 파견하고, 아라토성을 야습하여 나가오군의 퇴로를 차단하려 하였다. 이에 겐신은 하치만八幡까지 철수하고, 병사들을 시오다성으로 향하게 했다. 그러나 시오다성에서 농성하던 신겐이 겐신군과의 결전을 회피하여 겐신은 9월 20일 에치고로 돌아갔다. 동년 8월 겐신의 지원을 받은 오이 노부히로大井信廣가 모반을 일으켰으

나, 신겐이 바로 노부히로를 진압하고 10월 17일 가이 고후로 돌아갔다 (제1차 가와나카지마 싸움川中島の戰い).

위 싸움은 가와나카지마를 포함한 나가노 분지에서 남쪽 지쿠사가 와千曲川 주변에서 벌어졌다. 싸움이 나가노 분지의 남쪽 지역에서 벌어진 점을 감안하면, 나가노 분지 대부분을 반다케다 측의 호족들이 장악하고 있었음을 알 수 있다. 나가오씨는 무라카미씨를 부활시키지는 못했지만, 북시나노 재지영주들이 일제히 다케다씨에 가담하는 사태는 막을 수 있었다. 그리고 다케다씨는 나가노 분지로의 진출이 무산되기는 했으나, 지이사가타는 물론 무라카미씨의 본거지였던 하니시나군埴科郡을 완전히 장악할 수 있었다.

겐신은 이 싸움 후 서위와 임관의 예를 올리기 위해 교토로 올라가 고나라 천황後奈良天皇을 배알하고 '사적치벌私敵治罰의 윤지綸旨'를 얻었다. 이에 따라 겐신은 자신과 적대하는 자를 적군으로 간주하고 다케다씨와의 싸움에서 대의명분을 얻게 되었다. 한편 신겐은 시나노 사쿠군, 시모이나군下伊那郡, 기소군木曾郡 제압에 노력하였다.

이미 언급했듯이 신겐은 시나노 출병에 즈음하여 화해가 성립한 후에도 긴장이 지속되고 있던 스루가 이마가와씨와 사가미 호조씨와의 관계개선을 추진하였다. 1554년 적남 요시노부의 정실로 이아가와 요시모토의 딸 레이쇼인嶺松院(신겐의 조카이기도 함)을 맞아들여 가이·스루가 동맹을 강화하였다. 그리고 딸을 호조 우지야스의 적남 우지마사에게 시집보내 사가미·스루가 동맹을 맺었다. 그리고 이마가와씨와 호조씨도 신겐과 이마가와씨의 다이겐 셋사이의 중재로 가이·사가미·스루가 동맹甲相駿同盟이 맺어졌다.

한편 오유미쿠보를 옹립한 마리야쓰 다케다씨도 내분이 발생하여 오유미쿠보의 세력이 약화되었다. 1537년 도모오키가 사망하고 우에스기 도모사다上杉朝定가 가독을 잇자, 호조 우지쓰나는 무사시로 출병

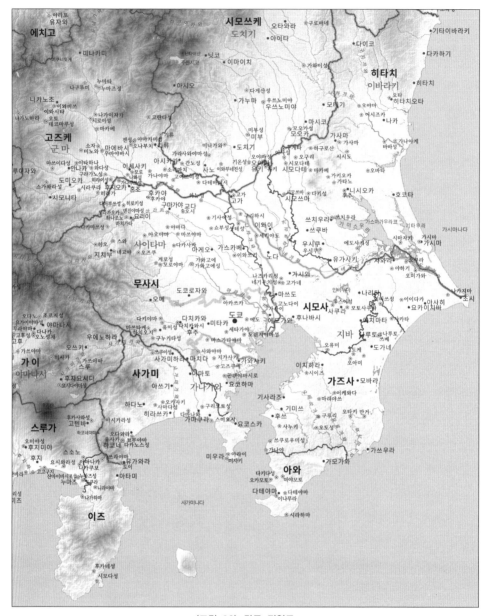

<그림 20> 간토 지역도

하여 오기가야쓰가 우에스기씨의 본거지인 가와고에성을 함락시키고, 그곳에 3남인 호조 다메마사를 배치하였다. 그리고 1538년에는 가사이성葛西城(東京都葛飾區靑戸)을 공략하여 보소 진출의 근거지를 확보했다.

우지쓰나는 간토 지역에 세력을 확대하고, 아울러 형식적으로나마 주종관계를 맺고 있던 스루가 이마가와씨와 동맹관계를 유지하면서 가이 다케다 노부토라와 대립하였다. 우지쓰나는 1535년 이마가와가 당주 이마가와 우지테루今川氏輝의 요청에 응하여 가이 쓰루군都留郡으로 출병, 야마나카 싸움山中の戰い에서 다케다 노부토라의 동생 다케다 노부토모武田信友를 전사시키는 대승을 거두었다. 한편 1536년 이마가와 우지테루가 급사하자, 이마가와가는 가독을 둘러싸고 소동이 발생했다(하나쿠라의 난花倉の亂). 여기에서 우지쓰나가 지원한 쇼호承芳(후에 이마가와 요시모토細川義元로 개명)가 승리하여 이마가와씨의 가독을 이었다. 1537년 요시모토가 다케다 노부토라의 딸 조케이인定惠院을 맞아들이고, 가이·스루가 동맹을 맺는다. 이에 격노한 우지쓰나는 사가미·스루가 동맹相駿同盟을 파기하여 이마가와씨와 호조씨의 형식상의 주종관계를 청산하고, 이마가와씨의 소령을 공격하였다(가토의 난河東の亂).

당시 오유미쿠보와 고가쿠보도 대립하고 있었다. 오유미쿠보 아시카가 요시아키가 고가·세키야도關宿 공격을 획책하자, 고가쿠보 아시카가 하루우지는 우지쓰나·우지야스氏康 부자에게 오유미쿠보 격퇴를 명했다. 보소 진출을 노리던 호조씨는 이 명령을 절호의 명분으로 삼아 군사를 진발시켰다. 1538년 10월 7일 우지쓰나는 오유미쿠보 아시카가 요시아키와 아와 사토미 요시타카 등의 연합군과 대전했다(제1차 고노다이 합전國府台合戰). 이 대전에서 우지쓰나·우지야스는 고가쿠보·사토미 연합군을 대파하고, 요시아키를 잡아 오유미쿠보를 멸하였다. 이로써 우지야스는 무사시 남부에서 시모사에 걸쳐 세력을 확대하였고, 고가쿠보 아시카가 하루우지는 우지쓰나를 간토칸레이關東管領에 임명하였다고 한다. 비록 정식 임명은 아니었다고는 하나, 이로써 우지쓰나·우지야스는 동국의 전통세력에 대항할 수 있는 정치적 지위를 획득했다고 볼 수 있다. 나아가 우지쓰나는 1539년 우지하루에게 딸 호슌인芳春院을 시집보내 고가쿠보와의 유대를 더욱 강화하였다. 이로써 우지쓰나는 아시카가씨의 '일가' 신분을 얻는다.

우지쓰나 시기에 호조씨의 지성支城체제가 확립된다. 오다와라성을 본성으로 이즈 니라야마성, 사가미 다마나와성, 미사키성三崎城(아라이성新井城. 神奈川縣三浦市城山町), 무사시 고즈쿠에성小机城(神奈川縣横浜市港北區小机町), 에도성江戸城(東京都千代田區千代田), 가와고에성을 지성으로 자리매김하여 각 지성을 거점으로 지역지배를 강화했다. 지성에는 이즈 이래의 중신과 일문을 배치하고, 다마나와 성주였던 3남 다메마사는 후에 가와고에 성주를 겸하여 광대한 지역을 지배하였다. 그리하여 다메마사는 우지쓰나 말기에 적남 우지야스에 버금가는 중요한 지위를 점하였다.

우지쓰나는 소운 이래의 향촌지배정책을 계승하면서 폐절된 전마傳馬제도를 부활시켜 영내의 유통·운송 제도를 정비하였다. 그리고 검지를 실시하여 증가된 토지와 은전隱田을 확보하고, 교통의 요지에 직할령을 설치하고, 측근을 그 지역의 다이칸으로 임명하여 지역지배를 강화하였다. 또한 축성과 사사 조영을 위해 직인집단을 결집시켜, 상인과 직인에 대한 통제도 강화하였다.

우지쓰나에게 패한 오기가야쓰가 우에스기 도모사다는 야마노우치가 우에스기 노리마사上杉憲政와 동맹을 맺어 우지쓰나에 대한 반격을 도모하였다. 이마가와군과의 싸움이 계속되는 가운데, 우지쓰나는 1541년 7월 19일 향년 55세로 병사하였다. 일설에는 1538년 우지쓰나

가 우지야스에게 가독을 물리고 은거하며 우지야스를 후견하였다고
한다. 우지쓰나는 젊은 우지야스를 염려하여, 1541년 5월 우지야스에
게 5개조의 훈계장을 전했다. 그 내용은 ① 모든 무사들은 의를 중요시
할 것, ② 무사에서 농민에까지 자애할 것, ③ 분수를 지킬 것, ④
검약한 생활을 할 것, ⑤ 싸움에 승리해도 교만하지 말 것 등이다.

　1545년 이마가와 요시모토는 호조씨에게 점령당한 가토를 탈환하
기 위해 행동을 개시했다. 요시모토는 신겐에게 우지야스와의 화해를
중재하도록 요구하기도 하고, 교토 쇼고인聖護院 몬제키 도조道增에게
하향하여 호조씨와의 화해 교섭을 중재하도록 부탁하기도 했다. 그러
나 호조씨는 이 화해 요청을 거부하였다. 이에 요시모토는 신겐과
북간토에서 호조씨와 대립하고 있던 야마노우치가 우에스기 노리마
사에게 호조씨를 협격할 것을 제안했다. 7월 하순 후지카와富士川를
넘어 젠토쿠지善得寺에 포진한 요시모토는 신겐과 작전을 상의했다.
이에 우지야스가 군사를 내어 스루가로 급히 나아가 응전하였으나,
이마가와·다케다군이 스루가에서, 야마노우치가 우에스기 노리마사
가 간토에서 군사를 발진시켰다. 호조 측은 동시에 양 방향에서 협격을
받게 된 것이다.

　9월 초순 이마가와군과 다케다군이 합류하고, 이 연합군의 공격을
받고 열세에 처한 호조군은 9월 16일 요시와라성吉原城(靜岡縣富士市)을
포기하고 미시마三島(靜岡縣三島市)로 퇴각하였다. 승기를 잡은 이마가와
군은 미시마까지 진격하여, 호조 겐안北條幻庵(일설에는 가쓰라야마 우지모
토葛山氏元)이 지키는 나가쿠보성長久保城(靜岡縣駿東郡長泉町)을 포위하고, 이
마이今井의 기쓰네바시狐橋 등지에서 싸움을 벌였다. 한편 간토에서는
야마노우치·오기가야쓰 양가의 우에스기씨 연합군이 무사시 가와고
에성을 포위하였다. 궁지에 빠진 우지야스는 10월 하순 신겐을 중재자
로 삼아 이마가와·호조씨 간에 정전협정을 맺었다. 협정조건은 호조

씨가 나가쿠보성을 이마가와씨에게 양도하는 것이었다. 우지야스는 어쩔 수 없이 이 조건을 수락하고, 양 우에스기가와의 싸움에 집중하고자 하였다.

이 강화로 가토의 난은 일단 수습되었다. 이후 이마가와씨는 도토미를 평정하고, 미카와로 침공하였다. 호조씨는 서쪽 전선이 안정되자 북간토 침공에 전념하게 된다. 이후 이마가와씨와 호조씨는 상호 불신하여 긴장관계가 지속되기는 하였으나 열전 상태로까지 나가지는 않았다. 위에서 보았듯이, 1554년에는 신겐의 중재로 결혼관계를 맺어 상호 공수동맹인 가이·사가미·스루가 동맹이 성립되었던 것이다.

한편 간토에서는 양 우에스기가와 우지쓰나의 의형제로 이제까지 호조씨에 협력하여 온 고가쿠보 아시카가 하루우지까지 우지야스에게 등을 돌려 우에스기씨와 밀약을 맺고 가와고에성 포위에 가담하였다. 야마노우치가 노리마사는 가와고에성 남쪽에, 오기가야쓰가 도모사다는 가와고에성 북쪽에 포진하였다. 가와고에성은 우지야스의 의제 호조 쓰나나리北條綱成가 약 3,000병으로 수비하고 있었으나, 병력 증원이 없는 한 낙성은 시간문제였다. 이마가와씨와의 싸움을 끝낸 우지야스는 약 8,000 군사를 이끌고 가와고에성 구원에 나섰다.

병량을 충분히 비축하고 있던 쓰나나리는 반년이나 농성하였고, 전선은 교착상태에 빠졌다. 이 장기간의 전투로 우에스기 측에는 염전 분위기가 감돌고 군율은 느슨해졌다. 우지야스의 수하 후쿠시마 가쓰히로福島勝廣(호조 쓰나나리의 동생)는 단기單騎로 우에스기 연합군의 포위망을 뚫고 가와고에성으로 들어가 쓰나나리에게 우지야스의 기습계획을 전했다.

우지야스는 우에스기군에게 항복의 서장을 계속 보내고, 스와 사마노스케에 의뢰하여 고가쿠보 하루우지에게 "성의 병사들을 살려준다면 성을 양도하겠다"고 하였다. 우에스기 측에는 히타치 오다 마사하루小田政治의 가신 스게노야 사다쓰구菅谷貞次에 의뢰하여 "쓰나나리를 살려준다면 성을 내주고, 이제까지의 싸움에 대해 화해하고, 자신들은 고가쿠보 하루우지에 봉임하겠다"고 하였다. 이 제안은 고도의 심리전으로, 우에스기군은 우지야스의 제안을 거절하고 호조군을 공격하였다. 우지야스는 우에스기군에 맞서 싸우지 않고 병사를 후추府中까지 후퇴시켰다. 우에스기군은 호조군의 후퇴를 전의 상실로 판단하고, 군사 수에서 우세하였기 때문에 자신들의 낙승을 확신했다.

1546년 5월 19일 밤 우지야스는 군사 8,000을 4대로 나누고, 그 중 1대의 지휘를 다메 모토타다多目元忠에게 맡겨 전투 종료까지 군사를 움직이지 말라고 엄명했다. 나머지 3대는 우지야스가 직접 인솔하여 적진으로 향했다. 한밤 자시子時 우지야스의 병사들은 갑옷을 벗고 몸을 가볍게 한 후, 우에스기 연합군을 향해 돌진하여 우에스기군을 대혼란에 빠뜨렸다. 이 싸움에서 오기가야쓰가 우에스기 도모사다, 난바다 노리시게難波田憲重가 전사하고, 야마노우치가 우에스기 노리마사는 겨우 전장을 탈출하여 고즈케上州 히라이平井로 도망하였다. 그러나 노리마사의 중신이었던 혼겐 에슈本間江州, 구라가노 유키마사倉賀野行政는 퇴각 중에 전사하였다. 성내에서 대기하고 있던 쓰나나리는 고가쿠보 하루우지의 진으로 돌진하였다. 이에 하루우지도 고가로 도망하였다. 우에스기씨 연합군의 사상자는 13,000에서 16,000명이었다고 한다(가와고에 야전河越夜戰).

가와고에 야전의 승리로 우지야스는 절체절명의 위기에서 벗어났으나, 영국은 어수선하였다. 한편 이 싸움으로 당주를 잃은 오기가야쓰가 우에스기씨는 멸망하였고, 본거지 히라이성으로 도망한 간토칸레이 야마노우치가 우에스기씨도 급속히 세력을 잃었다. 야마노우치가 우에스기 노리마사는 시나노 무라카미 요시키요 등과 동맹(조신동맹上信同盟)을 맺어 호조씨의 공격에 대항하려 하였으나, 시나노 침공

을 지향하던 다케다씨와 오다이하라 싸움小田井原の戰い에서 패하여 겐신에게 의지하게 된다. 그리고 고가쿠보 하루우지도 이 싸움 직후 우지야스군에 항복하고 은거하였다. 그의 뒤는 장남 후지우지藤氏가 아닌 호조씨 출신 어머니를 둔 차남 요시우지義氏가 이었다.

한편 1549년 간토 지역에서 발생한 대지진으로 영국 전역에서 많은 농민이 토지를 버리고 도망하자, 우지야스는 1550년 4월 구지 사면령公事赦免令을 내렸다. 이것은 이즈에서 무사시 남부에 걸친 지역의 직할령과 급인령給人領에 상관없이 이제까지 잡다하게 징수해 온 세금 징수방법과 대상, 그리고 세율을 단순하게 한 것이었다. 즉 세금을 경감시키는 세제 개혁임과 동시에 특정 부역과 과거에 설정된 여러 가지 세금들을 폐지하고, 특정 채무도 파기하는 것이었다. 야스우지는 이를 통해 농민들을 안정시켜 위기에서 벗어날 수 있었는데, 호조씨가 자신의 전 영국을 대상으로 실시한 최초의 덕정이었다. 구지 사면령은 메야스制目安制도 규정하였는데, 중간 관리자에 대한 농민의 직소를 인정한 것이었다. 이는 농민들에 대한 중간 착취를 막고 아울러 중간 관리자에 해당하는 중소 규모의 구 지배층이 갖고 있던 권한을 제한하여 간토 지역의 호조씨 지배를 강화하기 위한 것이었다.

우지야스는 1550년 노리마사의 거성 히라이성을 공격하였다. 이 공격은 실패로 끝났지만, 결국 1551년 히라이성 함락에 성공한다. 이어 노리마사를 우마야바시성厩橋城(群馬縣前橋市), 시로이성白井城(群馬縣澁川市白井)으로 내몰아, 1552년 정월 노리마사는 에치고 슈고다이 겐신에게 의지하여 에치고로 도망한다. 노리마사는 1552년 7월 겐신의 지원을 받아 무사시 북부로 들어와 세력을 규합하였다. 당시 야마노우치가 우에스기씨의 부하 유라由良씨·사노佐野씨·나가노長野씨·요코세橫瀨씨 등이 우지야스에 저항하였으나, 1555년경 호조씨에게 복속한다. 그리하여 양 우에스기씨 연합군에게 빼앗겼던 고즈케가 일단 호조씨 세력 하에 들어왔고, 이 때문에 1560년까지 노리마사는 간토로 들어올 수 없었다.

간토에서 주도권을 잡은 호조씨는 간토 남서부로 세력권을 확대하였다. 1554년 가이·사가미·스루가 동맹의 체결로 이마가와씨와 다케다씨와의 대결이 해소되자, 호조씨는 간토 제패를 목표로 에치고 우에스기長尾씨와 히타치 사타케씨, 그리고 아와 사토미씨와의 항쟁에 본격적으로 나선다. 한편 당시 히타치 사타케씨, 시모쓰케 우쓰노미야씨 등 간토 다이묘들과 우지야스의 대립관계는 여전하였다. 우지야스는 1553년 4월 마리야쓰眞里谷 다케다씨를 공략하고 있던 사토미씨를 공격하였고, 우치보內房 마사키正木씨가 호조씨에게 항복했다. 우지쓰나는 1554년 고가성을 공격하여, 하루우지를 하다노秦野에 유폐시켰다. 그리고 오이시大石씨에게 호조 우지테루北條氏照, 후지타藤田씨에게 호조 우지쿠니北條氏邦를 양자로 보내, 그들을 일문一門화하였다. 1557년 우지야스는 우쓰노미야가 우에스기씨의 가신 하가 다카사다芳賀高定의 우쓰노미야성 탈환에 협력하고, 고가쿠보 및 사타케씨·나스那須씨 등 주변 다이묘들에게 우쓰노미야씨에게 원군을 보낼 것을 요청하였다. 나아가 우쓰노미야성을 탈환할 때, 미부壬生씨 당주 미부 쓰나타케壬生綱雄에게 구 우쓰노미야령을 우쓰노미야씨에게 모두 반환할 것을 명했다. 이러한 움직임은 우지야스 권력이 간토칸레이에 필적한다는 것을 간토 장수들에게 알리려는 의도에서 나온 것이었다. 이 싸움으로 고가쿠보와 그 시쓰지인 간토칸레이 우에스기씨의 권위와 군사력은 결정적으로 실추되었고, 이로써 간토 지역에서는 센고쿠다이묘가 성장하여 무로마치 막부체제(가마쿠라쿠보 체제)가 소멸한다.

호조 우지야스는 가토의 난으로 발생한 이마가와씨의 대립관계를 일단 해소하였으나, 여전히 이마가와씨에 대한 의심의 눈초리를 거두지 않았다. 1548년 3월 우지야스가 오다 노부히데에게 보낸 답서에는

"화해하였다고는 하나, 요시모토에 대한 의심은 잦아들지 않아 곤혹스럽다"라고 쓰고 있다. 그리고 "1554년 이마가와 요시모토가 미카와로 출병한 틈을 타 다시 스루가로 침공하였지만, 요시모토의 맹우 신겐의 원군 등도 있어서 스루가 침공이 생각대로 진행되지 않았다"는 호조 군기물軍記物(『간핫 슈고센로쿠關八州古戰錄』, 『오다와라 오대기小田原五代記』) 기술에서도 알 수 있듯이, 제3차 가토의 난이 발생할 여지는 여전히 존재하고 있었다고 보인다.

1554년 7월 이마가와씨 중신 다이겐 셋사이의 중재도 있고 해서, 우지야스는 딸 하야카와도노早川殿를 이마가와 요시모토의 적남 우지자네에게 시집보낸다. 그리고 12월 전년 혼약한 다케다 신겐의 딸 고바이인을 적남 우지마사의 정실로 맞아들여, 우지야스는 다케다·이마가와씨와 동맹관계를 맺었다. 소위 가이·사가미·스루가 동맹이다. 나아가 우지야스는 친자 호조 우지노리北條氏規를 실질적인 인질로 우지노리의 외할머니에 해당하는 주케이니에게 맡겼다. 이리하여 우지야스는 배후 스루가를 견고히 하고, 다케다씨와는 군사동맹을 강화하여 간토에서의 군사행동에 전념하였다.

신겐은 1554년 가이·사가미·스루가 동맹을 바탕으로 북간토에서 우에스기씨와 대치하고 있는 호조씨와 함께 우에스기씨와 대결하여 간다. 이 시기 나가오씨의 유력 가신 기타조 다카히로北條高廣가 신겐과 내통하여 반란을 일으켰다. 겐신은 1555년 직접 출진하여 다카히로의 거성 기타조성北條城(新潟縣柏崎市)을 포위하여 반란을 진압하였다(기타조성 싸움北條城の戰い). 한편 시나노 젠코지의 재지영주 구리타 에이주栗田永壽가 다케다 측으로 돌아서고, 신겐은 젠코지 벳토別堂 구리타 간큐栗田寬久(구리타 쓰루히사栗田鶴壽)를 포섭하여 아사히야마성旭山城(長野縣長野市大字平柴)을 지배하에 넣었다. 그리하여 나가노 분지 남쪽의 반이 다케다씨 세력 아래 들어가게 되었다. 이러한 상황 속에서 신겐은 젠코지 이북의 나가오 측 호족들에 대한 압력을 더욱 강화하였고, 이에 가와나카지마 지역에서 겐신과 다시 대립하게 된다.

〈그림 21〉 가와나카지마 주변도

신겐은 1555년 3월에, 겐신은 4월에 젠코지를 탈환하기 위해 나가노 분지 북부로 출진했다. 구리타 에이주는 다케다 지원군 3,000명과 함께 거성 아사히야마성에서 농성했다. 겐신은 아사히야마성 봉쇄와 전진 거점의 확보를 위해 가쓰라야마성葛山城(長野縣長野市茂管)을 구축했다. 신겐도 아사히야마성을 지원하기 위해 가와나카지마로 출진하여, 사이가와犀川를 끼고 양군이 대치했다. 7월 19일 겐신군이 사이가와를 넘어 신겐군에 싸움을 걸어왔으나, 결말을 내지 못한 채 양군의 대치 상황이 200여 일 동안 계속되었다. 병참선이 긴 다케다군은 병량 조달에 어려움을 겪었다고 한다. 겐신군 내부에서도 문제가 발생한 듯, 겐신은 장수들에게 충성서약을 받았다.

겐신에 호응하여 잇코잇키를 제압하고자 가가로 출병한 아사쿠라 소테키가 사망하여 호쿠리쿠 방면이 우려스러워졌다. 그러한 가운데 윤10월 15일 스루가 이마가와 요시모토가 겐신과 신겐 사이를 중재하여, 양군은 나가노 분지에서 철수하였다. 화해 조건은 신겐이 스다須田

씨·이노우에井上氏·시마즈島津氏 등 북시나노 재지영주들의 구령 복귀를 인정하고, 아사히야마성을 파각하는 것이었다. 이렇게 하여 겐신은 나가노 분지의 북부의 반(사이가와 이북)을 확보하였고, 그 후 신겐은 기소군의 기소 요시야스木曾義康·요시마사義昌 부자로부터 항복을 받아내어 남시나노를 완전히 평정하였다(제2차 가와나카지마 싸움).

그런데 1556년 6월 28일 에치고에서는 겐신이 출가하여 은거한다고 하여 소란스러웠다. 이 소란은 나가오 마사카게 등의 간언과 가신단의 겐신에 대한 충성서약으로 마무리되었다. 한편 신겐은 겐신과 화해한 후에도 북시나노와 가와나카지마 지역의 재지영주들에게 계속 공작을 벌였다. 7월 다카이군高井郡 이치카와市川氏에게 영지를 안도하였고, 8월 사나다 유키쓰나眞田幸綱(유키타카幸隆)·오야마 도라미쓰小山田虎滿(빗추노카미備中守) 등이 도조東條氏가 지배하고 있는 나가노 분지 동부 하니시나군 아마카자리성尼飾城=尼嚴城(長野縣長野市松代町)을 함락시키고, 겐신의 가신 오쿠마 도모히데大熊朝秀가 신겐과 내통하여 거병하였다. 도모히데는 8월 13일 에치고 고마가에리駒歸(新潟縣糸魚川市靑梅)에서 겐신에게 패하자, 다케다씨에 의지하여 망명하였다.

1557년 정월 겐신은 사라시나更科 하치만구八幡宮(다케미즈와케진자武水別神社. 長野縣千曲市)에서 다케다씨 토벌 원문을 올리고 기도하였다. 한편 신겐은 2월 15일 겐신 측의 전진거점 미노치군水內郡 가쓰라야마성을 함락하여 오치아이落合氏를 멸망시키고, 다카나시 사다요리의 거성 이이야마성으로 진군하였다.

4월 18일 겐신이 나가노 분지에 착진, 4월부터 6월에 걸쳐 북시나노 다케다 측의 여러 성을 함락시켰다. 6월 11일 겐신은 다카나시 마사요리를 파견하여 다카이군高井郡 이치카와 후지와카市河藤若(노부후사信房?)에 공작하였다. 이에 대항해 6월 16일 신겐은 후지와카에게 원군 파견을 약속하였다. 한편 18일 가이·사가미·스루가 동맹에 따라 호조 우지야스 측의 호조 쓰나나리 군사가 우에다上田에 착진하고, 이에 23일 겐신은 이이야마성으로 철수하였다. 신겐은 이치카와씨를 위한 원군으로 시오다성의 하라 요사에몬노조原与左衛門尉 군사를 파견하였으나, 시간을 맞추지 못했다. 신겐은 시오다성 오부 도라마사飯富虎昌에게 이후 이치카와씨가 위험해질 경우 자신의 명령을 기다리지 말고 파병하라고 명했다. 겐신 측은 다케다령 깊숙이 침공하여 나가노 분지를 탈환하기 위해 7월 아마카자리성을 공격하였다. 이에 대해 신겐 측은 결전을 회피하였고, 겐신은 어쩔 수 없이 이이야마성飯山城(長野縣長野縣飯山市飯山)으로 철수하였다. 신겐 측은 7월 5일 아사카군安積郡 오다니성小谷城(히라쿠라성平倉城. 長野縣北安曇郡小谷村中谷平倉山)을 공략하고, 이어 북시나노·가와나카지마로 침공했다. 8월 하순 고즈케의 하라原에서 양군이 격돌했다. 겐신은 아사히야마성을 재흥한 것 외에 별 성과 없이 9월 에치고로 돌아갔고, 신겐도 10월 가이로 돌아갔다(제3차 가와나카지마 싸움).

한편 이즈음 교토에서는 쇼군 요시테루가 미요시 나가요시, 마쓰나가 히사히데와 대립하여 오미 다카시마군高島郡 구쓰키다니朽木谷(滋賀縣高島市)로 도망하였다. 세력 만회를 위해 겐신의 상경을 열망하던 요시테루는 겐신이 상경할 수 있는 환경을 만들기 위해 신겐과 겐신의 화해를 권고하는 명령서를 보낸다. 신겐은 겐신과의 화해조건으로 시나노 슈고직을 요구하여, 1558년 정월 16일 신겐이 시나노 슈고에, 적남인 다케다 요시노부가 3 칸레이三管領에 보임된다. 하지만 시나노 슈고직에 보임되었음에도 불구하고 신겐은 시나노 파병을 멈추지 않았다. 이에 대해 조정이 항의하자, 11월 28일 신겐은 오히려 자신의 시나노 지배의 정당성과 겐신 측의 철병을 요구하였다. 이 일련의 전투를 통해 다케다씨는 북시나노에서 세력을 확대하였고, 나가오씨의 유력 지원자 다카나시씨는 본거지인 나카노中野(長野盆地北部)를 잃고 약화되었다. 그리하여 신겐은 나머지 북시나노 재지영주들에 대한 지배를 강화하면서, 그들을 가신화해 나간다.

위에서 보았듯이 간토칸레이 우에스기 노리마사는 1552년 호조 우지야스에게 패하여 에치고로 도망한다. 그리고 가독을 겐신에게 상속하고, 막부에는 간토칸레이직을 겐신에게 양도하고 싶다는 청원을 냈다. 마침내 1559년 막부는 겐신의 간토칸레이직 취임을 승인하였고, 이에 겐신은 다시 상경하였다. 겐신은 쇼군 요시테루를 알현하고 간토칸레이의 예우를 받았다(우에스기 7면허上杉の七免許). 이에 화답하여 겐신은 궁궐 수리비용을 조정에 헌상했다고 한다. 당시 겐신의 교토행 규모는 1,500~5,000명이었다고 한다.

한편 1560년 3월 엣추 시이나 야스타네椎名康胤는 진보 나가모토神保長職에게 공격을 받자 겐신에게 지원을 요청하였다. 이에 호응해 겐신이 처음으로 엣추로 출진, 곧바로 나가모토의 거성 도야마성富山城(富山縣富山市丸の內)을 함락시켰다. 그리고 나가모토가 도망해 들어간 마스야마성增山城(富山縣礪波市增山)도 공격하여 함락시켰다.

한편 1559년 우지야스는 차남 호조 우지마사에게 가독을 상속시키고 은거했다. 당시 소위 '에이로쿠 기근永祿の飢饉'으로 불리는 대기근이 발생하자, 이에 대해 책임을 지는 형식으로 대물림한 것인데, 대물림에 따른 덕정의 실시를 목적으로 하였다. 우지야스는 은거 후에도 오다와라성 혼마루本丸에 머물면서 정치·군사권을 장악하고 우지마사를 후견하였다. 이즈음 우지야스는 고즈케 우에스기 측의 요코세由良씨, 고즈케 사이토씨·누마타沼田씨 등에게 항복을 받아내 고즈케를 영국으로 만들었다. 그리고 에치고에서 고즈케로 들어오는 출입구 누마타에 호조 야스모토北條康元를 배치하여 겐신의 침입에 대비하였다. 한편 1560년 5월 오케하자마 싸움에서 이마가와 요시모토가 오다 노부나가에 대패하여 가이·사가미·스루가 동맹의 한 축이 무너졌다.

이렇듯 어수선하던 시기인 1560년, 우에스기 겐신이 우에스기 노리마사와 함께 병사 8,000을 이끌고 미쿠니토게三國峠를 넘었다. 겐신은 각지를 약탈하면서 우마야바시성·누마타성·이와시타성岩下城(群馬縣吾妻郡東吾妻町)·나와성那波城(群馬縣伊勢崎市堀口町) 등 고즈케의 호조 측 성들을 차례로 공략하고, 간토 일원의 다이묘와 호족, 그리고 오슈奧州 남부의 일부 호족들을 동원하였다. 한편 가즈사 사토미 요시타카의 본거지 구루리성을 포위하고 있던 우지야스는 성의 포위를 풀고, 9월 가와고에로 출진, 10월 마쓰야마성으로 들어갔다. 우지야스는 병력 수도 수였지만, 겐신의 뛰어난 군사 역량 때문에 야전은 불리하다고 생각하였다. 그래서 사가미 오다와라성과 다마나와성玉繩城(神奈川縣鎌倉市玉繩), 무사시 다키야마성瀧山城(東京都八王子市丹木町)과 가와고에성 등으로 후퇴하여 농성하는 전략을 취했다. 우지야스는 이 지역 성주들에게 농성을 지시한 후 본거지 오다와라성으로 돌아와 농성전을 준비했다.

우에스기 연합군은 고즈케의 시라이 나가오씨, 소자惣社 나가오씨, 미노와箕輪 나가노슈長野衆, 누마타슈沼田衆, 이와시타岩下 사이토, 가네야마金山 요코세, 기류桐生 사노씨佐野氏, 시모쓰케의 아시카가 나가오씨足利長尾氏, 오야마씨, 우쓰노미야씨, 사노씨, 시모사의 야나다씨簗田氏, 고가네小金 다카기高城氏, 무사시 오시忍의 나리타成田氏, 하뉴羽生 히로타씨廣田氏, 후지타슈藤田衆, 후카야深谷 우에스기씨, 이와쓰키岩付 오타太田氏, 가쓰누마勝沼 미타三田氏, 히타치의 오다小田氏, 마카베眞壁氏, 시모쓰마下妻 다가야씨多賀谷氏, 시모다테下館 미즈노야水谷氏, 아와의 사토미씨, 가즈사 도가네東金의 사카이씨酒井氏, 이비쓰성飯櫃城(千葉縣山武郡芝山町)의 야마무로山室씨, 그리고 늦게 참전한 사타케씨 등이었다.

이에 대항하는 호조 측에는 고즈케의 다테바야시館林 아카이赤井씨, 무사시 마쓰야마松山의 우에다씨, 시모쓰케의 나스씨, 시모사의 유키씨, 시모사 슈고 지바씨, 우스이臼井의 하라原씨, 가즈사 도케土氣의 사카이씨, 히타치의 다이조大掾씨 등이 가담하였다. 다마나와성에는 호조 우지시게北條氏繁, 다키야마성, 가와고에성에는 호조 우지타카北條氏堯, 에도성, 고쓰쿠에성, 유이성由井城(東京都八王子市丹木町)에는 호조 우지테루北條氏照, 미사키성三崎城(神奈川縣三浦市城山町)에는 호조 쓰나나리, 쓰쿠이성津久井城(神奈川縣相模原市綠區)에는 나이토 야스유키內藤康行가 우에스기 연합군에 대항하여 배치되어 있었다.

12월 초순 겐신은 시모사 고가古河 고쇼御所 등을 포위하고, 고즈케 우마야바시성에서 해를 넘겼다. 1561년 겐신은 군사를 이끌고 고즈케에서 무사시로 진격하여 후카야성·오시성忍城(埼玉縣行田市本丸)·하뉴성 등을 지배 아래 넣고, 나아가 우지야스의 거성 오다와라성을 향하여 사가미까지 진격하고, 2월 가마쿠라를 점령하였다. 겐신의 강력함에 놀란 많은 간토의 장수들이 차례로 겐신 측으로 가담하였고 이에 겐신 측 병사가 10만에 이르렀다고 한다. 겐신은 10만여 병력을 이끌고 우지마사의 본거지 오다와라성으로 향했다. 연합군 선봉부대가 3월 3일까지 다이마當麻에 착진하여, 14일 나카군中郡 오쓰키大槻에서 호조 측의 다이토大藤씨와 교전하였다. 겐신은 3월 하순경 간토칸레이 우에스기 노리마사를 옹립하여 우쓰노미야 히로쓰나宇都宮廣綱, 사타케 요시아키佐竹義昭, 오야마 히데쓰나小山秀綱, 사토미 요시히로里見義弘, 오다 우지하루小田氏治, 나스 스케타네那須資胤, 오타 스케마사, 미타 쓰나히데三田綱秀, 나리타 나가야스成田長泰 등 옛 우에스기씨 가신단을 중심으로 한 10만여 대군으로 오다와라성을 필두로 호조씨 측의 여러 성을 포위 공격하였다(오다와라성 싸움). 일시 우에스기군 오타 스케마사 부대가 오다와라성 렌치몬蓮池門까지 돌입하는 등 우지야스는 절체절명의 위기를 맞았다.

그리고 겐신은 오다와라로 향하던 중에 간토의 중심지였던 고가쿠보 고쇼를 제압하였다. 겐신은 호조씨가 옹립한 아시카가 요시우지를 추방하고, 대신 아시카가 후지우지足利藤氏를 고가쿠보로 맞아들였다. 이에 대응하는 호조군은 각지에서 우에스기군의 병참에 타격을 가하면서 항전하였다. 우에스기군의 오다와라성 포위는 1개월여 지속되었다고 하나, 실제로는 1주일에서 열흘 정도였던 것으로 보인다. 그리고 세키야도성 등이 호조씨 측에서 우에스기 측으로 이반하기도 하였으나, 다마나와성, 다키야마성, 가와고에성, 에도성, 고쓰쿠에성, 유이성, 미사키성, 쓰쿠이성 등 호조 측도 우에스기군의 공격을 견뎌냈다.

이때 우지야스와 동맹을 맺고 있던 신겐이 가와나카지마에서 군사행동을 일으킬 기세를 보여, 겐신의 배후를 위협하였다. 신겐은 겐신이 간토에서 군사행동을 하는 사이에 가와나카지마에 가이즈성海津城(마쓰시로성松代城, 長野縣長野市松代町松代)을 완성시켜, 그곳을 북시나노의 전진기지로 삼고 젠코지 지역으로 세력을 확대하였다.

이러한 상황 속에서 장기에 걸친 출병을 감당하지 못한 겐신 측 사타케 요시아키 등이 철병을 요구하며 무단으로 전선을 이탈하였다. 겐신은 호조씨 본거지 오다와라성을 두껍게 포위하였으나, 위 신겐의 군사행동과 장기에 걸친 출병에 따른 어려움, 그리고 당시의 기근 등으로 더 이상 오다와라성을 공략하지 못하고 가마쿠라로 회군하였다. 이 와중에 겐신은 우에스기 노리마사의 요청으로 가마쿠라 쓰루오카 하치만구鶴岡八幡宮에서 1561년 윤3월 16일 야마노우치가 우에스기씨 가독과 간토칸레이직을 상속하고, 이름을 우에스기 가게토라에서 마사토라上杉政虎로 개명하였다. 우에스기 노리마사·관백關白 고노에 마에히사近衛前久와 함께 겐신이 고가로 돌아오자, 다케다씨가 선동한 잇코잇키가 엣추에서 일어났다. 이에 겐신은 오다와라성 공략을 단념하고, 우에스기군을 이반한 우에다 도모나오上田朝直의 마쓰야마성을 재공략하고, 각지에서 약탈과 방화를 자행했다(마쓰야마성 싸움松山城の戰い). 겐신은 마쓰야마성에 우에스기 노리카쓰上杉憲勝, 우마야바시성에는 나가오 가네타다長尾謙忠를 배치하고, 6월 에치고로 귀환하였다.

한편 겐신이 귀향한 직후, 겐신의 간토칸레이 취임으로 호조씨를 이탈했던 시모사 지바씨·다카기씨가 다시 우지야스에게 항복하고, 우지야스는 6월부터 겐신에게 빼앗긴 지역을 공략하였다. 9월 무사시 미타씨를 멸하고, 그 지역을 우지테루에게 주었다. 다음으로 우지쿠니가 가독을 이은 후지타씨의 지배지 중, 겐신 측에 섰던 지치부秩父 히오성日尾城(埼玉縣秩父郡小鹿野町), 덴진야마성天神山城(埼玉縣秩父郡長壽町岩田)을 공략하여 무사시 북부지역을 탈환하였다. 나아가 무사시 오다씨, 후카야성의 우에스기 노리모리上杉憲盛에게 다시 항복을 받고, 고즈케 사노 나오쓰나佐野直綱와 시모쓰케 사노 마사쓰나佐野昌綱를 끌어들였다. 마사쓰나는 그 후 다시 겐신에게 항복하였다. 우지야스는 무사시로 군사를 파견하여 11월 27일 무사시 나마노야마 싸움生野山の戰い에서 제4차 가와나카지마 합전 직후의 우에스기군을 격파하여 우에스기군을 고즈케까지 후퇴시키고, 고즈케와 무사시 경계까지 진군하여 지치부 다카마쓰성高松城(埼玉縣秩父郡皆野町日野澤字高松)을 함락시켜 영국을 회복하였다. 고가성에서 쫓겨난 아시카가 요시우지는 호조씨에 의해 가즈사 사누키성佐貫城(千葉縣富津市佐貫)으로 옮겨갔다. 1563년 다케다씨의 원군을 얻은 야스우지는 마쓰야마성과 고즈케 우마야바시성을 공략하고, 나아가 시모쓰케 오야마씨를 이반시킨 후 고가성을 공략하였다. 그곳에서 겐신이 고가쿠보로 옹립한 아시카가 후지우지를 체포하였다.

이에 겐신도 우지야스에게 반격을 개시하였다. 미쿠니토게를 넘어 고즈케·무사시·시모쓰케·히타치·시모사를 공격하여 우마야바시성과 고가성을 탈환하고, 나리타씨·오야마씨·유키씨 등에게 항복을 받아냈다. 양군은 승부를 내지 못한 채 일진일퇴를 거듭하였다.

간토 제패를 지향하던 겐신은 배후인 시나노·에치고 국경을 공고히

할 필요가 있어 다케다씨의 전진거점인 가이즈성을 공략하였다. 에치고를 출발한 겐신은 1561년 8월 15일 젠코지를 경유하여 사이조산妻女山으로 향했다. 겐신은 젠코지에 병량운반부대荷駄隊와 병사 5,000을 주둔시키고, 나머지 병력 13,000을 이끌고 남하, 사이가와·지쿠마가와를 건너 나가노 분지 남부 사이조산에 진을 쳤다.

신겐은 가이즈성의 고사카 마사노부高坂昌信를 통해 겐신의 출진 소식을 접하고, 16일 고후를 출발했다. 신겐은 24일 병사 2만을 이끌고 나가노 분지 서쪽 자스야마茶臼山에 진을 쳤다고 전하나, 겐신이 진을 친 나가노 분지 남쪽 사이조산과 지쿠마가와를 끼고 마주보는 시오자키성鹽崎城(長野縣長野市篠ノ井鹽崎)에 착진하였다. 겐신이 진을 친 사이조산을 신겐이 시오자키성과 가이즈성으로 포위하는 형세라 할 수 있다.

양군의 대치가 계속되던 중 신겐이 29일 가와나카지마의 하치만바라를 횡단하여 가이즈성에 입성하려 하였다. 겐신이 신겐보다 빨리 가이즈성을 공격해서 함락시켰더라면 전국을 유리하게 이끌 수도 있었을 것이다. 그러나 이유는 알 수 없지만 겐신은 그렇게 하지 않았다.

장기에 걸친 대치로 말미암은 사기 저하를 염려한 다케다씨 중신들은 우에스기군과의 결전을 주장하였으나, 겐신군의 강력함을 알고 있던 신겐은 신중을 기하였다. 신겐은 야마모토 간스케山本勘助와 바바 노부후사馬場信房에게 겐신군을 격파할 작전을 짜도록 명했다. 간스케와 노부후사는 병사를 2분하고, 대규모 별동대를 편성할 것을 건의하였다. 이 별동대에게 사이조산의 우에스기군을 공격하게 하고, 전투의 승패에 관계없이 우에스기군은 산을 내려올 것이니, 이때 본대 2대가 평야지역에 매복하고 있다가 별동대와 함께 우에스기군을 협격한다는 소위 '탁목조전법啄木鳥戰法'이었다.

9월 9일 심야, 마사노부·노부후사 등이 이끄는 별동대 12,000이 사이조산으로 향하고, 신겐이 이끄는 본대 8,000은 하치만바라에서 학익진으로 포진했다. 그러나 가이즈성에서 연기가 많이 나는 것을 의심한 겐신이 신겐의 움직임을 눈치채고, 아주 조용히 그리고 비밀리에 야음을 틈타 사이조산에서 내려와 아메미야雨宮를 건너 지쿠마가와를 건넜다. 겐신은 아마카스 가게모치甘粕景持, 무라카미 요시키요, 다카나시 마사요리에게 병사 1,000을 주어 도하 지점에 배치하여 다케다 별동대에 대비케 하고, 자신은 그 사이에 하치만바라에 포진했다.

10일 오전 8시경 가와나카지마를 뒤덮은 안개가 걷히자, 겐신이 이끄는 본대가 포진해 있는 것을 눈앞에서 확인한 다케다군 본대는 아연실색하였다. 겐신은 맹장 가키자키 가게이에榊崎景家를 선봉으로 원형진円形陣과 비슷한 겐신 특유의 구루마가카리진車懸り陣으로 다케다군을 공격하였다. 이에 대해 다케다군은 학익진으로 부대를 배치하여 응전하였다. 이 전투에서 신겐은 동생 다케다 노부시게武田信繁와 야마모토 간스케山本勘助, 모로즈미 도라사다諸角虎定, 하지카노 다다쓰구初鹿野忠次 등을 잃었고, 전투는 겐신에게 유리하였다. 이 전투는 소위 겐신과 신겐이 단기필마로 대결했다는 이야기로 유명하지만 실제로 그런 일은 없었다고 한다.

한편 마사노부·노부후사가 이끄는 다케다 별동대는 겐신에게 속은 것을 알고 급히 하치만바라로 진군하여 우에스기군의 후미방어를 담당하는 아마카스 가게모치 부대를 돌파하고, 오전 10시경 하치만바라에 도착했다. 예정보다 늦기는 하였으나, 다케다군은 아직 우에스기군의 공격에 대항하고 있었다. 다케다군 별동대가 하치만바라에 도착하자, 이제 겐신군이 다케다 본대와 별동대에 협격을 당하는 형국이 되었다. 형세가 불리해지자 겐신이 군을 물려 사이가와를 건너 젠코지로 철수하였고, 신겐은 오후 4시경 추격을 멈추고 하치만바라로 병력을 철수시켰다. 이로써 전투는 막을 내리고, 우에스기군은 가와나카지마 북쪽 젠코지에 배치한 병사 3,000과 합류하여 에치고로 돌아갔다

(제4차 가와나카지마 싸움). 이 싸움으로 우에스기군 3,000여, 다케다군 4,000여 명이 사망하였다고 한다.

당시 우에스기 겐신은 아주 빈번히 간토로 출병하여 호조씨와 싸웠고, 다케다 신겐은 항상 겐신의 배후를 위협하였다. 신겐에 대한 겐신의 증오는 날로 커져가, 가스가야마성 내의 간경소看經所와 이야히코진자彌彦神社(新潟縣西蒲原郡彌彦村)에 <신겐 악행지사惡行之事>라는 제목으로 신겐을 저주하는 원문을 봉납하고, 신겐 토벌 의지를 불태웠다.

한편 1561년 신겐의 고즈케 진출을 철저히 막고 있던 미노와성箕輪城(群馬縣高崎市箕鄕町) 성주 나가노 나리마사長野業正가 병사하자, 이를 계기로 신겐이 고즈케 침공을 감행하였다. 이에 호응하여 우지야스는 마쓰야마성을 탈환하고 세력을 북쪽으로 확장하였다. 이에 대해 간토의 장수들은 겐신이 간토로 출병하면 우에스기 측에 공손·항복하고, 겐신이 에치고로 후퇴하면 호조 측으로 돌아서기를 반복했다. 신겐과 동맹을 맺고 간토에서 세력을 확장하고 있는 우지야스에 대항하여 겐신은 아와 사토미 요시타카·요시히로義弘 부자와 동맹을 맺어 호조 측에 대항하였다.

1562년 겐신은 고즈케 다테바야시성 성주 아카이씨를 멸하였으나, 사노 마사쓰나가 농성하고 있는 가라사와야마성唐澤山城(栃木縣佐野市富士町)은 함락시키지 못했다. 그 후 겐신은 7월 엣추로 출진하여, 시이나 야스타네를 압박하는 진보 나가모토의 항복을 받았다. 하지만 겐신이 에치고로 돌아가자 나가모토가 거병하였고, 겐신은 9월 다시 엣추로 나아가 나가모토를 항복시켰다.

한편 무사시에서는 우에스기 측의 거점인 마쓰야마성이 다시 호조측의 공격을 받았다. 신겐에게 원군을 얻어, 5만이 넘는 대군을 이끄는 호조·다케다 연합군에 대항하여 마쓰야마성을 지키는 우에스기군은 중과부적이었다. 이미 에치고에서 간토로 들어오는 미쿠니토게는 눈으로 막혀 있었으나, 겐신은 마쓰야마성을 구원하기 위해 미쿠니토게를 넘었다. 겐신은 12월 고즈케 누마타성으로 들어가 병사를 모집하고 있었으나, 1563년 2월 마쓰야마성은 우지야스에게 함락되었다.

겐신은 무사시를 침공하여 반격에 나섰다. 오다 도모오키小田朝興가 지키는 기사이성騎西城(埼玉縣加須市騎西)을 공략하고, 도모오키의 형 무사시 오시성 성주 나리타 나가야스도 항복시켰다. 이어 시모쓰케로 나아가 4월 가라사와야마성을 공격하여 사노 마사쓰나를 항복시켰다. 그리고 오야마 히데쓰나가 지키는 시모쓰케 오야마성을 공략하고, 나아가 시모사까지 진군하였다. 히데쓰나의 동생 유키성 성주 유키 하루토모結城晴朝에게 항복을 받아내고, 이어 간토의 여러 성들을 공략하였다. 또한 다케다·호조 연합군에게 빼앗긴 고즈케 우마야바시성을 탈환하고, 기타조 다카히로를 조다이城代로 임명했다. 윤12월 시모쓰케 오야마성을 공격한 후 우마야바시성에서 해를 넘긴 겐신은 1564년 1월, 호조 측으로 이반한 오야마 우지하루를 토벌하기 위해 히타치로 들어가 28일 산노도 싸움山王堂の戰い 싸움에서 우지하루를 격파하고 오다성을 공략했다.

겐신은 1564년 2월 끈질기게 반항하던 사노 마사쓰나를 항복시키기 위해 시모쓰케로 출진하여 가라사와야마성을 공격하였다. 이 싸움은 열 번에 걸친 공방전으로 최대의 격전이었다. 겐신의 맹공에 마사쓰나는 완강히 항전하였으나, 결국 사타케 요시아키와 우쓰노미야 히로쓰나의 의견에 따라 겐신에게 항복하였다. 요시아키와 히로쓰나는 겐신에게 마사쓰나의 목숨을 살려줄 것을 탄원하였고, 겐신은 이 탄원을 받아들였다. 3월 고즈케 와다성和田城(다카사키성高崎城. 群馬縣高崎市高松町)을 공격하였으나, 다케다군이 시나노에서 우에스기씨 측을 공격하려는 움직임을 보이자, 겐신은 에치고로 귀환했다(가라사와야마성 싸움唐澤山城の戰い).

352

한편 히다에서는 재지영주들 간의 대립이 다케다·우에스기씨 대립과 관련하여 첨예화된다. 히다 재지영주 미키 요시요리三木良頼·요리쓰나賴綱 부자와 에마 데루모리江間輝盛는 에마 도키모리江馬時盛와 적대하였다. 1564년 신겐이 에마 도키모리를, 겐신이 미키씨와 에마 데루모리를 지원하여 히다 지역의 정쟁에 개입하였다. 신겐은 6월 가신 야마가타 마사카게山縣昌景·아마리 마사타다甘利昌忠(노부타다信忠)를 히다로 파견하였고, 이로 말미암아 미키씨와 에마 데루모리는 열세에 처하게 되었다. 한편 8월 겐신은 신겐의 히다 침입을 막기 위해 가와나카지마로 출진하였다. 신겐은 나가노 분지 남쪽 시오자키성까지 진출하였으나, 겐신과의 결전은 피했다. 양군은 2개월여 대치하다가 10월 양군 모두 철수하였다(제5차 가와나카지마 싸움). 이후 신겐은 도카이도東海道와 미노·고즈케 방면으로 세력을 확장하고, 겐신은 간토 진출에 주력하여 5차에 걸친 가와나카지마 싸움은 종결되었다.

호조 우지야스는 1564년 사토미 요시타카·요시쓰구 부자와 가즈사 지배권을 놓고 대립하였다(제2차 고노다이 합전國府台合戰). 호조군은 병력에서 우세하였으나, 강력한 사토미군에게 도야마 쓰나카게遠山綱景 등 유력 장수들을 다수 잃었다. 그러나 우지야스군의 공세에 사토미군은 아와로 후퇴하고, 1564년 우지야스는 오타 스케마사를 이와쓰키성에서 추방하고 무사시 대부분을 다시 평정하였다. 1565년 간토의 거점인 세키야도성을 공격하였다. 이 성은 도네가와 수계의 요지로 우지야스가 중시하였는데, 야다 하루스케簗田晴助가 이 성을 지키면서 우지야스에게 대항하였으나 결국 우지야스군에 점령당했다(제1차 세키야도 합전關宿合戰).

이후 겐신은 우스이성臼井城(千葉縣佐倉市臼井田)과 와다성을 공격하였으나 실패하였고, 미노와성도 우지야스군에게 함락되었다. 그리하여 무사시의 나리타씨, 후카야 우에스기씨, 고즈케의 유라씨, 도미오카富

岡씨, 다테바야시 나가오카씨, 시모쓰케의 미나가와皆川씨, 가즈사의 사카이씨, 도키土氣씨, 하라씨, 마사키正木씨 등 많은 호족들이 호조씨에게 복속하였다. 그리고 히타치의 사타케 요시시게가 겐신의 출진 요구에 난색을 표하는 등 우에스기씨의 호조씨 대항 기반이 흔들렸다. 1566년에는 고즈케 우마야바시성의 우에스기 측 직신 기타조 다카히로北條高廣가 우에스기씨를 이반하여 호조 측에 가담하였다. 그리하여 고즈케에서 우에스기씨 세력은 크게 위축되었다.

1566년 우지야스는 실질적으로 은거에 들어가는데, 이미 호조 우지마사도 성장하였고 그의 아들들 역시 역량을 발휘하고 있어서, 간토 지역에서 호조씨의 세력 확대는 원활하게 진행되었다. 은거를 결심한 우지야스는 '부에이武榮'라는 인판印判을 사용하여 역전役錢수납, 직인사役職人使役을 실시하면서 각 지역에 배치된 자식들의 후방지원에 힘을 쏟았다. 1567년 우지야스는 아들 우지마사와 우지테루에게 사토미씨를 공략하게 하였다. 그러나 마사키씨 등 재지영주들이 사토미씨와 내통하여 우지마사는 사토미군에게 배후를 찔려 대패하였고, 그 결과 호조씨는 가즈사 남부의 반을 잃었다. 이즈음 사위 오타 우지스케太田氏資가 전사하였다(미후네야마 합전三船山合戰). 히타치에서는 사타케령 이외의 히타치 남부 오다씨 등이 호조씨에 신종하여 호조씨의 영향력이 강화되었지만, 오다씨가 1569년 사타케씨에게 대패하면서 사타케씨 세력이 남쪽으로 확대하였다.

한편 다테 다네무네는 3남 도키무네마루時宗丸(다테 사네모토伊達實元)를 에치고 슈고 우에스기 사다자네上杉定實에게 입사入嗣시키고, 사위 소마 아키타네相馬顯胤에게 다테령을 할양하는 문제 등을 둘러싸고 장남 다테 하루무네伊達晴宗, 그리고 다네무네의 전제를 불쾌하게 여기던 고오리 가게나가桑折景長·나카노 무네토키中野宗時·마키노 무네오키牧野宗興 등 가신단과의 대립이 점점 깊어졌다. 위에서 보았듯이 다네무네

354

는 자녀들을 인근 영주들과 결혼시켜 세력을 확장해 나갔다. 거기에다 에치고에서는 다네무네의 3남 도키무네마루를 에치고 슈고의 양자로 영입하는 것에 반대하여 1540년 아가키타슈 혼조 후사나가本莊房長 등이 거병하여 시끄러웠다. 그럼에도 다네무네는 에치고의 불만세력을 제압하기 위해 가신 100명을 뽑아 도키무네마루와 함께 에치고로 보내려 하였다.

강병 차출로 말미암은 다테씨의 약화를 염려한 장남 하루무네는 1542년 다네무네의 전제에 반발하는 중신들과 협조하여 다네무네를 몰아낼 계획을 세웠다. 마침내 다네무네는 1542년 6월 매사냥에서 돌아오던 중에 하루무네의 습격으로 체포되어 니시야마성에 유폐되었지만, 바로 고야나가와 무네토모小梁川宗朝에게 구출되었다. 다네무네는 사위인 가케다 요시무네懸田俊宗의 거성 가케다성懸田城(福島縣伊達市靈山町掛田)으로 탈출하여, 소마 아키타네를 비롯한 인척관계가 있는 영주들에게 구원을 요청하였다.

초반에는 많은 다이묘들이 가담한 다네무네 측이 유리하였다. 무쓰에서는 오사키 요시노부大崎義宣·구로카와 가게우지黑川景氏가 시바타군柴田郡까지 병사를 진출시켜 루스 가게무네留守景宗를 제압하고, 데와에서는 아유카이 모리무네鮎貝盛宗·가미코리야마 다메이에上郡山爲家·모가미 요시모리最上義守 등이 나가이군長井郡을 제압했다. 그러나 1547년 다네무네 측의 다무라 다카아키田村隆顯와 아시나 모리우지蘆名盛氏 사이에 불화가 생겨, 아시나씨가 하루무네 측으로 돌아서더니 이어서 다네무네 측 영주들도 하루무네 측으로 이반하였다. 이렇게 하여 하루무네 측이 유리해진 상황에서 1548년 9월 쇼군 요시테루의 중재로 다네무네는 은거하고 하루무네가 가독을 잇는다는 조건으로 양자가 화해했다(덴분의 난天文の亂). 이렇게 하여 6년간 오슈 전역을 휩쓸었던 덴분의 난이 종식되었다.

덴분의 난이 하루무네의 승리로 끝나고, 에치고에서도 도키무네마루 입양파 우에스기 사다자네·나카조 후지스케 등이 입양반대파 슈고다이 나가오 하루카게·아가키타슈 등에게 패하여 도키무네마루의 우에스기씨 입양이 무산되었다. 이 덴분의 난으로 세력을 강화해 온 다테씨는 약화되고, 다테씨에게 복속해 있던 아시나씨·소마씨·모가미씨 등이 세력을 확장하고 독립하여 유력 다이묘로 성장하여 갔다. 그리고 오사키大崎·가사이葛西 양가에서도 양자였던 다네무네의 아들 요시노부·하루키요晴淸가 토벌되어, 다네무네의 구상은 무너졌다. 한편 다네무네 측에 가담했던 가케다 도시무네縣田俊宗가 위 중재안에 불만을 품고 하루무네에게 대항하였는데, 이것을 진압하는 데 5년여가 걸렸다. 더욱이 하루무네 측의 중신 나카노 무네토키가 아들 마키노 하사나카牧野久仲를 마키노씨 후계로 들여보내 세력을 확장하면서 상대적으로 다테씨의 세력은 약화되었다.

4) 나가토·이즈모·이와미·비젠·빗추·빈고·부젠·분고 지역

스오·나가토·이와미·아키·부젠·지쿠젠의 슈고로 스오·나가토를 중심으로 세력을 떨치던 오우치 요시오키가 1528년 12월 사망하고, 그의 뒤를 22세의 오우치 요시타카가 이었다. 위에서 보았듯이 오우치씨의 가독상속과 관련해서는 내홍이 항상 빈발했으나, 요시타가의 가독상속 때는 내홍이 일어나지 않았다. 이는 요시타카의 동생 오우치 히로오키大內弘興가 일찍 세상을 떠나 가독상속을 둘러싸고 대립할 친족이 없었고, 중신 스에 오키후사가 요시타카를 잘 보좌하였기 때문으로 보인다.

요시타카는 1524년 아버지 요시오키를 따라 아키로 출진하여 7월 중신 스에 오키후사와 함께 아키 다케다씨의 사토 가나야마성을 공격하였다. 그러나 8월 아마고씨의 요청을 받고 출진한 모리 모토나리에게 패하였다. 이즈음 요시타카는 공경公卿 마데노코지 히데후사萬里小路秀房의 딸 사다코貞子를 정실로 맞고, 1529년 12월 23일 종5위상에 서임되었으며 1530년 10월 9일 아버지와 같은 사쿄노다이부에 임명되었다.

요시타카는 1530년부터 규슈로 출병하여 북규슈를 장악하고 있던 분고 오토모씨와 부젠의 쇼니씨와 싸웠다. 가신 스기 오키쓰라杉興連(스기 오키카스, 스기 오키유키라고도 함)와 스에 오키후사 등에게 군사를 주어 쇼니씨를 공격하여 히젠 마쓰우라松浦씨를 복속시키고, 나아가 북규슈 연안을 평정하여 대륙무역의 이권을 일시 장악했다. 그러나 스기 오키쓰라의 쇼니씨 공격은 쇼니씨 중신 류조지 이에카네龍造寺家兼의 반격으로 대패했다(다데나와테 싸움田手畷の戰い). 1532년 오토모씨가 쇼니씨와 결탁하여 요시타카를 공격하자, 요시타카는 조후長府에 재진하면서 북규슈 침략의 대의명분을 얻기 위해 조정에 공작하여 다자이노다이니大宰大貳 관직을 얻으려 하였으나 실패한다. 1534년에는 류조지 이에카네에 공작하여, 그를 쇼니씨에게서 이반시켜 쇼니씨를 약화시키고자 했다. 그리고 스에 오키후사에게 오토모씨의 본거지 분고를 공격하게 하였으나 실패하였다(세이바가하루 싸움勢場ヶ原の戰い).

또 요시타카는 북히젠에 있는 규슈탄다이 시부카와 요시나가澁川義長를 공격하여 시부카와씨를 멸망시켰다. 1534년 요시타카는 고나라 천황의 즉위례에 맞추어 전 2천 관을 조정에 바치고, 1535년 다자이노다이니의 서임을 요청하였는데, 고나라 천황은 일단 허락하였다가 다음 날 취소해 버렸다. 그러나 마침내 1536년 요시타카는 다자이노다이니에 서임되었고, 그것으로 북규슈 침략의 대의명분을 얻게 되었다. 요시타카는 9월 류조지씨와 함께 히젠 다쿠노성多久城(佐賀縣多久市多久町) 싸움에서 쇼니 스케모토少貳資元를 토멸하여 북규슈 지역을 거의 평정하였다. 이때 류조지씨 본가 당주 류조지 다네미쓰龍造寺胤榮는 히젠 슈고다이로 임명되었다.

1537년 요시타카는 무로마치 막부 제12대 쇼군 요시하루에게서 막정에 참가하라는 요청을 받고 상경하려 하였으나, 아마고씨가 산인 지역을 통일하고 남하하려는 움직임을 보여 상경을 단념하고 영국 경영에 매진하였다.

한편 1534년 아마고 아키히사는 미마사카美作를 공략하여 자신의 영향권 아래 넣었다. 이후에도 동쪽 비젠으로 침공하여 세력을 확대하여, 아키히사는 오토모씨와 함께 반오우치 포위망에 참가하였다. 1537년 아마고 쓰네히사는 가독을 적손嫡孫인 아키히사(후의 아마고 하루히사)에게 물리고, 오우치씨가 영유하고 있던 이와미 은광을 손에 넣었다. 그리고 하리마 슈고 아카마쓰 마사스케赤松政祐를 공격하여 대승을 거두어 세력을 더욱 동쪽으로 확대하였다. 마사스케는 아와로 도망쳤는데, 1539년 벳쇼別所씨가 농성하고 있던 미키성이 아마고씨 측에 가담하자 마사스케는 사카이로 도망하였다. 이에 아키히사가 상경할 태세를 취하였다. 하지만 1538년 쇼군 요시하루의 중재로 오우치 요시타카가 숙적 오토모 요시아키大友義鑑와 화해하였다. 요시아키는 쇼군가와 긴밀한 관계를 유지하였고, 1543년 히고 슈고에도 보임되었다.

1539년 오우치씨가 북규슈의 숙적 쇼니씨를 멸망시키고, 모리씨가 오토모씨와 화해하였다. 한편 오토모 요시아키와 화해한 오우치 요시타카는 1539년 사망한 스에 오키후사의 아들 스에 다카후사陶隆房(후의 하루카타晴賢)를 총대장으로 원군을 파견하여 아마고군을 격파했다. 그리고 1539년 아마고씨의 원병을 받고 있던 아키의 아마고씨 측 다케다씨 거성 사토 가나야마성이 오우치씨 측에 함락되고, 당주 다케다 노부자네는 일시 와카사로 도망하였다. 이에 아키히사군은 이즈모로 철수했다.

1540년 1월 오우치 요시타카가 스오 호후防府에 진을 치고 아키

358

지역의 싸움을 지휘하자, 4월 누마타沼田 고바야카와 마사히라小早川正平가 아마고씨 측에서 오우치씨 측으로 돌아섰다. 6월 9일 아키 다케다씨 당주 다케다 미쓰카즈武田光和가 급사하고, 16일 싸움에서 오우치 측 히라가 오키사다平賀興貞군이 오토모씨 측으로 돌아선 모리 모토나리·히라가 히로야스平賀弘保군에게 패배하였다. 그리하여 아마고씨의 오우치씨에 대한 최전선 가시라자키성頭崎城(廣島縣東廣島市高屋町貞重)뿐 아니라 사토 가나야마성까지 위험해지게 되었다. 한편 아키 다케다씨는 와카사 다케다씨로부터 다케다 노부자네를 양자로 맞아 미쓰가즈의 후계자로 삼았으나, 아키 다케다씨가 오우치씨와의 화해를 둘러싸고 내분에 휩싸이고 다케다 노부자네는 신하들의 분쟁을 해결하지 못하고 사토 가나야마성에서 도망하여, 아마고씨에게 모리씨 토벌을 요청했다.

이처럼 아키의 사정이 악화하자, 상경하기 위해 하리마 방면으로 진출해 있던 아마고 아키히사는 군을 돌려 아키로 진군해야 했다. 1540년 6월 하순경 신구토新宮黨의 아마고 히사유키·아마고 구니히사·아마고 사네히사尼子誠久 등이 이끄는 3,000병이 정찰을 겸해 빈고로備後路에서 아키 요시다로 침입하였으나, 모리 측의 시시도씨宍戸氏를 중심으로 이누카이히라犬飼平와 이와미도石見堂에서 결사 항전하여, 아마고군은 가와이가와可愛川(에노카와江の川 상류)도 건너지 못하고 퇴각하였다.

마침내 아마고 아키히사는 1540년 8월 10일 이즈·이와미·호키·이나바·비젠·빗추·빈고·미미시키·아키 병사 30,000을 이끌고 갓산 도다성을 출발, 이와미로石見路를 경유하여 9월 4일 요시다 고리야마성 북서 4km에 위치한 가사코시야마風越山에 본진을 쳤다. 아키히사는 유하라 무네쓰나湯原宗綱가 이끄는 3,000여 명을 좌익, 다카오 히사토모高尾久友·고쿠쇼 히사즈미黑正久澄·깃카와 오키쓰네를 우익에 배치하고, 측면과 배후에도 수비병을 배치하여 경계를 엄중히 했다.

이에 대응하여 모리 모토나리는 일족 낭당과 함께 요시다 고리야마성에서 농성하였다. 고리야마성에는 정예 2,400과 농민·상인·부녀자를 포함한 8,000여 명이 아마고씨의 공격에 대비하였다. 그리고 고리야마성에 시시도 다카이에宍戶隆家와 아마노 오키사다天野興定가 입성하고, 시시도 모토요시宍戶元源와 후쿠하라 히로토시福原廣俊가 고류성五龍城(廣島縣安藝高田市甲立)과 스즈오성鈴尾城(廣島縣安藝高田市福原)에서 농성하였다. 가시라자키성頭崎城(廣島縣東廣島市高屋町貞重)을 공격하고 있던 오우치씨 가신 스기 다카스케杉隆相, 사카성坂城(히게쓰성日下津城. 廣島縣安藝高田市向原町)에 주류하는 고바야카와 오키카게小早川興景 등이 고리야마성을 지원하는 형세를 취했다.

9월 5일 아마고군 일부가 고리야마 남서쪽을 방화하였으나, 모리군은 응전하지 않았다. 6일 아마고군 4,500이 고리야마 남쪽을 방화하고 싸움을 걸어왔으나, 모리군의 강력한 저항으로 물러났다. 12일 아마고군은 군사를 여러 부대로 나누어 다시 고리야마성 성하를 불사르자, 모리 측에서 와타나베 가요우渡邊通와 이노우에 모토카게井上元景 등이 출진했다. 모토나리는 보병 30인 정도를 다지히가와多治比川를 건너 돌진시켜 바로 퇴각할 것과 창병을 잠복시킬 것을 지시했다. 아마고군을 유인하려는 계략이었는데, 아마고군은 이 계략에 걸려들어 패배했다(야리와케·오타구치 싸움鎭分·太田口の戰い). 그리고 이날 고리야마성 남측에 있는 고슈지廣修寺와 기온祇園 나와테繩手에서 격전이 벌어졌는데, 아마고군은 격퇴되어 사코시야마 본진으로 퇴각했다. 10월 11일 아마고 사네히사 등이 신구토 등 1만 명을 동원하여 성하를 방화하고 서서히 고리야마성을 육박하여 왔다. 이를 알아차린 모리 모토나리는 적극 공세를 취하라고 지시하고, 군사를 셋으로 나누어 제1대는 와타나베 가요우·구니시 모토스케國司元相·고타마 나리미쓰兒玉就光에게 병사 500을 주어 성의 서쪽 다이쓰인다니大通院谷에서 나가 잠복하게 했다. 제2대는 가쓰라 모토즈미桂元澄·아와야 모토자네粟屋元眞 등에게 병사 200을 주어 비밀리에 남쪽으로 나아가게 했다. 그리고 제3대 1,000여 명은 모토나리가 직접 이끌고 정면에서 아마고군을 맞아 싸운다는 계획을 세웠다.

모토나리가 이끄는 본대는 아마고군과 격전을 치렀고, 그 사이 복병 와타나베·구니시·고타마 군세가 좌익에서, 가쓰라·아와야 군세가 우익에서 돌격하였다. 아마고군은 대혼란에 빠지고, 모리군은 혼란에 빠진 아마고군을 추격하여 아마고군 본진 외책外柵을 돌파하였다(아오야마도토리바 싸움青山土取場の戰い).

11월 9일 아마고씨 지원으로 사토 가나야마성으로 돌아온 다케다 노부자네가 모리군의 배후를 공격하려 하였으나, 한냐사카般若坂에서 구니시 모토스케군에게 격퇴되었다. 그 후 아마고군과 모리군 사이에 소소한 싸움이 벌어졌으나, 전국戰局에는 영향을 주지 못했다.

한편 모토나리로부터 구원 요청을 받은 오우치 요시타카가 가시라자키성을 공격하기 위해 출진하였고, 스기 다카스케에게 모리군의 후방을 지키게 했다. 요시타카 자신도 이와쿠니岩國로 본진을 옮기고, 오우치군의 주력을 이끌고 있던 스에 다카후사陶隆房는 9월 4일 이쓰쿠시마진자에서 전승 기원을 올린 후, 5일 아키 가이타海田(廣島市)로 상륙했다. 다카후사는 나이토 오키모리內藤興盛 등과 함께 1만 군사를 이끌고 고리야마성 구원에 나섰다.

이에 대응하여 다케다 노부자네·우시오 요시키요牛尾幸淸 등이 이끄는 3,000여 군사가 스에군을 영격하여, 오우치군이 모리군과 합류하는 것을 지연시켰다. 그러나 스에군은 12월 3일 고리야마성 동측에 착진하였고, 모리군과 오우치군은 다음 해 총공세를 약속하였다. 한편 12월 11일 시시도 군세를 포함한 모리군은 고리야마성 서쪽에 위치하는 미야자키宮崎 나가오長尾에 있는 아마고군을 습격하였다.

모리군은 1541년 1월 3일 아이아이 입구相合口의 아마고군을 습격하고, 6일에도 아마고군을 습격하였다. 마침내 모리·오우치 측의 우세가 명확해졌다. 1월 11일 오우치군은 고리야마성 서쪽에 있는 덴진야마天神山로 본진을 옮겨, 쇼코잔靑光山의 아마고군과 정면으로 대치했다. 12일 모토나리는 덴진야마의 오우치 본진으로 고타마 나리타다를 사자로 보내, 미야자키 나가오에 진을 치고 있는 다카오 히사토모·고쿠쇼 히사즈미·깃카와 오키쓰네에게 총공격을 펼칠 계획을 전했다. 그리고 모리군의 움직임에 대항하여 아마고군의 주력이 고리야마성을 공격할 염려가 있었기 때문에, 오우치군이 아마고군 본대를 견제해 줄 것을 다카후사에게 요청하였다.

1월 13일 이른 아침, 모리군과 성 밖의 고바야카와 오키카게·시시도 모토요시 등 모리군 총세 3,000이 미야자키 나가오의 아마고진을 공격하였다. 아마고 측의 선봉 다카오군 2,000이 모리군에 필사적으로 저항하였으나, 완패하였다. 이어 제2진 고쿠쇼군 1,500도 괴멸하였다. 그러나 제3진 깃카와 오키쓰네의 정예 1,000은 모리군에 맹공을 가해 모리군을 퇴각시켰다. 오우치군도 쇼코야마 습격을 기도했다. 덴진야마 바로 남쪽에 있는 쇼코야마 정면에는 많은 아마고군이 있었기 때문에, 오우치군은 고리야마 북쪽을 동진하여 에노가와江ⵍ川를 건너 아마고 진지를 크게 남으로 우회하여 진군했다. 쇼코야마 남쪽에서 다시 에노가와를 건너 북상하여 아마고 본진 배후에서 기습하였다. 이 기습으로 아마고 본진은 대혼란에 빠졌으나, 결사 항전하는 히사유키久幸군 덕분에 시간을 벌었다. 쇼코야마 산록에 분산 배치되어 있던 아마고군이 쇼코야마 남쪽에 도착하여, 양군은 저녁 때까지 일진일퇴하였다. 『요시다모노가타리吉田物語』에는 아마고군 400·오우치군 470명이 전사하였다고 한다.

그날 밤(13일) 아마고 아키히사는 장수를 불러모아 회의를 열었다. 전과를 올리지 못해 군의 사기는 떨어지고, 겨울이라 보급선도 불안하

고, 병량부족 역시 심각한 상태였으며, 더욱이 오우치 요시타카가 내원해올 염려도 있었다. 이에 아마고 아키히사는 전군 철수를 명했고, 야음을 틈타 철병하였다. 이를 알아챈 모리·오우치군이 아마고군을 추격하였으나, 눈 때문에 계속 추격하는 것은 불가능했다. 눈은 후퇴하는 아마고군에게도 고통을 주었으나, 아키히사는 이와미에서 이즈모로 돌아갔다(요시다 고리야마성 싸움吉田郡山城の戰い).

이리하여 모토나리는 절체절명의 위기를 극복하였다. 한편 모토나리는 오우치씨와 함께 아마고씨의 지원을 받고 있던 다케다 노부자네의 거성 사토 가나야마성을 함락시키고, 노부자네는 이즈로 도망하여 아키 다케다씨는 멸망하였다. 모토나리는 아키 다케다씨 슬하에 있던 가와노우치케이고슈川內警固衆를 조직하여 모리 수군의 기초를 마련하였다.

아마고씨가 모리씨를 공격한 것은 '후환을 없애기 위해서'라고 한다. 그러나 아마고씨가 후환을 없애려 하였다면, 동부 방면의 아카마쓰씨를 침공하기 전에 배후의 모리씨를 치는 것이 자연스럽다. 일설에는 오우치씨가 미키성을 공격한 후 쇼니씨를 멸망시키고, 오우치씨와 화해한 아마고씨가 하리마로 진출할 것을 경계한 쇼군의 요청을 받아 오우치씨가 아키의 아마고씨 측 성을 공략하기 시작하였기 때문에, 아마고씨의 아키 원정은 강요당한 것이었다고 보기도 한다. 한편 아키 다케다 노부자네가 전년 아키에서 쫓겨난 적이 있었기 때문에 오우치씨의 원군을 막고자 분투한 다케다의 군세는 사기왕성하였다. 노부자네는 당시 산인·산요에서 세력을 확대하는 아마고씨에 의지하며 아키로 세력을 확대하려 하고 있었다. 따라서 아마고씨는 노부자네의 요청에 호응하여 오우치·모리씨를 공격하였던 것으로 추정된다.

결국 아마고씨에 의지한 다케다씨는 아키히사의 패주로 오우치씨에게 공격당해 멸망하였다. 더욱이 아마고 쓰네히사도 1541년 사망하여, 아마고씨의 세력 아래 있던 많은 재지영주들이 오우치씨 측으로 돌아섰다. 그리하여 아마고씨는 위기에 처하게 되었고, 아키히사는 쇼군 요시하루에게 이름 한 자를 받아 하루히사晴久로 개명하여 자신의 권위를 회복하고자 하였다. 아키히사는 빗추·미마사카로 출진하여 미마사카 미우라三浦씨·나카무라中村씨 등을 공격하였는데, 이 공격들도 주위 재지영주들의 이탈을 방지하면서 이들에 대한 통제를 강화하고자 한 움직임의 일환으로 보인다.

1542년 1월 11일 오우치 요시타카가 대군을 이끌고 아마고씨의 거성 갓산 도다성을 공격했다(제1차 갓산 도다성 싸움月山富田城の戰い). 요시타카는 스스로 총대장이 되어, 스에 다카후사, 스기 시게노리杉重矩, 나이토 오키모리, 레이제이 다카토요冷泉隆豊, 히로나카 다카카네弘中隆包 등이 이끄는 군사를 지휘했다. 요시타카의 양자 오우치 하루모치大內晴持도 함께 출진하였다. 요시타카는 1월 19일 이쓰쿠시마진자에서 전승을 기원한 후 이즈모로 향했다. 모리군도 모리 모토나리, 고바야카와 마사히라小早川正平, 마스다 후지카네益田藤兼 등 아키·스오·이와미 재지영주들을 모아 오우치군에 합류했다.

4월 이즈모로 침입하여 아카나성赤穴城(島根縣飯石郡飯南町)을 공략하는데 6월 7일부터 7월 27일까지 장시간을 쓴 요시타카는 10월이 되어서야 미토야三刀屋 미네峰에 본진을 설치했다. 그리고 해를 넘겨 갓산 도다성을 바라볼 수 있는 교라기산京羅木山으로 본진을 옮겼다. 1543년 3월 양군의 공방전이 시작되었다. 그러나 도다성 공략은 녹록지 않았고, 아마고군이 병참로에서 게릴라 전술을 펼쳐 오우치군의 보급도 원활하지 않았다. 게다가 4월말 아마고씨를 이탈하였던 미토야 히사스케三刀屋久扶, 미사와 다메키요三澤爲清, 혼조 쓰네미쓰, 깃카와 오키쓰네 등 재지영주들이 다시 아마고씨 쪽으로 돌아섰다. 결국 오우치군은 5월 7일 철퇴를 결정하였다.

승기를 잡은 아마고군은 잃었던 이와미 동부를 되찾고, 사와佐波씨를 오우치 영내로 몰아냈다. 요시타카는 신지코宍道湖 남안 육로를 따라, 이와미로石見路를 경유하여 5월 25일 야마구치로 귀환하였고, 나카우미中海에서 해로로 퇴각하려 했던 하루모치는 도중에 배가 전복되어 익사하였다. 모리군은 오우치씨에게 후미 방어를 명받았으나, 아마고군의 끈질긴 추격에다 도잇키土一揆의 공격까지 받아 괴멸적인 타격을 입었다. 이 후퇴는 모토나리와 그의 적자 모리 다카모토가 자인을 각오해야 할 만큼 절박하였다고 한다. 이때 모리씨 가신 와타나베 가요우渡邊通·나이토 구로에몬 모토시게內藤九郎右衛門元茂·하타노 겐베에波多野源兵衛·이노우에 요사에몬 모토아리井上与三右衛門元有·이노우에 겐사에몬井上源左衛門·산노헤 요고로三戸与五郎·산노헤 고사부로三戸小三郎 등 7인이 모토나리로 분장하여 분투하다가 전사했다. 아마고군에 쫓긴 고바야카와 마사히라도 전사하였다. 모리 모토나리는 이들의 희생에 힘입어 겨우 요시다 고리야마성으로 돌아갈 수 있었다.

1년 4개월에 걸친 원정에서 패배하고 양자 오우치 하루모치까지 잃은 요시타카는 이후 정치에 대한 의욕을 상실하였고, 이 패배는 오우치씨가 쇠퇴하는 한 요인으로 작용하였다. 한편 아마고씨는 하루히사의 지휘 아래 세력을 회복·강화하여 간다. 아마고씨는 오우치씨에 협력한 일족 아마고 기요히사尼子淸久를 숙청하고, 가와즈河津씨·신지宍道씨·신자이神西씨·다가多賀씨·사와佐波씨의 총령을 추방하였다. 한편 하루히사는 미사와씨의 요코타노쇼橫田莊 등의 영지를 삭감하고, 삭감한 영지를 직할지로 삼았다. 또한 운난雲南 지역의 사철 산지와 유통을 장악하여 이즈모 지배체제를 강화하고, 이즈모를 중심으로 호키·미마사카·오키隱岐를 기반으로 주변 지역을 침공하여 세력을 확대해 나갔다. 그리고 오우치씨 멸망 후에는 아마고씨는 모리씨와 이와미를 둘러싸고 작열한 대립을 이어나간다.

하루히사는 1543년 7월 이와미 은광을 회복하기 위해 이와미를 침공하여 이와미 은광을 탈취하였다. 1544년경에는 이나바 슈고 야마나 노부미치山名誠通를 복속시켜 이나바 전역으로 영향력을 확대하였다. 그러나 다지마 야마나 스케토요山名祐豊의 공격으로 노부미치가 패배하면서, 그를 지원한 아마고씨 세력 역시 이나바 지역에서 후퇴하였다. 그 후 시카노성鹿野城(鳥取縣鳥取市鹿野町)을 둘러싼 야마나씨와 아마고씨의 대립이 이어졌다. 7월 하루히사는 스스로 빈고로 출진, 미요시三次 분지에 세력을 가진 미요시三吉씨를 공격, 영격해 온 고타마 나리타다兒玉就忠·후쿠하라 사다토시福原貞俊를 격퇴하였다(후노구즈레布野崩れ). 한편 이 시기 오우치씨의 원조를 받은 사와씨가 이와미로 귀환하여, 이 지역을 지배하던 아카아나赤穴씨가 이즈모로 물러났다. 그러나 하루히사는 1548년경 미마사카 다카다성高田城(가쓰야마성勝山城. 岡山縣眞庭市勝山)을 근거로 하는 미우라씨를 가독상속과 소령안도를 통해 종속시켜, 미마사카 서부로 아마고씨 세력을 확대하였다.

하루히사는 1550년 독립세력이었던 기즈키타이샤杵築大社(현 이즈모오야시로出雲大社)의 독자성을 약화시키기 위해 천궁을 행할 때 불교 승려를 들여보내 혼란을 부추겼다. 반면 히노미사키진자日御碕神社를 지원하고, 히노미사키진자 세력이 장악하고 있던 우류우라宇龍浦를 이용하여 적극적으로 대명무역을 행했다. 1551년경에는 비젠을 압박하여, 재지영주 마쓰다松田씨와 비젠 슈고다이 우라가미 마사무네浦上政宗를 복속시켰다. 그러나 마사무네의 동생 우라가미 무네카게浦上宗景가 반아마고씨 성향의 비젠 재지영주들을 규합하여 자립하였다. 우라가미 무네카게는 모리씨와 빗추 미무라三村씨의 원조를 받아 하루히사에게 대항하였다. 이에 하루히사는 비젠으로 출진하여 덴진야마성天神山城(岡山縣和氣郡和氣町)·누마성沼城(岡山縣岡山市東區沼)까지 진출하여 무네카게를 견제하였다.

1551년 오우치 요시타카가 스에 다카후사의 모반으로 사망하자(다이네이지의 변大寧寺の變), 1552년 아마고 하루히사는 쇼군 요시테루에게 산인 8개국(이즈모·오키·호키·이나바·미마사카·비젠·빗추·빈고)의 슈고 및 막부 쇼반슈에 임명되었다. 12월 3일에는 종5위하에 서임되고 슈리노다이부修理大夫에 임명되었다. 이는 막부와 조정이 이 지역(주고쿠中國)에서 아마고씨를 오우치씨에 준하는 명문가로 인정하고, 위 지역에 대한 지배를 인정한 것이었다.

1552년경 하루히사는 기쓰키杵築(出雲市大社町)의 오시御師이면서 상인이었던 쓰보우치坪內씨를 통해 빈고 북부 미요시 분지에 세력을 가진 에다江田씨를 복속시켰고(아마고 측의 재지영주 야마우치山內씨의 권유도 있었다고 함), 우카시마슈宇賀島衆 등 해적세력도 회유하였다. 그리고 빈고 신이치노미야新一宮씨 미야 모토모리宮元盛와 그의 숙부 미야 고온宮光音을 지원하고, 그들을 시켜 오우치·모리 측의 재지영주들을 공격하게 했다. 1553년 3월 하루히사는 스스로 28,000 군사를 이끌고 미마사카 동부로 출진, 영격하여 온 우라가미 무네카게·고토 가쓰모토後藤勝基 등이 이끄는 15,000 군사를 격퇴하고, 다시 덴진야마성 부근까지 진격하고, 나아가 하리마 가코가와加古川까지 진격하였다(미마사카 가쓰야마 싸움美作勝山の戰い).

그러나 4월 6일부터 빈고 에다씨가 모리씨를 중심으로 한 오우치 측 재지영주들의 공격을 받았다. 이에 하루히사는 미마사카 출병군을 돌려 빈고로 출진하여, 하기세萩瀬에서 스에 하루타카陶晴賢가 이끄는 오우치군과 격돌하였다. 하루히사는 아키로 침입하였으나 승패를 가리지 못하였고, 10월 에다씨 거성 하타가에시야마성旗返山城(廣島縣三次市三若町)을 함락시켰다. 12월 야마우치씨·다가야마多賀山씨도 오우치 측에 가담하였으나, 오우치씨는 빈고 쇼바라莊原에서 후쿠야마福山에 걸친 지역의 지배권을 상실했다. 빈고는 아마고씨의 거점 이즈모와 가까워 아마고씨 영향력이 강하였으나, 오우치 휘하의 반아마고씨 재지영주 세력 모리씨의 공격도 있어서 빈고에 대한 오우치씨의 영향력은 약해졌다고는 해도 아직 여전하였다.

1554년 11월 하루히사는 아마고 본가 지배를 강화하기 위해 신구토를 모살했다. 이 숙청으로 신구토의 세력기반이었던 동이즈모 노기군 能義郡 요시다노쇼吉田莊, 엔야鹽冶씨령 이즈모 평야 서부가 하루히사의 직할령이 되었고, 이로써 아마고씨의 권력기반은 더욱 강화되었다.

1555년 오우치가의 주도권을 장악하고 있던 스에 하루타카가 모리 모토나리와 후술하는 이쓰쿠시마 싸움嚴島の戰い에서 패하여 자인하였다. 이로써 모리씨와 오우치씨의 동맹관계가 해소되었다. 비젠 우라가미씨를 덴진야마성에서 공격하고 있던 하루히사는 오우치씨의 붕괴를 이와미 침공의 호기로 보고, 재빨리 병사를 비젠에서 철수시켜 가와모토川本의 오가사와라 나가카쓰小笠原長雄와 결탁하여 이와미 은광을 탈취하기 위해 진격을 개시하였다. 1556년 하루히사가 이와미 은광의 방위거점인 야마부키성山吹城(島根縣大田市大森町)을 포위하자, 모리 모토나리가 반격에 나섰다. 하루히사는 모리군을 오시바라忍原에서 격파하고(오시바라쿠즈레忍原崩れ), 9월 야마부키성을 함락시켰다. 야마부키성의 성주로 혼조 쓰네미쓰를 들여보내고, 이즈모·이와미 경계의 사스가刺賀 이와야마성岩山城에 직신 다코 도키타카多胡辰敬를 파견하였다. 하루히사는 이와야마성과 와니하시성鰐走城(島根縣大田市久手町柳原)에 파견한 우시오 히사키요牛尾久淸, 재지영주 온센 히데나가溫泉英永 등을 연결하여 은광의 안전을 확보하고자 하였다.

한편 1542년 갓산 도다성 싸움에서 아마고 하루히사에게 대패하고 정치에 의욕을 상실한 오우치 요시타카는 문치파 사가라 다케토相良武任 등을 중용하였다. 이 때문에 무단파 스에 다카후사와 나이토 오키모리 등과 문치파 사가라 다케토 등이 대립하게 된다. 1547년 요시타카는

368

덴류지天龍寺 승려 사쿠겐 슈료策源周良를 대사로 임명하여 최후의 견명선遣明船을 파견했다. 한편 1548년 요시타카와 류조지 다네노부龍造寺胤信가 동맹을 맺었다. 다네노부는 요시타카에게서 이름 한 자를 받아 다카노부隆信로 개명하였다. 다카노부가 요시타카와 동맹을 맺은 것은 오우치씨 세력을 배경으로 다카노부의 가독상속에 불만을 품은 가신들을 제압하기 위해서였다.

요시타카는 1550년 8월 야마구치에 온 프란시스코 자비에르Francisco de Xavier를 만났다. 자비에르는 여행으로 더러워진 옷을 그대로 입은 상태로 요시타카를 만났고, 제대로 된 진물도 없었다. 더욱이 자비에르는 요시타카의 방탕한 생활, 불교 보호, 그리고 당시 일반적이지 않은 남색 등 예에 어긋난 행동들을 크게 비난했다. 이런 상황에서 요시타카가 기독교 포교를 허가할 리는 만무했다. 자비에르는 할 수 없이 교토 방면으로 향했다. 이해 스에 다카후사·나이토 오키모리 등이 모반을 일으킬 것이라는 소문이 돌고, 이에 요시타카는 일시 군사를 동원하여 농성하였다고 한다. 그러나 모반 소문은 헛소문으로 판명되었고, 요시타카는 측근 레이제이 다카토요의 무단파 토벌 건의를 받아들이지 않았다.

1551년 4월 하순 자비에르와 요시타카가 다시 만났다. 이제까지의 일본 경험을 통해 귀인과의 만남에 예의와 외관이 중요하다는 사실을 알게 된 자비에르 일행은 미려한 복장을 하고, 진귀한 물건을 요시타카에게 헌상했다. 헌상품은 본래 천황에게 봉정하기 위해 준비한 포르투갈 인도총독과 고아 사교司教의 친서 외에 망원경·양금洋琴·탁상시계·유리 주전자·거울·안경·서적·회화·소총 등이었다. 이에 요시타카는 자비에르에게 기독교 포교를 허가하고, 그 거점으로 다이도지大道寺를 주었다.

1551년 8월말 요시타카와의 관계가 험악해진 무단파 스에 다카후사

(스오 슈고다이)가 모반하였다(다이네이지의 변大寧寺の變). 중신 나이토 오키모리(나가토 슈고다이)도 모반을 묵인하여 요시타카를 구원하지 않았다. 이 모반은 1542년 갓산 도다성 싸움 패배 이후 스에 다카후사·나이토 오키모리 등 무단파와 이 싸움 패배 후 중용된 총신 사가라 다케토 등의 문치파 간의 대립의 연장선상에 존재한다. 1545년 양파의 대립은 더욱 심각해졌다. 이에 사가라 다케토는 다카후사를 두려워한 나머지 사임하고 히고肥後에 은거하기도 하였으나, 1548년 요시타카의 요청으로 다시 오우치가에 출사하였다. 이즈음 부젠 슈고다이로 중신인 스기 시게노리가 요시타카에게 다카후사의 불온한 움직임에 대해 진언하였으나, 요시타카는 이를 귀담아 듣지 않았다.

1549년 2~5월 오우치씨와 모리씨의 동맹을 강화하기 위해 모토나리가 자식들을 데리고 야마구치를 방문하여 요시타카를 만났다. 모리 모토나리의 이 방문은 물론 요시타카의 계획에 따른 것이나, 스에 다카후사가 모리씨에게 접근하려고 그를 초대하였다거나 혹은 다카후사의 적남 스에 나가후사陶長房를 통해 서로 밀서를 주고받았다고도 한다. 실제로 장기간에 걸쳐 야마구치에 체류하면서 다카후사는 모리 모토나리의 차남 깃카와 모토하루吉川元春와 의형제를 맺는다.

한편 1550년 사가라 다케토와 다카후사의 대립은 결정적인 상태에 이른다. 무단파가 다케토를 암살하려 하였으나, 이를 사전에 눈치챈 다케토가 요시타카에게 밀고하여 위기를 모면했다. 그러나 앞에서 언급했듯이 다카후사의 모반 소문이 퍼지고, 요시타카의 측근 레이제이 다카토요는 요시타카에게 다카후사의 주살을 진언하였다. 다케토는 미모로 유명했던 딸을 스에 다카후사에게 시집보내 화해하려 하였으나, 다카후사는 가문의 격차를 이유로 이 제안을 거절하였다.

8월 24일 다카후사는 모리 모토나리·다카모토와 깃카와 모토하루에게 모반 계획을 알리고 협조를 요청하였다. 다카후사의 이러한 의향은 모토나리를 통해 아키의 재지영주들에게 전달되었다. 요시타카는 다카후사가 요시타카·다케토를 유폐시킬 것이라는 소문이 돌아, 9월 15일 니카베진자仁壁神社 이마하치만구今八幡宮에서 행해진 제례에도 불참하였다. 16일 요시타카가 다카후사를 불러 힐문하자, 다카후사는 사실 무근이라고 주장하였고, 다케토는 16일 다시 오우치가를 떠나 이와미 요시미 마사요리吉見正頼를 의지하여 도망하였다. 11월 하순부터 다카후사는 병을 핑계로 거성 와카야마성若山城(山口縣周南市福川)에 머물며 1551년 2월 슈니가쓰에修二月會도 주관하지 않았다. 요시타카는 다카후사 등의 모반을 두려워하여 갑옷을 입은 채 거관에서 농성하였다. 마침내 양자 사이는 최악의 상태에 이르렀다.

1551년 오우치씨를 떠난 다케토의 신병이 지쿠젠 슈고다이 스기 오키쓰라에 의해 확보되었다. 이 일련의 소동과 관련하여 요시타카에게 책임을 추급당할까 두려워한 다케토는 다카후사의 모반을 의심한 것은 스기 시게노리이며, 이 의심에 대한 진언이 받아들여지지 않자 시게노리가 위 참언을 자신(다케토)이 한 것처럼 꾸며 다카후사에 접근하였다고 변명하였다. 4월 다케토의 변명이 통하였는지, 요시타카는 다케토를 스오로 데려와 다시 출사시켰다.

이에 대항하듯이 다카후사는 5월 오토모 요시시게에게 그의 이복동생 오토모 하루히데大友晴英(요시타카 누이의 아들=요시타카의 조카)를 오우치 신당주로 옹립하고 싶다는 내용을 전하는 밀사를 파견했다. 조건은 북규슈 오우치령에 대한 권리를 요시시게에게 넘기는 것이었다. 이것을 하루히데가 승낙하였고, 요시시게도 그것을 허락하였다.

8월 10일 다케토가 다카후사를 겁내 세 번째로 오우치씨를 떠나 지쿠젠으로 도망했다. 마침내 8월 20일 다카후사가 나이토 오키모리 등과 함께 거병하였다. 스에군은 먼저 동쪽 이쓰쿠시마 신령神領과 사쿠라오성을 점령하고, 다카후사에 호응하여 온 모리군은 사토 가나야마성과 그 인접 지역(廣島市安佐南區)을 점령하여 산요도山陽道 요충을 장악했다. 8월 28일 와카야마성에서 출진한 스에군은 다카후사가 이끄는 본대가 도쿠지德地에서, 스에 다카후사의 가신 에라 후사히데江良房榮·미야가와 후사나가宮川房長 등이 이끄는 별동대가 호후防府에서 야마구치로 진격했다. 스에군이 야마구치에 든 것은 같은 날 정오경이고, 스기·나이토 군세도 스에군 진영에 합류하였다. 스에군은 5,000~10,000명이었다고 한다.

이에 대한 요시타카의 대응은 너무 느렸다. 23일 스에군이 야마구치로 진격한다는 소문이 파다하였음에도 오토모씨 사신을 접대하여 주연을 열고 다카후사가 출진하기 전날인 27일에는 노能를 흥행하였다. 레이제이 다카토요가 스기 시게노리의 저택을 공격하자고 제안하였으나, 요시타카는 시게노리와 오키모리는 적이 되지 않을 것이라 했다고 한다.

다카후사의 침공 소식을 접한 요시타카는 오우치씨관大內氏館·지쿠야마관築山館을 나와 방어에 다소 유리한 산록의 호센지法泉寺로 물러났다. 이곳을 지키는 요시타카의 병력은 2,000~3,000 정도였다. 조직적인 저항도 없는 텅 빈 오우치씨관과 주변 근신들의 저택이 불타고, 약탈이 자행되었다. 호센지의 요시타카군은 도망하는 자가 많았다. 때문에 요시타카는 29일 야마구치를 포기하고 나가토로 도망하였다. 요시타카는 다음 날 아침 나가토 센자키仙崎에 이르러, 인척 요시미 마사요리를 의지하여 해로를 통해 이와미로 탈주하려 했으나, 폭풍우 때문에 도망칠 수 없었다. 그리하여 요시타카는 나가토 후카가와深川의 다이네이지大寧寺로 들어가 출가하고 9월 1일 자인했다(다이네이지의 변大寧寺の變). 끝까지 요시타카를 지킨 다카토요는 스에군을 맞아 장렬히 전사했다고 한다. 요시타카의 적남 오우치 요시카타大內義尊는 종자들과 함께 도망하였으나, 2일 스에군의 추격으로 살해되었다. 요시타카의 차남 도이다 기카쿠마루問田龜鶴丸는 어머니의 조부가 나이토 오키모리의 자손이어서 목숨만은 건졌다. 요시타카를 의지하여 교토에서 내려온 니조 다다후사二條尹房와 전 사다이진左大臣 산조 긴요리三條公賴(다케다 모토나리의 정실 산조노카타三條の方의 아버지), 계실繼室 오사이おさい의 아버지 간무가官務家 오쓰키 고레하루小槻伊治 등의 공가들도 살해되었다. 특히 전 곤추나곤權中納言 지묘인持明院 모토노리基規는 비참한 최후를 맞았다고 한다. 사가라 다케토와 그를 숨겨준 스기노 오키쓰라 등 요시타카파는 다카후사가 파견한 노가미 후사타다野上房忠군에게 하나오성花尾城(福岡縣北九州市八幡西區)에서 공격받아 살해되었다.

9월 4일 모토나리는 오우치령 히가시사이조東西條로 군사를 진격시켜, 요시타카파 히라가 다케야스平賀隆保가 농성하고 있는 가시라자키성을 공격하였다. 다케야스는 가시라자키성에서 도망하여, 쓰치야마성槌山城(廣島縣東廣島市八本松町吉川)의 스게타 노부사네菅田宣眞에게 의탁했다. 모토나리는 깃카와·고바야카와·시시도宍戶씨 등과 함께 군사 4,000으로 쓰치야마성을 공격하여 항복을 받았다. 모리씨는 10월 스에씨와 인척관계인 이와미 나나오성七尾城(島根縣益田市七尾町) 성주 마스다 후지카네가 요시타카 측 요시미 마사요리를 공격하였으나, 요시미씨의 지성 노토로야마성能登呂山城 공격은 요시미씨의 가신 시모세 요리사다下瀬賴定의 저항으로 실패했다. 1552년 1월 다카후사는 스기 시게노리를 나가토 만구라萬倉(宇部市) 조코지長興寺에서 자인하게 했는데, 시게노리가 요시타카에게 다카후사에 대해 참소한 것을 알고 있었기 때문이라 한다.

1552년 3월 다카후사는 요시타카의 양자였던 오토모 하루히데大友晴英(오토모 요시시게의 이복동생)를 야마구치로 맞아들여 오우치가의 가독으로 삼고, 가독을 이은 오토모 하루히데는 오우치 요시나가大內義長로 개명하였다. 다카후사도 요시나가에게 충성을 맹세하고 하루타카晴賢

로 개명하였는데, 요시나가를 허수아비 당주로 삼아 오우치가의 실권을 장악했다.

1551년 9월의 다이네이지의 변으로 군사력 강화를 강조하는 요시나가·하루타카 연합정권이 탄생하였다. 군사력 강화를 위해서는 오우치가 수하 재지영주와 다이묘들에게 부역을 증대하여야 했는데, 이는 재지영주와 수하 신하들의 반발을 사 오히려 영국 통치가 불안해졌다. 게다가 위 모반에 협조했던 스기 시게노리가 본래 사이가 좋지 않던 하루타카(다카후사)와 다시 대립하여 살해당하는 등 정권의 중추부 역시 불안정하였다.

그런 상태에서 1554년 이후 요시미 마사요리와 모리 모토나리 등이 오우치가에서 이탈하고, 요시나가(하루히데)는 가신들을 결속시킬 만한 힘도 능력도 없었다. 1555년 하루타카는 후에 서술하는 이쓰쿠시마 싸움에서 모리 모토나리에 패하고 자인하였고 이는 오우치가를 지탱할 기둥이 없어진 것이나 진배없었다. 이를 계기로 오우치씨는 쇠퇴의 길로 들어섰다. 우선 표면화한 오우치씨 가신단 내부의 분열이 해결되지 않은 채, 모리씨의 야마구치 침략을 받은 요시나가는 1557년 자인했다(보초 경략防長經略). 이렇게 하여 오우치씨의 영욕은 역사 속으로 사라졌다. 요시타카가 사망한 때로부터 6년도 되지 않은 시점이었다.

다카후사의 모반에 동조했던 모토나리는 사토군 등을 영지로 획득하였고, 히라가씨와 아소누마阿曾沼씨가 모리씨 휘하로 들어와 아키 대부분이 모리씨의 지배 하에 놓이게 되었다. 그리고 위에서 보았듯이 오우치씨와 크게 대립하고 있던 아마고 하루히사는 1552년 4월 2일 이즈모·오키·호키·이나바·미마사카·비젠·빗추·빈고 8개국 슈고에 임명되었다. 다이네이지의 변으로 대의명분을 얻은 아마고씨는 이제까지 오우치씨의 지배 하에 있던 빈고로 출진하였다. 정변으로 재빠른 출진이 불가능했던 요시나가·하루타카를 대신하여 모토나리가 아키

의 재지영주들을 이끌고 아마고씨에 저항하여, 7월부터 다음해 1553년 10월까지 단속적으로 지속된 공방전 끝에 아마고군을 격퇴시킨다. 그리하여 빈고 야마우치씨·미야宮씨·와치和智씨·미요시씨 등도 모토나리에게 복속하였고, 아키의 유력 재지영주들을 이끄는 모리씨는 오우치·스에씨에 대항할 만한 세력으로 부상했다. 스에씨와 요시미씨는 장기간에 걸쳐 서로 대립한 사이였으나, 요시타카와 관계가 깊었던 요시미 마사요리는 모반한 스에 하루타카에게 대항했다. 1554년 요시타카의 자부였던 요시미 마사요리가 하루타카에게 공공연히 반기를 들고 거병하였다(산본마쓰성 싸움三本松城(현 쓰와노성津和野城)の戰い).

이 싸움은 모리씨가 오우치씨에게서 독립하는 계기가 되었다. 세토내해의 교통거점 이쓰쿠시마의 권익에 주목하고 있던 스에 하루타카는 다이네이지의 변으로 가장 먼저 접수한 이쿠쓰시마에 통행료駄別料를 징수하기 시작했다. 요시타카 통치기까지는 무라카미 수군村上水軍이 통행료를 징수하였기 때문에, 무라카미 다케요시村上武吉 등이 하루타카에게 반발하였다. 이것이 후의 이쿠쓰시마 싸움에서 무라카미 수군이 모리 측으로 가담하는 한 요인이었다. 당시 각 지역에서 슈고와 슈고다이의 대립·항쟁이 지속되고 있었으나, 굴지의 슈고 오우치 요시나가가 모리씨에게 이쿠쓰시마 싸움에서 완패한 것은 당시 지배자들에게 큰 충격을 주었다.

한편 명은 오우치 요시나가를 찬탈자로 보아 일명무역의 재개를 허락하지 않고 해금정책을 강화했다. 그리고 오우치씨의 왜구 통제가 풀리면서 왜구의 활동이 다시 활발해지고, 밀무역도 활성화되었다. 그러나 왜구 활동이 진압되자, 명은 일본과의 무역을 단절해 버렸다. 중국동전의 수입에 의존하고 있던 일본경제는 통화부족에 빠졌고, 통화를 사용하는 관고제(간다카제貫高制)에서 쌀을 사용하는 석고제(고쿠다카제石高制)로 이행하지 않을 수 없었다. 이러한 상황에서 명 대신에

생사를 수입하기 위해 포르투갈 무역이 성행하게 되었다(남만무역南蠻貿易).

한편 오토모 요시아키는 1550년 병약한 적남 오토모 요시시게大友義鎭를 폐하고, 총애하던 3남 시오이치마루鹽市丸에게 가독을 물려주려 했다. 요시아키가 총신 이리타 지카자네入田親誠와 공모하여 요시시게파 가신들을 차례로 살해하자, 위기를 느낀 요시시게파 가신들이 역습을 감행했다. 2월 10일 요시시게파 가신 쓰쿠미 미마사카노카미津久見美作守, 다구치 아키치카田口鑑親 등이 요시아키 거관을 습격하였다. 이때 거관 2층에 있던 시오이치마루와 그의 어머니가 살해되고, 요시아키도 중상을 입어 이틀 후인 2월 12일 사망한다(니카이쿠즈레의 변二階崩れの變). 이 사건에 요시시게가 직접 관여하지 않았다는 것이 정설이나, 아마도 관여하였을 것이다. 가독은 적남 요시시게(소린宗麟)가 이었다.

위에서 보았듯이, 1551년 오우치 요시타카가 가신 스에 다카후사의 모반으로 자인하고, 오토모 요시시게의 동생이 오우치 요시나가로 개명하여 1552년 3월 오우치가의 당주가 되었다. 이로써 무로마치 막부시대를 통해 상호 대립하던 오우치씨와 오토모씨의 대립은 종식 되고, 오우치씨에 복속하였던 북규슈 재지영주들은 오토모씨에 복속하여, 스오와 나가토에서 오토모씨의 영향력이 강화되었다. 특히 하카타博多를 확보한 오토모씨는 큰 이익을 얻었다.

오토모 요시시게는 1554년 복권을 노린 숙부 기쿠치 요시타케菊池義武의 반란을 진압하고 기쿠치씨를 멸하여 히고를 확보했다. 그러나 아버지 요시아키의 죽음과 요시시게의 기독교에 대한 관심, 그리고 영내에의 기독교 포교 인정으로 오토모 가신단 사이의 대립이 심화되었다. 1553년 이치마타 아키스케一萬田鑑相(이치마타一萬田 부인과 이치마타 아키자네一萬田鑑實의 아버지), 1556년 오바라 아키모토小原鑑元가 모반을 일으키는 등(세이시 대립사건姓氏對立事件), 요시시게 치세는 초기부터

376

고난의 연속이었다. 이즈음 요시시게는 본거지를 후나이府內에서 니우지마성丹生島城(우스키성曰杵城. 大分縣曰杵市大字曰杵字丹生島)으로 옮겼다.

한편 위에서 보았듯이 1551년 다이네이지의 변을 통해 오우치 요시타카를 몰아내고 실권을 장악한 스에 다카후사는 이와미 산본마쓰성에서 거병한 요시미 마사요리를 공격하였다. 이때 요시미 마사요리가 모토나리에게 협조를 요청하고, 고전하던 스에 다카후사가 대규모 이와미 공격 계획을 세워 1554년 정월경 모토나리에게 원군을 요청했다. 위 양자에게 원군을 요청받은 모토나리는 처음에는 다카후사의 요청에 응하려 하였으나, 모리 다카모토가 "다카후사에게 가세하는 것은 어쩔 수 없으나, 마사요리 토벌 후에 아버지 모토나리가 다카후사에게 구속될 수 있으니, 모리가를 존속시키기 위해서 자신과 모토하루가 출진하면 의리를 세울 수 있다"고 주장하면서, 언젠가 천벌을 받을 모반자 다카후사에게 모토나리가 직접 가세하는 일을 단호히 반대했다. 또한 모토나리가 요시다 고리야마를 비우게 될 경우, 배후에 있는 아마고씨가 움직일 염려도 있었다.

1554년 3월 1일 오우치 요시나가를 총대장으로 하는 오우치군이 산본마쓰성을 향해 출진하였으나, 모토나리가 영 출진할 기색을 보이지 않았다. 그런데 2월 하순 다카후사가 모토나리에게 통보도 하지 않은 채, 아키 재지영주들에게 출진을 재촉하는 서장을 보냈다. 이것은 모리씨와 재지영주들 사이를 갈라놓으려는 다카후사의 책동이었다. 그러나 다카후사 밀사가 3월 모리 측 히라가 히로야스·히로스케에게 체포되었다. 히로야스·히로스케는 이제까지의 서장과 밀사를 모토나리에게 보냈다. 서장의 내용은 아키·빈고 지역의 재지영주들에 대한 지배권을 모토나리에게 준다는 약속과는 다른 것이었다.

이에 모토나리는 1554년 3월 오우치·스에씨와의 결별을 선언하고, 사쿠라오성을 비롯해 4개 성을 공략하고, 이쓰쿠시마까지 점령해 버렸다. 그리고 다카후사와 대결하기 위해 이쓰쿠시마와 히로시마만 주변의 성들과 수군의 경비를 강화하였다. 모리군은 5월 15일 스오 구가군玖珂郡까지 침공하여 스에군과 교전하였다. 이에 대해 다카후사는 가신 미야가와 후사나가宮川房長를 급파하였으나, 6월 5일 오시키바타 싸움折敷畑の戦い에서 모리군에게 패배하였다. 그 후 모리군은 산본마쓰성을 공격하고 있는 오우치·스에군을 배후에서 견제하기 위해 사에키군佐西郡 야마사토山里로 진출하였으나 스에 측 재지 잇키 세력地下人一揆의 저항을 받고, 8월에도 잇키 세력을 공격하였으나, 10월 25일에서야 도모타友田 다카모리高森를 공략할 수 있었다.

위 공략의 지연으로 모리 측은 전략에 약간의 차질을 빚은 것으로 보이나, 6월 중순 모리 측 수군이 스에씨 본거 스오 도미타우라富田浦(와카야마성若山城 주변)를 급습하였다. 이에 대응하여 스에 측 수군이 이쓰쿠시마를 공격하였으나, 모리 측이 미야오성宮尾城(廣島縣廿日市市宮島町)을 잘 지켜 스에군의 상륙을 저지했다. 7월 다카후사의 책략으로 구레吳·노미能美 수군이 모리씨를 이반하였으나, 9월 모리와 고바야카와군이 이들을 토벌하여 노미시마能美島를 점령하였다.

오우치·스에 측은 산본마쓰성 싸움이 진행되고 있어서, 주력군을 움직일 수 없었던 8월 하순(9월 2일이라고도 함) 마사요리와 화해하고, 이후 다카후사는 모리씨 대책에 전념했다. 다카후사는 오시키바타 싸움 직후인 6월 7일 이와미 마스다 후지카네益田藤兼에게 서장을 보내, 아마고씨와 연합하여 모리씨를 협격할 것을 제안했다. 이에 대해 모토나리는 아마고씨와 적대하고 있던 빗추의 미무라三村씨와 이와미의 후쿠야福屋씨를 지원하여 아마고씨를 견제하였다. 그리고 9월 10일 오우치씨에게 공격받아 규슈 북부(부젠·지쿠젠)를 잃은 쇼니 후유나오에게 밀서를 보내 거병할 것을 재촉했다. 이것도 오우치·스에씨를 견제하기 위한 것이었다.

한편 1554년경 모리씨 일문 시시도 다카이에의 딸을 고바야카와 다카카게의 양녀로 삼아, 그녀를 무라카미 수군의 일족인 무라카미 미치야스(來島村上氏)에게 시집보냈다. 그리하여 무라카미 수군을 모리씨 측에 둘 수 있게 되었다. 그리고 모리 측은 1555년 2월 19일 스에씨 가신 에라 후사히데江良房榮에게 300관의 소령을 준다는 조건으로 내응하라는 책략을 펼쳤다. 그러나 후사히데가 더 많은 소령을 요구하자 모토나리는 후사히데의 내응을 오우치 측에 흘렸다. 이 소식에 접한 다카후사는 3월 16일 히로나카 다카카네弘中隆包를 시켜 이와쿠니 고하쿠인岩國琥珀院에서 후사히데를 쳤다.

모리군의 공세로 니호성仁保城(廣島縣廣島市南區)에서 도망쳐 후추府中 데바리성出張城(廣島縣安芸郡府中町宮の町)에서 농성하던 시라이 가타타네白井賢胤가 1555년 정월 수군을 이끌고 구사쓰성草津城(廣島縣廣島市西區)과 모리 측 가와치 수군의 거점을 습격하여, 모리군과 교전하였다. 3월 15일 에라 후사히데가 수군 140척으로 이쓰쿠시마를 습격하였다. 그 후 노마 다카자네野間隆實가 모리 측을 이반하여 시라이 가카타네와 함께 우미타우라海田浦와 니호시마仁保島를 공격하였다. 이어 4월 8일 에라 후사히데 측이 70~80척의 배를 이끌고 이쓰쿠시마를 공격하여 왔다.

4월 9일 모토나리가 이끄는 모리군 3,500이 노마 다카자네군 1,200과 스에군 300이 지키는 야노성矢野城(廣島縣廣島市安芸區矢野町)을 공격하여, 4월 11일 항복을 받았다. 그리고 이 시기 가마가리시마蒲刈島와 구라하시지마倉橋島에 있던 다가야多賀谷씨를 공격하였다. 5월 13일 스에 수군 100척이 이쓰쿠시마를 공격하여 오자 모리군도 이에 응전하였고, 6월 모토나리 자신이 이쓰쿠시마로 들어가 미야오성宮尾城(廣島縣廿日市市宮島町) 등을 시찰하고, 군사 500을 미야오성으로 들여보냈다.

7월 7일 스에 측 시라이 다카타네가 미야오성을 공격하고, 10일 미우라 후사키요三浦房淸가 이끄는 수군 500이 니호성을 공격하였으나,

모리측 가가와 미쓰카게香川光景군 200이 이 공격을 막아냈다. 이 패전으로 후사키요는 다카후사에게 이쓰쿠시마로 상륙할 것을 건의했다고 한다.

마침내 9월 21일 스에 다카후사는 스오·나가토·부젠·지쿠젠 지역의 2만 군세를 이끌고 출진하여, 구가군 이마쓰今津·무로키室木에서 500척의 선단을 이끌고 이쓰쿠시마로 향했다. 이 수군은 21일 이쓰쿠시마 오키아이沖合에 도착, 22일 아침 이쓰쿠시마로 상륙했다. 스에군은 미우라 후사키요三浦房淸와 야마토 오키타케大和興武를 선봉으로 삼고, 다카후사는 본진을 미야오성이 보이는 도노오카塔の岡에 설치했다. 스에군은 다이쇼인大聖院과 미센弥山에 이르는 넓은 지역에 포진하고, 북쪽 스기노우라杉ノ浦에서 남쪽 스야우라須屋浦까지의 바다에도 수군이 진을 쳤다. 스에군은 미야오성을 능선에서 공격하고, 성의 수원을 차단했다. 24일 스에군의 상륙 소식에 접한 모리군은 사토 가네야마성에서 출진하여, 수군 기지 구사쓰성에 착진했다. 모토나리·다카모토가 이끄는 모리군에 깃카와 모토하루와 구마가이熊谷씨·하라가平賀씨·아마노天野씨·아소누마阿曽沼씨 등 아키 재지영주들이 가담하고, 고바야카와 다카카게의 수군도 합류했다. 이때의 모리군은 4,000(미야오성 성병 제외), 수군 군선 110~130척 정도였다고 한다(무라카미씨의 수군을 합쳐도 200척이 안 된다).

26일 모토나리는 구마가이 노부나오熊谷信直에게 50~60척을 주어 미야오성으로 파견하고, 다카카게에게 무라카미 수군의 원군을 재촉하라고 했다. 이 시기 미야오성은 해자가 메워지고, 수원이 차단되어 있었다. 스에군은 29일 미야오성을 공격하려다가 일기가 나빠 연기하였다. 모토나리는 28일 구사쓰성을 나와 전군을 출진시켰고, 같은 날 무라카미 수군 200~300척이 모리군 구원에 나섰다고 한다. 30일 저녁 6시 무렵 폭풍우가 몰아치는 악천후에도 불구하고 모토나리·다카모토·모토하루가 이끄는 모리 본대(제1군), 다카카게가 이끄는 제2군, 수군(제3군)이 각각 이쓰쿠시마로 출진하였다. 모리군은 스에군에 발견되지 않도록 동쪽으로 돌아들어 9시경 이쓰쿠시마 동쪽 쓰쓰미가우라包ヶ浦로 상륙했다. 모토나리는 고다마 나리카타兒玉就方에게 모든 군선을 돌려보내라고 명하여, 배수진을 쳤다. 그 후 선진 깃카와군이 바쿠치오博奕尾 고개를 향해 산길로 진군했다.

한편 제2·3군은 밤바다를 작전대로 오노세토大野瀨戶(이쓰쿠시마 서쪽)까지 서진, 크게 우회하여 이쓰쿠시마진자 오토리이大鳥居 부근까지 나아갔다. 『반다이키万代記』에 따르면, 저녁 9시경 이쓰쿠시마진자 앞바다까지 진군한 고바야카와군이 노미 무네카쓰乃美宗勝 등의 진언에 따라 적과 아군을 구별할 수 없는 어둠과 바람 속에서 해안에 접근하여 "지쿠젠에서 가세하러 왔으니, 스에 님께 인사를 올리고 싶다"고 하며 상륙했다고 한다. 그리고 제3군 무라카미 수군은 오키아이에서 대기하며 개전을 기다렸다.

10월 1일 6시경 모리군의 기습작전이 개시되었다. 바쿠치오 고개를 넘어온 모리군 주력은 스에군의 배후를 공격하고, 이에 호응하여 고바야카와군과 미야오성 농성군도 스에군 본진이 있는 도노오카를 공격하였다. 싸움이 도노오카에서 시작된 것을 보고, 오키아이에 대기중이던 무라카미 수군이 스에 수군을 공격하여 배를 불태웠다. 전날의 폭풍우로 긴장감을 늦추고 있던 스에군은 비좁은 섬에 대군이 주둔하고 있어서 진퇴가 자유롭지 못한 상태였고, 결국 완전히 무너졌다.

모리군의 협공으로 낭패를 본 스에군 장병들은 섬을 탈출하는 과정에서 배가 침몰하기도 하여, 다수가 익사하였다. 히로나카 다카카네弘中隆包·미우라 후사키요·야마토 오키다케 등이 소수의 병력으로 모리군에 저항하였으나, 혼란에 빠진 스에군은 반격을 가할 상황이 아니었다. 이에 다카후사는 섬 탈출을 시도했다. 깃카와군이 서쪽으로 도망한 다카후사 등을 쫓고, 그것을 막기 위해 히로나카 다카카네·다카스케隆助 부자가 군사 500으로 이쓰쿠시마진자 남쪽의 다키코지瀧小路를 등지고 맞섰다. 도중에 스에 측 아오카게靑景씨·하타노波多野씨·마치노町野씨 등 군사 300이 옆에서 깃카와군을 돌파하여 히로나카군이 우세해졌으나, 마침 모리 측 구마가이 노부나오·아마노 다카시게天野隆重 등의 원군이 달려왔기 때문에, 히로나카군은 다이쇼인으로 퇴각해야 했다. 이때 모리군의 추격을 막기 위해 히로나카 다카카네 등이 이쓰쿠시마진자에 불을 질렀다. 이때 이쓰쿠시마진자 화재를 걱정한 모토하루는 병사들에게 소화를 명했다고 한다.

다카후사는 상륙했던 오모토우라大元浦까지 이르렀으나, 탈출할 배가 없었다. 마침 다카카게가 추격해 오고, 후사키요가 이에 대항하여 용감히 싸웠으나 이쓰쿠시마진자 화재를 진화한 후 추격해 온 모토하루군이 가세하자, 후사키요 등은 죽음을 맞았다. 소수의 근위병과 함께한 다카후사는 더욱 서쪽의 오호에우라大江浦까지 갔으나, 그곳에도 배는 없었다. 마침내 스에 다카후사는 오호에우라에서 자인하고, 야마토 오키타케는 가가와 미쓰카게香川光景와 싸운 후 체포되어 1개월 후 살해되었다(이쓰쿠시마 싸움嚴島の戰い).

이 싸움 후 오우치씨는 급격히 약화하였다. 10월 5일 모리군은 스오·나가토 침략을 개시하고, 1557년 다카후사에 의해 옹립된 요시나가는 가쓰야마성에서 자인하였다. 이로써 유력 다이묘 오우치씨는 멸망하고, 오우치씨의 소령을 차지한 모리씨는 굴지의 대 다이묘로 도약하게 된다. 이후 모리씨는 하카타와 이와미 은광을 차지하기 위해 규슈 오토모씨와 산인 아마고씨와 대립하게 된다.

한편 모리 모토나리는 스오·나가토를 침략하기 위해 오토모 요시시게와 화해하고, 오토모씨의 지쿠젠·부젠 지배를 용인했다. 그러나 스오·나가토 공략이 성공하자, 모토나리는 오토모씨와의 약속을 파기하고, 스에 하루타카와 오우치 요시나가를 멸망시킨다. 그리고 스오·나가토를 평정한 후 무역도시 하카타를 지배하에 두기 위해 부젠·지쿠젠 침략을 기도한다. 1554년 모리씨의 깃카와 모토하루·고바야카와 다카카게小早川隆景가 2만 군사를 이끌고 누루유 몬도怒留湯主水가 소수의 병력으로 지키고 있던 모지성門司城을 기습·공략하고, 그곳에 니호 나리사다仁保就定를 주둔시켜 북규슈 침략의 거점으로 삼았다. 오토모씨는 부젠의 영주들을 확보하기 위해, 10월 13일부터 15일까지 벳키 아키쓰라戶次鑑連(다치바나 도세쓰立花道雪)·다와라 지카히로田原親宏·우스키 아키스미臼杵鑑速·요시히로 아키마사吉弘鑑理·사이토 시게자네齋藤鎭實 등 오토모군 15,000명을 부젠 야나기가우라柳ヶ浦로 보내 모리 모토나리와 고바야카와 다카카게를 대파하고, 아키쓰라는 장병 중 뛰어난 궁수 800명을 선발하여 모리군을 맹공격하였다. 이 기세에 눌린 모리군은 공포감과 초조감에 전의를 상실하고, 오토모씨는 모지성을 탈환하였다(제1차 모지성 싸움門司城の戰い).

모토나리가 북규슈로 진출하자, 오토모 요시시게는 모리씨와의 결전을 결심하고, 모리씨와 내통한 지쿠젠 아키즈키 후미타네秋月文種를 멸하여 북규슈의 옛 오우치령을 확보했다. 그리고 1554년 무로마치 막부 제13대 쇼군 요시테루에게 조총과 화약 제조서를 헌상하는 등 쇼군과의 관계를 강화하였다. 그러나 1557년 오우치 요시나가가 모리 모토나리에게 침략당해 자인하면서 오토모씨의 스오 방면에 대한 영향력도 상실하게 되었다.

이제 양자의 대립은 피할 수 없게 되었다. 1558년 6월 고바야카와 다카카게가 모지성을 공격하여 함락시켰다. 모리군은 오토모 측의 누루유 몬도를 쫓고, 모지성에 니호 다카야스仁保隆慰를 병력 3,000과 함께 배치하여 지키게 했다. 모리 다카모토는 간몬關門 해협을 제압할 수 있는 북규슈 최고의 요충지 모지성을 거점으로 규슈 진출을 기도했

다. 그리고 지쿠젠, 부젠 방면의 장수들에게 계략을 써서 지쿠젠 무나카타宗像씨, 부젠 나가노長野씨를 끌어들여, 오토모씨에게 반기를 들게 하였다(제2차 모지성 싸움門司城の戰い).

한편 요시시게는 1559년 6월 다대한 헌금을 바쳐 부젠·지쿠젠 슈고로 임명되고, 11월 규슈탄다이에도 임명되었으며, 1560년 사에몬노카미左衛門督에 임관되었다. 그런데 1559년 9월 요시시게가 다와라 지카히로田原親宏, 다와라 지카카타田原親賢 등에게 모지성 공격을 명하자, 모리 모토나리는 모리 다카모토, 고바야카와 다카카게 등에게 모지성을 후방에서 지원하도록 했다. 다카카게는 고다마 나리카타兒玉就方에게 해상봉쇄를 명하고, 모지門司와 고쿠라小倉 사이에 미노 무네카쓰乃美宗勝 군사를 상륙시켜 오토모군을 공격하고, 수군을 파견하여 오토모군의 퇴로를 차단하였다. 오토모군은 할 수 없이 퇴각하였다(제3차 모지성 싸움).

이어 1561년 8월 오토모 요시시게가 모지성 재공격을 명하자, 다와라 지카히로·요시히로 시게노부吉弘鎭信 등이 15,000여 병사를 이끌고 분고 오토모관大友館(大分縣大分市上野町)으로 진출하여 모지성을 포위했다. 이때 하카타에 정박해 있던 포르투갈선이 요시시게의 요청을 받아 모지성에 대포를 쏘았다고 한다. 이에 대해 8월 21일 모토나리는 적남 모리 다카모토·3남 고바야카와 다카카게에게 후방 지원을 명하였다. 다카모토는 전군을 지휘하기 위해 나가토 후추府中(長府)에 체재하고 다카카게가 모지성으로 향했다.

9월 2일 오토모군은 다케다 시마노카미武田志摩守, 혼조 신베에本城新兵衛, 이마에 도사노카미今江土佐守를 선봉으로 삼아 모지성을 포위했다. 9월 13일 모지성 주위로 수많은 오토모군이 운집하였고, 다카카게는 호리타테 이키노카미堀立壹岐守의 소수의 군사와 분고 슈고다이 스기씨 일족 800명으로 결사대를 꾸려 간몬 해협을 건너 오토모군 포위망을 뚫고 모지성으로 들어갔다. 다카카게는 고다마 나리카타에게 아키가와 수군 수십 척으로 호치쿠豊筑(기타큐슈의 부젠시豊前市와 지쿠조군築上郡) 연안을 습격하게 하여 오토모군의 배후를 교란시켰다. 오토모군은 부젠 누마沼의 모리군 지대支隊를 습격하였으나, 대세에는 영향을 미치지 못했다. 10월 9일 오토모 요시시게는 모지성 성내의 이나다 단조稻田彈正, 구즈하라 효고노스케葛原兵庫助를 꼬여 내응하도록 하였으나, 내통자가 발각되었다.

다카카게는 위 계략을 역이용하여, 10월 10일 위장 내통 신호를 보내 오토모군을 유인하는 데 성공했다. 다카카게는 도해하여 모지성으로 들어가 전군을 지휘하였다. 노미 무네카쓰乃美宗勝와 고다마 나리카타는 다카모토의 명을 받아 오토모군 측면을 공격하여 묘진비明神尾를 점령하고 오사토大里까지 몰아냈다. 이 싸움에서 오토모 측의 다키타 아키나리田北鑑生가 중상을 입었다. 이때 무네카쓰는 적장 미마사카 단조사에몬伊美彈正左衛門과 단기로 싸워 승리하였고, 이 기세를 탄 모리군이 오토모군에게 승리하였다. 10월 26일 오토모군이 다시 모지성을 총공격하였다. 메카리진자和布刈神社 뒤편에서 모지산 산록으로 오토모군 우스키臼杵씨, 다와라田原씨, 도쓰기戸次씨, 사이토 요시히로 등이 공격을 가하고, 우스키 아키하야臼杵鑑速와 다와라 지카카타田原親賢 등의 철포대가 고바야카와군에 사격을 가하여 손해를 입혔다고 한다. 그러나 모지성 함락에는 실패한 오토모군은 저녁 즈음 오사토까지 철수하였다. 11월 5일 모지성 공격을 단념한 오토모군은 성 포위를 풀고 귀환하였다. 오토모군의 퇴각은 배후에 있던 부젠 마쓰야마성松山城(福岡縣京都郡苅田町)과 우마가다케성馬ヶ岳城(福岡縣行橋市津積馬ヶ岳)이 모리군에게 공략당했기 때문이라고도 한다. 모리군은 퇴각하는 오토모군을 기다리고 있다가 타격하였으며, 오토모씨 측 시가 아키타카志賀鑑隆가 지키는 가와라다케성香春岳城은 이미 9월경 공략된 것으로 보인다(제

4차 모지성 싸움). 이 패배로 오토모 요시시게는 출가하여 소린宗麟이
라 하였다.

소린은 1562년 9월 13일 모리군에 떨어진 마쓰야마성을 탈환하고자
10월 13일 제2차 야나기가우라 합전柳浦合戰을 벌이고, 11월 19일 여러
차례 마쓰야마성을 공격하였으나 성공하지 못했다. 한편 이즈모 공략
(제2차 갓산 도다성 싸움)을 준비한 모리 모토나리는 쇼군 요시테루를
중재자로 하여 모리·오토모 화해교섭을 시작하였다. 교섭은 난항을
거듭하던 끝에 모지성은 모리씨가 차지하고, 마쓰야마성은 오토모씨
에게 넘기고, 가와라다케성은 파기하는 것으로 결정하였다. 마침내
1564년 3월 25일 제3차 야나가우라 합전 후 7월, 위 조건으로 양자
사이에 화해가 성립하였다. 그리고 오토모 소린의 딸을 모리 데루모토
(다카모토의 아들)와 결혼시키기로 했다가 모리 모토나리의 8자 스에쓰
구 모토야스末次元康와 결혼시키는 것으로 결정되었다. 그러나 이 결혼
은 실행되지 않았다. 1566년 갓산 도다성이 모리씨에게 함락되고,
아마고씨가 모리씨에게 항복하자, 모리씨와 오토모씨는 다시 싸웠다
(다타라하마 싸움多々良浜の戰い).

이처럼 요시시게는 명실공히 규슈 최대 영역을 장악한 다이묘로서
오토모씨의 전성기를 구축하였으나, 1557년 이래의 모지성 싸움에서
모리 모토나리에게 패배하였다. 그 후 요시시게는 쇼군가에 막대한
원조를 계속하고, 1563년에는 쇼군 요시테루의 쇼반슈에 임명되었다.
그리고 위에서 보았듯이 1564년 쇼군을 중재자로 하여 모리씨와 화해
함으로써 북규슈의 권익을 확보하였다.

한편 1557년 모리 모토나리에게 쫓긴 오우치 요시타카가 자인하고,
오우치령의 많은 부분이 모리령으로 편입되었다. 이 여세를 몰아 이와
미 동부로 진출한 모리씨는 1558년, 오가사와라 나가카쓰의 거성 누쿠
유성溫湯城(島根縣邑智郡川本町)을 공격하였다. 아마고 하루히사가 오가사

와라를 구원하기 위해 출진하였으나 호우로 강물이 불어나 강을 건너지 못했고, 1559년 8월 오가사와라씨는 모리씨에게 항복했다. 모리씨는 이와미 은광을 탈취하기 위해 은산을 지키는 요충지 야마부키성을 공략하였으나 실패하고 야마부키성 성주 혼조 쓰네미쓰의 추격 속에서 탈주하여(고로자카 싸움降露坂の戰い), 10월 오타大田에서 귀환하였다. 결국 모리씨는 아마고 하루히사가 살아 있는 동안에는 이와미 은산을 탈취하지 못했다. 한편 1560년 하루히사는 빗추 조보군上房郡(현 高梁市)에서 모리 측의 재지영주 미무라 이에치카三村家親와 싸워 승리하였다. 그러나 하루히사는 1561년 1월 9일 갓산 도다성에서 47세의 나이로 사망하고, 적남 아마고 요시히사尼子義久가 그 뒤를 이었다.

이와미 은광 문제를 해결하지 못한 채 하루히사가 급사하자 아마고 가신단이 동요하였다. 신구토의 숙청으로 유력한 친족들이 거의 없던 상태에서 요시히사가 당주를 계승한 상황에서 아마고씨에게 숙청되어 억압받고 있던 재지영주들의 불만이 일거에 폭발하기 시작했다.

하루히사의 사망 소식을 접한 모리씨는 다시 이와미 침공을 개시했다. 이에 요시히사는 이와미 은광산을 둘러싼 모리씨와의 기존 대결정책을 변경하여, 막부 중재를 통한 화해정책을 추진하려 하였다. 그러나 모리 모토나리가 요시히사의 의도를 역이용하여 아마고씨 공략을 획책하고, 화해조건으로서 아마고씨의 이와미 불간섭을 내놓았다(운케이 화의雲藝和議). 요시히사는 이 조건을 받아들였고, 이로써 모리씨가 노린 대로 아마고씨에 의지하여 모리씨에 반란을 일으킨 후쿠야福屋씨가 고립되고, 후쿠야씨에게 군사원조를 하려 했던 혼조 쓰네미쓰, 우시오 히사키요牛尾久淸, 다코 도키타카多胡辰敬 등 이와미에 주둔 중인 아마고 가신과 온센 히데나가 등 아마고 측 재지영주들이 불리한 입장에 빠졌다. 이러한 상황은 아마고 세력의 붕괴와 관련되어 있다. 한편 요시히사는 북규슈 오토모 소린과 동맹을 맺어 모리씨의 군사력을 분산시켰다.

1562년 6월 혼조 쓰네미쓰가 모리 측으로 돌아서자, 온센 히데나가, 우시오 히사키요는 이즈모로 퇴각하고, 이즈모·이와미 경계의 사스가刺賀 이와야마성岩山城(廣島縣吳市鄕原町)이 모리씨의 공격을 받아 함락되고 성주 다코 도키타카는 자인하였다. 그리고 아카아나씨와 미사와씨 등 서이즈모 지역 유력 재지영주들이 차례로 모리 측으로 기울었다. 이러한 상황 속에서 모리 모토나리가 이즈모 침공을 개시하였다. 1563년 8월 모리씨는 마쓰다씨가 수비하는 시라가성白鹿城(島根縣松江市法吉町)을 함락시키고, 구마노성熊野城(島根縣松江市八雲町)도 함락시켰다. 모리씨의 이즈모 침공에 아마고 짓키尼子十旗(아마고씨의 본성 갓산 도다성의 방위선인 10지성)를 지키던 아카아나씨·미사와씨·미토야三刀屋씨 등 재지영주들은 거의 싸우려 하지 않고 모리씨에게 복속하였다. 이는 하루히사의 영향력과 집권화가 아직 미숙하였다는 증거로, 아마고씨 세력 내부의 내분과 불만으로 재지영주들을 결집시키지 못했음을 나타낸다.

아마고씨는 1564년 호키 에비성江美城(鳥取縣日野郡江府町) 낙성으로 병참로를 거의 제압당하면서 아마고 측의 미마사카 에미江見씨·미우라씨 가신 마키牧씨·고토後藤씨와도 용이하게 연락을 취할 수 없게 되었다. 이로 말미암아 갓산 도다성은 사실상 고립 상태였다. 마침내 모리씨는 1565년부터 갓산 도다성을 포위하고 총공세를 폈으나(제2차 갓산 도다성 싸움), 아마고군의 사기가 아직 왕성하였고, 도다성이 견고하여 모리군의 피해가 커졌다. 이에 모리군은 도다성 공격작전에서 병참 차단작전으로 전략을 바꾸었는데, 작전이 주효하여 도다성 내 병량이 부족해지고, 이에 따라 아마고군의 사기도 떨어졌다.

마침내 아마고씨 누대의 중신 가메이龜井·고모토河本·사세佐世·유湯·우시오씨가 모리군에 투항했다. 더욱이 1566년 우야마 히사카네宇山久兼(우야마 히다노카미宇山飛驒守)가 모반의 의심을 사서 주살되자, 도다성은

388

더욱 혼란에 빠졌다. 마침내 11월 28일 요시히사는 갓산 도다성 개성을 결심하고, 모토나리에게 항복 의사를 전달했다. 모토나리는 요시히사의 신병 안전을 보장한다는 내용에 3남 고바야카와 다카카게, 차남 깃카와 모토하루와 함께 서명한 서한을 요시히사에게 보내고, 요시히사는 도다성을 개성하였다. 도다성이 개성되자 이즈모 각지에서 저항하던 아마고군(아마고짓키尼子十旗의 성장城將들)도 차례로 모리군에 투항하였다. 모토나리는 요시히사와 그 형제들을 아키 엔묘지円明寺에 유폐하였다. 이로써 풍운의 센고쿠다이묘 아마고씨는 멸망하였다.

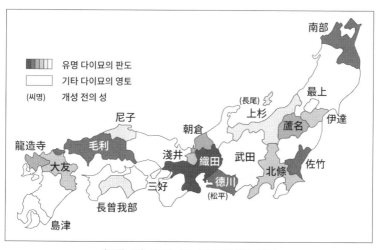

〈그림 22〉 1570년경 센고쿠다이묘 판도

부록

일본 주요 성 일람표

	성이름	한글표기	위치	별명	한글표기
001	舟山城	후나야마성	岡山縣加賀郡吉備中央町		
002	龜山城	가메야마성	岡山縣岡山市東區沼	沼城	누마성
003	加茂城	가모성	岡山縣岡山市北區加茂		
004	高松城	다카마쓰성	岡山縣岡山市北區高松		
005	岡山城	오카야마성	岡山縣岡山市北區區丸の內		
006	庭瀨城	니와세성	岡山縣岡山市北區庭瀨		
007	中島城	나카시마성	岡山縣岡山市北區中島		
008	冠山城	간무리야마성	岡山縣岡山市北區下足守		
009	龍ノ口城	다쓰노구치성	岡山縣岡山市中區祇園		
010	中井城	나카이성	岡山縣岡山市中區中井		
011	明善寺城	묘젠지성	岡山縣岡山市中區澤田		
012	松山城	마쓰야마성	岡山縣高梁市內山下		
013	鶴首城	가쿠슈성	岡山縣高梁市成羽町		
014	國吉城	구니요시성	岡山縣高梁市川上町		
015	三星城	미쓰보시성	岡山縣美作市明見		
016	三石城	미쓰이시성	岡山縣備前市三石		
017	常山城	쓰네야마성	岡山縣玉野市用吉		
018	八浜城	하치하마성	岡山縣玉野市八浜町		
019	岩屋城	이와야성	岡山縣津山市中北上		
020	高田城	다카다성	岡山縣眞庭市勝山	勝山城	가쓰야마성
021	齊田城	사이타성	岡山縣眞庭市下中津井	佐井田城	사이타성
022	松島城	마쓰시마성	岡山縣倉敷市松島		
023	畑山城	하타야마성	岡山縣倉敷市玉島柏島		
024	日幡城	히바타성	岡山縣倉敷市日畑		
025	猿掛城	사루카케성	岡山縣倉敷市眞備町		
026	天神山城	덴진야마성	岡山縣和氣郡和氣町		
027	靈山城	료젠성	京都府京都市東山區淸閑寺靈山町		
028	淀城	요도성	京都府京都市伏見區淀本町		
029	嵐山城	아라시야마성	京都府京都市西京區嵐山元祿山町		
030	將軍山城	쇼군야마성	京都府京都市左京區北白川淸澤口町		
031	中尾城	나카오성	京都府京都市左京區淨土寺大山町		
032	二條城	니조성	京都府京都市中京區二條通堀川		
033	神尾山城	간노산성	京都府龜岡市宮前町		
034	龜山城	가메야마성	京都府龜岡市荒塚町		
035	阿彌陀ヶ峰城	아미타가미네성	京都府宮津市成相寺別所		

036	今熊野城	이마쿠마노성	京都府宮津市中野行者谷		
037	宮津城	미야즈성	京都府宮津市鶴賀		
038	田邊城	다나베성	京都府舞鶴市南田邊		
039	夜久野城	야쿠노성	京都府福知山市夜久野町		
040	笠置城	가사기성	京都府相樂郡笠置町		
041	加悅城	가야성	京都府與謝郡加悅町		
042	槇島城	마키시마성	京都府宇治市槇島町		
043	山崎城	야마자키성	京都府乙訓郡大山崎町	寶寺城	호지성
044	勝龍寺城	쇼류지성	京都府長岡京市勝龍寺		
045	長浜城	나가하마성	高知縣高知市長浜		
046	朝倉城	아사쿠라성	高知縣高知市朝倉		
047	種崎城	다네자키성	高知縣高知市種崎		
048	吉良城	기라성	高知縣高知市春野町		
049	浦戶城	우라도성	高知縣高知市浦戶		
050	岡豊城	오코성	高知縣南國市岡豊町		
051	栗本城	구리모토성	高知縣四万十市赤松町		
052	中村城	나카무라성	高知縣四万十市中村丸の内		
053	畑山城	하타야마성	高知縣安芸市畑山		
054	安芸城	아키성	高知縣安芸市土居		
055	本山城	모토야마성	高知縣長岡郡本山町		
056	瓜生野城	우류노성	高知縣長岡郡本山町		
057	加久見城	가쿠미성	高知縣土佐清水市加久見		
058	己斐城	고이성	廣島縣廣島市西區己斐上		
059	銀山城	가나야마성	廣島縣廣島市安佐南區		
060	頭崎城	가시라자키성	廣島縣東廣島市高屋町貞重		
061	鏡山城	가가미야마성	廣島縣東廣島市西條町		
062	槌山城	쓰치야마성	廣島縣東廣島市八本松町吉川		
063	本鄕城	혼고성	廣島縣福山市本鄕町	大場山城	다이요산성
064	有田城	아리타성	廣島縣山縣郡北廣島町		
065	高山城	다카야마성	廣島縣三原市本鄕町		
066	旗返山城	하타가에시야마성	廣島縣三次市三若町		
067	甲立城	고타치성	廣島縣安芸高田市甲立	五龍城	고류성
068	郡山城	고리야마성	廣島縣安芸高田市吉田町		
069	桂城	가쓰라성	廣島縣安芸高田市吉田町桂		
070	猿掛城	사루카케성	廣島縣安芸高田市吉田町多治比	多治比城	다키치성
071	鈴尾城	스즈오성	廣島縣安芸高田市福原		

072	日下津城	히게쓰성	廣島縣安芸高田市向原町	坂城	사카성
073	岩山城	이와야마성	廣島縣吳市郷原町		
074	門山城	가도야마성	廣島縣廿日市市大野		
075	櫻尾城	사쿠라오성	廣島縣廿日市市櫻尾本町		
076	多賀山城	다가야마성	廣島縣庄原市高野町		
077	蔀山城	시토미야마성	廣島縣庄原市高野町新市		
078	御覽田城	고란다성	群馬縣みどり市東町		
079	和田城	와다성	群馬縣高崎市高松町	高崎城	다카사키성
080	箕輪城	미노와성	群馬縣高崎市箕郷町		
081	倉賀野城	구라가노성	群馬縣高崎市倉賀野町		
082	館林城	다테바야시성	群馬縣館林市城町		
083	山上城	야마가미성	群馬縣桐生市新里町		
084	平井城	히라이성	群馬縣藤岡市西平井		
085	名胡桃城	나구루미성	群馬縣利根郡みなかみ町下津		
086	菅原城	스가와라성	群馬縣富岡市妙義町		
087	白井城	시로이성	群馬縣澁川市白井字本丸		
088	沼須城	누마즈성	群馬縣沼田市上沼須町		
089	松井田城	마쓰이다성	群馬縣安中市松井田町		
090	手子丸城	데코마루성	群馬縣吾妻郡東吾妻町		
091	岩櫃城	이와비쓰성	群馬縣吾妻郡東吾妻町		
092	岩下城	이와시타성	群馬縣吾妻郡東吾妻町		
093	小泉城	고이즈미성	群馬縣邑樂郡大泉町		
094	那波城	나와성	群馬縣伊勢崎市堀口町		
095	廄橋城	우마야바시성	群馬縣前橋市大手町	前橋城	마에바시성
096	女淵城	오나부치성	群馬縣前橋市粕川町		
097	膳城	젠성	群馬縣前橋市粕川町		
098	金山城	가나야마성	群馬縣太田市金山町		
099	飯野城	이이노성	宮崎縣えびの市飯野		
100	佐土原城	사도와라성	宮崎縣宮崎市佐土原町		
101	都之城	미야코노성	宮崎縣都城市都島町		
102	都於郡城	도노코리성	宮崎縣西都市大字鹿野田字高屋		
103	高原城	다카하루성	宮崎縣西諸縣郡高原町		
104	高城	다카성	宮崎縣兒湯郡木城町		
105	南郷城	난고성	宮崎縣日南市南郷町		
106	飫肥城	오비성	宮崎縣日南市飫肥		
107	中新田城	나카니이다성	宮城縣加美郡加美町字北町		
108	名生城	묘성	宮城縣大崎市古川大崎字城內		

109	新沼城	신누마성	宮城縣大崎市三本木新沼		
110	岩手澤城	이와테사와성	宮城縣大崎市岩出	岩出山城	이와테야마성
111	小野城	오노성	宮城縣東松松島市小野		
112	寺池城	데라이케성	宮城縣登米市登米町	登米城	도메성
113	佐沼城	사누마성	宮城縣登米市迫町佐沼		
114	高淸水城	다카시미즈성	宮城縣栗原市高淸水東館		
115	北目城	기타메성	宮城縣仙台市太白區郡山		
116	金山城	가나야마성	宮城縣伊具郡丸森町		
117	小齋城	고사이성	宮城縣伊具郡丸森町		
118	丸森城	마루모리성	宮城縣伊具郡丸森町		
119	鶴巢館城	쓰루스다테성	宮城縣黑川郡大和町鶴巢下草	下草城, 鶴楯城	시타쿠사성
120	加治田城	가지타성	岐阜縣加茂郡富加町加治田		
121	堂洞城	도호라성	岐阜縣加茂郡富加町夕田		
122	兼山城	가네야마성	岐阜縣可兒市兼山	金山城	가나야마성
123	明智城	아케치성	岐阜縣可兒市瀬田長山		
124	關城	세키성	岐阜縣關市安櫻山		
125	加納城	가노성	岐阜縣岐阜市加納丸の内		
126	岐阜城	기후성	岐阜縣岐阜市金華山	稻葉山城	이나바야마성
127	鷺山城	사기야마성	岐阜縣岐阜市鷺山		
128	城田寺城	기다이지성	岐阜縣岐阜市城田寺		
129	船田城	후나다성	岐阜縣岐阜市水主町		
130	革手城	가와테성	岐阜縣岐阜市正法寺町		
131	大垣城	오가키성	岐阜縣大垣市郭町		
132	墨俁城	스노마타성	岐阜縣大垣市墨俁町墨俁		
133	北方城	기타가타성	岐阜縣本巢郡北方町		
134	祐向山城	이코야마성	岐阜縣本巢郡本巢市		
135	大桑城	오가성	岐阜縣山縣市大桑洞		
136	小里城	오리성	岐阜縣瑞浪市稻津町		
137	竹ヶ鼻城	다케가하나성	岐阜縣羽島市竹ヶ鼻町		
138	明知城	아케치성	岐阜縣羽島市下中町加賀野井	加賀野井城	가가노이성
139	相羽城	아이바성	岐阜縣揖斐郡大野町		
140	揖斐城	이비성	岐阜縣揖斐郡揖斐川町	白樫城	시라카시성
141	岩村城	이와무라성	岐阜縣惠那市岩村町		
142	騎西城	기사이성	埼玉縣加須市騎西		
143	菖蒲城	쇼부성	埼玉縣久喜市菖蒲町		
144	岩槻城	이와쓰키성	埼玉縣埼玉市岩槻區	岩付城	이와쓰키성

145	鉢形城	하치가타성	埼玉縣大里郡寄居町		
146	松山城	마쓰야마성	埼玉縣比企郡吉見町		
147	大佛城	다이부쓰성	埼玉縣兒玉郡美里町		
148	廣木城	히로키성	埼玉縣兒玉郡美里町		
149	金窪城	가나쿠보성	埼玉縣兒玉郡上里町		
150	羽生城	하뉴성	埼玉縣羽生市東		
151	毛呂城	게로성	埼玉縣入間郡毛呂山町	山根城	야마네성
152	高松城	다카마쓰성	埼玉縣秩父郡皆野町日野澤字高松		
153	日尾城	히오성	埼玉縣秩父郡小鹿野町		
154	天神山城	덴진야마성	埼玉縣秩父郡長瀞町岩田		
155	河越城	가와고에성	埼玉縣川越市郭町		
156	幸手城	삿테성	埼玉縣幸手市中		
157	忍城	오시성	埼玉縣行田市本丸		
158	鳥取城	돗토리성	鳥取縣鳥取市東町		
159	二上山城	니조잔성	奈良縣葛城市加守		
160	辰市城	다쓰이치성	奈良縣奈良市東九條町		
161	多聞山城	다몬야마성	奈良縣奈良市法蓮町		
162	筒井城	쓰쓰이성	奈良縣大和郡山市筒井町		
163	片岡城	가타오카성	奈良縣北葛城郡上牧町		
164	信貴山城	시기산성	奈良縣生駒郡平群町信貴畑		
165	臼杵城	우스키성	大分縣臼杵市大字臼杵字丹生島	丹生島城	니우지마성
166	星河城	호시코성	大分縣臼杵市野津町		
167	玖珠城	구스성	大分縣玖珠郡玖珠町		
168	角牟禮城	쓰노무레성	大分縣玖珠郡玖珠町		
169	日出生城	히주성	大分縣玖珠郡玖珠町		
170	鶴崎城	쓰루사키성	大分縣大分市南鶴崎		
171	鶴賀城	쓰루가성	大分縣大分市大字上戶次		
172	高崎山城	다카사키산성	大分縣大分市大字神崎		
173	鏡城	가가미성	大分縣大分市大字竹中		
174	小岳城	오타케성	大分縣大分市上判田字小岳		
175	繁美城	시게미성	大分縣大分市野津原町太田		
176	府內城	후나이성	大分縣大分市荷揚町		
177	小牧城	고마키성	大分縣大野市緒方町		
178	一万田城	이치만다성	大分縣大野市朝地町池田		
179	宇佐城	우사성	大分縣宇佐市		
180	時枝城	도키에다성	大分縣宇佐市下時枝		
181	船ヶ尾城	후네가오성	大分縣由布市庄内町		

182	杵築城	기쓰키성	大分縣杵築市杵築		
183	穴田砦	아나가코이도리테	大分縣佐伯市本匠大字井ノ上	囲ヶ岳砦	가코이사도리테
184	栂牟禮城	도가무레성	大分縣佐伯市上岡		
185	朝日岳城	아사히다케성	大分縣佐伯市宇目大字鹽見園		
186	笹原目城	사사하라메성	大分縣竹田市久保	篠原目城	시노하라메성
187	南山城	미나미야마성	大分縣竹田市久住町		
188	三船城	미후네성	大分縣竹田市久住町		
189	山野城	야마노성	大分縣竹田市久住町		
190	高城	다카성	大分縣竹田市九重野	緩木高城	유루기타성
191	岡城	오카성	大分縣竹田市大字竹田		
192	騎牟禮城	기무레성	大分縣竹田市飛田川		
193	小松尾城	고마쓰오성	大分縣竹田市神原	神原城	간바라성
194	津賀牟禮城	쓰가무레성	大分縣竹田市入田		
195	戶次城	헤쓰기성	大分縣竹田市片ヶ瀨		
196	駄原城	다바루성	大分縣竹田市戶上駄原畑		
197	中津城	나카쓰성	大分縣中津市二ノ丁		
198	田中城	다나카성	大分縣豊後大野市大野町		
199	松尾城	마쓰오성	大分縣豊後大野市大野町		
200	烏岳城	가라스다케성	大分縣豊後大野市緒方町		
201	小牧城	고마키성	大分縣豊後大野市緒方町		
202	高尾城	다카오성	大分縣豊後大野市緒方町		
203	堅田城	가타타성	大津市本堅田町		
204	深井城	후카이성	大阪府堺市中區深井中町		
205	高槻城	다카쓰기성	大阪府高槻市城內町		
206	芥川山城	아쿠타가와야마성	大阪府高槻市原字城山		
207	飯盛山城	이이모리야마성	大阪府大東市北條		
208	野田城	노다성	大阪府大阪市福島區		
209	福島城	후쿠시마성	大阪府大阪市福島區福島		
210	浦江城	우라에성	大阪府大阪市北區大淀中	手好城	데코성
211	榎竝城	에나미성	大阪府大阪市城東區		
212	新堀城	니이보리성	大阪府大阪市住吉區		
213	大坂城	오사카성	大阪府大阪市中央區		
214	若江城	와카에성	大阪府東大阪市若江南町		
215	古橋城	후루하시성	大阪府門眞市御堂町		
216	岸和田城	기시와다성	大阪府岸和田市岸城町		

217	高屋城	다카야성	大阪府羽曳野市古市		
218	譽田城	요덴성	大阪府羽曳野市譽田		
219	三宅城	미야케성	大阪府茨木市大正町		
220	安威城	아이성	大阪府茨木市安威		
221	茨木城	이바라키성	大阪府茨木市片桐町		
222	池田城	이케다성	大阪府池田市城山町		
223	佐野砦	사노 성채	大阪府泉佐野市		
224	積善寺城	샤쿠젠지성	大阪府貝塚市橋本		
225	畠中城	하타케나카성	大阪府貝塚市畠中		
226	椋橋城	구라하시성	大阪府豊中市庄本町		
227	原田城	하라다성	大阪府豊中市曾根西町		
228	堀城	호리성	大阪市淀川區十三本町	中嶋城	나카시마성
229	大塚城	오쓰카성	大阪市天王寺區茶臼山町		
230	正區寺城	쇼카쿠지성	大阪市平野區加美正覺寺		
231	渭山城	이노야마성	德島縣德島市德島町	德島城	도쿠시마성
232	一宮城	이치노미야성	德島縣德島市一宮町		
233	夷山城	에비스야마성	德島縣德島市八万町		
234	泊城	도마리성	德島縣鳴門市鳴門町土佐泊浦		
235	木津城	기즈성	德島縣鳴門市撫養町木津		
236	脇城	와키성	德島縣美馬市脇町大字脇町		
237	岩倉城	이와쿠라성	德島縣美馬市脇町田上		
238	大西城	오오니시성	德島縣三好市池田町		
239	白地城	하쿠치성	德島縣三好市池田町		
240	牛岐城	우시키성	德島縣阿南市富岡町		
241	桑野城	구와노성	德島縣阿南市桑野町		
242	勝瑞城	쇼즈이성	德島縣板野郡藍住町勝瑞		
243	勝興寺城	쇼코지성	德島縣板野郡藍住町矢上	矢上城	야카미성
244	海部城	가이후성	德島縣海部郡海陽町		
245	鰐走城	와니하시성	島根縣大田市久手町柳原		
246	山吹城	야마부키성	島根縣大田市大森町		
247	赤穴城	아카나성	島根縣飯石郡飯南町		
248	白鹿城	시라가성	島根縣松江市法吉町		
249	新山城	신야마성	島根縣松江市法吉町	矢山城	신야마성
250	滿願寺城	만간지성	島根縣松江市西佐田町		
251	松枝城	마쓰에성	島根縣松江市殿町		
252	熊野城	구마노성	島根縣松江市八雲町		
253	富田城	도다성	島根縣安來市廣瀬町		

254	十神山城	도카미야마성	島根縣安來市新十神町		
255	阿用城	아요성	島根縣雲南市大東町		
256	溫湯城	누쿠유성	島根縣邑智郡川本町		
257	高瀨城	다카세성	島根縣出雲市斐川町		
258	手崎城	데사키성	島根縣出雲市平田町		
259	葛西城	가사이성	東京都葛飾區淸戶		
260	江戶城	에도성	東京都千代田區千代田		
261	瀧山城	다키야마성	東京都八王子市丹木町		
262	由井城	유이성	東京都八王子市丹木町		
263	八王子城	하치오지성	東京都八王子市元八王子町		
264	椚田城	구누키다성	東京都八王子市初澤町	初澤城	하쓰자와성
265	谷山城	다니야마성	鹿兒島市下福元町		
266	別府城	벳푸성	鹿兒島縣南さつま市加世田		
267	吉田城	요시다성	鹿兒島縣鹿兒島市		
268	鶴丸城	쓰루마루성	鹿兒島縣鹿兒島市城山町	鹿兒島城	가고시마성
269	淸水城	시미즈성	鹿兒島縣鹿兒島市淸水町		
270	嬉木城	히메키성	鹿兒島縣霧島市國分姬城		
271	宮之城	미야노성	鹿兒島縣薩摩郡さつま町		
272	碇山城	이카리야마성	鹿兒島縣薩摩川內市天辰町		
273	平佐城	히라사성	鹿兒島縣薩摩川內市平佐町		
274	加治木城	가지키성	鹿兒島縣姶良市加治木町		
275	大口城	오구치성	鹿兒島縣伊佐市大口		
276	一宇治城	이치우지성	鹿兒島縣日置市伊集院町大田		
277	日置城	히오키성	鹿兒島縣日置市日吉町日置城		
278	志布志城	시부시성	鹿兒島縣志布志市志布志町		
279	出水城	이즈미성	鹿兒島縣出水市麓町		
280	龍野城	다쓰노성	兵庫縣たつの市龍野町		
281	城山城	기노야마성	兵庫縣たつの市新宮町		
282	加古川城	가코가와성	兵庫縣加古川市加古川町本町		
283	別府城	벳푸성	兵庫縣加古川市別府町西脇		
284	野口城	노구치성	兵庫縣加古川市野口町		
285	高砂城	다카사고성	兵庫縣高砂市高砂町東宮町		
286	志知城	시치성	兵庫縣南あわじ市志知松本		
287	富松城	도마쓰성	兵庫縣尼崎市富松町		
288	尼崎城	아마가사키성	兵庫縣尼崎市北城內	大物城	다이모쓰성
289	後屋城	고야성	兵庫縣丹波市氷上町		
290	高見城	다카미성	兵庫縣丹波市氷上町		

291	山垣城	야마가이성	兵庫縣丹波市靑垣町		
292	黑井城	구로이성	兵庫縣丹波市春日町		
293	三尾城	미오노성	兵庫縣丹波市春日町		
294	千丈寺砦	센조지 성채	兵庫縣丹波市春日町		
295	大路城	오지성	兵庫縣丹波市春日町		
296	魚住城	우오즈미성	兵庫縣明石市大久保町		
297	鷹尾山城	다카오야마성	兵庫縣三木市福井		
298	三木城	미키성	兵庫縣三木市上の丸町		
299	下田中城	시모노타나카성	兵庫縣三田市下田中		
300	神呪寺城	간노지성	兵庫縣西宮市甲山		
301	越水城	고시미즈성	兵庫縣西宮市越水町		
302	瓦林城	가와라바야시성	兵庫縣西宮市日野町		
303	籾井城	모미이성	兵庫縣篠山市福住		
304	笹山城	사사야마성	兵庫縣篠山市北新町		
305	金山城	긴잔성	兵庫縣篠山市追入		
306	八上城	야카미성	兵庫縣篠山市八上內		
307	豊地城	도이치성	兵庫縣小野市中谷町	依藤城	요리후지성
308	淡河城	오고성	兵庫縣神戶市北區淡河町		
309	端谷城	하시타니성	兵庫縣神戶市西區櫨谷町		
310	小寺城	고데라성	兵庫縣神戶市西區伊川谷町		
311	花隈城	하나쿠마성	兵庫縣神戶市中央區花隈町		
312	八木城	야기성	兵庫縣養父市八鹿		
313	伊丹城	이타미성	兵庫縣伊丹市伊丹	有岡城	아리오카성
314	上月城	고즈키성	兵庫縣佐用郡佐用町		
315	洲本城	스모토성	兵庫縣洲本市小路谷		
316	由良城	유라성	兵庫縣洲本市由良町		
317	置鹽城	오키시오성	兵庫縣姬路市夢前町		
318	姬路城	히메지성	兵庫縣姬路市本町		
319	坂本城	사카모토성	兵庫縣姬路市書寫		
320	英賀城	아가성	兵庫縣姬路市飾磨區英賀宮町		
321	御着城	고챠쿠성	兵庫縣姬路市御國野町		
322	一庫城	히토쿠라성	兵庫縣川西市山下	山下城, 龍尾城	야마시타성, 류오성
323	有子山城	아리코야마성	兵庫縣豊岡市出石		
324	此隅山城	고노스미야마성	兵庫縣豊岡市出石町		

325	鷹尾城	다카오성	兵庫縣芦屋市城山		
326	名島城	나지마성	福岡市東區名島		
327	益富城	마스토미성	福岡縣嘉麻市中益		
328	障子岳城	쇼지가다케성	福岡縣京都郡みやこ町		
329	松山城	마쓰야마성	福岡縣京都郡苅田町		
330	久留米城	구루메성	福岡縣久留米市篠山町		
331	龍ヶ岳城	류가타케성	福岡縣宮若市龍德		
332	柳川城	야나가와성	福岡縣柳川市本城町		
333	立花山城	다치바나야마성	福岡縣福岡市東區新宮町		
334	門司城	모지성	福岡縣北九州市門司區		
335	長野城	나가노성	福岡縣北九州市小倉南區		
336	小倉城	고쿠라성	福岡縣北九州市小倉北區		
337	淺川城	아사카와성	福岡縣北九州市八幡西區		
338	花尾城	하나오성	福岡縣北九州市八幡西區		
339	劍ヶ岳城	겐가타케성	福岡縣鞍手郡鞍手町		
340	岩石城	간자쿠성	福岡縣田川郡添田町		
341	香春岳城	가와라타케성	福岡縣田川郡香春町		
342	古處山城	고쇼산성	福岡縣朝倉市秋月		
343	廣津城	히로쓰성	福岡縣筑上郡吉富町		
344	宇留津城	우루쓰성	福岡縣築上郡築上町宇留津		
345	寶滿城	호만성	福岡縣太宰府市大字北谷		
346	岩屋城	이와야성	福岡縣太宰府市浦城		
347	馬ヶ岳城	우마가다케성	福岡縣行橋市大谷字馬ヶ岳		
348	窪田城	구보타성	福島縣郡山市富久山町		
349	郡山城	고리야마성	福島縣郡山市西ノ内		
350	高玉城	다카다마성	福島縣郡山市熱海町高玉		
351	安子ヶ島城	아코가시마성	福島縣郡山市熱海町安子ヶ島字南町		
352	高倉城	다카쿠라성	福島縣郡山市日和田町		
353	大森城	오모리성	福島縣福島市大森		
354	本宮城	모토미야성	福島縣本宮市本宮字館ノ越		
355	苗代田城	나와시로다성	福島縣本宮市岩根苗代田		
356	岩角城	이와쓰노성	福島縣本宮市和田字東屋口		
357	駒ヶ嶺城	고마가미네성	福島縣相馬郡新地町		
358	蓑首城	미노쿠비성	福島縣相馬郡新地町		
359	西山城	니시야마성	福島縣伊達郡桑折町		
360	梁川城	야나가와성	福島縣伊達市梁川町		

361	懸田城	가케다성	福島縣伊達市靈山町掛田		
362	二本松城	니혼마쓰성	福島縣二本松市郭内		
363	百目木城	도메키성	福島縣二本松市百目木		
364	宮森城	미야모리성	福島縣二本松市小浜		
365	小浜城	오바마성	福島縣二本松市岩代		
366	小手森城	오데모리성	福島縣二本松市針道		
367	三春城	미하루성	福島縣田村郡三春町		
368	黑川城	구로카와성	福島縣會津若松市追手町	若松城	와카마쓰성
369	穴間城	아나마성	福井縣大野市朝日		
370	金ヶ崎城	가네가사키성	福井縣敦賀市金ヶ崎町		
371	手筒山城	데즈쓰야먀성	福井縣敦賀市泉		
372	疋壇城	히키다성	福井縣敦賀市疋田		
373	一乗谷城	이치조다니성	福井縣福井市城戸ノ内町		
374	北之庄城	기타노쇼성	福井縣福井市中央1丁目		
375	土橋城	도바시성	福井縣福井市土橋町		
376	小丸城	고마루성	福井縣越前市五分市町		
377	守山城	모리야마성	富山縣高岡市東海老坂		
378	木舟城	기후네성	富山縣高岡市福岡町木舟		
379	增山城	마스야마성	富山縣礪波市增山		
380	瀧山城	다키야마성	富山縣富山市舊婦中町		
381	今泉	이마이즈미성	富山縣富山市今泉		
382	白鳥城	시라토리성	富山縣富山市吉作		
383	津毛城	쓰게성	富山縣富山市東福澤		
384	新庄城	신조성	富山縣富山市新庄町		
385	願海寺城	간카이지성	富山縣富山市願海寺		
386	梅尾城	도가오성	富山縣富山市舟倉	猿倉城	사루쿠라성
387	富山城	도야마성	富山縣富山市丸の内		
388	湯山城	유야마성	富山縣氷見市森寺	森寺城	모리데라성
389	日宮城	히노미야성	富山縣射水市下條		
390	蓮沼城	하스누마성	富山縣小矢部市蓮沼		
391	松倉城	마쓰쿠라성	富山縣魚津市本町		
392	魚津城	우오즈성	富山縣魚津市本町		
393	天神山城	덴진야마성	富山縣魚津市天神山		
394	宮崎城	미야자키성	富山縣下新川郡朝日町		
395	霜降城	시모후리성	山口縣宇部市大字吉見		
396	深川城	후카가와성	山口縣長門市深川		
397	若山城	와카야마성	山口縣周南市福川		

398	躑躅ヶ崎館	쓰쓰지가사키야카타	山梨縣甲府市古府中		
399	要害山城	요가이야마성	山梨縣甲府市上積翠寺町		
400	勝山城	가쓰야마성	山梨縣甲府市上曾根町		
401	甲府城	고후성	山梨縣甲府市丸の内		
402	新府城	신푸성	山梨縣韮崎市中田町中條		
403	富田城	도다성	山梨縣南アルプス市戸田		
404	菅沼城	스가누마성	山梨縣南巨摩郡身延町		
405	御坂城	미사카성	山梨縣南都留郡富士河口湖町		
406	吉田山城	요시다야마성	山梨縣富士吉田市新屋		
407	丁衙城	데우가성	山梨縣北杜市須玉町		
408	獅子吼城	시시쿠성	山梨縣北杜市須玉町	江草城	에쿠사성
409	浦城	우라성	山梨縣北杜市須玉町		
410	若神子城	와카미코성	山梨縣北杜市須玉町若神子		
411	大野砦	오노 성채	山梨縣山梨市大野		
412	小田野城	오다노성	山梨縣山梨市牧丘町		
413	淨居寺城	조코지성	山梨縣山梨市牧丘町	中牧城	나카마키성
414	小松城	고마쓰성	山形縣東置賜郡川西町		
415	館山城	다테야마성	山形縣米澤市館山		
416	長谷堂城	하세도성	山形縣山形市長谷堂		
417	山形城	야마가타성	山形縣山形市霞城町		
418	上山城	가미노야마성	山形縣上山市元城内		
419	高擶城	다카마다성	山形縣天童市高擶		
420	天童城	덴도성	山形縣天童市天童		
421	寒河江城	사가에성	山形縣寒河江市丸内		
422	梅戸城	우메도성	三重縣いなべ市大安町		
423	龜山城	가메야마성	三重縣龜山市本丸町		
424	峰城	미네성	三重縣龜山市川崎町		
425	澤城	사와성	三重縣鈴鹿市飯野寺家町		
426	神戸城	간베성	三重縣鈴鹿市神戸本多町		
427	柏原城	가시와라성	三重縣名張市赤目町		
428	赤堀城	아카호리성	三重縣四日市市城東町		
429	伊坂城	이사카성	三重縣四日市市伊坂町		
430	浜田城	하마다성	三重縣四日市市鵜の森		
431	萱生城	가요성	三重縣四日市市萱生町		
432	千種城	치구사성	三重縣三重郡菰野町千草		
433	篠橋城	시노하시성	三重縣桑名郡長島町小島		

434	桑名城	구와나성	三重縣桑名市吉之丸		
435	大鳥居城	오토리이성	三重縣桑名市多度町大鳥居		
436	桑部南城	구와베미나미성	三重縣桑名市桑部字城下		
437	近藤城	곤도성	三重縣桑名市上深谷部		
438	坂井城	사카이성	三重縣桑名市上深谷部		
439	西別所城	니시벳쇼성	三重縣桑名市西別所		
440	白山城	시라야마성	三重縣桑名市西別所		
441	屋長島城	야나가시마성	三重縣桑名市西汰上		
442	矢田城	야타성	三重縣桑名市矢田		
443	長島城	나가시마성	三重縣桑名市長島町		
444	中江城	나카에성	三重縣桑名市播磨		
445	大河内城	오카와치성	三重縣松阪市大河内町		
446	松ヶ島城	마쓰가시마성	三重縣松阪市松ヶ島町		
447	長深城	나가후케성	三重縣員弁郡東員町長深		
448	丸山城	마루야마성	三重縣伊賀市枡川		
449	比自山城	비지야마성	三重縣伊賀市長田		
450	霧山城	기리야마성	三重縣津市美杉町		
451	戶木城	베키성	三重縣津市戶木町		
452	朝日山城	아사히야마성	石川縣金澤市加賀朝日町		
453	高尾城	다카오성	石川縣金澤市高尾町		
454	和田山城	와다야마성	石川縣能美市和田町		
455	石動山城	세키도야마성	石川縣鹿島郡中能登町		
456	松任城	맛토성	石川縣白山市古城町		
457	末森城	스에모리성	石川縣寶達志水町		
458	甲山城	가부토야마성	石川縣鳳珠郡穴水町		
459	穴水城	아나미즈성	石川縣鳳珠郡穴水町		
460	富來城	도기성	石川縣羽咋郡志賀町		
461	正院川尻城	쇼인카와시리성	石川縣珠洲市正院町		
462	七尾城	나나오성	石川縣七尾市古城町		
463	熊木城	구마키성	石川縣七尾市中島町上町		
464	玉繩城	다마나와성	神奈川縣鎌倉市玉繩		
465	住吉城	스미요시성	神奈川縣逗子市小坪		
466	三崎城	미사키성	神奈川縣三浦市城山町	新井城	아라이성
467	津久井城	쓰쿠이성	神奈川縣相模原市綠區		
468	小田原城	오다와라성	神奈川縣小田原市城內		

404

469	岡崎城	오카자키성	神奈川縣伊勢原市岡崎		
470	鷹之巢城	가타노스성	神奈川縣足柄下郡箱根町湯本		
471	枡形城	마스가타성	神奈川縣川崎市多摩區		
472	實田城	사마다성	神奈川縣平塚市眞田	眞田城	사나다성
473	權現山城	곤겐야마성	神奈川縣横浜市神奈川區		
474	小机城	고즈쿠에성	神奈川縣横浜市港北區小机町		
475	板木城	이타기성	新潟縣南魚沼市板木		
476	坂戸城	사카도성	新潟縣南魚沼市坂戸		
477	鮫ヶ尾城	사메가오성	新潟縣妙高市大字宮内		
478	北條城	기타조성	新潟縣柏崎市大字北條		
479	上條城	조조성	新潟縣柏崎市上條		
480	琵琶島城	비와지마성	新潟縣柏崎市元城町		
481	三條城	산조성	新潟縣三條市上須頃		
482	府内城	후나이성	新潟縣上越市		
483	小野城	오노성	新潟縣上越市柿崎區		
484	春日山城	가스가야마성	新潟縣上越市中屋敷字春日山	鉢ヶ峯城	하쓰가미네성
485	黑瀧城	구로타기성	新潟縣西蒲原郡彌彦村		
486	新發田城	신바타성	新潟縣新發田市大手町		
487	赤谷城	아카타니성	新潟縣新發田市上赤谷		
488	赤田城	아카다성	新潟縣刈羽郡刈羽村大字赤田町		
489	栖吉城	스요시성	新潟縣長岡市栖吉町		
490	藏王堂城	자오도성	新潟縣長岡市西藏王		
491	與板城	요이타성	新潟縣長岡市與板町與板		
492	櫨尾城	도치오성	新潟縣長岡市櫨尾		
493	鳥坂城	돗사카성	新潟縣胎内市羽黒		
494	黑川城	구로카와성	新潟縣胎内市下館字浦山		
495	二子城	후타코성	岩手縣北上市二子町		
496	不來方城	고즈카타성	岩手縣盛岡市内丸	盛岡城	모리오카성
497	大洲城	오즈성	愛媛縣大洲市大洲		
498	佛殿城	부쓰덴성	愛媛縣四國中央市川之江町		
499	高尾城	다카오성	愛媛縣西條市氷見		
500	高峠城	다카토게성	愛媛縣西條市洲之内		
501	湯築城	유즈키성	愛媛縣松山市道後町		
502	松山城	마쓰야마성	愛媛縣松山市丸之内		
503	金子山城	가네코야마성	愛媛縣新居浜市瀧の宮町		
504	岡崎城	오카자키성	愛知縣岡崎市康生町		
505	保久城	홋큐성	愛知縣岡崎市保久町		

506	岩津城	이와쓰성	愛知縣岡崎市岩津町		
507	木ノ下城	기노시타성	愛知縣犬山市犬山		
508	犬山城	이누야마성	愛知縣犬山市大字犬山		
509	樂田城	가쿠덴성	愛知縣犬山市樂田		
510	下津城	오리즈성	愛知縣澤市下津高戶町		
511	笠寺城	가사데라성	愛知縣名古屋市南區立脇町		
512	大高城	오다카성	愛知縣名古屋市綠區大高		
513	丸根砦	마루네 성채	愛知縣名古屋市綠區大高町		
514	鷲津砦	와시즈 성채	愛知縣名古屋市綠區大高町		
515	中嶋砦	나카시마 성채	愛知縣名古屋市綠區鳴海町		
516	丹下砦	단게 성채	愛知縣名古屋市綠區鳴海町		
517	善照寺砦	젠소지 성채	愛知縣名古屋市綠區鳴海町		
518	守山城	모리야마성	愛知縣名古屋市守山區		
519	小幡城	오바타성	愛知縣名古屋市守山區		
520	那古野城	나고야성	愛知縣名古屋市中區	名古屋城	나고야성
521	古渡城	후루와타리성	愛知縣名古屋市中區		
522	前田城	마에다성	愛知縣名古屋市中川區前田西町		
523	末森城	스에모리성	愛知縣名古屋市千種區		
524	小島城	오지마성	愛知縣西尾市小島町	尾島城	오지마성
525	小牧城	고마키성	愛知縣小牧市堀の內		
526	小牧山城	고마키야마성	愛知縣小牧市堀の內		
527	鳶ヶ巢山砦	도비가스야마 성채	愛知縣新城市乘本		
528	長篠城	나가시노성	愛知縣新城市長篠		
529	野田城	노다성	愛知縣新城市豊島		
530	安祥城	안조성	愛知縣安城市安城町		
531	櫻井城	사쿠라이성	愛知縣安城市櫻井町		
532	岩倉城	이와쿠라성	愛知縣岩倉市下本町		
533	小木江城	고키에성	愛知縣愛西市森川町		
534	勝幡城	쇼바타성	愛知縣愛西市勝幡町		
535	刈谷城	가리야성	愛知縣刈谷市城町		
536	野府城	노부성	愛知縣一宮市開明字城堀		
537	奧城	오쿠성	愛知縣一宮市奧町下口西		
538	岩崎城	이와사키성	愛知縣日進市岩崎町		
539	田原城	다하라성	愛知縣田原市田原町		
540	村木砦	무라키 성채	愛知縣知多郡東浦町		
541	緖川城	오가와성	愛知縣知多郡東浦町		

542	寺本城	데라모토성	愛知縣知多市八幡町		
543	原城	하라성	愛知縣知立市上重原町		
544	清洲城	기요스성	愛知縣清須市一場		
545	上條城	조조성	愛知縣春日井市上條		
546	吉田城	요시다성	愛知縣豊橋市今橋町		
547	沓掛城	구쓰카케성	愛知縣豊明市沓掛町		
548	武節城	부세쓰성	愛知縣豊田市武節町		
549	下市場城	시모이치바성	愛知縣豊田市市場町		
550	足助城	아스케성	愛知縣豊田市足助町		
551	牛久保城	우시쿠보성	愛知縣豊川市牛久保町		
552	一宮砦	이치노미야 성채	愛知縣豊川市一宮町		
553	岩略寺城	간랴쿠지성	愛知縣豊川市長澤町		
554	長澤城	나가사와성	愛知縣豊川市長澤町		
555	蟹江城	가니에성	愛知縣海部郡蟹江町		
556	今石城	이마이시성	熊本縣菊池郡菊陽町		
557	岩尾城	이와오성	熊本縣上益城郡山都町		
558	御船城	미후네성	熊本縣上益城郡御船町		
559	木山城	기야마성	熊本縣上益城郡益城町		
560	赤井城	아카이성	熊本縣上益城郡益城町		
561	津森城	쓰모리성	熊本縣上益城郡益城町		
562	高森城	다카모리성	熊本縣阿蘇郡高森町		
563	南鄕城	난고성	熊本縣阿蘇郡南阿蘇村		
564	花の山城	하나노야마성	熊本縣宇城市豊野町		
565	人吉城	히토요시성	熊本縣人吉市麓町		
566	富岡城	도미오카성	熊本縣天草郡苓北町富岡		
567	堅志田城	가타시다성	熊本縣下益城郡美里町中郡		
568	竹迫城	다카바성	熊本縣合志市上庄		
569	多氣城	다키성	茨城縣つくば市北條小字多氣		
570	結城	유키성	茨城縣結城市結城		
571	古河城	고가성	茨城縣古河市中央町		
572	江戸崎城	에도사키성	茨城縣稲敷市江戸崎		
573	馬場城	바바성	茨城縣水戸市三の丸		
574	牛久城	우시쿠성	茨城縣牛久市城中		
575	栗橋城	구리하시성	茨城縣猿島郡五霞町		
576	小栗城	오구리성	茨城縣筑西市小栗		
577	伊佐城	이사성	茨城縣筑西市中館		

578	別府城	벳푸성	滋賀縣甲賀市甲賀町		
579	山岡城	야마오카성	滋賀縣甲賀市甲賀町		
580	和田城	와다성	滋賀縣甲賀市甲賀町		
581	金剛寺城	곤고지성	滋賀縣近江八幡市金剛寺町		
582	水莖岡山城	미즈구키오카야마성	滋賀縣近江八幡市牧町		
583	觀音寺城	간논지성	滋賀縣近江八幡市安土町		
584	安土城	아즈치성	滋賀縣近江八幡市安土町		
585	長光寺城	조코지성	滋賀縣近江八幡市長福寺町		
586	宇佐山城	우사야마성	滋賀縣大津市南滋賀町		
587	勢多城	세다성	滋賀縣大津市瀨田		
588	坂本城	사카모토성	滋賀縣大津市下阪本		
589	箕作城	미쓰쿠리성	滋賀縣東近江市五個莊山本町		
590	和田山城	와다야마성	滋賀縣東近江市五個莊和田町		
591	苅安尾城	가리야스오성	滋賀縣米原市彌高		
592	長比城	나가히성	滋賀縣米原市長久寺		
593	永原城	나가하라성	滋賀縣野洲市永原		
594	佐和山城	사와야마성	滋賀縣彦根市古澤町		
595	肥田城	히다성	滋賀縣彦根市肥田町		
596	長浜城	나가하마성	滋賀縣長浜市公園町		
597	橫山城	요코야마성	滋賀縣長浜市堀部町		
598	賤ヶ岳砦	시즈가타케성채	滋賀縣長浜市木之本町		
599	大嶽城	오즈쿠성	滋賀縣長浜市小谷丁野町		
600	大岩山砦	오이와야마성채	滋賀縣長浜市余吳町		
601	月ヶ瀨城	쓰키가세성	滋賀縣長浜市月ヶ瀨町		
602	小谷城	오다니성	滋賀縣長浜市湖北町		
603	山本山城	야마모토야마성	滋賀縣長浜市湖北町山本	阿閉城	이쓰지성
604	丁野山城	요노야마성	滋賀縣長浜市湖北町丁野		
605	靑地城	아오지성	滋賀縣草津市靑地町		
606	日野城	히노성	滋賀縣蒲生郡日野町		
607	音羽城	오토와성	滋賀縣蒲生郡日野町大字音羽		
608	深江城	후카에성	長崎縣南島原市深江町		
609	安德城	안토쿠성	長崎縣島原市南崩山町		
610	島原城	시마바라성	長崎縣島原市城內	森岳城	모리타케성
611	千タ石城	지지와성	長崎縣雲仙市千タ石町	釜蓋城	가마부타성

612	靑柳城	아오야기성	長野縣東筑摩郡筑北村		
613	妻籠城	쓰마고성	長野縣木曾郡南木曾町		
614	福島城	후쿠시마성	長野縣木曾郡木曾町		
615	飯山城	이이야마성	長野縣飯山市飯山		
616	松尾城	마쓰오성	長野縣飯田市松尾		
617	飯田城	이이다성	長野縣飯田市追手町		
618	小谷城	오다니성	長野縣北安曇郡小谷村中谷平倉山	平倉城	히라쿠라성
619	福與城	후쿠요성	長野縣上伊那郡箕輪町		
620	砥石城	도이시성	長野縣上田市上野		
621	上田城	우에다성	長野縣上田市二の丸		
622	鹽田城	시오다성	長野縣上田市前山		
623	矢澤城	야자와성	長野縣上田市殿城		
624	小諸城	고모로성	長野縣小諸市丁		
625	長窪城	나가쿠보성	長野縣小縣郡長和町		
626	林城	하야시성	長野縣松本市大字里山邊		
627	原城	하라성	長野縣松本市刈谷原町錦部		
628	松本城	마쓰모토성	長野縣松本市丸の內	深志城	후카시성
629	葛尾城	가쓰라오성	長野縣埴科郡坂城町		
630	高遠城	다카토성	長野縣伊那市高遠町		
631	春日城	가스가성	長野縣伊那市西町		
632	旭山城	아사히야마성	長野縣長野市大字平柴		
633	葛山城	가쓰라야마성	長野縣長野市茂菅		
634	鹽崎城	시오자키성	長野縣長野市篠ノ井鹽崎		
635	海津城	가이즈성	長野縣長野市松代町松代	松代城, 尼巖城	마쓰요성, 아마가자리성
636	春日城	가스가성	長野縣佐久市春日字幢法寺		
637	荒砥城	아라토성	長野縣千曲市上山田		
638	高島城	다카시마성	長野縣諏訪市高島		
639	大島城	오시마성	長野縣下伊那郡松川町		
640	掛川城	가케가와성	靜岡縣掛川市掛川		
641	高天神城	다카덴진성	靜岡縣掛川市上土方嶺向		
642	金壽城	긴스성	靜岡縣菊川市東橫地	橫地城	요코치성
643	馬伏塚城	마무시즈카성	靜岡縣袋井市淺名		
644	田中城	다나카성	靜岡縣藤枝市田中		
645	花倉城	하나구라성	靜岡縣藤枝市花倉		
646	勝間田城	가쓰마타성	靜岡縣牧之原市勝田		
647	見付城	미쓰케성	靜岡縣磐田市見付		

648	大宮城	오미야성	靜岡縣富士宮市元城町		
649	吉原城	요시와라성	靜岡縣富士市永田町		
650	刑部城	오사카베성	靜岡縣浜松市北區細江町		
651	井伊谷城	이이노야성	靜岡縣浜松市北區引佐町		
652	浜松城	하마마쓰성	靜岡縣浜松市中區元城町	曳間城, 引間城	히쿠마성
653	二俣城	후타마타성	靜岡縣浜松市天龍區二俣町		
654	只來城	다다라이성	靜岡縣浜松市天龍區只來		
655	犬居城	이누이성	靜岡縣浜松市天龍區春野町		
656	山中城	야마나카성	靜岡縣三島市山中新田		
657	坂城	사카성	靜岡縣燒津市		
658	興國寺城	고코쿠지성	靜岡縣沼津市根古屋		
659	三枚橋城	산마이바시성	靜岡縣沼津市大手町		
660	石脇城	이시와키성	靜岡縣燒津市石脇		
661	小川城	고가와성	靜岡縣燒津市小川		
662	方ノ上城	다카노카미성	靜岡縣燒津市策牛		
663	深澤城	후카사와성	靜岡縣御殿場市深澤		
664	韮山城	니라야마성	靜岡縣伊豆の國市韮山		
665	愛宕山城	아타고야마성	靜岡縣靜岡市葵區沓谷		
666	駿府城	슨푸성	靜岡縣靜岡市葵區城內		
667	持船城	모치부네성	靜岡縣靜岡市駿河區用宗城山町		
668	八幡城	야하타성	靜岡縣靜岡市駿河區八幡山		
669	丸子城	마루코성	靜岡縣靜岡市駿河區丸子		
670	江尻城	에지리성	靜岡縣靜岡市淸水區江尻町		
671	足柄城	아시가라성	靜岡縣駿東郡小山町		
672	長久保城	나가쿠보성	靜岡縣駿東郡長泉町		
673	戶倉城	도쿠라성	靜岡縣駿東郡淸水町德倉		
674	小山城	오야마성	靜岡縣榛原郡吉田町		
675	深根城	후카네성	靜岡縣下田市堀之內		
676	下田城	시모다성	靜岡縣下田市下田港		
677	白須賀城	시라스카성	靜岡縣湖西市鷲津		
678	八橋城	야바세성	鳥取縣東伯郡琴浦町		
679	羽衣石城	우에시성	鳥取縣東伯郡湯梨浜町		
680	尾高城	오다카성	鳥取縣米子市尾高		
681	末吉城	스에키치성	鳥取縣西伯郡大山町		
682	桐山城	기리야마성	鳥取縣岩美郡岩美町		
683	中島城	나카시마성	鳥取縣岩美郡岩美町		

684	江美城	에비성	鳥取縣日野郡江府町		
685	甑山城	고시키야마성	鳥取縣鳥取市國府町		
686	鳥取城	돗토리성	鳥取縣鳥取市東町		
687	鹿野城	시카노성	鳥取縣鳥取市鹿野町)		
688	岩倉城	이와쿠라성	鳥取縣倉吉市岩倉		
689	若櫻鬼ヶ城	와카사오니가성	鳥取縣八頭郡若櫻町		
690	私部城	기사베성	鳥取縣八頭郡八頭町		
691	市場城	이치바성	鳥取縣八頭郡八頭町		
692	多久城	다쿠노성	佐賀縣多久市多久町		
693	宮山城	미야야마성	佐賀縣三養基郡みやき町		
694	佐嘉城	사가성	佐賀縣佐賀市城内		
695	栗本城	구리모토성	知縣四万十市赤松町		
696	今橋城	이마하시성	知縣豊橋市今橋町		
697	稻村城	이나무라성	千葉縣館山市稻付		
698	久留里城	구루리성	千葉縣君津市久留里		
699	大戶城	오도성	千葉縣君津市東吾妻町		
700	瀧田城	다키다성	千葉縣南房總市上瀧田		
701	名都借城	나즈카리성	千葉縣流山市名都借		
702	金谷城	가나야성	千葉縣富津市金谷		
703	佐貫城	사누키성	千葉縣富津市佐貫		
704	造海城	쓰쿠로우미성	千葉縣富津市竹岡	百首城	하쿠슈성
705	飯櫃城	이비쓰성	千葉縣山武郡芝山町		
706	根木内城	네기우치성	千葉縣松戶市根木内字城ノ内		
707	小金城	고가네성	千葉縣松戶市大谷口		
708	椎津城	시이즈성	千葉縣市原市椎津		
709	關宿城	세키야도성	千葉縣野田市關宿		
710	本佐倉城	모토사쿠라성	千葉縣印旛郡酒々井町		
711	臼井城	우스이성	千葉縣佐倉市臼井田		
712	小弓城	오유미성	千葉縣千葉市中央區南生實町		
713	苫米地城	도마베치성	青森縣三戶郡南部町苫米地		
714	三戶城	산노헤성	青森縣三戶郡三戶町梅内		
715	山田城	야마다성	秋田縣湯澤市山田		
716	川連城	가와쓰라성	秋田縣湯澤市川連町		
717	增田城	마스다성	秋田縣橫手市增田町		
718	雨瀧城	아메타키성	香川縣さぬき市大川町		
719	喜岡城	기오카성	香川縣高松市高松町		

720	植田城	우에타성	香川縣高松市東植田町	戸田城	도다성
721	牟禮城	무레성	香川縣高松市牟禮		
722	十河城	소고성	香川縣高松市十川東町		
723	屋島城	야시마성	香川縣高松市屋島		
724	前田城	마에다성	香川縣高松市前田西町		
725	藤尾城	후지오성	香川縣高松市香西本町		
726	香西城	고자이성	香川縣高松市香西町		
727	虎丸城	도라마루성	香川縣東かがわ市與田山		
728	引田城	히케타성	香川縣東かがわ市引田		
729	天霧城	아마기리성	香川縣仲多度郡多度津町		
730	龍松山城	류쇼잔성	和歌山縣西牟婁郡上富田町		
731	龜山城	가메야마성	和歌山縣御坊市湯川町丸山		
732	鳥屋城	도야성	和歌山縣有田郡有田川町		
733	岩室城	이와무로성	和歌山縣有田市宮原町		
734	手取城	데도리성	和歌山縣日高郡日高川町		
735	泊城	도마리성	和歌山縣田邊市芳養町		
736	龍神山城	류진산성	和歌山縣田邊市上芳養	龍ノ山城	다쓰노야마성
737	和歌山城	와카야마성	和歌山縣和歌山市一番丁		
738	彌勒寺山城	미로쿠지야마성	和歌山縣和歌山市秋葉町		
739	東禪寺山城	도젠지야마성	和歌山縣和歌山市打越町		
740	太田城	오타성	和歌山縣和歌山市太田		
741	雜賀城	사이카성	和歌山縣和歌山市和歌浦		
742	川井城	가와이성	櫪木縣那須烏山市下川井		
743	祇園城	기온성	櫪木縣小山市城山町	小山城	고야마성
744	小山城	오야마성	櫪木縣小山市城山町		
745	宇都宮城	우쓰노미야성	櫪木縣宇都宮市本丸町		
746	多氣山城	다게산성	櫪木縣宇都宮市田下町		
747	勸農城	간노성	櫪木縣足利市岩井町		
748	唐澤山城	가라사와야마성	櫪木縣佐野市富士町		
749	眞岡城	모오카성	櫪木縣眞岡市台町		
750	壬生城	미부성	櫪木縣下都賀郡壬生町		
751	岩船陣城	이와부네진성	櫪木縣櫪木市岩舟町		

찾아보기